일본 탐독

—
일러두기

1. 이 책 제1부에 들어 있는 스무 장章의 글은 1990년 8월 13일부터 9월 22일까지 『경향신문』 1면에(후반부는 5면에) '일본열도 탐험'이라는 제하의 기획물로 연재된 르포르타주를 근본으로 삼고 있지만, 이번에 그 골자만 남기고 대폭 가필했다. 또한 각 장 뒤에 덧붙인 '후일담'은 취재 당시의 일화, 지면의 제약으로 못다 쓴 여러 사연을 지금의 시점에서 되돌아본 회상기다. 따라서 20여 년에 걸친 일본의 어제와 오늘의 현황을 조감함으로써 나름대로 '일본 이해'의 입체화를 시도하고 있는 셈이다.

2. 제2부의 글 중 일부는 일본의 한 지방에서 발행하고 있는 월간 지역 정보지 『구레반吳版』에 2012년 한 해 동안(12회) 연재한 칼럼인데, 역시 이번 기회에 12매 안팎의 그 글들 중 중심 주제만 따라서 다시 쓴 새 원고다. 또한 그중 태반은 기왕의 연재물과는 무관한 주제의 근작들이다.

3. 내용 중 나오는 인명은 전부 실명이다. 몇몇 이름은 만부득이 사유를 밝히고 익명으로 처리했다. 양해를 바란다.

일본 탐독

김원우 지음

글항아리

머리말

어느덧 해외여행은 한국인에게 가장 만만한 일상의 한 부분이 되어 있다. 다소의 금전적 소비가 따르기는 하나 누구나 단체여행으로든 단독 여행으로든 마음만 먹으면 당장에라도 낯선 나라로 훌쩍 떠날 수 있는 세상이 된 것이다. 심지어는 명절의 차례상 차리기도 귀찮다면서 가족끼리 홀가분하게 비행기에다 짐짝을 싣는 연례행사도 항다반사로 일어난다. 가깝게는 일본의 한적한 시골길에서, 멀리로는 오스트레일리아의 제주도에 해당되는 태즈메이니아 섬에서 우리 동포끼리 마주쳐도 낯설어하지 않는다.

목적지에 떨어지면 여권 소지자마다 각자의 여행 경비에 비례한 본전을 뽑느라고 쇼핑 상점가를 허둥지둥 들락거리는가 하면, 겉멋을 부린다고 그러는지 평소에 멀리하던 책을 붙들고 있거나 깜찍한 수영복을 입고 남들이 쳐다보지도 않건만 물속에서 첨벙거리기도 하고, '보여주는' 볼거리에만 잠시 눈독을 들이다가 맛도 없는 현지 음식을 '주는 대로' 받아먹고는 심드렁해하기 일쑤다. 대체로 그런 수박 겉핥기식 해외여행도 「걸어서 세계 속으로」 같은 TV 프로그램을 보는 것보다는 백문이 불여일견이라는 말에 맞을 터이나, 거기서 한 걸음만 더 깊숙이 방문국의 마당 속으로 발을 떼놓으면 누구라도 그 즉석에서 우리의 지난날과 오늘, 내일을 잡아챌 수 있다. 줄여서 말하면 해외여행은, 국내여행도 그렇듯이, 우리 자신을 되돌아보게 하는 회상의 환상열차 타기일 수 있다. 그 달콤한 순례를 누가 마다할 수 있겠는가. 그 열차에의 탑승만으로도 여행자 자신의 진정한 분신을 만날 수 있다면 여행 경비쯤이야 아깝다고 속으로 앓을 리가 만무할 터이다.

새삼스러운 말일지 몰라도 오늘날 평균치 한국인들이 거의 무모하다시피 뻔질나게 들락거리는 원근遠近의 여러 외국 중에서도 일본은 단연 특이한 나라다. 별종의 묘한 나라라고 해야 옳을지 모른다. 아니다, 단일 색조의 거대한 '마을'이나 '동네'가 더 적절하고 이해하기도 쉬운 지칭어일 것이다. 그러므로 이 이상한 '동네'는 혈연/지연으로 묶여 있는 스스로의 숙명을 곱다시 수용, 그 명맥 유지에 급급해하는 단순한 '언어공동체'에 불과하므로 '나라'야 어떻게 돌아가든, 특히나 '이웃 국가'야 뭐라 하든 오불관언이다. 더 적극적으로 말하면 우리끼리 오순도순 똘똘 뭉쳐서 살아가는 작은 동네이므로 일체의 '변화'를 모른다기보다도 그것을 싫어한다. 20년 또는 30년 전이나 지금이나 똑같다. 물론 새로운 건물이 들어서고, 길거리도 더 말끔하게 닦여 있는 식으로 외양은 달라져 있으나, 이내 그 속의 세부들은 하나도 바뀌지 않았음을 알고 나면 놀랍기도 하고 신기해진다. 미수米壽도 머잖았을 듯한 할머니가 지키는 잡화점에서는 여전히 1엔짜리 주화를 꼬박꼬박 셈해서 거스름돈으로 내준다. 1엔은 일본처럼 물가고가 비상한 '세상'에서는 이미 오래전부터 아무런 가치도 없다. 그런데도 그런 부질없는 '경제활동'을 바꾸지 않는다. 역시 '동네'에서 제 몫의 삶을 재량껏 누리는 생활공동체의 '심성'이지 사회/나라 단위의 발상은 발을 못 붙이는 단면이다. 이런 대목에서도 일본인들이 내

두르는 장기로서의 '의미 부여'는 순진무구할 만큼 원론적이다. "돈이란 게 1엔부터 시작하는데 어쩌란 말인가. 그게 아무짝에도 쓸모없는 돈인 줄이야 우리도 잘 알지. 그래도 돈 단위가 그거고, 통용하라고 만들어놨으니 써야지 어쩌겠어. 만들어놓고 안 쓴다는 것은 말의 앞뒤가 안 맞잖아." 이 답답한 발상 밑에 자기 것을 애지중지하는 '국수주의'가 숨 쉬고 있으며, 그런 심성 일체는 섬나라 특유의 '안분지족성' 같은 원형질에 닿아 있다는 설명, 진단도 실은 글쓰기/말하기가 한낱 생업으로서의 '일'인 일본인 식자들의 한가로운 '의미 부여'에 지나지 않을 것이다. 그럴 수밖에 없음은 할머니의 거스름돈 지불이 당연히 해야 하고, 잠시 맡은 '일'일 뿐이며, 그 '일'이 없어지는 '변화'를 타기하기 때문이다. 이런 흔한 단면은 '동네'마다에 비일비재하다. 보수 정객들의 야스쿠니 신사 참배도 세계 여론에 반하는 반역사적 행위가 아니라 변화를 싫어하는 특정 심성의 주체들이 일상적으로 치르는 '전통'이자 '일'일 뿐인 것이다. 그러고 보면 일본인 개개인은 더러 출중한 탐구벽, 깔끔한 정리정돈 감각, 끈질긴 개선 의지 따위를 발휘할지 몰라도 전 국민 단위의 일본인들은 하나같이 흐르지도 않고, 나아가지도 않으면서, 그렇다고 물러서는 법도 없이 제자리에서 마냥 양팔과 양다리를 열심히 흔들고 있는 형국이다. 그 '전통/일'에 각자의 심신 일체를 묶어버림으로써 자족에 겨워 지내는 것이다. 따라서 이웃 나라의 타매, 세계인의 눈총 따위를 무시한다기보다도 그런 전통/일에의 매진을 능사로 삼음으로써 고집스러운 자기애에 충실하는데, 그것을 일본인 특유의 자존심이나 안하무인 벽으로 이해하는 것은 무리다. 왜냐하면 그들의 심성에는 '전통/일/자존'과 같은 무형의 (그러나 '너무 귀해서 뿌리칠 수 없는') 가치 체계

머리말

가 어떤 비교 대상일 리 만무하다는 집단 무의식이 면면히 이어져오기 때문이다. 그야말로 '자기본위주의'의 최대치를 보여주고 있다.

뿐만이 아니다. 정치 행태나 경기 지표 같은 매스컴의 요란한 선전·선동 따위를 공연한 호들갑으로 따돌려놓는 풍경에서도 그런 '동네' 단위의 무반응 증상을 읽을 수 있다. 아마도 이런 일중독(굳이 비유한다면 무작정 땅을 파서 집을 짓고 먹을 것이나 쟁이는 '개미 떼' 같은), 자기 체신 지키기, 변화 기피증, 전통 고수 등등의 문화적 코드들이 일본을 '머리 없는 세계'로, 일본인을 '세계 없는 머리'로 안착시켰을지 모른다. 말을 바꾸면 일본/일본인을 이해, 해석하는 이런 코드화 작업에 동원할 수 있는 잣대는 많고, 또 선행의 여러 '일본론'이 다각도로 밝혀두기도 했다. 이를테면 '타자 백안시' '친절 뒤에 가려진 속마음' '남 치켜세우기와 시샘하기' '시선의 이중성으로서의 자만과 겸손' 같은 일본 문화 읽기가 그것이다. 이 책에서도 그런 잣대는 여러 개나 등장하는데, 어떤 식의 연구서를 겨냥한 것이 아닌 만큼 내 식의 직관에 의존하고 있음은 미리 밝혀두어야겠다. 직관이 지나치게 거창하게 비친다면 '느낌'으로 봐도 족하다. 당연하게도 그런 느낌, 감상 일체에는 한국인 일반의 평균적 소양이 깔려 있다. 물론 그런 나만의 직관·느낌·감상이 일방적이고, 편협한 주관의 난무로 비화될까봐 상당한 정도로 남의 견해도 덧붙이고, 또 일본인이 지은 책의 여러 번역서를 임의로 인용했으니 읽기 나름으로 더러 그럴듯한 부분도 없지는 않을 터이다.

요컨대 이 책은 그동안 30여 년에 걸쳐 내 나름대로 겪은 일본의 사정과 일본인의 진정성을 솔직하게 밝힌 탐문기이자, 주관/객관의 저울질을 번갈아 해대면서 작금의 우리 형편과 견주어본 일본/일본인의 전신상에 대한, 좀 중뿔날지도 모르는 비판적 고찰이다.

제1부 '일본열도 탐험'은 1990년 한여름에『경향신문』의 후원으로 일본 각지를 돌아다니면서 르포르타주 형식으로 같은 신문 제1면에 (후반부는 제5면에) 20회 연재한 '일본열도 탐험'을 모태로 하고 있다. 그동안 숱한 세월이 흘러서 그 글 자체는 부분적으로 시효가 자동 소멸된 것도 있을 수밖에 없어서 이번에 대폭 수정했다(물론 그 '원형'은 역사적 기록이자 수치이므로 유물처럼 고이 보존했다). 당연하게도 연재할 당시에는 지면 제약으로 못다 한 말을 덧붙였으며(어떤 '꼭지'는 두 배 이상으로 늘리기도 했다), 오늘의 시점에서 일본의 맨얼굴과 가면을 다시 더듬는 자칭 '후일담'을 각 꼭지 뒤에다 첨부하여 앞의 '현장 중계'에 대한 회고적 반성문이라는 윗도리를 본문보다 더 길게 치렁치렁하니 입혔다. 읽기 나름이겠으나 25년여의 세월이 속절없이 흘렀건만 일본은 여전히 우리에게 선망의 적이면서도 한편으로는 축구시합에서 보듯이 영원한 앙숙으로서 피치 못할 상대국이다. 축구시합에서야 우리가 이길 수도 있고, 그날 일진이 사나워서 두 골 차이로 질 수도 있겠으나, 불과 100여 년 전에 비록 가난한 채로나마 남의 화톳불을 안 쬐는 서슬 시퍼런 선비의 나라를 무단히 무찔러서 온갖 만행을 저지른 이웃 나라의 '진심'을 꿈엔들 잊어서야 되겠는가. 명색 글쟁이로 살아가려니까 우리 조상들의 그런 전비前非가 못난 부모를 만난 억울함처럼 사무쳐서 자꾸만 이웃의 그 몹쓸 소행부터 따져보려는 용심이 글의 고갱이에 박히는 것을 나로서는 어쩔 수 없었다.

제2부 '일본이라는 독서 체험'은 2012년 한 해 동안 이 책에서도 한 꼭지로 소개해둔 일본의 한 지역 정보지에 매달 한 페이지씩 쓴

에세이를 토대로 하고 있지만, 이번에 그것을 해체하면서 그 주제만 일부 따오는 한편 (역시 비좁은 지면 사정 때문에) 미처 다루지 못한 내용을 이어붙이면서 전면 개고했다. 또한 몇몇 꼭지는 새로 쓴 것들이기도 하며, 아직 쓸거리가 많은데도 만부득이 이 정도에서 그친 것은 조만간 '장르'를 달리해서 쓰려고, 그 강박관념이 꽤나 드세게 나를 닦달했기 때문이다.

이제 한국의 여느 여행객이라도 익히 봐오듯이 일본의 전반적인 '문화' 수준과 일본인의 일반적인 '미의식'은 그 특유의 섬세성과 세련미로 어떤 경지에 다가가고 있다. 한편으로 이웃 나라의 문화 양식과 그 구성원의 문화의식 내면에 도사린 지나친 자부심에 대해서는, 여러 종류의 글들이 '상찬'과 소위 작금의 일본 때리기라는 형식의 '폄훼'가 범람함에도 불구하고, 지정학적으로도 가장 지근거리에 있을 뿐만 아니라 역사적으로도 영향을 많이 주고받은 우리가 다른 나라의 어떤 시각보다도 훨씬 더 '열린 자세'로 이해, 해석, 비판할 자격이 있다고 해야 옳을 것이다. 물론 그런 해명 작업은 간단하지도, 오히려 그런저런 천부적 조건 때문에 쉽지도 않다. 단도직입적으로 말하면 '근거 없는 자기 자랑이 아니다'라는 저쪽의 실증적 '의미 부여'의 실적도 워낙 착실해서 선뜻 '온축'이라는 말의 최대치를 떠올릴 수밖에 없을 정도로 그 연찬이 깊고 넓어서이기도 하지만, 우리의 '자학사관' 같은 자세가 일본/일본인의 속성 및 의식 구조 전반에 대한 어떤 '규명 의지'에의 당위성을 지레 차단하고 있기 때문이기도 하다.

아무려나 일제 치하에서 태어나지 않은 나 자신의 분복대로 일본/일본인을 바라보는 시각에 관한 한 편파적 옹호/지탄의 멍에에서 놓여나야 한다는 자각이 수시로 나로 하여금 어떤 안도감을 추스르게 만들었다. 나의 그런 집필 의도가 이 책 속에서 편린으로나마 숨 쉬고 있다면 나름의 수고를 자축해도 좋지 않을까 싶긴 하다. 군이 이런 말을 덧붙이는 것은 이때껏 내가 읽고 보아온 일본/일본인에 대한 내 직관·감상·느낌에 최대한으로 충실하려고, 따라서 추호의 거 짓말도 보태지 않으려고 애를 썼기 때문이다. 물론 기억의 착오는 불 가피하게 스스로 제 과실을 드러낼 테지만.

머리말치고는 사설이 길어졌다. 하기야 집필 의도의 대강이라도 밝 혀야 해서 어쩔 수 없긴 하고, 한국인치고 일본/일본인에 대한 저간 의 소회의 피력이라면 다들 전문가 이상으로 일가견을 갖지 않은 사 람이 있을까 싶기도 하다. 그런 의미의 연장선상에서 일본/일본인은 여전히 내 초미의 관심사 중 하나다. 그러니 이런 관심의 적에 잠시 나마 귀를 맡기지 않을 조선 백성이 어디 있겠는가. 그렇긴 해도 우 리는 이제 그들의 어떤 시위나 자만에 가위 눌리지 않는다는 의젓 한 자세의 함양이 그 어느 때보다 더 절실하다. 오늘날 우리의 지체 가 먹고살 만해져서도 그렇지만, 그들이 하루빨리 '세계시민'으로서 의 구실을 다할 수 있기를 바라는 성숙한 자세쯤은 가졌다고 자부하 므로. 그러나 매사에 '우리 것이 기중 낫다'는 저들의 유치한 오만만 큼은 '흉보면서 닮지' 않기를 바라며.(2013년 11월 초순에 처음 쓰고, 2014년 2월에 개고하다―김원우)

제2부 일본이라는 독서 체험

제1부 일본열도 탐험

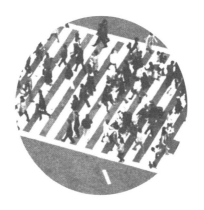

1. 일본, 머리 없는 세계

———

———

———

호경기/불경기 같은 매스컴의 요란한 진단이 무색하게 일본 열도 전체는, 특히 도회지는 어디나 바야흐로 성업 중이다. 공항과 역마다 승객들로 넘쳐나서 과장하면 송곳 꽂을 자리도 없을 정도로 붐빈다. 상점마다 대량으로 생산된 온갖 제품이 그 특유의 깔끔한 포장지를 덮어쓴 채 산더미처럼 쌓여 있고, 하나같이 불티나게 팔려나간다.

한 집 건너 음식점인데도 점심나절이면 줄을 서서 기다려야 한다. 비즈니스호텔마다 방이 없어서 아우성이며, 도쿄 내의 모든 호텔 방은 8월 말까지 예약되어 있다는 믿기지 않는 뉴스도 흘러나오고 있다. (우리에게 언제 이런 호시절이 있었냐고 머리를 갸우뚱거리며) 일본은 자꾸 불어나는 돈을 주체하지 못해 쩔쩔매고 있는 형국이며, 일본인들 누구나 시방 미친 듯이 돈을 벌고 있다. (상품을 손에 들고 자신의 구매 의욕을 저울질하는 일본인들을 유심히 쳐다보면, 돈의 위력을 노골적으로 즐기는 무아경과 장난감이나 골동품을 어르는 애호가의 경지까지 읽힌다.)

고용률 100퍼센트라는 수치는 이미 오래전부터 흘러 내려오는 케케묵은 옛 노래이고, 어디서나 일손이 모자라서 큰일이라며 행복한 시름에 겨워 있다. 오로지 인력난 때문에 폐업하는 기업이 속출하고, 투자 의욕마저 떨어지는 이상한 징후가 지금 일본에서만 일어나고 있는데, 세계 역사상 전무후무할지도 모르는 이 일본적인 현상 앞에 고개를 드는 의문이 여러 개 있다.

도대체 일본 국민은 왜, 무엇을 위해서 이처럼 부지런히 일하고 오로지 돈을 버는 데 또 그것을 쌓아두는 데 혈안인가. 이 수상한 민족은 '돈 벌기 경쟁 신드롬'에 걸리고 만 것이 아닌가. (일본인은 유독 시새움이 심하다. '시새움'이라는 코드로 일본 문화를 심층 분석할 수도 있다.) 아니면 일에 쫓기는 '선천성 강박증'에 들씌워 있지나 않나. 만약 그렇다면 이 기이한 집단적 성징과 사회적 체질도 어떤 무서운 '종족적 중독증'이 아닐까. 돈을 벌어들이기에만 바빠서 돈 쓸 시간조차 없어 보이는 이 민족은 그들의 조국이, 또 이 세계가 어디로 나아가고 있는지에 대해서 '어른다운 생각'을 모아갈 겨를이나 있을까.

이런 의문들은 여러모로 숙고해볼 만한 가치가 있는 듯하고, 좋은 의미에서 비판받을 만한 대상도 될 듯싶다.

우선 일본인은 하나같이 개개인에게 주어진 제 몫의 일정한 일에만 성심성의껏 매달리는 통에 그 시야가 극히 좁아 보인다. (각 분야의 장인에 대한 대우나 존경심이 지극하다는 범사회적 기풍도 참조할 만한데, 그 소위 장인의식의 발로는 제가끔의 인생 전반의 순도를 높일지는 몰라도 삶 자체는 그만큼 말단지엽적인 동시에 어떤 폐쇄적인 회로에 감겨 있는 것도 사실이다.) 따라서 일본인에게 세계관이 없다는 '망발'은 일본에는 뚱보가 없다는 우스개만큼이나 그럴듯한 단면일지도 모른다.

그럴 수밖에 없는 것이 개미처럼 땀을 뻘뻘 흘리며 일하는 사람에게 군살이 붙지 않을 것은 당연한 이치이고, 전후좌우도 돌아보지 않고 자신에게 주어진 일에만 허겁지겁 매달리는 사람에게 이렇다

할 세계관을 기대한다는 것도 무리일 테니까 말이다.

이쯤에서 1981년 노벨문학상 수상자인 엘리아스 카네티의 단언을 들어보는 것도 상당히 유효할 듯하다. 곧 '머리 없는 세계'도 큰일이지만 '세계 없는 머리'도 위험천만하다는 선언이 그것이다. '세계 없는 머리'는 집단적인 폭력을 일으킬 소지가 다분하며, '머리 없는 세계'는 그런 폭력의 우발성·과격성·다발성에 거의 무방비 상태라는 게 카네티의 그럴듯한 주장이다. 생각할수록 의미심장한 지적이 아닐 수 없다. 불가리아 태생으로 영국에서 거주하며 평생토록 독일어로 창작활동에 내진한, 언론매체를 통한 자기 과시에는 인색했으나 기왕의 어떤 노벨상 수상자보다 훨씬 더 사려 깊은 다국적 시각의 소유자답게 그의 지적 치열성은 단연 독보적이다. 그러니까 그의 거시적 통찰력을 이 대목에서 적용하면 일본은 '머리 없는 세계'일 수 있고, 일본인은 차제에 '세계 없는 머리'의 종족이라는 누명을 덮어쓸 수 있다. (잠시 역사적 문맥을 훑어보더라도 20세기 초반과 중반에 여러 나라와의 전쟁을 저돌적으로 밀어붙인 일본의 제국주의적 세계관과 그것을 곱다랗게 수습한 일본 제국 신민들은 희한하게도 카네티의 단언에 참한 실례로 값한다.)

외국인의 눈으로 가만히 들여다보면 일본인들에게 일은 목숨처럼 각자의 존재 증명이나 마찬가지다. 그 일을 빼앗아버리면 당장 무슨 큰일을 저지를 것만 같다. 좋게 봐서 이 '타고난 일복'에 전심전력하는 1억2000만 명의 일체감이 일본의 진정한 국력일 것이라는 생각에 미치면 부럽다가도 한편으로 무섭다.

약속 장소에 30분이나 늦게 나타난 일본인 친구 다지마 신지田島伸二(43세)에게 통역생을 통해 물어본다.

―지금이 일본 역사상 경제적으로는 최전성기 같다. 일본은 현재 넘쳐나는 풍요로 쩔쩔매고 있는 게 아닌가.

다지마 씨는 손짓으로 신문 지상에 흔히 실리는 그런 그래프 곡선까지 그려가며 진지하게 대답한다.

"보기 나름이기는 할 텐데, 막상 그렇지도 않다. 일본이 부자라고 하지만 서유럽에 비하면 아직도 멀었다. 이제 겨우 돈맛을 익히고, 몸에 두르고 있는 수준이라고나 할까. 차라리 1970년 전후가 호경기였고, 그 후 내리막길을 걷다가 근년에 다시 회복되고 있을 뿐이다. 착시현상도 있는 것 같은데, 조만간 또 불경기가 닥칠 것이라는 전망이 여러 수치로 벌써 나타나고 있다. 또 다른 측면을 들자면 20대, 30대의 정신 상태가 많이 해이해져 있는 것만 봐도 앞날이 불투명한 것은 확실하다."

―그렇다 해도 일본인들은 여전히 대다수가 근검절약하면서 절도 있는 생활을 영위하고 있지 않나.

"부지런한지 어떤지는 상대적인 것이라서 잘 모르겠고, 절약이야 사람마다 또 형편에 따라 적당히 할 테지만, 오늘날 생필품을 아껴 쓴다는 데는 한계가 있을 것이다. 또 평생직장이란 말도 젊은 세대에게는 더 이상 통하지 않는다. 게다가 지금까지 일본인들은 완벽주의를 추구한다고 자랑해왔다. 부분적으로 그렇기도 하지만, 과장된 측면도 있다. 실례로 지난번 오사카大阪 만국 꽃박람회에서 개장하는 날부터 에스컬레이터가 고장 나 사람이 다치는 안전사고가 나기도 했다. 참으로 수치다."

수치를 수치로 자각하고 있는 사람들이 이처럼 각계각층에 널려 있고, 또 지레 불경기를 걱정하고 있다면 당분간 엔화 가치는 떨어질

일본, 머리 없는 세계

리가 만무하다. 하기야 걱정거리가 없어야, 설혹 있다 하더라도 저만
치 내물리칠 수 있는 사람만이 완벽주의를 추구할 것이다. 그런 의미
에서 자기 앞길만 닦아갈 수 있는 사람은 '세계'야 어떻게 굴러가든
나름대로 행복하다.

비록 큼지막한 세계관은 없을지라도 제 분수를 잘 알고, 제 일에
만 전심전력으로 골몰할 수 있는 일본인들의 처지가 부럽다. 더불어
그런 몰입의 경지를 서로 존중하고, 간섭하지 않는 사회 분위기, 그
와 같은 안정된 생활환경을 구축하고 있는 일본인들의 조심성·집착
성·자속성 등이 대견스럽다.

후일담 1 | '자족적 세계'의 처세술

위의 글은 1990년 7월의 견문록이다. 최근까지 엔화 가치의 폭등에
치여서 세계적인 기업들이, 이를테면 파나소닉·소니 같은 쟁쟁한 가
전업체까지 적자를 낸다던 일본 경제가 세칭 '아베노믹스'의 등장으
로 다시 호경기를 맞고 있는 작금의 현황과 비교해보면 과연 격세지
감이 뚜렷하다. 그런 경기의 부침이야 롤러코스터처럼 번갈아가며 오
게 마련이지만 여기서 짚고 넘어가야 할 사안은 다른 측면이다. 곧
대다수의 일본인은 호경기/불경기에 촉각을 곤두세우고, 또 그에 대
한 각자의 반응을 노골적으로 드러내는 경향이 다분하다는 점이다.
그만큼 경제 전반에 대해 민감하다는 소리인데, 특히나 불경기에 대
한 반응은 그 정도가 아주 심한 편이다. 한마디로 엄살이 우심한 것
이다. 좋게 보면 선견지명을 생활화하여 미리미리 안위安危를 챙기는
풍습이 사회 전반에 내면화되어 있어서 국부國富는 물론이려니와 개

개인의 경제력도 통째로 까발리지는 않는다. 일종의 '혼네本音(본심)', 곧 본색 감추기인 셈이다. 일본 문화의 심층을 풀이하는 키워드로 흔히 이 '혼네'를 주목하지만, 본색 감추기 기법에 관한 한 '엄살'만큼 효과적인 위장술도 달리 없다. 누구라도 겸듯이 상대방에게, 요즘 돈벌이가 아주 좋다면서요라고 물으면, 겨우 밥이나 먹고 삽니다라는 대답을 듣게 되는데, 그 배면에는 '겸손'보다 '자부'가 잔뜩 웅크리고 있다. 그런 심리적 기제의 발동은 당연하게도 이중, 삼중의 효과를 증폭시킨다. 남의 방심을 조장하는 한편 자기반성, 자기 위로, 자기 갱신의 여유를 찾는 것이다. 물론 그런 위장 속에는 누가 뭐라든 나는 내 갈 길을 간다는 실속 위주의 타산이 웅크리고 있음은 말하나마나다.

본색 감추기로서의 이 '엄살'의 장면화는 집단적으로나 개인적으로나 곳곳에서 목격할 수 있다. 아무리 불경기라 하더라도 백화점을 위시한 대개의 상가는 그런대로 붐비며, 소위 '대박' 상품을 파는 점포 앞에는 인파가 동아줄처럼 기다랗게 줄을 서서 끈기 있게 기다리는 그 '자족적'인 풍경이 웅변하고 있기도 하다. 하기야 '엄살' 그 자체가 이미 자족적인 자기만의 세계 속에서 웅크리고 지내겠다는 심지다. 그런 의미에서도 일본은 지구상에서 유례가 드문 안분지족의 세상을 구축하고 있으며, 그 속의 일본인들은 오불관언으로 '엄살'을 떨기에 여념이 없다. 내 이웃, 내 친척, 이 사회나 저 먼 세상이야 어떻게 돌아가든 나는 내 식으로, 내 실속이나 챙기며 살아가겠다는 것이다, 엄살꾸러기로서. 대단히 편리한, 따라서 무책임한 세계관이기도 하다. 덧붙인다면 역사 인식의 착종으로 헛소리를 자주 터뜨리는 일본의 우익 정객들, 그 배후의 국수주의적 우익 단체들의 망동도 실

일본, 머리 없는 세계

은 이런 '자족적 세계'에서 철딱서니 없이 자란 엄살꾸러기의 소행으로 치부해야 마땅하다는 게 내 소견이다. 한마디로 유치한 처세술인데, 엄살을 떨다보면 자기 자신도, 나아가서 세상도 제대로 읽지 못한다는 무지를 스스로 짊어져야 하는 것이다.

피취재자인 다지마 씨는 필자와 동갑내기로서, 히로시마廣島 출신인데 그 당시에는 일본출판협회의 (아마도) 국외 업무 담당 사무직원이었을 것이다. 대학 재학 중 배낭여행으로 유럽의 여러 나라를 유람하다가 급기야는 인도에서 다년간 체류한 바도 있다는 이색적인 이력의 소유자였다. 곱슬머리에 시커먼 구레나룻을 기르고도 쓱 신사복을 입고 다니던 샐러리맨이었는데, 일본인치고도 유달리 하얀 얼굴에 착한 심성이 뚝뚝 배어나던 친구였다. 그의 근황이 궁금하다.

일본열도 탐험

2. 농부들은 더 바쁘다

—

—

—

어느 나라나 농부는 부모고 도시인은 자식이다. 일본도 예외는 아니다. 일본의 농부들도 죽을 둥 살 둥 일하면서 살아간다. 다만 다른 게 있다면 농부들은 어른답게 웃으면서 일하고, 도시인들은 웃을 여유도 없이 일에 멀미를 내고 있을 뿐이다.

일본의 도시인, 예컨대 월급쟁이·상인·서비스업 종사자들이 겉치레로 싹싹하고 이해관계에 따라서 적당히 굽신굽신하는 거야 익히 알려져 있지만, 그들은 하나같이 웃을 줄 모른다. 표정이 딱딱하게 굳어 있다 못해 더러는 짜증기까지 잔뜩 묻어 있다. 물론 매사에 진지한 면면도 많지만, 그래서 그런지 웃을 줄 아는 기능마저 퇴화해버린 것 같다.

니가타新潟 현 다케노 정竹野町에서 농사를 짓고 사는 야마다 고이치로山田小一郎(41세) 씨도 여느 일본 사람과 마찬가지로 돈벌이에 영일이 없다. 야마다 씨는 이때까지 쭉 그래왔듯이 해가 갈수록 일하는 데 더 재미를 붙일 게 틀림없어 보이고, 자연히 돈벌이도 점점 더 나아질 게 분명하다.

그가 술술 들려주는 현재의 돈벌이 사정과 앞으로의 전망을 대강 정리해보면 이렇다.

다케노 정 마을에는 105가구가 사는데 반 이상이 농가다. 비농가는 대개 바깥주인들이 농사를 짓지 않고 인근 도시의 직장에 나간다. 농사보다는 그쪽의 수입이 낫기 때문이다. (일하기를 즐기는 백성이라 어느 쪽이 더 편하고 덜 고된지 따위를 따지지는 않는 듯하다. 요컨대 모든 경우의 잣대는 오로지 돈이고, 그 액수의 고하다.) 농촌도 일손이 부족하기는 마찬가지라서 비농가의 안식구나 늙은이들은 '아르바이트'로 시간당 550엔에서 600엔씩 벌 수 있다.

다케노 정 마을은 일찍부터 쌀의 명산지로 널리 알려져왔다. 다른 지방에서는 1아르당 13가마씩 소출을 내지만 가마당 1만6000엔밖에 못 받는다. 그러나 다케노 정 마을에서는 1아르당 10가마 정도 수확하며 2만2000엔에 출하한다. 또한 사철 내내 쌀의 품질을 유지하기 위해 모든 수확물은 일단 저온 창고에 보관한다.

일본의 농가도 논농사는 워낙 품이 많이 들고, 수입은 시원치 않으며, 묵은쌀 때문에 골치를 썩이는 터라 정부에서도 논을 묵히면 오히려 장려금을 주는 형편이다. 원래 쌀을 주식으로 삼는 종족은 왕성한 번식 능력을 타고난다는 학설이 있는 터인데, 이제 일본과 한국은 쌀농사를 기피하고 있을 뿐만 아니라 남녀노소가 다들 앞 다퉈 빵이나 피자 같은 밀가루 음식을 선호하고 있으니 장차 인구 감소 현상이 현저할 것이라는 예상도 내놓을 만하며, 실제로 그런 징후가 보이고 있기도 하다.

(한국 농촌과 대동소이하게 농번기/농한기가 없어져버린) 다케노 정 마을은 15년 전부터 수박 농사와 감 농사에 집중적으로 투자해왔다. 특히나 해발 8미터에서 20미터쯤 되는 둔덕을 개간하여 감나무를 심었는데, 온 마을이 8년 동안 쌀농사에서 거둔 소득을 몽땅 이 환금작물 농사에 쏟아부었다고 한다. 그런데 이 마을에서 따는 감은

매우 떫어서 막 먹기에는 무리지만 식초로 가공하면 의외로 그 당도가 단감보다 훨씬 더 높아서 이제는 전국적으로 호가 나 있다.

이처럼 투자 의욕도, 부가가치 높이기도 이미 비즈니스형인 일본 농민들의 '농사짓기=돈 벌기'는 거의 극성스러울 지경이다. 가없이 펼쳐진 감밭의 관개시설이 완전 자동화되어 있는 현장이 그 좋은 실례다. 수도꼭지만 틀면 맑은 지하수가 언제라도 콸콸 쏟아져 나오고, 방제용 트럭을 공동 구매해 품앗이하며, 감밭 사이의 길도 아스팔트로 말끔히 포장되어 있다. 도로포장비는 감밭 주인들이 반을 내고, 니가타 현이 나머지를 보조했다고 한다. 농가마다 자동차가 한 대 이상씩 있으니 일의 능률도 높고 농사짓기가 재미있을 수밖에 없다.

―감농사를 얼마나 짓고 있나?

영농가답게 야마다 씨의 대답은 수월하다.

"감나무가 1500주쯤 되는데 과수 농사는 시세에 따라 수입이 달라질 수밖에 없지만, 수확의 반을 이익이라고 보면 대강 맞아 들어간다."

―감농사로 연간 소득을 얼마나 올리나?

"1000만 엔쯤 된다. 물론 사소한 영농비를 빼고도 그 정도는 내 손에 떨어진다."

함께 두렛일을 하고 있던 이웃집 농부가 웃으면서 "그것보다는 훨씬 더 올린다"라고 거들자, 야마다 씨는 "자네보다는 못하잖아"라고 대들며 "저 친구 부친께서 처음으로 우리 마을을 감밭 단지로 만들자고 한 어른이라 늘 고맙게 생각하고 있다"고 덧붙인다. 그야말로 화목한 이웃사촌들이다.

―밤에는 주로 어떻게 지내나?

"술도 마시고, 동네 친구들과 마작으로 밤을 새울 때도 있다."

―농촌이라 아무래도 무료할 텐데 다른 취미는 없나?

"골프 클럽 회원이라 가끔씩 필드에 나간다. 물론 일이 바쁠 때는 엄두도 못 내고, 인도어 골프장에는 주로 밤에 가는데 스트레스가 풀려 육체 건강보다는 정신 건강에 좋은 것 같다."

―겨울 한철은 그래도 한가할 텐데 어떻게 보내나?

"고속도로 제설 작업을 한다. 매년 평균 55일 동안 일하는 셈이다. 이 지방은 겨울철에 눈이 워낙 많이 퍼부어서 부수입을 올려준다. 일당 1만 엔씩 받는데 대략 하루 12시간씩 일하는 셈이다. 이 부수입으로 돈을 버는 것보다도 다른 마을 소식도 듣고 세상 구경하는 재미가 만만찮다."

―자원해서 하는 일인가? 힘들지 않나?

"눈이 많이 쌓이면 당장 나부터, 또 우리 마을이 불편하니까 치워야 한다. 솔선수범이라면 너무 거창하고 내가 일이 하고 싶어 찾아간다. 눈도 아무렇게나 치울 수는 없으니까. 돈도 벌고 우리 고장 일이라고 생각하면 신바람이 저절로 난다."

―논농사도 짓는가?

"노친네와 집사람이 짓는데 우리 가족 일곱 명이 먹고 가용할 만큼 소득을 올린다."

사철 내내 부지런히 일함으로써 삶의 보람을 찾는 농부 야마다 씨에게는 걱정거리가 없어 보인다. 바라는 게 하나 있다면 재수생 맏아들이 다가오는 대학 입학시험에서 소원하는 대학에 붙여주는 것이다.

후일담 2 | 새색시 방 정리하듯이

그날은 햇볕이 쩅쩅 내리쬐고 꽤나 더워서 땀을 뻘뻘 흘렸던 기억이 남아 있다. 두렛일을 함께 하던 예닐곱 명의 농사꾼이 남자나 여자나 하나같이 챙 달린 모자, 머리 수건 따위를 덮어쓰고 있었으니까. 안내를 맡은 공무원이 한국의 언론매체에서 취재차 왔다니까, 대번에 말을 아끼면서 유달리 '신중 모드'로 바뀌던 그 빳빳한 모습이 지금도 눈에 선하다. (아마도 내 통역자가 도쿄대 대학원에서 정치학을 전공하던 박사과정의 학생이고, 그가 자신의 그 '거창한' 신분을 적어놓은 명함을 건네면서, 나를 한국에서 온 유명한 작가라고 소개하는 통에 일본 벽지의 공무원은 더 정색했던 것 같다. 굳이 명명한다면 '일본열도 탐험'이라는 특정의 시리즈물을 쓰기 위해 임시로 불려나온 '객원기자'가 내 신분이겠는데, 일본지사에서는 지사장과 주재특파원이 앞 다퉈 내게 명함을 만들어서 취재에 나서라고 권했지만, 보잘것없을망정 내 것을 놔두고 남의 옷을 빌려 입지는 않는 내 성정을 감추면서 나는 서둘러 사양했다. 나의 그런 소심한 자기은폐증 때문에 번번이 내 통역자가 귀찮게 내 신분을 소개하느라고 애를 먹었다. 그에게 고맙다고 할 것도 없는 것이, 그런 식으로 생면부지의 '일본 서민'과 자연스럽게 말을 터야 하는 그의 일을 내가 도와준 셈이니까.) 그러나 여기저기를 마음껏 둘러보라면서 내젓는 그 공무원의 손짓에는 '적어도 이 정도다'라는 자부심이 잔뜩 껴묻어 있었다. 과연 그럴 만하고도 남았다.

'농사는 일본 놈들이 정말 반듯반듯하게 잘 짓는다, 우리 조선 사람은 도저히 못 따라간다'는 어른들의 허탈한 역정과 만부득이한 역성을 어릴 때 숱하게 들어온 내가 보기에도 일본의 농가, 논밭 경지,

농부들은 더 바쁘다

과수원, 채마밭 주위는 쓰레기조차 잘 갈무리해놓은, 굳이 비교하자면, 야무진 새색시 방 이상으로 정리정돈이 잘되어 있었다. (오늘도 떼를 지어 일본의 전국 각지를 리무진 관광버스에 합승 또는 분승하여 돌아다니는 한국 관광객들은 반드시 눈독을 들여서 봐둬야 한다, 일본의 농경지 주위가 얼마나 깔끔하게 정리되어 있는지를. 소위 일을 끝내는 마무리 기술, 일본말로 '시아게' 능력이 우리보다는 한 수 윗길인 것이다. 내 분별안에 따르면 우리의 그만그만한 '흐지부지 처리력' 내지는 '용두사미식 끝내기 능력'은 워낙 타고난 유전인자이든가 '전통적인 방식'에 기대고 있어서 배운다고, 또 가르친다고 개신될 여지도 없어 보인다. 우리의 살림살이를 유심히 들여다보면 우리는 온갖 것을 어질러놓고 사는, 그래야 사는 것 같은 이상한 습벽에 길들여져 있다. 어느 집이나 대동소이하고 주부는 나이가 들수록 점점 어지름벽이 심해진다는 것이 내 지론이다. 참고로 일본은 '제자리에 제 물건 놓고 살아가기'를 어릴 때부터 길들이는 듯하다. 가끔씩 자기만의 '정리정돈' 특기를 책으로 묶어내면 반드시 베스트셀러가 되는 일본 출판계의 '이상한 불문율'도 우리는 차제에 주목할 필요가 있다. 역사적인 실례도 허다하다. 조급한 '정리'로서의 세칭 '한일합방' 이후 주군이 조인을 했는데 백성이나 지사가 무슨 독립운동을 한단 말인가 하고 일본인들은 조선인을 이해할 수 없다고 했다는데, 이런 대목도 '정리벽'의 해석과 실천에서 양국 국민은 현격한 심경적 차이를 보이고 있다. '한일기본조약'에서의 억지스런 '정리'에서도, 그것이 아무리 법적인 구속력을 갖는다 하더라도, 아직 양국은 심각한 견해 차를 보인다. 일본인의 심성에 도사린 강박적 정리벽은 병적이라기보다는 단연 기질적이다.)

일본열도 탐험

피취재자의 선정도, 시종일관 동행한 그 공무원이 지 발길 닿는 대로 앞장서서 감밭 사이로 난 신작로를 걸어가다가, 문득 서로 안부 인사를 주거니 받거니 하더니 그 자리에서, 당신이 한국 신문에 이름을 좀 내보라고 권하는 바람에 즉석에서 정해졌다. 매스컴 따위와는 평생토록 무관하게 살아갈 농부라서 그랬지 않나 싶은 게, 야마다 씨는 머뭇거리거나 주위 시선 따위에 개의치 않고 수월수월 자기 살림 규모를 털어놓았고, 그때마다 두레 일꾼들이 싱글벙글거리며 참견을 보태곤 했다. 개중에는 30대 중반쯤의 키 큰 안경쟁이 농사꾼도 하나 있었다. 그는 도시생활에 지친 나머지 주경야독하려고 시골로 내려왔다면서 얼굴에도, 말씨에도 벌써 인텔리로서의 '먹물'이 많이 배어 있었고, 귀농 초기인지 꽤 의욕적이었다.

　　취재가 한창 무르익어가자 중년 부인 한 명이 손짓으로 지척에 질펀히 펼쳐진 짙푸른 밭뙈기를 가리키며 저 밭에서 방금 따왔다는 수박을 내놓았다. 감나무 밑 땅바닥에 쪼그리고 앉아서 건네주는 대로 수박 두어 조각을 얻어먹었는데, 수박 맛이야 일본 것이나 우리 것이나 별다를 게 없는 터라 그랬는지 이렇다 할 인상이 남아 있지 않다.

3. 히로시마 원폭피해, 그 비극의 내면화와 외면화

—

—

—

일본의 8월 15일은 종전일終戰日이다. 전쟁이 끝난 날이라니까 틀린 말은 아니다. 전쟁에 졌다는 '패전敗戰'을 지워버리는 이런 묘한 명명법에서 일본인 전반의 국수주의적 자의식, 나아가서 적국이나 참전국등을 도외시하는, 소위 '타자 배제'를 기본 축으로 삼는 자기중심주의적 역사 인식을 감지할 수 있기도 하다. 정도의 차이는 있겠지만, 어느 나라나 자국민 제일주의가 '집단 무의식'으로 암류하고 있을 터이나, (객관적인 잣대를 대더라도) 일본은 좀 심하다는 것이 내 시각이라기보다 세계적인 여론이기도 할 것이다.

그럼에도 불구하고 종전일의 이면에는 패전일이 웅크리고 있으므로 일본인들은 대체로 8월 15일을 잊으려고 한다. 내가 잘못 보지 않았다면 매스컴조차도 종전에 대해서만 어색한 침묵으로 일관하고, 일반 시민들도 라디오 방송으로 천황 폐하의 '옥음'을 듣고 온 백성이 엎드려 방성대곡한 '그날'에 대해서는 관심이 없다. (신문이든 방송이든 일본의 모든 언론매체는, 외부인의 시각으로는 어느 특정 사건 내지 사실에 관한 한 무척이나 호들갑스러운 보도 방침을 주특기로 삼고 있어서, 왜 저러나, 좀 심하다며 어리둥절해하는 경우가 잦은데 '종전일'은 예외적으로 '축소지향'을 일삼는다.)

전반적인 기류가 이러한데도 7월 말쯤부터 단연 단골 뉴스메이

일본열도 탐험

커로 등장하는 '국민적 어젠다'는 히로시마의 '겐바쿠原爆'다. 올해도 (1990) 지난 7월 28일 밤에 한 TV에서는 작가·영화감독·사회당 소속의 중의원 의원·평론가 등 10여 명의 말 잘하는 유명 인사들을 불러놓고, 장장 서너 시간에 걸쳐 토론을 벌였다. 이런 자리에는 외국인도 몇 명씩(그들의 일본어 구사력은 일본인도 뺨칠 정도다) 꼭 참석시키는 게 일본 TV들의 한 관습이라는데, 그날도 네 명의 '친일파' 성향의 외국인이 들러리로 불려나와서 일본인 참석자들의 열띤 중구난방을 싱겁게 듣고만 있었다.

그런데 막상 아주 요긴한 기삿거리라면 지난 8월 6일 오전 8시 15분에 거행한, 무척 간소해서 기념식이랄 것도 없는 의식을 들 수 있다. 곧 히로시마 시 중심부에 있는 평화기념공원 안의 위령비 앞에서 검은색 정장 차림의 가이후 도시키海部俊樹 일본 총리가 수많은 시민과 함께 묵념을 올린 연례행사가 그것이다. 45년 전 그날 그 시각에 원자폭탄이 히로시마 시 한가운데에 떨어졌기 때문이다.

한 통계에 따르면 당시 35만여 명의 히로시마 시 인구 중 11만여 명이 바로 그날 죽어갔고, 중상자 3만여 명, 경상자 4만8000여 명, 생사불명자가 3000여 명이었다고 한다. 투하 지점에서 반경 8킬로미터 이내의 단층짜리 집들은 흔적도 없이 사라졌다. 폭발 후 30분이 지나고는 이른바 '검은 비'라는 미증유의 방사능 낙진이 하늘로부터 하염없이 쏟아져서 말세기적 공포 분위기를 더더욱 가중시켰다고 한다. 이 '검은 비'는 지금까지도 일부 문인들의 이야기 소재로, 또 화가들의 오브제로, 은유로 다양하게 변주·심화를 거듭함으로써 '문명사적' 주제의식의 한 핵심이 되어 있다.

당시 히로시마 시 변두리에 살았던 오다치 사치코大立幸子(80세) 할머니를 만나 경험담을 들어보았다.

대동아전쟁에('태평양전쟁'의 일본식 명칭인데, 크게는 중일전쟁까지 포함시키지만 좁게는 또 알기 쉽게는 미일전쟁이다. 대체로 말해서 일본의 명명법은 광범위하고, 그만큼 큼지막해서 부풀려져 있다. 물론 군국주의 체제하에서의 국수주의적 발상이다) 남편을 잃은 오다치 씨는 그즈음 자식 둘을 데리고 언니와 함께 식료품 가게를 꾸려가고 있었다. 바로 그날 그 시각에 그녀는 마침 볼일을 마치고 골목길을 돌아서는데 갑자기 폭풍이 때려쳐서 나둥그러졌다. 잠시 후 몸과 마음이 뿔뿔이 겉도는 몽롱한 상태에서 걸어가다보니 신발이 없는 채였고, 종아리가 하얗게 변색되어 있었다. 비틀거리며 간신히 집에 돌아오니 언니가 '셈을 하던 길가의 손님이 순식간에 내 눈앞에서 날아가버렸다'고 했다. 오다치 씨는 시간이 흐를수록 자신의 살갗이 벗겨지고 터지다가 나중에는 묽은 반죽처럼 축축 늘어지는 처참한 증상을 속수무책으로 지켜볼 수밖에 없었다. 오전 중이었지 싶은데, 오줌을 누이려고 네 살짜리 막내애를 들어올리니 자신의 가슴살이 애 몸에 달라붙어서 떨어질 줄 몰랐다.

지금도 오다치 할머니는 매일 링거주사를 맞으며 살아간다. 일본 정부는 오다치 할머니에게 매달 2만8000엔씩 보상금을 주고 있다.

"소개疏開를 갔다가 엿새 만에 집으로 돌아와서 언니와 함께 오이즙을 내서 마셨어요. 지금 이 정도나마 얼굴을 하고 있는 것도 오이를 썰어 붙인 덕분이에요. 언니는 물을 많이 안 마셔서 4년 후에 죽었어요. 살갗이 안 터진 사람들도 다 죽어갔어요. 나는 물을 많이 마셔서 살아남았던 것 같아요. 무서워요. 전쟁은 정말 너무 무서워요."

오다치 할머니처럼 전 생애를 전쟁의 피해자로 살아가고 있는 사

일본열도 탐험

람이 히로시마 시 일대에는 아직도 부지기수다. '원폭 병원'에 지금도 신음 중인 환자가 300여 명이나 있다는 것이 그 단적인 증거다.

그러나 젊은 세대는 원폭의 피해 따위에는 아랑곳없다. 히로시마 출신의 와세다 대학 상학과 4학년생 모리나가 리쿠이치로森永陸一郎 군은 이렇게 말한다.

"비행기 조종을 배우기 위해 미국 사우스다코타 주로 1년 동안 유학을 가려고 했을 때, 아버지가 우리 고장에 원폭을 떨어뜨린 적국에 왜 가려고 하냐며 말렸어요. 그래도 나는 갔어요. 어릴 때부터 미국 문화, 미국적인 생활 감정 일체를 선망하면서 자랐거든요. 미국 유학생활을 하면서 비로소 내가 일본인이라는 자각을 생생히 했어요. 일본은 이때껏 아시아를 관심권 밖으로 내몰고 서구 지향 일색의 길을 걸어왔어요. 이 점은 누구도 부인하지 못할 거예요. 물론 잘못됐지요. 세계 각국은 호혜평등의 입장에서 공존해야 한다고 생각해요. 우리 세대는 미국을 적국으로 보지는 않아요. 원폭이 무서운 줄이야 잘 알지만. 글쎄요, 아주 복잡한 문제예요."

일본의 전전 세대와 전후 세대는 이처럼 이질적이다. 이런 블랙코미디 같은 공존공생에도 탁월한 '경제력'이 소화효소제 역할을 톡톡히 감당하고 있는지도 모른다.

때맞춰 일본 신문들은 '고르바초프 소련 대통령, 내년 봄 방일訪日 희망, 원폭의 도시 히로시마 방문도 강력 시사' 같은 헤드라인을 일제히 터뜨리고 있다. 일본은 '원폭피해'마저도 본말 전도로, 좀더 구체적으로 말하면 그것의 '원인 제공' 같은 사안을 덮어버린 채로 어떤 호소력 좋은 '상품'으로 팔고 있다는 느낌을 지울 수 없다.

후일담 3 | 전쟁의 상흔을 분식粉飾하는 능력

오다치 할머니를 소개해준 사람은 히로시마 시 한복판에 있는 자그마한 한 사찰 고묘 사光明寺의 주지 우스이碓井(유감스럽게도 그의 이름을 까먹었다. 명함·개인전 개최 알림 엽서·연하장 등도 여러 번의 이사 중에 잃어버린 모양이다) 씨였다. 그는 앞서의 구레나룻 샐러리맨 다지마 씨의 죽마고우로서 그 전해인가 내 개인적인 자료 취재에도 많은 도움을 주고, 그의 사찰에서 하룻밤을 재워주기도 한 구면이었다. 더욱이나 예의 그 '검은 비'를 추상화 형태로 그리는 과작의 화가이기도 한데(그의 학력을 공개하기는 멋쩍지만, 그 명문 예술대에 입학하기 위해 3수도 불사한다는 한 국립대 서양화과에 단 한 번 응시로 합격, 졸업한 우스이 씨의 그림 솜씨는 나와의 연필 필담 교환에서도 번득였다), 그의 부인도 미인인 데다 요리 솜씨도 뛰어나서 나로서는 그의 두 가지 생업이자 자유업 자체는 말할 것도 없고, 전형적인 일본식 목조 가옥 겸 사찰을 깔끔하게 꾸려가는 그의 가정생활 일체가 부럽기 이를 데 없었다.

우스이 씨에게 통역생을 대동한 내 임시직을 설명하고, 원폭피해자를 소개시켜줄 수 없겠냐고, 좀 무례하고 가당찮은 부탁을 내놓자, 사찰 주지답게 사려 깊은 눈매로 이쪽을 직시하더니, 좋은 일이다, 얼마든지 소개시켜주겠다면서 구체적으로 어떤 사람을 원하느냐고 묻기까지 했다. 청탁자로서는 잠시 어리둥절해 있으려니까 통역생과 한참이나 말이 길어지더니, 그쪽에서는 남자나 여자 중 어느 쪽을 원하는가, 또 중상자나 경상자 중 어느 쪽이 편하겠는가 등등을 알아보느라고 그랬던 모양이다. 설왕설래 끝에 알아서 누구라도 주선해달라고, 글을 쓰기 나름이라고 했더니 여러 사정과 편의를 고려해서 혼자 걸어다니기에는 불편함이 없는 오다치 할머니를 선택했던 것 같고, 내 짐작이지만 우스이 씨 자신의 사찰 신도 중 한 명이 알음알이에 다리를 놓고 말 심부름을 하는 눈치였다. 인터뷰 장소도 당연히 불상을 모셔둔 그 사찰 내의 냉방 시설을 갖춘 법당이었고, 우스이 씨는 멀찍이 떨어진 한쪽 구석에 앉아서 이쪽의 취재 현황을 귀담아듣기만 할 뿐 일체 말이 없었다.

여러 대목에서 기억이 좀 흐릿하지만, 오다치 할머니는 허리도 꼿꼿하고, 일본 여자들의 일반적인 앉음새인 그 무릎 꿇고 앉는 자세도 그런대로 여의로웠던 것 같다. (물론 몇 번이나 앉음앉음을 고치기는 했고, 그때마다 노령의 불편함을 억지로 참아내고 있었다.) 인터뷰 내내 손수건으로 눈물을 찍어내기는 했을망정 45년 동안이나 그 모진 환부의 고통을 이겨낸 사람답게 슬픔을 차곡차곡 내면화한 기품이 온몸에서 풍겨 나오는 노친네였다. 요즘도 TV 뉴스에서 흔히 볼 수 있는, 대규모 인명 사상 현장에서 유족들이 목 놓아 울부짖는 장면을 시청하게 될 때, 나는 더러, 저게 무슨 쇼인가, 망자에 대한 자신의 슬픔을 저처럼 남의 눈을 의식하면서 '연기하듯이' 해야 할까, 진정으로 절절한 슬픔이야 저런 식으로 드러나지는 않을 텐데, 하는 생각을 엮게 된다. 요컨대 인간으로서의 진정한 기품은 참혹한 비극 앞에서 곧이곧대로, 그러니까 내면으로부터 우러나고 만다는 게 내 평소 소신이다.

오다치 할머니의 솔직한 경험담 술회에는 어떤 가식이나 분식도 비치지 않았다. 하기야 그이의 연륜도 이미 어떤 과장과는 한참 멀리 떨어져 있었다. 그런데도 한창 나이에 남편을 잃고, 과수댁으로 자식 둘을 힘겹게 키우며, 그처럼 혹독한 원폭 후유증까지 온몸으로 겪어

내며 살아왔음에도 누구에 대한 원망도(이 경우는 전쟁 당사국인 일본과 미국이겠는데) 비치지 않음으로써 인간이 보여야 할 어떤 의젓한 기품을 가감 없이 체현하고 있었다.

오다치 할머니의 외모는 살갗이 좀 뒤틀려 있긴 했어도 의외로 그렇게 흉물스럽지는 않았던 것 같다. 아마도 고령의 노친네여서 그 나이의 주름살 많은 보통 늙은이를 연상하느라고 그런 느낌을 받았던 듯하다. 그러나 치렁치렁한 길이의 원피스를 입은 맨 팔뚝의 흉터는 역시 징그러웠다. 이제는 자신의 그런 신체적 비정상을 부끄러워하지도 않는다는 듯 아주 태연했는데, 그런 자태도 평생토록 전쟁의 상흔을 꿋꿋이 참아내면서 살아온 이력을 한 점도 흐트러짐 없이 드러내는 듯해서 저절로 숙연해졌다. 또한 당신 자신에게 떠맡겨진 소임은 이런 증언을 누구에게라도 전하는 것뿐이라는 듯이 조금도 싫은 기색을 내비치지 않고 나직나직, 그러나 띄엄띄엄 들려주던 그 성실하고 곡진한 자세도 돋보였다. 인터뷰를 마치자 고묘 사 입구 마당에서 몇 번씩이나 허리를 굽히고 나서 고요를 한 아름 두르고 멀어지던 그이의 뒷모습도 아직 내 뇌리에 남아 있다. 그때서야 차마 물을 수 없었던 여러 의문이 돌아서는 내 발길을 묵직하니 가로막고 나섰다. 이를테면 그 오이 마사지 요법의 특효성을 어떻게 알았는가, 소개는 어디로 갔는가, 차편은 누가 제공했는가, 식사는 어떻게 할 수 있었는가, 피폭 후의 치료 및 구호활동은 관官이 주도했는가, 아니면 군軍이 지휘했는가, 그 후 두 자식에게는 후유증이 없었는가, 그들을 어떻게 키웠는가 등등의 질문이었다. 전쟁의 상흔이 얼마나 오래도록 전신을 할퀴는지, 그 고난이 얼마나 모질고 쓰라린지에 대해서는 나도 경험자로서 뼈저리게 알고 있기 때문이었다.

우스이 씨는 때가 때인 만큼 마땅히 둘러봐야 할 일정이라는 듯이 나와 통역생을 히로시마 시의 평화기념공원으로 안내했다. 그러잖아도 꼭 한번 찬찬히 둘러볼 작정이었으므로 불감청이언정고소원이었다.

그날은 마침 하늘로부터 불볕더위가 마구 퍼붓던 날씨에다 '견학'이 끝나는 대로 우리 일행은(우스이 씨를 따르는 지인이 한두 사람 껴묻어 있었다) 시내에서 점심을 사 먹기로 되어 있었으므로 대낮에 평화기념공원에 도착했다. 흔히 부르기 쉽게 '히로시마 평화공원'이라고 하지만, 막상 짙푸른 숲 같은 것은 없고, 토관 같달까 지상으로 돌출한 방공호 같은 아치형의 콘크리트 추모비, 그 주위의 넓은 광장과 네모반듯한 잔디밭, 평화기념관, 박물관, 전시관, 도서관, 그 너머에 피폭 당시의 앙상한 철골을 그대로 보존한 소위 '원폭 돔' 등을 포함하고 있다. 이 대규모의 전 지구적 '평화 공세' 프로젝트는 일본이 자랑하는 세계적인 건축가 단게 겐조丹下健三의 작품으로 알려져 있다. (나중에 안 사실이지만, 일본 정부는 이 '히로시마 프로젝트'를 1949년에 기안, 공모해서 단게 겐조가 당선되었으며, 1952년에 완공, 개장했다. 한국동란이 치열했던 그 당시 우리의 헐벗은 사회 형편을 떠올리면 착잡해진다.) 그가 평소에도 내게는 스승이 두 분 있다, 미켈란젤로와 르코르뷔지에가 그 사람들이다라고 언명한 데서도 드러나듯이 일찍이 일본의 전통적인 건축 미학을 탈피, 서양의 현대 건축술을 적극적으로 수용, 정착시킨 국보적인 존재가 바로 단게 겐조다. 이 정도의 정보는 누구라도 신문 지상을 통해, 또 사진으로 보아 알고 있는 수준인데, 일본 사람들은 역시 장인에 대한 예우에 관한 한 소홀함이 없어서 '히로시마' '겐바쿠' 등의 말만 나오면 당연히 단게 겐조를 들먹이며 일정한 경의를 표하는 데 인색하지 않았다. 그렇잖아도 집, 건물, 기념비, 조각상 등을 둘러보길 즐기는 내 취향도 발동하여 차제에 눈요기나 해두자는 심사였다.

막상 택시를 타고 허둥지둥 당도하니 우리 일행처럼 삼삼오오 떼 지어 어슬렁거리는 소규모의 견학단만 드문드문 보일까, 그 넓은 평화의 광장의 밀도는 의외로 휑뎅그렁한 쪽이었다. 흔한 상투어대로 '눈부신 햇살'만 내리쬐고 있어서, 45년 전 피폭 당시의 정경을 떠올리기는 무리였다. 잔디밭 옆의 황토색 땅바닥을 밟고 지나가려니까 스무남은 명이나 될까 싶은 연좌 시위대가(무슨 내용의 '궐기'인지는 당연히 기억할 수 없지만, 십중팔구 '원폭/세계평화' 같은 큼지막한 구호를 들고 나왔을 것이다) 플래카드를 앞세우고 통솔자의 선언문 낭독에 귀를 기울이는 광경이 보였다. 나는 속으로, 무슨 데모를 저처럼 한가롭게 옹기종기 모여서, 땡볕을 곱다시 덮어쓰고서는 퍼대고 앉아서 하고 있나 하는 생각만 간추렸다. 우리 일행의 인솔자 우스이 씨도 자신의 본업 두 가지가 워낙 탈세속적인 터라 그런 광경에는 태무심했다.

역시 피폭 당시의 처참한 광경, 그 후의 죽음의 행렬, 흉측한 부상자들의 치료 정경 같은 볼거리를 대형 복사판 사진으로 꼼꼼하게 수집, 전시해둔 일본인 특유의 '정리벽'은 뛰어났다. 물론 그 밑바닥에는 '이런 생지옥 같은 폐허 속에서 오늘날의 경제대국을 이룩한 일본인의 자부심' 따위가 얼쩡거리는 것도 사실이었다. 그런 착잡한 심사를 다독거리는 한편 기록물로서의 흑백 사진의 위력을 절감했으므로, 아마도 그때 나는 앞으로 사진을 찍는 취미는 적극적으로 사양할망정 사진집은 국내 것 국외 것을 가리지 않고, 부지런히 '열람'해야겠다고 다짐했을 것이다. (내 고질의 성정 중 하나는 게으름이고, 따라서 그 소위 '기계치'일 수밖에 없는데 어떤 사물과의 직접적인 접촉을 통한 생경함보다는 책 같은 볼거리나 내 특유의 '상상'을 통한 간접체험이 더 편하고 만만해서다. 이런 성정의 고착은 어릴 때부터 늘 그 '비용'의 충당을 먼저 떠올릴 수밖에 없는 어려운 가정 형편과도 관련이 있을 테지만, 더 근본적으로는 '취미 개발'에 투자할 내 자신의 의욕·시간·정열·여유 따위가 태부족임을 지천명의 나이에 이르러서야 깨달았다.)

이윽고 관람이 끝나고 전시장을 빠져나오려니까 감상을 적는 두툼한 방명록이 책상 위에 펼쳐져 있었다. 무슨 느낌을 글로 간추려서 내 '흔적'을 남기고 싶은 생각은 추호도 없었지만, 그것도 볼거리임에는 틀림없어서 몇 장을 뒤적거려보았더니 어느 외국인이 괴발개발 그려놓은 'never… never… never…'라는 문구는 아직도 내 뇌리에 남아서 떨어질 줄 모른다. 물론 내게도 상투적인 것이나마 어떤 감상이 없지는 않았다. '도대체 우리 인류는 언제쯤 철이 들까. 권력·의지·승리·개선·충성·자랑 같은 좋은 말 뒤에 도사리고 있는 허무·망념·패배·굴욕·울분·참혹·비극 등을 직시할 수 있는 어른스러움을 어릴 때부터 교육시켜야 하지 않을까' 같은 것이었다.

그것 말고도 내게 볼거리는 많았다. '원폭 돔'과 추모비 너머에 있는 기념관 건물의 위용 자체도 그중 하나였다. 그때나 지금이나 사진 도판으로 손쉽게 열람할 수 있는 그 건물이 바로 단게 겐조의 초기작을 대표하는, 그의 명성을 세계적으로 띄워올린 기념비적 구조물이다. 르코르뷔지에의 발명품이라고 해야 마땅한 예의 그 필로티(말뚝) 공법을 대담하게 실천한 그 기다란 구조물의 단정한 자태는 어떤 고요와 정숙을, 나아가서 숙연을 강요하는 것이었다. 아마도 설계자는 넓은 광장이라는 주위 공간을 의식하면서 원폭 돔과 추모비를 가로막는 차폐물로서의 건물을 지어서는 안 된다는 작의를 처음부터 염두에 둔 게 아닌가 싶었다. 실제로도 건물 기둥 사이로 둥그런 외양의 추모비와 그 너머의 원폭 돔이 한눈에 다가든다. 그러니까 띄엄띄엄 박아놓은 굵은 기둥 위에 가볍게 얹어놓은 기다란 가로 줄의 납작한 구조물은 어떤 기교도 생략함으로써 소박한 반원형 모양의 추모비와 극적인 대비로서의 묘한 조화를 모색하고 있기도 하다. 그런데 알 수 없는 것은 그 기념비의 텅 빈 공간, 거기에 다가서면 사방의 경관을 둘러볼 수 있는 그 바닥을 깔끔하게 대리석이나 콘크리트 또는 돌로 다져놓을 수도 있었을 텐데 그냥 거친 시멘트로 노출시켜놓은 것이었다. 내 기억이 정확한지 알 수 없으나, 자잘한 자갈 같은 것도, 심지어는 흙 부스러기도 묻어나는 그 바닥의 자연스러움이 왠지 일본다운 깨끗함, 정갈미, 반드시 잔손질을 많이 댔다는 인공의 자취 같은 것과 겉돌아서 의아해했던 것은 분명하다. (하기야 그런 소박한 땅바닥도 설계자의 고심과 어떤 작의로서의 '간섭'을 드러낸 것이라면 어쩔 수 없이 수긍해야 할 테지만.) 지금도 그 바닥이 그대로인지, 다시 그 밑에서 추모비나 원폭 돔을 감상하면 어떤 구조물이 그 주변 경관을 어떻게 거느려야 하는지에 대한 새로운 느낌을 간추릴 수 있을 텐데, 내게 그런 기회가 올지는 알 수 없다.

뒤이어 정해진 탐방 코스가 원래 이렇게 짜이게 마련이라는 듯이 우스이 씨와 그의 추종자들은 침착한 걸음걸이로 좀 심란해지고, 이런저런 상념만으로도 점점 더 침통해지는 나를 '히로시마 평화기념공원' 바깥으로 몰아갔다. 인도한 곳은 반듯하게 각진 평화공원 외곽의 한쪽 구석에 세워진 '재일한국인 원폭희생자 위령비'였다. 대체로 개석蓋石 없이 비신만 덩그러니 세워놓은 기념비들이 그렇듯이 그것도 쓸쓸하나 묵직한 자태를 뽐내고 있었지만, 평화공원 영내에 들어가지 못한 그 버림받은 서자庶子 꼴의 위상 때문에 제 숙명을 한사코 오도카니 재우치는 것 같았다. 통역생이 한창때의 기운으로 다 같은 피해자인데 왜 이런 데다 방치하는가, 일본인들의 대對 조선인관은 근본적으로 시정되어야 한다는 항의성 의견을 내놓자 우스이 씨는 자신의 본업이 묻어나는, 뭔가 이상하다, 나로서도 알 수 없는 일이라는 듯이 머리만 갸웃거리고, 그의 신도(?)들은, 맞다, 항의하고 신문에 여론화시키면 언젠가는 평화공원 영내로 옮길 수 있지 않겠냐는, 번번이 임시방편의 호도책이나 내놓으면서 뭉그적거리는 공무원 같은 말솜씨로 당장의 불콰하니 달아오르는 장면을 얼버무렸다. 그 귀추가 궁금한데, 그 넓은 평화공원 영내로 위령비도 옮겨졌다는 단신을 읽은 듯도 하지만 확신할 수는 없다. 기억을 되살려보니 그 재일조선인 희생자 위령비의 외관은 튼실한 받침돌과 함께 상당히 조촐한 가운데 근엄했던 것 같다.

좀 부풀려서 말한다면 그때 히로시마 평화기념공원을 견학하고 나서 나는 일본인의 민족성을 읽어내는 코드 중 하나를 나름대로 잡아챘다고 장담할 수 있다. 그것은 섬나라 특유의 '타자 배제' 원칙이다. 그러니까 일본인들은 타자를 늘 의식한다. 그러나 그 타자들을 자기네의 의식 속으로, 더불어 관심권 안으로의 범접과 간섭만큼은 한사코 밀막는다. 우리끼리 어떻게든 꾸려갈 테니까 외부 사람들인 너희는 재일조선인 위령비처럼 멀찍이 떨어져 있으라는 것이다. 더 쉽게 말하면 우리의 오불관언을 너희도 따르라, 따르기 싫거든 관심을 거둬달라는 주문이다. 섬나라 안에서의 철두철미한 자족성이 아닐 수 없다. 외부인의 어떤 간섭, 도움도 받기 싫다, 그런 '관계 맺기'조차 성가시다(이것이 일본 특유의 '나홀로 식 정리벽'의 근간이다)며 그 귀찮음을 떨쳐버리는 수단 중 하나로서 예의 칼부림으로 무찔러버림을 일삼은 것이다. 이런 국민적 심성 체계는 실로 이상하고 무섭다.

덧붙여 말한다면 '하라키리'라는 할복 의식도 무책임한 '정리벽'으로서의 '죽음'을 구현하는 행위일 뿐이다. 더욱이나 자신의 신변을 말끔하게 치워놓고 살아가는 그 생활 습벽의 내면화가 '하라키리' 후 목까지 쳐버리는('가이사쿠介錯'라는 별도의 말이 전하는 대로 그것은 깨끗한 '정리벽'을 완성시키는 것이다) 무참한 '정리벽'을 미화하고, 교사한다. 그러나 한국인은 다르다. 자기 자신의 신변이 온갖 잡동사니로 어질더분해도 '저것이 저래 뵈어도 정이 들 대로 든 것인데 당장에 버리기는 아깝지' 하고 내버려둔다. 일상생활이란 어차피 그런 것이라서 깔끔하게 정리해봐야 다시 반복된다는 것을 아는, 일종의 '건전한 체념'을 기리며, 그냥 세월의 흐름에 맡기고 더불어 살아가는 것이다. (그래서 체념은 우선 편해서 좋다.) 우리는 그런 자연스러운 생활 감각에 익숙해 있다. 음식도 마찬가지다. 생선회가 대변하듯이 일본 음식은 정리벽으로서 자잘한 손길을 덧대서 인공의 미를 창출해내지만, 한국 음식은 비빔밥이나 총각김치가 말하는 대로 가급적이면 자연스러운 '원형'인 식재료 자체를 그대로 살려둔다. 두 나라의 이 차이는 크고, 이것이 양국의 문화적 지존이다.

4. 사토시마 어부의 소원

일본인들은 스스로 수산업국가라는 말을 흔히 쓴다. 사방이 바다로
에워싸여 있는 섬나라이기도 해서겠지만 일찍부터 쌀 다음으로 생선
을 주식처럼 생식生食해왔기 때문일 것이다. 전국 어디를 가나 생선초
밥집이 촘촘히 늘어서 있고, 생선초밥집 주인들은 손님이 들어서면
하나같이 퍼덕거리는 생선처럼 '이랏샤이마세'('어서오세요'의 공대말
인데 상인들의 전용어에 가깝다)를 외치며 신바람을 낸다.

대개의 일본인은 손님에게 생선회나 생선초밥을 대접하는 것을 큰
자랑으로 삼는다. 그런데 손님이 한국인이면 빠뜨리지 않는 말이 있
다. 김은 한국에서 수입한 것이고, 생선초밥은 아무래도 일본 것이
최고이며, 똑같은 생선이라도 칼질에 따라서 생선회 맛이 달라진다
는 천연스러운 자기 자랑이 그것이다. (그러나 한국에서 수입하는 생
선도 많을 텐데, 그런 사실에는 입을 봉한다.) 아무려나 생선회와 생
선초밥은 일본 고유의 음식이 틀림없겠으나, 공연히 한국의 생선초밥
과 생선회 맛을 경계하는 시새움으로 들려와서 번번이 고소를 금할
수 없다. 심지어 어떤 일본인은 '생선도 그 품질이 다르다'고 우긴다.
일본 근해에만 유독 양질의 플랑크톤이 서식한다는 과학적(?) 강변
인지 무언지 알 수 없다. (이런 국수주의적 발상은 한국에도 없지 않
다. 최근의 실례이긴 한데, 중국산 꽃게가 우리 것보다 품질이 더 떨

어진다는 주장이 그것이다. 이런 '바다 민심'은 일시적인 현상이지 싶다는 것이 내 잠정적 추론이다. 왜냐하면 모든 상품에 대한 평가는 결국 시장의 수요가 결정할 것이기 때문이다. 농산물이든 수산물이든 그것이 소위 박래품일 때는 공산품의 품질들과는 달리 우선 현지인의 입맛에 맞지 않으면 빨리 도태되고 말 테니까. 다만 무한한 식욕 앞에서는 맛의 고하를 따진다는 것이 부질없고, 싸구려 음식도 시장기 앞에서는 진수성찬일 뿐인데 '돈 걸귀'들 때문에 '가짜' 먹을거리조차 버젓이 통용되는 현실이 탈인 것이다. 물론 '근대' 이후의 선진국 부르주아들은 '미식'을 지나치게 탐함으로써 상대적 박탈감과 아울러 지구 문명 전반의 탈윤리를 조장하면서 지구 환경의 반反생태화를 가중시켜왔다.)

우리는 동해東海라고 부르고, 일본은 일본해라고 부르는 바다에 사토 섬佐渡島이라는 일본에서 제일 큰 섬이 있다. 그 사토 섬을 빤히 마주보는 어촌이 가쿠다하마角田濱다. 가쿠다하마에서 사토 섬까지는 불과 30킬로미터의 상거라 일망무제의 대해 한가운데 두둥실 떠 있는 거뭇거뭇한 섬의 자태는 실로 가경佳景이라 할 만하다.

스기토 다케오杉戸武夫(50세) 씨 일가는 대대로 가쿠다하마 마을을 지키며 살아온 어부다. 그의 부친(스기토 다츠로杉戸太三郎·75세)은 지금도 바다에만 나가면 20년은 더 젊어지는 것 같다는 짱짱한 노인인데, 세수수건으로 머리통을 질끈 동여매고 있는 품새마저도 우리 동해안 어부를 영락없이 빼닮았다.

스기토 씨 부자는 새벽 3시면 일어나서 5.1톤짜리 동력선을 타고 바다로 나갔다가 오후 4시쯤이면 어김없이 되돌아온다. 동력선이라고 하지만 냉동시설만 없을 뿐 집어 탐색, 투망, 포획, 인양 등의 어로 작업 일체를 대신해주는 여러 기계 장치를 골고루 갖추고 있다. 쉽게 말하면 기계가 바다 속의 물고기를 잡아주므로 작업 인원은 두 부자만으로도 족한 셈이다.

스기토 씨의 어장은 사토 섬 안쪽이다. 여름 한철에 잡아올리는 어종은 문어·낙지·정어리·게·광어·고등어·가자미·전갱이 등이다.

―물고기는 많이 잡히나?

"많이 잡힌다 마다. 4월부터 8월까지 가장 많이 잡힌다. 월평균 80만 엔어치를 목표로 잡고 있다."

―그러면 연간 소득이 대략 1000만 엔꼴인데 고소득층이 아닌가?

"지난달에 새 배를 사서 빚이 좀 있다. 고소득층이란 말을 염두에 둬본 적은 없다."

―배 값이 얼마였나?

"2000만 엔이다. 1200만 엔을 7년 분할 상환으로 어협에서 빌렸는데, 귀찮아서 4년 안에 갚을 참이다."

―전에 쓰던 배는 어떡하고 왜 굳이 새 배를 샀나?

"구형에다 2.5톤짜리라 성에 안 차서 바꿨다. 좀 무리였지만 역시 잘한 것 같다. 할아버지께서는 벌써 40년 전에 지금보다 더 큰 동력선을 가지고 고기를 잡았다. 앞으로 그만한 배를 갖는 게 남은 소원이다."

옆에 앉아 있던 스기토 씨 부인(다마코璋子·45세)이 거든다.

"이 양반이 큰 배를 갖는 게 평소 소원이었는데, 이제 그 원을 풀고 나니 지난달부터 이이 얼굴은 말할 것도 없고 집안 분위기도 한결 밝아졌어요."

3대가 한집에 사는 것도, 부인에게 여름 한철만 해수욕장의 민박업을 시키는 것도, 가족이 먹을 만큼 논농사를 짓는 것도, 또한 똑같은 바다에서 고기잡이를 하는 것도 아주 닮았건만 일본의 평균치 어부는 우리 동해안 어부보다 훨씬 더 잘산다. 왜 그럴까. 무슨 제도나 조직이 잘못되어서, 아니면 고기잡이배가 비능률적이어서, 고기 잡는 일솜씨가 떨어져서, 생선 수요가 상대적으로 적어서, 생선 값이 좋지 않아서 그럴까. 그 방면에는 문외한일 수밖에 없는 취재자의 의문은 끝없이 이어지지만, 모르긴 해도 우리나라의 그쪽 종사자들도 말만 부산스럽게 늘어놓을 테고 막상 올바른 '종합 대책'을 내놓지 못할 게 틀림없지 싶다.

스기토 씨에게 정부나 어협에 불만은 없느냐고 물었더니 '어항을 빨리 만들어줬으면 하는 것뿐이다'라고 선뜻 대답했다. 옳은 어항이란 방파제를 쌓고, 어선의 출어·귀항을 원활케 하는 시설을 갖춘, 나아가서 어획물의 양륙·처리·가공·저장 등을 일괄적으로 처리하는 설비 일체를 뜻하는 모양인데, 벌써 요구 단위가 우리와는 다르다.

흔히 일본인의 일반적 속성이라고 일컫는, 공동선을 위해서라면 개인의 이익보다 공동체의 이익을 더 소중히 여긴다는 선공후사先公後私의 정신을 실감하는 대목이다. 하기야 집단의 번영·안정이 없는 데서 개인의 행복이 마냥 보호될 리도 만무하건만 개개인의 이기적 수성獸性은 늘 뻔한 이 철리를 무시해서 탈이다.

후일담 4 | '작명'으로 꿰뚫는 본심

기억의 군데군데가 아주 흐릿한데, 취재 당일엔가 그다음 날엔가 스기토 씨의 농가에 초대받아 밥을 한 끼 얻어먹었던 것 같다. 통역생은 다른 볼일로 빠졌던 듯하고 나 혼자서 스기토 씨와 겸상 밥을 먹었던 것은 분명하다. 왜냐하면 부인이 옆에 앉아서 나무 조각으로 이어 맞춘 둥그런 밥통(이 나무 밥통에 밥을 퍼 담아둬야 밥의 수분을 흡수하며 고슬고슬해져 생선초밥용으로 제격이 된다고 한다) 속의 하얀 쌀밥을 퍼주었기 때문이다. 별다른 반찬은 없었던 듯한데(일본식 밑반찬이야 원래 그 양이 워낙 적고 단출하지만), 예의 그 생선 주식이 단연 이색적이었다. 곧 손짓으로 이렇게 따라하라는 그 주식 메뉴는, 거의 엽서 크기만 한 김을(역시 상대방의 기분을 배려하느라고 한국산이라는 설명을 빠뜨리지 않았다) 한 장 손바닥 위에 올려놓고 그 위에다 쌀밥을 한 숟가락 듬뿍 얹은 다음 큼지막하게 썰어놓은 생선회를 간장에 적셔서 쌀밥을 통째로 덮는 '생선회 쌈밥'이라고나 불러야 할 것이었다. 따끈한 밥맛과 찰기 좋은 생선회가 기묘한 조화를 이루는, 기막힌 음식이었다. 틀림없이 음식 이름도 말해줬을 텐데, 일본 어촌에서는 자주 먹는 전통적인 별식인 모양이었다. 지금도 그때의 소박하나 진심어린 대접을 떠올리면, 먹성 좋은 한국인들이 흔히 잔다랗기 이를 데 없는 일본 음식의 양에 대해 혀를 찰 때(그들의 과장이 심한 표현으로는 우표 크기만 하게 썰어 내놓는 김이라든지 밑반찬을 눈물만큼 또는 깨알만큼씩 담아낸다면서, 그 손이 작은 데는 아주 질린다고 머리를 휘휘 내두른다), 나는 속으로, 겨우 도회지의 장삿속 밥이나 얻어먹어본 주제라서 뭘 제대로 모르는구나 하고 싸늘하게 비웃는다. 그때의 그 푸짐한 밥상에 올라온 싱싱한 생선회는 당연히 스기토 씨가 그날 바로 잡아온 것으로 서너 종류나 되었던 듯한데, 물 좋은 빨간 고등어도 그중 하나였다.

말이 나온 김에 명명법, 곧 호칭 문제도 한일 양국에서 늘 초미의 관심사로 떠올라 있는 만큼 한번쯤 짚고 넘어가는 것도 그 의미가 상당하지 않을까 싶다. 곧 '동해'가 그것이다. 가치중립적으로 말한다면 한류와 난류가 뒤섞임으로써 사시장철 천혜의 황금어장을 형성한다는(그래서 다양한 생선이 많이 잡히고, 생선마다 맛조차 일품이라는) 약 100만 평방킬로미터 넓이의(한때는 지존의 문명국가였던 이집트의 국토 면적과 비슷하다) 이 바다의 반은 한국 쪽 호명인 '동해'로, 나머지 반은 '일본해'로 불러야 되겠지만, 지도상의 호칭 분별에서 그런 미시적 분류란 혼란만 초래한다고 기피하는 모양이다. 그러니 '동해'나 '일본해'는 전적으로 일방적이거나 편파적일 수밖에 없는 부실한 호명이다. 한쪽에서는 '서해'를 엉뚱하게 부른다고 할 테고, 다른 쪽에서는 '한국해'나 '조선해'를 고집할 수도 있겠기 때문이다. 그래서 한국에서는 여전히 일반적으로 '서해'라고 부르나 세계지도상에는 '황해'로 지칭하는 예를 빌려와서 '청해淸海'라고(청해靑海는 중국의 지명이므로) 하자는 나름의 합리적인 대안을 내놓고 있기도 하다.

앞서도 간략하게 지적한 대로 일본의 명명법은 대단히 우람하고, 그런 발상이 어떤 경우에는 싱거운 말처럼 재미있다가도 찬찬히 따져보면 얼토당토않은 '조작' 차원이라서 현저하게 '현실성'이 떨어진다. 심지어는 황당해지고 말아서 어떤 동화세계에나 있을 법한(애니메이션 같은 발상의) 작명이라는 생각마저 드는 것이다.

이를테면 대나무는커녕 나무 한 그루도 보이지 않고, 자랄 여건도 안 되는 돌섬인 '독도'에 '다케시마竹島'라는 호칭을 붙인 것만 해도 그렇다. 또한 오래된 역사적 사실이자 일종의 해묵은 관습 차원으로 받아들여야 할 테지만, '덴노天皇'라는 발상도 유머러스한 측면이 있는가 하면 한편으로는 분명히 신화적·비과학적·반역사적 호칭이다. 비행기 행렬이 지구별의 둘레를 매시간 별로 줄을 잇는 오늘날 '하늘'은 대기권 정도로, 아니면 태양계에서도 화성까지의 천체를 상징하는 게 과학적인 발상이다. (그 이상의 '하늘'은 천문학적으로는 의미가 있을지 몰라도 인류의 생활세계와는, 또 역사 인식으로서는 '전설적' 차원에 지나지 않는다.) 물론 그 호칭이 최초로 만들어졌을 때의 '하늘'의 의미는 다분히 비유적·상징적이고, 그런 의미에서도 모든 세속의 종교가 염두에 두는 그것과 유사하다고 해도 틀린 말은 아닐 것이다. 그렇다고 해서 지구상의 모든 제도에서, 그중 하나인 '이름 짓기'에서조차 엄정한 사실성·과학성·합리성의 잣대를 강요할 수는 없고, 또 그런다면 지나치게 삭막하고 재미없어지는 것도 사실이다. 어쨌든 '덴노'의 현대적 의미는 공상과학적인 함의도 없지 않은 채로, 그래서 미래지향적이라고 할 수 있을지 모르나 현실과는 일정하게 유리되어 있다. 오히려 이런 측면이 일본인 대다수에게는 외경의 대상으로서의 어떤 장엄미보다는 이웃집 아저씨 같은 친근미로 받아들여지고, 해당 분야에서 나름의 절대적 권위를 누리는 어떤 전문가에게조차 현대판 작위로 하사하는 모양인데(물론 그런 호칭은 매스컴의 과장된 표현법 중 하나다, 이를테면 '학계의 덴노'가 그것이다), 외부 시선, 그러니까 한국인의 눈에는 그런 호칭이 어떤 권위에 대한 희화화로 비치기도 한다. 그러므로 일본식 명명법은 엄연한 역사적 사실조차 애니메이션식으로, 쉽게 말해 신화적/동화적/공상적 어리광을 들이대는 측면이 없지 않다. 일본의 우익 정치가들이 걸핏하면 터뜨리는 망언은 물론 지역구에서 '표밭'을 의식한 계산된 돌출 행위라는 면면도 없지 않을 터이나, 한국과 중국의 식자들, 매스컴 종사자들의 한결같은 대응법, 곧 '한심한 일본 정객들의 역사 인식'을 다른 차원에서 접근할 필요가 있음을 알려주는 셈이다.

당연하게도 한자문명권의 한 지파를 형성하는 한국의 명명법에도 과대망상적 측면은 다분하다. 거의 금기사항으로 되어 있는 우리 국호인 '대한민국'의 '대大' 자는 반어법적일 수도 없는 허황한 겉치레일 수 있으며, '조선민주주의인민공화국' 같은 얼토당토않은 정치체제를 명시한 발상도 주목에 값한다. 내가 아는 한 한반도의 지정학적 위상, 역사적 문맥을 가장 솔직하게 읽은 사람은 백범 김구가 아니었을까 싶은데, 그의 어느 글에서, '작지만 문화를 아는 일등 국가를 만들어보자'는 염원이야말로 좀 단조롭고 동어반복도 자심한 『논어』의 핵심인 '정명正名 사상'에 가장 가깝다고 여겨지기 때문이다. 덧붙여 오래전부터 내 머리 속에서 웅얼거리는 강박관념 하나를 토로하면 이승만 이후의 역대 대통령치고 '말→어휘력→언어감각→정명사상'에서 그나마 자신만의 소견을 보여준 양반은 전무하다는 사실이다. 정치인 중에는 흔히 JP로 불리는 양반이 그중 풍부한 어휘량을 적재적소에 구사했다고 알려져 있는데('자의 반 타의 반'도 그의 실적이다), 그이의 그런 출중한 자질과 정치 감각이 일본의 대중 종합지 『분게이슌주文藝春秋』의 정기구독과 함께 각종 읽을거리의 다독 때문이 아닐까 하는 게 내 추측이다.

5. 일본의 그늘, 메시아를 기다리는 낙오자들

—

—

—

일본의 시골 사람들에게는 도쿄東京가 선망의 적이다. 특히 젊은이들은 누구나 도쿄를 동경한다. (한국에서 서울이 차지하는 그런 비중과는 전혀 다르다.) 지방의 어느 중소 도시를 둘러보더라도 거기에는 긴자銀座라는 상호가 즐비하고, 심지어는 거리 이름까지 아예 '긴자토리銀座通'라고 명명하는 것만 봐도 그 점은 확실하다. 그래서 그럴 텐데 우스개 삼아 아내 조종술에 관한 지침서만 없을 뿐 어떤 분야의 책이라도 각양각색으로 쏟아지고 있다는 나라답게 최근에는 『동경병東京病』이라는 장르 불명의 신간 서적까지 나와 있을 정도다.

그러나 오사카 사람들은 다르다. 한때 도요토미 히데요시豊臣秀吉가 전국을 호령했을 당시 그 근거지이기도 해서 오사카 사람들의 자존심은 유별나고 신흥 도시 도쿄를 차라리 깔보는 낌새도 역력하다. 오사카 사람들의 '도쿄 중심주의'에 대한 반발심은 거의 생래적인 것 같다. 먹을거리야 원래부터 오사카 것이 훨씬 낫고, 도쿄 근교 사람들은 예로부터 못살아서 음식을 먹을 줄도 모르며, 옷도 제대로 차려입을 줄 모른다고까지 헐뜯을 정도다. (역시 들은풍월인데, 여름 한철이면 일본인들이 누구나 즐기는 '장어덮밥'을 오사카 쪽에서는 밥 속에 장어구이 한 토막을 더 숨겨 먹는다면서 도쿄 쪽의 부실한 '우나기 돈부리'를 업신여긴다고 한다.) 한때의 수도이자 천황의 세거지가 있던 교토京都가 바로 지척에 있어서 오사카 지역의 그런 우월감, 양반의식은 상당한 근거가 없지도 않은 셈이다.

아무튼 오늘날의 오사카는 도쿄에 결코 뒤지지 않는 거대한 국제 도시다. 이런 오사카의 오늘이 있게 한 원동력을 보여주겠다는 일본인 친구의 친절이라기보다는 강권에 못 이겨 따라간 곳이 니시나리 구西成區였다.

니시나리 구역의 드러난 현주소는 하루 벌어 하루 먹고사는 이른바 '노가다'들의 집합소이지만, 전국 각지에서 모여든 온갖 종류의 범법자들, 인생 실패자들, 평생토록 '집 마련 걱정' 없이 사는 노숙자들이 만든 슬럼가이기도 하다. 그 점은, 니시나리 구역 한가운데에는 꽤 널찍한 공터가 있는데, 이곳에서 매일 아침 5시에서 6시까지 벌어지는 장관을 보면 알 수 있다. 막벌이 노동자들을 각종 공사 현장으로 모셔갈 트럭·소형 버스·승용차들이 몰려들어 시끌벅적한 인력매매 시장을 벌여놓고 있기 때문이다. 하루 품삯은 대개 1만 엔 안팎이라고 못 박혀 있으므로 일의 성질과 막벌이 노동자들의 경험 유무에 따라 '인력 매매'는 즉석에서 쉽게 이루어진다.

니시나리 구 일대에는 막벌이 노동자들의 피땀을 빨아먹는 각종 편의시설이 잘 갖추어져 있다. 우선 '인력시장' 주위에는 주사위 노름판이 한낮에도 어김없이 벌어진다. (이런 풍경은 한국에서도 낯설지 않다. 낮 동안 노인들의 자발적인 군집 장소인 파고다 공원 일대를 둘러보면 대번에 목격할 수 있다.) 마땅한 일자리를 못 찾았거나 무료를 달래기에도 지친 만년 휴식자들이 건 돈의 네 배까지 따먹는, 그러나 결국에는 저녁 끼니 값까지 발라먹는 야바위노름에 빠지는 것이다. 뿐만이 아니다. 한번 잡았다 하면 그 '손맛'에 중독되고 만다는 파친코집도 헤아릴 수 없을 정도로 다닥다닥 붙어 있다. 술집은 당연히 파친코집보다 더 많고, 오히려 낮 영업이 더 성황이다. 다다미 두 장짜리 방을 시간당 얼마로 빌려주는 여관도 즐비하다. 하루 방값은, 숙박시설에 따라 다양한데, 대체로 800엔에서 1600엔 사이다.

인력시장을 돌아가면 도비타飛田 신지통新地通 유곽거리가 나온다. 이른바 창녀촌이다. 거리에서도 안방이 훤히 들여다보이는 집집마다 짙은 화장을 한 꽃다운 젊은 여자들이 한방에 오글오글 들어앉아 있는 풍경이 우리의 그것과 아주 흡사하다. (이제 이런 광경은 한일 양국에서 공히 '역사적 유물'이 되었지 싶은데, 그 실정을 정확히 알 수는 없는 일이다. 남의 사정이야 어떻든 우리 쪽은 아직도 일부 지방에서 그 명맥을 이어가고 있다는 풍문이 들린다. 물론 옛날과는 매음의 영업·운영·기율도 많이 달라져서 출퇴근은 기본이고, 개중에는 여러 '사정상' 단단한 직업의식을 갖고 임하는 엄연한 가정주부도 있다는 것이다.) 다만 다른 게 있다면 집집마다 '여급女給 모집'이라는 입간판 광고를 버젓이 내걸어놓고 영업을 하는데, 어느 쪽을 위한 배려인지 알 수 없게 긴 밤은 아예 사절하고 한 시간의 성매매에 8000엔, 두 시간에는 1만2000엔씩으로 공식적인 화대를 받고 있다는 점이다.

험상궂게 생긴 막벌이꾼 한 떼거리가 우르르 파친코집 안으로 몰려가는 광경을 쳐다보며 일본인 친구는 말했다.

"이곳 사람들에게는 술·여자·파친코가 낙이다. 이 거리를 보면 일본의 경기를 가늠할 수 있는데 지금 불경기가 닥치는 모양이다. 대학생 때 이곳에서 꼬박 1년 동안 아르바이트를 하면서 살아본 경험 덕에 잘 안다."

─왜 하필 이런 곳에서 아르바이트를 했나?

"마르크스·레닌을 떠들어대는 친구들이 한참이나 가짜 같아서 그 반발심으로 일본의 최하층 계급을 가슴으로, 몸으로 체험해보고 싶었을 뿐이다. 물론 한창때라 객기도 있었으나 막상 경험해보고 나니 주위 친구들이 철부지 같고, 내 자신이 그들보다는 두어 단계 성숙해진 것 같아서 우쭐해했던 기분이 지금도 생생하다."

─그게 소득이라면 몹시 진부하고, 귀한 시간을 낭비한 셈이잖나?

"내 내부에 어떤 에너지가 축적되었다는 느낌을 받았다. 그때는 물론 대단한 소득을 얻었다는 생각으로 뿌듯했다. 그런 계기가 있어서 나라는 인간이 좀더 진지해졌고, 성숙해졌음에는 틀림없다. 돈벌이, 세속적인 출세에 급급해하는 부르주아로, 또 속물로 살아가지는 않겠다는 결심도 그때 이 바닥에서 했다. 그 기분을 지금도 얼마든지 재생시킬 수 있다."

─이 인력시장에 한국인도 있나?

"재일조선인은 물론 부지기수고, 불법 체류 중인 한국인도 상당수 있을 것이다. 원한다면 몇 명쯤인지, 월별 통계 숫자까지 알아봐 주겠다."

공터를 돌아 나오니 창마다 견고한 철책을 삼엄하게 덧댄 경찰서가 우뚝 다가선다. 패전 후부터 일본 경찰은 피의자, 범법자 제위에게 일체의 구타, 고문 행위를 하지 않는 것으로 알려져 있지만, 이곳에서는 아직도 폭행쯤은 예사로 저질러진다고 일본인 친구는 몸짓, 손짓으로 설명한다. 나와 함께 따르는 통역생은 사진기를 한 손에 들고 다니며, 아무렇게나 닥치는 대로 사진을 찍는데 그것을 예의 봐두었던지 일본인 친구는 옆구리에 칼을 찔러대는 시늉을 하며 함부로 사진기를 사용하지 말라고 한다.

연간 85만 명쯤이 출입한다는 한국인 관광객들이 일본의 실상을 과연 얼마나 제대로 읽고 있는지 의문이다. 그들이 둘러보는 일본 각지의 관광지에서 여러모로 많이 배우고 돌아갈 테지만, 그런 견문이 얼마나 피상적인지는 새삼 지적할 것까지도 없다.

또한 일본인 관광객들도 가장 다소곳한 자세로, 상냥한 미소를 앞세우고 전 세계를 지금도 누비고 있을 테지만, 아직도 구타와 고문이 일부 지역에서는 버젓이 횡행하는, 그런 두 얼굴의 나라가 일본이기도 하다.

그러나 오사카 니시나리 구에서만큼은, 더불어 성매매가 공공연히 이루어지는 깔끔한 윤락 장소 도비타에서는 그 하찮은 구타쯤으로, 여성 학대 따위로 인권 운운하는 사람은 없다. 밑바닥 삶의 냉엄한 생존 원리만 매일같이 적용되고 있을 뿐이다. 여러 점에서 일등 국가를 자처하는 일본 사회의 또 다른 얼굴이다. 자본·시장·경쟁을 자나 깨나 따지는 사회/국가에서 낙오자의 대열이야말로 상시로 어떤 해결책의 실천을 재촉하는데, 그 메시아는 돈이나 종교가 아니라 '복지정책의 낭비 없는 충실화'이지 않을까.

후일담 5 l 하바리 인생들을 담는 르포 사진작가

기억을 더듬어보니 여기서의 일본인 친구는 르포 사진작가 야마모토 마사후미山本將文 씨임에 틀림없다. 그는 한국에도 여러 번이나 왔고, 북한에도 두어 차례나 들락거렸던 희한한 이력의 소유자다.

그를 애초에 어떤 경로로 알게 되었는지도 이제는 아슴아슴하다.

그가 오사카 출신인 줄은 알고 있었기에 전화 통화로 연락이 닿았고, 그의 직업상 잠시도 집에서 개기는 사람이 아닌데도 그때는 용케 만날 수 있었던 걸 보면 나의 '일본 열도' 취재에는 운이 따랐던 모양이다. 어쨌든 야마모토 씨는 그 당시에도 이미 르포 사진집을 여러 권이나 펴냈던 터라 그쪽으로는 상당한 지명도를 누리는, 자신의 작업 일정을 바쁘게 꾸려가는 사람이었는데 민폐를 끼치게 된 것이다. 그가 찍은 사진들, 예컨대 인권의 사각지대에서(일본 안팎을 막론하고) 짐승처럼 방치되어 있는 인간 군상을 담은 생생한 스냅은 일본 출판계에서 겨우 여비/경비나 충당할 수 있을 정도의 시가로 팔리는 형편이었다. 물론 그런 자기 자랑이라기보다도 직업의 '경영 현황'을 지나가는 말로나마 털어놓을 사람도 아니었지만, 내 짐작이 그랬다. 내 무언의 호의를 무덤덤히 받아내면서 일본의 치부를 여과 없이 보여주겠다는, 그것이 자신의 생활 철학인 동시에 생업상의 방침이기도 하다는 저돌적 자세를 행동으로 속속 보여주었다.

지금까지도 내 뇌리에 선명히 남아 있는 그의 몇몇 이미지를 간추려보면 다음과 같다.

이목구비가 선명한 구릿빛 얼굴에 짧게 깎은 상고머리, 과묵하나 호감이 가는 눈웃음, 학창 시절에 유도부에서 맹활약했지 싶은 굵은 목, 곰처럼 두꺼운 어깨, 돌처럼 탄탄한 허벅지, 늘 한쪽 어깨에 메고 다니거나 한 손에 들고 있는 사진기 가방(장비를 최대한으로 줄이는지 크지도 않고, 무겁지도 않은 듯했다), 발길 닿는 대로 여기저기를 샅샅이 둘러본다는 식으로 성큼성큼 내딛는 빠른 걸음걸이, 낮술로 벌써 취기가 오른 노동자에게 거침없이 다가가서 악수를 주고받는 소탈한 친화력, 이것 보라는 식으로 한 손을 쭉 펴서 가리키며 이것이 바로 '그 소위 자본주의의 비참한 이면'이라는 듯이 머리를 절레절레 흔들던 모습.

대체로 드러나 있듯이 이처럼 늘 '현장 중심'에서 부지런히 일하는, 나아가서 자기주장/자기 작업이 워낙 선명할 수밖에 없는 다큐멘터리 사진가에게는 '외국어=언어'가 별무소용이다. 오로지 자신의 눈과 사진기로 '실물'을 그대로 찍어버린다. 지구상의 어떤 오지에 들어가더라도 그는 원주민과의 원활한 소통으로 스스럼없이 밥도 얻어먹고, 공짜로 잠자리를 제공받을 위인이다. 그가 내게 보여준 그런 '사해동포주의'의 잊히지 않는 장면에는 이런 것도 있다.

한국에서였지 싶은데(한국인 원폭피해자의 집단 거주지를 찾아가던 일정 중에 여러 지인과 함께 만났던 듯하다), 어느 시외버스 정류장에서 여러 사람이 둘러서서 이런저런 잡담을 주고받을 때였다. 마침 내가 화장실에서 볼일을 보고 있으려니까, 어느새 그도 나타나서 그 자투리 시간을 이용해 후딱 양치질을 한 뒤, 칫솔과 여행용의 작은 치약을 사진기 가방 옆구리의 수납공간에 갈무리하는 것이었다. 그런 장면이 목격되었는데도 나는 이런 식으로 산다는 듯이 그는 의젓했고, 싱긋 웃기만 할 뿐 어떤 말도 없었다. 또 한번은 오사카에서 지하철을 타려고 계단을 밟아 내려가고 있는데, 맹인 한 사람이 하얀 지팡이로 시멘트 바닥과 주위 지형지물을 더듬고 있었다. 이때 그가 아주 빠른 걸음을 떼놓다가 서슴없이 맹인의 한쪽 팔을 잡고 길 안내를 해주는 것이었다. 어떤 말을 걸지도 않았건만 그의 손길만으로도 맹인은 웬 행인의 따뜻한 거둠손을 알았던지 수굿이 잘 따랐고, 어느 쪽 노선의 전철을 타려고 한다는 말에 그 개찰구 앞까지 모셔다주고 그는 우리 일행에게로 돌아왔다.

더욱이나 재미있었던 일화는 그 뒤에 곧장 벌어졌다. 대강 취재가 끝났다고 판단한 그가 잠시 목이나 축이자면서 어디론가로 통역생과 나를 데리고 갔다. 니시나리 구에서 그렇게 멀리 떨어져 있지는 않았지만, 인파로 북적이는 좁은 시장거리, 상가를 한참이나 헤쳐가더니 이윽고 허름한 생맥주 가게로 성큼 들어섰다.

말 그대로 일인 경영의 선술집이었다. 의자는 아예 없고, 남루한 탁자만 여기저기 놓여 있는 데다, 한쪽 구석에는 희끗희끗한 빡빡머리의 중늙은이가 연방 생맥주를 따라 담고, 비닐봉지에 담긴 땅콩과 소시지 같은 안주를 손님이 달라는 대로 집어주는 칸막이 겸 카운터가 있었다. 그래도 33제곱미터(10평) 남짓한 실내는 해거름녘이라서 그런지 술손님으로 제법 북적였다. 야마모토 씨는 주인 영감과 잘 아는 사이인지 손짓으로, 환한 웃음으로 생맥주 세 잔을 주문하고, 땅콩 안주도 달라고 했다. 우리 일행은 방금 둘러보고 온 일본의 치부라기보다는 불운을 팔자라고 자위하며 마지못해 살아가는 하바리 인생들이 짠하게 눈에 밟혀 한동안 말없이 생맥주만 들이켰다. 더위가 한창인 데다 열심히 돌아다닌 뒤끝이라서 생맥주 맛이 과연 별미였다(병맥주나 캔맥주 맛도 그렇지만 일본의 생맥주는 특히나 그 쓰고 구수한 맛이 일품이다. 호프의 배합 같은 제조 기술에서 우리보다 두어 걸음 앞서는 듯하다).

이윽고 주인 영감이 한숨 돌릴 짬이 나자 야마모토 씨에게 무슨 말인지를 묻고, 뜸직뜸직한 수작이 몇 차례 이어졌다. 뒤이어 야마모토 씨는 불쑥 저 주인 영감이 자기 아버지라고 실토했다. 통역생의 전언에 나는 깜짝 놀라, 진짜로 생부냐고 물었다. 연세대 한국어학당에서 6개월인가 우리말 공부도 했던 야마모토 씨는 빙글거리면서 그렇

일본열도 탐험

다고, '진짜 우리 아버지 맞아요'라고 했다. 주인 영감도 우리 수작을 알아듣고, 맞다고 연방 고개를 끄덕이며 환하게 웃었다.

통역생이 두 부자의 말을 옮겨주었다.

"진짜 맞다는데요. 일은 많이 하냐, 또 한국이나 중국에는 언제 들어가냐, 건강하지, 몸이 제일이야, 몸만 건강하면 일 열심히 하는 것보다 더 재미난 게 없다 이러는데요. 희한한 부자관계네요."

사실이었다. 애비와 자식이 그런 식으로 열심히 각자의 생업에 매달리면서, 일 때문에 지 생부의 영업집 근방에 왔다가 잠시 들러 안부를 주거니 받거니 하는, 어떻게 보면 가장 '건전하고 씩씩한 부자관계'를 야마모토 씨는 자연스레 보여주고 있는 셈이었다.

두 잔째 생맥주를 시키고 나서 나는 통역생에게 얼른 술값을 계산하라고 눈짓으로 일렀는데, 이내 안 받겠다는데요, 인정이라면서요라는 대답이 돌아왔다. 야마모토 씨는 당연하다는 듯이 빙글거리기만 할 뿐 이렇다 할 말이 없었다.

나로서는 워낙 특이한 경험이라서 졸작 중편 「머릿속의 도시」에서 이 장면을 그리기도 했다. 술집 간판이나 제대로 갖추고 있었는지도 의심스러운 그 생맥주 집을 물러나오는 장면을 내 소설에서는 다음과 같이 묘사하고 있다.

— 장형(소설 속의 통역생 이름이다, 물론 작명한 것이다)이 술값을 내려니 영감은 사양. 내가 기어코 주라고 하명하자, 장형은 "인정이니까 그냥 놔두라는데요"라고. 그때까지 야마시타山下는 남의 일처럼 쳐다보고 있다가 영감이 빨리 일행을 데리고 나가라고 손짓하자 장형에게 돈을 넣으라고. 야마시타는 한쪽 손을 번쩍 치켜들며 부친에게 뭐라고 인사하는데, 오사카 일대의 고유한 인사말이라는 "돈 많이 버

세요" 정도 아니었는지. 부친도 한쪽 손으로는 생맥주잔을 손님에게 밀어주는 일방 다른 손을 들어 흔들며 뭐라고 당부하는데, "어서 가 봐, 일 많이 해, 건강 다음에는 돈이야" 정도였을 게다.

그때 연 사흘 동안이나 내 일본 취재를 안내하면서(그의 여비와 식대는 당연히 내 취재 경비로 충당했지만, 그에게 어떤 보수나 사례 도 제공하지 않았다. 짐작건대 그런 보상을 사양할 줄 아는 친구였 다) 야마모토 씨는 자기 일이라는 듯이 싫은 내색을 조금도 비치지 않았다. 말하자면 모든 여행객이 보고 나서 침을 튀기며 칭찬하는 일 본의 거죽만큼은 안 보겠다, 대신에 그 이면을 읽겠다는 내 본심이 그의 생업 자체와도 웬만큼 일치해서 그랬을 것이다. 그런데 그는 열 심히 보여주기만 할 뿐 사진을 찍지는 않았다. 그 자신은 이미 여러 번이나 답사한 현장이기도 해서 워낙 '낯익은 풍경'일 테고, 어떤 사 명감을 가지고 여러 나라의 비참한 현실, 버림받은 생존 현장 등을 고발하는 사진가의 빠듯한 주머니 사정 때문에 필름 한 장조차도 극 도로 아끼는 눈치였다.

예상컨대 그동안 별일이 없었다면 이제는 일본의 '르포 사진작가' 로서는 원로급의 일류가 되어 있을 게 틀림없는데, 그의 근황과, 그새 까물까물 흘러가버린 사반세기의 활약상이 못내 궁금하다. 지금도 그가 나를 기억하고 있을지는 의문이지만.

6. 고도古都의 두 얼굴

교토는 일본이 세계적으로 자랑할 만한 고적 명승지다. 시내 곳곳에 유서 깊은 사찰과 일본 특유의 전통적인, 간명해서 다소곳하달까 단정하면서도 소박한 기품이 어우러진 목조건물들이 아늑하게 펼쳐져 있다. 하나같이 원형 그대로 잘 보존되어 있는 교토의 유적들을 가꾸고 기리는 일본인들의 갸륵한 정성 앞에서는 저절로 숙연해진다. 일본인들의 그 지성至誠에 감복했던지 미국은 태평양전쟁 중 교토 일대에만은 공습을 퍼붓지 않았다.

누누이 강조해도 지나칠 리 만무한 사실인데, 교토는 일본의 역사가 흐트러짐 없이 살아서 숨 쉬는 거룩한 도시이며, 누구라도 그 당당하나 조촐한 역사적 실체와 숨결과 손길에 압도당한다. 신문 등의 매스컴에서 흔히 이 지구상에서 살고 싶은 도시가 어디냐는 설문조사를 하는데, 내게 그런 질문이 닥치면 나는 서슴없이 교토라면 꼭 1년쯤이라고 대답할 것이다. 내 자신의 경험세계가 워낙 수준 미달이어서 그럴 수밖에 없기도 하지만, 교토는 실로 현대 문명과 고대 문명이 조화롭게 어우러져서 어떤 특이한 하모니를, 비록 무척 단조로워서 따분한 음색도 없지 않은 채로나마, 찬찬히 들려주고 있는 이상적인 도시임에는 틀림없다.

요컨대 일본의 관광지라는 곳들을 둘러보면 대개 다 고만고만하니 천편일률적이고 일본인의 유별난 정리벽, 청결벽에 힘입어 단정하고 깨끗할 뿐, 막말로 별게 없다. 어떤 곳은 너무나 자질구레하고 이렇다 할 게 없어서 흡사 동네의 우물가나 연못 같은 곳에다 관광객을 부려놓고, 저기에도 '전설 따라 삼천리' 속의 이야기 한 토막이(요즘 말로 '스토리텔링이 있다'고 한다) 있다는 조여서 관광 가이드의 반지레한 입심과 그 후안무치에는 어안이 벙벙해질 지경이다. 그러나 교토는 다르다. 그 속기俗氣 없는, 따라서 웅숭깊다고나 해야 할 아취에 세련미가 겉과 속에서 배어나오는 분위기가 여실하다. 일본을 괄목할 상대로 눈여겨봐야 할 진면목도 바로 교토의 이 고아미高雅美에 있다. 요즘은 누구나 마구 쓰는 문학 용어인 '아우라'를 흉내 낼 수 없는 일회성 분위기라고 한다면 교토에는 그것이 태연스럽게 머물러 있다.

그런데 교토의 관문이라 할 역에서 불과 500미터쯤 떨어진 곳에 일본 내 전국 각지는 말할 것도 없고 우리나라에서도 찾아볼 수 없는, 아니 옛날의 그 '달동네'라는 빈민가보다 더 시커멓고 무슨 소굴처럼 험상궂은 동네가 있다. 히가시쿠조東九條가 그곳이다. 다카세 강高瀬川과 가모鴨川 강 사이에 기다랗게 이어져 있는 이 동네는 한마디로 비참의 극을 곧이곧대로 보여준다. 수챗물이나 다를 바 없는 새카만 개골물이 흘러내리는 그 위에 판잣집들이 얼기설기 위태롭게 세워져 있는데, 양쪽에서 내민 처마가 서로 코를 맞대고 있는 그 사이로 미로 같은 좁다란 골목이 아무렇게나 삐뚤삐뚤 뻗어나 있다. 미닫이 대문 같은 것이 간신히 붙어 있긴 하나 그 안에는 높낮이가 없는 부엌과 단칸방이 판자때기 하나를 사이에 두고 게딱지처럼 촘촘히 박혀 있으니 이 동네 전체가 시궁창이라고 해도 과언이 아니다. 하수구와 공동변소에서 풍겨나오는 악취가 고약하기 짝이 없고, 강변은 온통 쓰레기더미다. (내가 목격한 바로는 한국동란 직후의 대구 방천 일대에 눌어붙어 있던 피란민촌에도 나름대로 사람의 온기가 고루 스며들어 있었건만) 지금이라도 당장 이 동네의 이모저모를 사진으로 찍어놓으면 '빈민가의 참상'으로는 단연 압권에 값할 게 틀림없다.

각계각층이 유사 이래 최대한의 풍요를 구가하는 오늘날의 일본에서, 그것도 세계적인 관광도시 교토의 한복판에 이런 비참한 곳이 있는가 하는 생각에 저절로 한숨이 터져 나온다. 이웃의 일본 주민들은 아침저녁으로 이 남루를 목격하면서도 마음 한구석이 부대끼지도 않는단 말인가. 행정 당국은 이런 비위생적인 집단 주거지가 눈엣가시일 텐데 이때껏 방치해둔 것만으로도 미필적고의의 직무유기든가 가장 비인간적인/차별적인 범죄 행위가 아니고 무엇이겠는가.

히가시쿠조에는 현재 120가구, 상주인구가 250명쯤 된다. 그들은 전부 재일조선인이고, 혼자 사는 노인네가 반이 넘는다. 주민의 60퍼센트가 생활보호대상자다. 그들은 매달 4만5000엔씩의 생계보조비를 받고 있다.

원래 이 일대는 일본에서 가장 천민에 속하는 백정 곧 '부라쿠部落' 동네였다. 그들 속으로 역시 차별대우에 시달릴 대로 시달린 재일조선인들이 흘러 들어와서 동네가 부풀어져버린 것이다. 동병상련에 유유상종이란 말대로 일본의 하층민이 같은 처지의 버림받은 조선인을 보듬어 안은 셈이다. 그런데 교토 당국은 그런 동거 내지는 혼거를 수치로 생각했던지 바로 길 건너에 고층아파트를 지어 일본인만 이주시키고 조선인들은 그대로 방치해두어 오늘에 이르고 있다.

일본 정부와 상당수의 일본인은 아직도 재일조선인들을 그들의 백정처럼 철두철미하게 차별하고 있다. 히가시쿠조에 수돗물이 들어온 지가 불과 7년밖에 되지 않았다는 사실이 그 점을 단적으로 증명하고 있다. 뿐만이 아니다. '수도 투쟁'처럼 '전화 투쟁'을 벌여 최근에야 전화가 개통되었다.

이런 인간 이하의 차별대우는 지금도 사사건건 그들의 생존을 불편의 극한 상황으로까지 몰아간다는 점에서 여전하다. 곧 일본식 이름으로 바꾸지 않으면 일체의 고용 알선에서 제외시켜버리며, 실제로 이곳 주민의 태반은 불법취업자로 분류되어 있다. 그래서 대개의 주민들은 '통명通明'인 일본식 이름을 갖고 있기도 하다. 뿐만 아니라 지금 한창 불도저를 동원해 강 위쪽에서부터 판잣집들을 무단 철거시키고 있으며, 그 자리에 나무를 심어가고 있다.

교토는 자랑할 만하고, 또 부러워할 만한 도시임에는 틀림없지만 재일조선인들의 슬럼가인 히가시쿠조 40번지가 있는 한 그 이름난 고적들은 빛 좋은 개살구다. 그리고 재일조선인들을 이처럼 악독하게 핍박하고 소외시키는 한 일본을 우리의 선린 우방이라기에는 (일본의 상투어대로) '무리'가 지나치며, 한국인은 수치를 모른다고 냉소를 퍼붓는 일본인에게 이제는 우리가 그 말을 되돌려주어야 할 때가 왔지 싶다.

후일담 6 ㅣ 교토의 또다른 민낯

교토를 온종일 안내한 사람 역시 야마모토 마사후미 씨였다. 일정을 애초에는 그렇게 잡지 않았을 텐데, 잰걸음으로 여기저기를 부지런히 둘러보는 데도 시간이 태부족이라서 히가시쿠조에 당도했을 때에는 어둠이 막 내리고 있던 시각이었다. 그 시간대여서 쓰레기보다 못한 그 주거환경의 남루가 더 비참하게 다가왔던 듯하다. 그때까지 나는 그처럼 끔찍한 생존 환경을 본 적이 없다. 흔히 TV 영상을 통해 비치는 외국의 피란민 천막촌 같은 풍경에도 다소간 싱싱한 낭만성이 엿보이는데, 히가시쿠조에는 그런 게 아예 없고 시궁창 그 자체였다.

한때 나는 작심하고 딴에는 기록문학의 진수를 보여준답시고 예의 「머릿속의 도시」에 그 진풍경을 적나라하게 그려두었다. 발표 당시에는 누구도 관심을 보이지 않아서 통분을 금치 못했던 기억도 남아 있으니만큼 여기서 그 중요 대목을 옮겨본다.

—일본의 이면을 몰랐던 나의 무지에 대한 자괴감. 아니, 일본의 두 얼굴을 똑똑히 바라보고 난 후의 명료한 분노. 시커멓게 고여 있는 수챗물. 삐걱거리는 나무다리. 웬놈의 당나귀만 한 개들은 또 그렇게나 많이 어슬렁거리는지. 외래인을 힐끔힐끔 쳐다보면서. 야마시타는 연방 "안녕하세요? 잘 지내세요?"라고 친근감 있는 인사를 건넨다. 누런 백열등 하나를 끌어내놓은 길가의 평상 위에 오골오골 모여 앉은 늙은이들은 "왜 또 왔는가?"라는 투로 멀뚱멀뚱. 처마가 서로 코를 맞대고 있는 새카맣고 비좁은 골목. 양쪽으로 도열해 있는 미닫이 대문. 그 너머의 높낮이도 없는 부엌과 방. 녹이 누렇게 더께로 앉은 냉장고. 손가락으로 헤아릴 만한 사기그릇과 냄비 따위의 세간. 판자때기 하나가 벽이고, 벽 너머는 이웃집. 공중변소와 강바닥 쪽에 집채만큼 쌓여 있는 쓰레기더미에서 풍겨나오는 지독한 악취. 한국전쟁 중의 피란민들 집단 주거지보다 더 못한 참상. 문패에 쓰인 이름은 한국식 성명이 뚜렷이 남아 있는 이른바 일본식 통명.

마침 한 상가喪家 앞을 지나가는데 눈에 익은 근조등謹弔燈이 내걸려 있었다. 젊은 조문객 한 명이 땀을 훔치며 총총걸음으로 다가왔다. 그의 손에는 셀로판지로 감싼 예쁜 꽃다발이 들려 있었고, 검은 신사복에 검은 넥타이를 매고 있었으며, 눈에는 눈물이 글썽거렸다. 골목에 서서 빤히 안을 기웃거리니 누런 병풍을 향해 큰절을 두 번 반씩 해대는 조문객들의 두런거림이 똑똑히 들려왔다. "어쩌다가 이렇게 갑자기 세상을 베렸냐?" "거 머시기냐, 둘째 자부한테는 연락했나 우쨌노?" "장지라 칼 끼 머 있나, 여 법대로 화장하는 기다 마. 유골 받을 혈족도 없을 끼구마는." 어디에 살든 면면히 흐르는 조선인의 상제喪制 풍습. 그러나 측은하고 한숨이 저절로 터지는 전통의 전래. (…) 한참 걸어 나왔더니 강 상류 쪽에서부터 바라크집들을 철거하느라고 불도저, 크레인 따위의 중장비가 여기저기 버려져 있었다. (…) 또 언제 게딱지가 눌어붙을지 몰라서 그런지 곳곳에 철책을 둘러쳐놓았다. 은폐의 엉성함. 야마시타는 미로를 앞질러 헤쳐가면서 연방 탄성. "길이 어디 갔어? 길이 없어." "여기 할머니 두 사람 살아서 있어…… 지금, 없어." "어디 갔을까? 아이구, 이 일을 어쩌나." "할머니 병났어. 자식 둘 다 원폭에 죽어 없어." 인적은커녕 외등 불빛도 따라오지 않는 철책 사이 길을 돌아 나오니 아직도 남아 있는 남루한 바라크집들이 드문드문. 상류라서 집 옆으로 개골물이 흐르고 있었다. 한 집의 문 속으로 들여다보니 노파 둘이 줄담배를 태우고 있었다. 야마시타가 부엌이자 문 입구인 흙바닥 속으로 들어가서 큰 소리로 "할머니, 안녕하십니까?"라고 묻자, 노파 하나가 "누군동, 기억력이 없어서 잘 몰라볼따"라고 생생한 사투리 대답. "야마시타, 사진 찰칵찰칵 찍던 일본 사람." "몰라, 누가 누군지." "여기 한국 사람 왔어요. 경상도 사람." "경상도 어디서?" 장형이 시계를 보며 차 시간을 들먹였다. "고향 사람이 먼 데서 왔는데 입도 안 다시고 가서 우짜겠노?"라는 인사가 내 등 뒤를 줄곧 따라왔다.

뒤이어 내 소설이라기보다도 한때의 기록물은 '히가시쿠조 40번지 자치회 회관'을 방문한 인상기를 짤막하게 적바림해두고 있다. 그나마 이런 NGO 활동이 숨 쉬고 있다는 사실 자체가 일본에도 아직 양심 세력이 상존한다는 증거이기는 할 터이다. 벌써 23년여 전인데, 그 당시에도 굳이 다음의 방문기를 간단히 삽입했던 걸 보면, 자화자찬 같아 쑥스럽지만, 엔간히도 중립적인 시각을 가지려고 고심했던 듯하다.

─다다미를 열 장쯤 깔아놓은, 이곳에서는 가장 널찍한 '히가시쿠조 40번지 자치회 회관'으로 들어갔더니 상갓집과는 또 다른 엄숙함, 진지함이 고여 있었다. 곧 ('항일저항시인') 윤동주가 다닌 것으로만 내 뇌리에 박혀 있던 도시샤同志社 대학 학생들이 정기 집회를 벌이고 있었기 때문이다. 대다수가 사회사업학과와 신학과 학생들이라는데, 마침 청바지 차림의 한국인 여자 유학생이 자원활동 회원으로 참가하고 있어서 잠시 주거니 받거니. 그동안 일본인 학생들은 사방에서 경멸과 적의의 눈초리로 나를 힐끔힐끔 관찰. '수도 투쟁'을 벌여 1982년에야 이곳 주민들이 수돗물을 먹게 되었고, '전화 투쟁'으로 외부와 연락이 이루어지게 된 것이 불과 3년 전이라고. 그녀의 무력한 진단 왈, "이중 삼중의 소외와 핍박에 시달리고 있어요. 화재 위험에 그대로 노출된 고립무원의 지역이며, 고용 형태가 지극히 불안정한 이방지대예요. 일본 전국 방방곡곡이 인력난에 시달리는데 실업 대책이랍시고 봉투 작업을 맡기니 말이나 되는 선심이에요? 저 일본인 신학과 대학생들도 일본의, 교토의 수치라고 매주 두 차례씩 아르

바이트 장에서 바로 이리로 뛰어오고 있어요." 어느 쪽이 속수무책인지 어리둥절.

최근의 신문 보도에 따르면 교토의 이 재일조선인 슬럼가가 아직도 그 명맥(?)을 간신히 유지하고 있으며, 각계각층의 '성금'을 모아 전폭적인 주거환경 개선책을 도모하는 중이라고 한다. 나로서는 당연히 그 귀추를 주목할 수밖에 없는 노릇인데, 갈 데가 없어서 그 자리에 눌어붙어 있는 재일조선인들의 끈질긴 저항이야 쉬 납득이 가지만, 그들 눈에는 가시 같은 그 궁상스럽고 비위생적인 '부락'을 여태 방치하고 있는 일본의 행정 당국이 국민의 혈세를 엔간히도 아껴 쓰는 건지 낭비하고 있는 건지는 헷갈린다.

그러나 마나 재일조선인들에 대한 차별대우를 어떤 식으로든 개선하겠다고 모여 있던 도시샤 대학의 그 '빈민구제 활동가'들은 지금 어디서 어떤 생업에 종사하고 있을까. 한방 가득히 둘러앉아서 우리의 취재 행태를 아주 못마땅하게 째려보던 그 일본인 대학생들이 아직도 사해동포적 시각으로 일본 사회의 어두운 구석에서 과연 빛과 소금의 역할을 작게나마 분담하고 있을지 궁금하다.

7. '모성'에 길들여진 사회

—

—

—

대개의 일본 사람들이 하루하루를 시간 단위로 촘촘히 쪼개서 아껴 쓰고 있음은 널리 알려져 있기도 하려니와, 그런 바쁜 동선이 길에서도, 상점 안에서도, 심지어는 가정에서도 훤히 보인다. 왜 저렇게 부지런을 떨어댈까, 생리적인 현상일까, 아니면 의식 구조가 원천적으로 어떤 강박에 쫓기고 있는가, 생활에 여유를 부려보려는, 요컨대 즐겁게 놀고 싶은 욕망이 선천적으로/사회 환경적으로 거세되어버린 것일까 하는 의문이 외부 관찰자의 두뇌와 시선을 시종 닦달한다. 일본인들이 상투적으로 잘 쓰는 말에 '유도리(여유)'와 '유쿠리(천천히, 느긋하게)'가 있음도 그들의 행동거지를 역설적으로 규정, 시사하는 바가 크다.

심지어는 부모라도 빡빡하게 짜인 자식의 일상 속으로 비집고 들어가려면 '미안하지만……' 어쩌고 해대며 양해를 구하는 좀 호들갑스러운 광경도 확실히 이상하다. 그런 말투에 대한 외국인의 시니컬한 지적에 일본인들은 상대방을 존중하는 일본식 의사 표현이라고 은근히 자랑하지만, 아마도 관습의 차이일 것이다. (이런 대목에서는 상대방을 그렇게나 존중하는 국민성을 어떻게 고이 잠재워놓고 남의 나라를 그렇게나 모질게 짓밟고, 그 민족을 그처럼 혹독하게 해코지했을까 하는 의문이 고개를 치켜든다.) 그런데 그처럼 바삐 살아가는 일본인들의(남자 직장인만 그런 것도 아니다) 일상을 찬찬히 뜯어보면 대부분 어떤 모임에 스스로를 묶어놓고 있기 때문임을 금방 알 수 있다.

수년 동안 정기적으로 편지를 주고받은 외국인 친구가 한참이나 망설인 끝에 한번 만나자고 전화를 걸면 일본인들 십중팔구는 대번에 '피치 못할 모임이 있는데……' 어쩌구 해대며 벌써 시간을 쪼개 쓰려고 머리를 잽싸게 굴린다. 어느 쪽도 거절할 수 없으며, 그 자리에 빠졌다가는 신의 없는 인간으로 낙인찍힐 것을 잘 알고 있기 때문에, 내 식 표현으로는 '시간대 조율 작업'을 일상화하고 있는 것이다. 낯설 뿐만 아니라 살아가는 수단이나 목적도 워낙 달라서 공통의 화제를 끄집어내기가 막연해지다 못해 차츰 초조해지게 만드는 생면부지의 친구들을 우르르 합석시키는 것도 그런 궁여지책의 일종이다. (한국에서도 이런 경우는, 다들 먹고살 만해지자 시간적·금전적 여유가 풍족해진 덕분일 텐데, 점차 많아지는 추세라 자주 겪게 되지만, 숫기 없는 나로서는 진땀이 빠작빠작 배어나올 지경으로 곤혹스럽다.) 틀림없이 상대방이 들어줄 만한 부탁을 들이밀었을 때, 친구를 소개시켜주면서 생색을 내는 것도 일본인의 처신 중 특이한 면인데, 이때도 꽉 짜인 자신의 일상을 허물어뜨리기 싫어하는 셈속이 작동하고, 실제로도 그런 '활용'의 생활화가 빤히 들여다보인다. 더욱이나 이런저런 눈치를 살피다가 좌석에서 슬그머니 빠져나가거나 모임을 일찌감치 걷어치우는 것도 대개는 또 다른 만남을 위해 사전에 준비해둔 일정이 꼬박꼬박 닥치고 있기 때문이다. 따라서 허리 없는 사람처럼 연신 꾸뻑꾸뻑 머리를 조아리는 일본인들의 인사법은 대개 다 지난번에 자신이 저지른 실례, 좀더 구체적으로는 '조퇴'에 대한 변명이기 일쑤다. 번번이 자신의 그런 실례를 사죄하면서도 이렇다 할 반성을 내놓지 않는 것도, 또 상대방의 연이어지는 그 따위 '무례'와 '사죄의 말씀'을 용서해주는 광경도 이채롭기는 하다. (한국에서는 그런 '실례·무례·사죄'의 재연이 없다는 점에서 자못 원시적이다. 원시인들은 '언어의 용량'이 불비해서 대체로 과묵한 데 비해 문명인들은 '상투어 남용증'과 '인용 남발증'이 자심하다.)

그렇다면 그 많은 '모임'의 정체는 과연 무엇일까.

별의별 모임이 다 있겠으나, 그중 무슨무슨 '연구회'가 가장 많은 듯하다. 대단한 향학열이 아닐 수 없다. 일본인들의 이런 부지런한 향학열, 나아가서 '평생 공부'에 대한 투지 내지 투신과 금전적·시간적·정신적 투자는 아무리 칭찬해도 지나치지 않고, 한국인은 물론이려니와 정상적인 지력을 가진 지구상의 '호모사피엔스'(말 그대로 '지혜 있는 인간'이란 뜻이다)라면 다들 배워야 하고 당장 실천해야 마땅하다. 그러나 그 모임의 수준이 어느 정도인가라는 의문만큼은 차제에 외부인은 물론이려니와 연구회 회원들도 엄정한 잣대로 한번쯤 점검해볼 필요가 만만하다. 가령 이런 실례도 있는데, 그 목적이 적잖이 헷갈리기도 한다.

주로 직장인들로 짜인 한 연구회는 매주 토요일 오후에 '일본 불교의 현대화 과정'에 대해 공부하기로 되어 있다. 모임의 명칭조차 상당히 구체적이고 일견 생산적이기도 하다. 그런 만큼 한 절이 장소를 제공한다. 외부 강사도 초청한다. 강사료는 회원 각자가 2000엔씩 갹출한다. 외부 강사는 준비해온 노트를 보며 한 시간쯤 특정 주제에 대한 나름의 사유를 친절하게 설명, 해석한다. 강의가 끝나면 차를 마시며 질의, 응답이 이어지고 마지막에는 으레 소위 '콤파'(컴퍼니

company의 일본식 통칭으로 비용을 공동 부담하는 친목회)를 즐긴다.

이미 그 분위기가 그림처럼 선명하게 드러나 있듯이 강의·질의·응답은 오순도순하기 짝이 없고, 그 담론은 일본의 '풍속·문화·역사'에 대한 낯간지러울 정도의 자화자찬 일색이다. 물론 비판도 있긴 하지만 그것마저도 결국에는 '일본 예찬'을 유도하는 한 토막의 과정일 뿐이다. (어떤 '의미 부여'라고 해도 좋을 이런 '자국 숭배' 내지 '자기중심주의'는 일본 문화의 핵심 코드이기도 하다. 세련의 극치로까지 치닫는 이런 자기도취·자기변호가 궁극적으로 어떤 망상·망발·망조로 이어지는지를 외부인은 잘 알고 있건만, 막상 일본의 엄정한 '식자 계층'도 그 지배적인 사회 분위기 자체에 매몰되어버려 잘 모르고 있는 듯하다.)

요컨대 이런 모임을 통해 일본인들은 단체의 또는 집단의 소속감을 톡톡히 누린다. 주종관계처럼 단체는 소속원을 쓰다듬으면서 거느리고, 소속원은 한껏 어리광을 부리며 단체에 매달리면서 공적으로나 사적으로나 그 인간관계를 적절히 활용한다. 결국 단체가 개개인을 구속하고 일정한 정도 이상으로 그 구성원 개개인의 사생활까지 보듬고 쓰다듬는 것이다. 방법만 세련되었을 뿐이지 이런 집단/개인의 관계 맺기는 통제/예속의 또 다른 구조화에 지나지 않는다.

따라서 일본인들은 단체를 떠나면 금방 부모 잃은 고아처럼 불안해하고 당황한다. 여자처럼 시새움이 자심한 일본인의 기질은 단체라는 모성, 더불어 그 자궁 속에서 길들여지면서 어린애 같은 유아독존의 세계를 기린다. 그러므로 모종의 '연구회'를 빙자한 향학열은 '유아幼兒/乳兒 보호'라는 불가피한 사회적 제도와 맞먹고, 그처럼 이중 삼중으로 얽어매야 구성원들이 심정적 평안을 누리는 자생적인, 그래서 자발적인 푸닥거리다.

외국인들이 흔히 '일본에서의 생활은 대단히 편리한 게 사실이지만 웬만큼 정착했다 싶으면 이내 갑갑해서 미칠 지경이다'라고 말하는데, 상당히 일리 있는 지적이다. 감히 진단해보건대 유형무형의 그런저런 모임·집단·단체 따위가 쉴 새 없이 개개인을 자기 자식처럼 간섭하려들고, 한편으로는 상대방을 낯간지러울 정도로 추켜세우면서도 뒤에서는 질시의 눈길을 거두지 않는 그런 '모성母性의 사회'에 염증이 나서 '갑갑해지고' 마는 것이다.

같은 맥락에서 일본 사회의 전반적인 기류에는 대범·솔직담백·자성自省 같은 부성父性이 미흡하지나 않은지. 어떤 대목에서라도 자기방어에 급급한 일본/일본인의 정체성에서 엿보이듯이 내 자식, 내 집부터 챙기는, 일종의 집착 같은 보호본능주의만큼은 적당히 경계해야 옳건만. 그것이 결국에는 자기본위주의, 자국민제일주의, 나아가서 국수주의로 비화하여 세계 여론과는 등을 지고 말 것인데.

이처럼 모성에 잘 길들여진 일본인들은 88서울올림픽 이후 한국에 대한 시새움이 부쩍 심해진 듯 보인다. (88서울올림픽 개최 때도 '식민지 국가로서는 최초의'와 같은 매스컴 용어가 등장한 것이 그 묘한 저의를 짐작하게 만든다. 그 밑바닥에는 한국 곧 남한도 한때는 일본의 점령지였다는 암시가 넘실거리고 있는 것이다. 북한은 이런 얄미운 지적에서 한 걸음 비켜나 있으므로 여간 다행이 아니다.) 아무튼 일본 사회의 어느 구석에 '신정한론新征韓論 연구회' 같은 모임이 있지 않을까라는 생각을 떠올려보면 공연히 착잡해진다.

후일담 7 | 실속 좋은 '세속화'

신문에 연재할 당시에는 이 기행문의 취재지가 '도쿄의 한 절에서'라고 명기되어 있다. 기억이 바래서 어느 절이었던지는 알 수 없다. 국내에서도 그랬지만 일본에서도 짬이 나는 대로 절들을 부지런히 찾아가 둘러봤는데, 관광객으로 시끌벅적한 대형 사찰은 되도록 피한다는 원칙을(취재 중에는 나도 일본인들처럼 시간을 쪼개 써야 했으므로) 지켰을 테니 어느 작은 사찰이었을 것이다. 대체로 큰 절에서는 소규모의 무슨 '연구회' 같은 모임에 정기적으로 장소를 제공하지는 않을 것이기 때문이다.

널리 알려져 있는 대로 한국의 절들은 '산사山寺'란 말도 있듯이 산속 깊숙이 들어앉아서 사중四衆을 불러 모은다. 여느 종교와 달리 불교는 신도를 끌어 모으려고 헐레벌떡 돌아다니지 않는다. 다들 알아서 찾아올 때까지 부처상을 모셔놓고 가만히 기다리고 있는 것이다. 그런데 일본의 절들은 시중의 어디에라도 흩어져 있는 데다 심지어는 주직住職(우리의 '주지'에 해당되는 일본식 통칭)의 살림집을 겸하고 있는 절도 곳곳에서 목격할 수 있어 좀 놀라웠다. 같은 종교인데도 이처럼 절의 소재지가 판이한 것을 알고 난 후의 소위 '문화적 충격'은 자못 큰 것이었다. 비단 그것뿐만도 아니었다.

틀림없이 어떤 취재지를 찾아가던 도중에 어느 사찰 입구에 내걸린 알림 표지판, 예의 그 '일본 불교의 현대화 연구회'를 보고, 이거야말로 일본 풍속의 단면이라는 생각으로 취재 노트를 펼쳐들었을 것이다. 그 후 유심히 봤더니 일본의 지방 각지 사찰들에서도 그런 유의 크고 작은 모임을 적극 주선하고 있었다. 누구나 알다시피 불교는 그 연륜이 상대적으로 오래된 종교인데도 거드름 피우지 않고 살

갑게 서민의 일상 속으로, 그것도 무엇이든 가르치고 깨우치려는 열의를 부추김으로써 세속계를 위한 어떤 '이바지'에 진력하는 절의 '구실'은 떳떳하고, 그 실속 좋은 '세속화'가 보기에도 좋은 것이었다. 좀 더 노골적으로 말하면 일본의 작은 사찰들은 어떤 모임의 장소 제공을 통해 부수적인 실리를 챙긴다. 곧 '연구회'를 매개로 한 대승적 포교 자세도 자못 의젓하다. 여러 종교가 한편으로는 설법/설교를 통해 '계몽'을, 다른 한편으로는 그에 대한 보상으로서의 헌금/보시를 바치는 현상은 불가피한 존립 근거의 양대 지주인데, 일본의 사찰은 실생활에서의 실속, 예컨대 구체적인 '지식'의 전수, 친교를 통한 신심의 일상화, 외부의 어떤 '타자'에게도 활짝 열어놓음으로써 자정自淨 효과를 누리는 자세 등등으로 '일본식 불교'의 동맥을 벌떡벌떡 살아서 움직이도록 만드는 것이다.

아마도 나는 그 연구회 회원들이 빼곡히 둘러앉은 뒷자리에서 알아듣지도 못하는 일본말 강의를 진지하게 경청하고, 나중에는 차까지 얻어먹고 물러났을 것이다. 뒤이어 통역생이 이런 연구회가 일본 각지에 부지기수라면서 개중에는 프랑스가 자랑하는 불멸의 근대 시인 보들레르를 공부하는 모임도, 그 연륜이 길고 짧은 것이 숱하게 엄존하며, 그중 하나는 정기적으로 회원들의 에세이를 모으는 회지도 발간한다니 그 수준도 괄목상대할 정도인 듯하다. 어쩌다가 사찰과 연구회라는 두 이질적인 화두가 어떤 화학작용을 일으켜 종교의 본령까지 넘보는 경지에 이르렀을까. 알듯 말듯한 교리로 견강부회를 일삼는 기왕의 여러 종교가 유독 일본에서 뿌리를 내리지 못하는 이치가 이런 연구회와 사찰의 접목에서도 엿보인다고 하겠다.

주제가 빗나간 게 아니라 좀 흐트러지고 말았지만, 미상불 무엇이

'모성'에 길들여진 사회

든 '배우고 익힌다'는 것은 사람을 사람답게 만드는 근간임이 자명하다. 물론 이런 대목에서도 양이 질을 확보하고, 보장해준다는 말은 부분적으로만 옳다. 예의 그 연구회가 많다고 해서 어떤 수준이 나아진다고 단언할 수 없지만, 한편으로 그런 모임이 자극 매체로 기능하여 개개인의 지적 계몽도가 월등한 경지에 이를 수도 있는 것이다.

그런데 한국에서는 일본과 같은 연구회는 드물고, 미국식 커뮤니티 칼리지에 해당되는 대학별 평생교육원(주로 한 강좌씩만 청강하는 수강생이 많다)이 제법 '장사가 잘된다.' 물론 그 질적 우열을 따질 자리는 아니다. 그래도 하루걸러 한 번씩 산행에만 매달리는, 몸만 좋고 머리는 허약한 뭇 회사원 제위와 명퇴를 앞둔 중장년의 한국인들은 일본의 각종 연구회 회원들을 한번쯤 귀감으로 삼을 일이다.

8. '죽음관리 회사', 사찰寺刹

—

—

—

희한하게도 일본의 중들은 모두 다 유발승有髮僧이자 대처승帶妻僧이다. 부인과 자식을 여염집처럼 거느리고 있음은 물론이고, 개중에는 이혼까지 버젓이 해대는 스님도 없지 않으며, 헤어스타일을 잘 가꾸면서 술 담배도 의젓이 즐긴다. 승복은 불사佛事 때나 잠시 차려입을까 평상시에는 예사로 티셔츠나 반바지 차림으로 지낸다. 물론 그들도 승려로서의 자성自省·자숙自肅·자계自戒의 생활관을 각자가 임의대로 실천하고 있긴 하지만, 일본 불교는 좋은 의미에서, 아니 지질하기 짝이 없는 위선의 탈을 선선히 내던지고 있다는 점에서 차라리 '바람직스럽게도' 세속화에 두 발을 맞춰갈 뿐만 아니라 어떤 갱신으로서의 자가규정에 앞장서서 매진하고 있는 것처럼 보인다.

아마도 풍속 차원에서 한일 양국의 큰 차이점은 바로 불교의 이런 세속화일 것이며, 이른바 '컬처 쇼크'라는 것도 이 대목에서 미상불 절정에 이른다. 오죽했으면 일본의 승려를 보자마자 '뽕도 따고 임도 보고'라는 우리의 관용구부터 떠올렸겠으며, 뒤이어 '거참, 좋은 직업이네, 점잖고 훌륭한 데다, 다른 차원의 사람 구실을 여러 계층의 신도들에게 보여줄 수 있을 테니'와 같은 속말을 되뇌며 자꾸만 번지는 입가의 웃음기를 내버려두었을까.

아직도 하안거/동안거를 꼬박꼬박 지키는 참선승·학승들이 전국 각지의 사찰에서 용맹정진을 일삼고, 한편으로는 사판승事判僧끼리 사찰을 빼앗으려고 깡패처럼 편싸움까지 마다하지 않는 우리 불교계를 염두에 떠올리면 오늘날의 일본 불교는 그야말로 불가해한 종교인 것이다.

'컬처 쇼크'를 좀더 진하게 음미해볼 필요가 만만하다.

일본의 절은 전통적으로 가업家業의 본령이다. (종교가, 나아가서 그 수단인 집회 장소가 클 필요가 있느냐는 이 발상이 참으로 신선하고, 사람과 신 사이에 벽을 두지 않아 소박하며, '영혼' 따위를 개입시키지 않아서 구체적인가 하면 실생활적이기도 하다.) 그래서 절 주인의 공식 명칭도 주직住職이다. (불법을 한자리에 가만히 안주하여 고수한다는 뜻으로서의 우리 쪽 통칭 '주지住持'가 탈속적인 데 비해 일본의 '주직'은 세속적이라서 소탈하다.) 누구라도 절을 창건할 수 있음은 우리와 같지만, 대처승인 만큼 원칙적으로 장남이 절을 물려받게 되어 있으며, 장성한 맏아들의 직책은 자연스럽게도 부주직副住職이다. 시중의 여염집과 마찬가지로 크고 작은 절이 우리의 교회처럼 곳곳에 널려 있다. 그런 절마다 깨끗하기 짝이 없는 법당이 있고, 대체로 법당 곁에는 일반 가정집의 모범이 될 만한 살림집이 붙어 있게 마련이다. 법당은 최첨단 문명의 이기를 죄다 갖추고 있다. 에어컨 따위의 냉난방 시설은 기본이고, 오디오·비디오 장치도 마련되어 있음은 물론이다.

개인차나 혹은 상대적 차이가 현격할 테지만, '수도修道는 고행苦行이다'라는 등식을 일본 사찰에서는 찾기 힘들다. 과연 '도道'가 무엇인가라는 물음 앞에서 막막하기는 피차일반이기는 할 터이다. '도는 언제 닦는가'라는 물음에 한 주직은 '각자가 알아서'라는 간단한 즉답을 내놓아 질문자를 어리둥절하게 만든다.

일본 불교를 이처럼 철저하게 세속화시킨 승려는 13세기 무렵의 정토진가淨土眞家 본원사파本願寺派의 성인聖人 신란新鸞(1173~1262)으로 알려져 있다. 그는 산속에서 아무리 도를 닦아도 인간의 성적 본능, 속세와의 인연을 떨쳐버릴 수 없어서 결혼을 몸소 실천했다고 전해진다. 모든 종파의 개조開祖답게 그는, 무슨 종교라도 사람이 살자고 또 편하자고 있는 것 아닌가라는 본질 앞에 무척이나 대범, 솔직했던 셈이다.

그 후 일본 불교는 급속도로 사찰의 시중화市中化 내지는 세속화에 성공해 오늘에 이르고 있으며, 현재 일본의 불교 신자는 전 국민의 9할가량이다. 그중에는 일본의 토착 신앙인 신도神道를 기리는, 말하자면 이중 신도가 대부분이라고 하니 일본 국민의 '편리한 종교관'을 대강 짐작할 수 있다. 하기야 '가미神'란 말을 일본처럼 무간하게 써버릇하는 국민도 드물 테고, 그래서 9만 명을 웃도는 신이 전국 각지에 널려 있기도 하다는 말이 공공연히 회자된다. 게다가 매스컴의 과대포장식 이름 짓기까지도 그런저런 국민 정서에 부화뇌동하여 '해군의 신' '소설의 신'과 같은 숭배열로 '우리끼리' 식의 자기애를 증폭, 선망, 고취시키고 있기도 하다.

따라서 명절 때는 신사神社를 찾고, 혼례는 기독교식으로 올리고, 장례는 불교식으로 치르는 게 요즘 일본 민간의 한 풍속도로 자리잡았다고 하니 도무지 뭐가 뭔지 어수선하기 짝이 없는 단면이다. 아니다, 말이 틀렸다, 이 대목만큼 일본 국민의 보수성·이기심·편의주의를 극단적으로 잘 드러내는 예도 달리 없어 보인다.

일본의 사찰은 주로 죽음을 잘 관리해준다. 웬만한 규모의 절은

'죽음관리 회사' 사찰寺刹

가코초過去帳(절이 보관하는 사망자의 속명·법명·사망 날짜 따위를 기록한 장부)를 200가구쯤 갈무리하고 있다. 신도 수는 '가코초'의 숫자로 대략 가늠할 수 있으며, 사람은 누구라도 죽음이 약속된 존 재이므로 어느 절이라도 수입이 좋을 수밖에 없다. 이를테면 장례식, 7일재, 35일재, 49일재, 그리고 1주기, 3주기, 7주기, 13주기, 17주기에 는 유족들이 꼬박꼬박 주직을 모시고 법사를 치르므로 '후세'(보시 布施)가 반드시 따르게 되어 있다. 보시는 원칙적으로 물건을 주고받 기로 되어 있으나, 이것도 예의 그 세속화/편의주의를 빌려다 쓰는데 어떤 정파는 아예 금액을 정해놓고서는 더 이상의 '치부 수단'을 막 고 있다고 하지만, 역시나 사람 사는 동네는 어디나 마찬가지라서 눈 감고 아옹한 지는 오래되었다. 더불어 한 집안의 죽음을 이처럼 합리 적(?)으로 관리해주는 전통이자 제도인 만큼 그 친인척이 평소에도 주직에게 '간곡한 인정'으로서의 '봉투'를 조촐하니 건네지 않을 수 없을 터이다.

이미 그 수입원이 훤히 드러나 있는 대로 오늘날 일본의 주직이야 말로 확고부동한 고소득층이다. 널찍한 집을 소유하고 있으며, 누구 의 눈치를 볼 것도 없고, 존경까지 한 몸에 받는 단출한 사업장의 주 인에다, 사찰이라 고정재산세의 세율마저 워낙 낮기 때문에 그렇다.

일본은 일찍이 분업사회를 자력으로 이룩한 나라라고 자랑하는 만큼(어느 공동체인들 그렇지 않을까만) 주직의 부인이 차라리 더 톡톡히 한몫한다. '가코초'의 가족들에게 연하장이나 안부편지를 보 내는 일은 주직의 부인이 대체로 전담하며, 그 가족들의 접대로 쉴 틈이 없는 것이다.

깊숙한 산사에 파묻혀 공허한 법어法語로 소일하는 우리 불교계가

(물론 일부 고승들만 그런다고 꾸짖기야 할 테지만) 타산지석으로 삼아야 할 불교의 실체가 바로 이웃 나라에 불상처럼 뚜렷한 모습으로 버티고 있다. 어느 쪽에다 성스러운 경배를 올릴지는 각자의 종교관보다는 세상을 줄자로 재서 짧다 길다고 타박해야 하는 그 세속관에 달려 있을 것이다.

후일담 8 ┃ 일본 불교의 제도, 단가의 그늘

어떤 종교라도 그 교세는 재정 형편이 웅변한다. 알다시피 종교가 갖는 특이한 생산수단은 '다 맞고 다 틀리는' 설법/설교일 수밖에 없으므로 그 말잔치가 십시일반 격인 신도들의 기부를 끌어낸다. 그러니까 신도 수는 교세이자 돈줄이다. 참으로 기이하게도 이 돈줄은 마르지 않는 샘물과 같다. 좋은 '말씀'이 늘 넘쳐나듯이 그것은 그렇다.

모든 종교가 그렇듯이 신도 제위의 갸륵한 기부를 독촉하는 제도적 장치도 어슷비슷할 수밖에 없다. 알려져 있는 대로 중세 때 어떤 종교는 그런저런 갈취의 한 수단으로 '면죄부'를 팔았고, 작금에는 '재직자'라면서 일종의 직함을 몇 개 만들어 남발함으로써 신도들을 교회의 틀 속에다 꼼짝 못하도록 묶어놓는다. 그들의 노력 봉사를 무한대로 써버릇함으로써 그 노동 자체를 수입원으로 삼고, 그 교세 확장의 지향점은 누구도 모른다기보다도 사실상 허황하기 이를 데 없다 해야 옳을 것이다. (궁극적으로는 '포교/전도/선교' 등으로 이 지구상의 신심 자체를 단일색으로 색칠하겠다는 것일 텐데, 그래서 어떡하겠으며 또 그것이 가능하다면 그다음은 무엇을 지향하는가?) 신심의 진작보다는 집회의 빈번에, 집회보다는 기부금의 액수에 더 눈

'죽음관리 회사' 사찰寺刹

독을 들이는 이런 의사擬似종교 행위와 그 조직적 관리 체계는, 감히 예상컨대 금세기까지 절정을 이루지 않을까 싶지만, 일본 불교라고 예외일 수 없다.

일본 불교가 민간 신앙으로 굳건히 자리잡고 있다는 엄연한 사실은 그만큼 비리·불합리의 온상과 같다는 말이기도 하다. 그 대표적인 사례가 소위 '단가檀家'라는 제도다. 쉽게 말해서 '단가'는 절의 불사 때마다 그 비용을 감당할 만한 신도 내지는 그런 집안에 붙여진 호칭이다. 굳이 거명할 것도 없이 여느 종교도 그 형식과 내용에서 이와 유사한 '후원회'를 꾸려가고 있게 마련이다. 그런데 일본의 '단가'는 개인마다/집집마다의 주머니 사정을 감안하여 주직이 일방적으로 보시 액수를 정해버린다. 법요 때는 그 시주액의 많고 적음에 따라 앉는 자리의 서열도 엄격히 정해진다. 온갖 구지레한 변명을 내놓겠지만, 금전적 계급사회의 단면이 그대로 드러나는 것이다. 또한 조상의 묘지가 그 사찰 영내에 모셔져 있기 때문에('보다이 사菩提寺'라는 별도의 호칭이 있다) 단가마다에 배정된 책정액은 지켜질 수밖에 없다. '관습적/제도적'인 가렴주구라 할 만한데 반발조차 못 하니 어처구니없기도 하다. 더러 단가끼리 단합해 액수를 조정해달라는 건의를 내놓기도 하나, 그런 고려는 기왕의 터무니없는 책정액을 큰 시혜나 베풀듯이 일부만 깎아주는 타협에 그치고 만다. 그러면 왜 이처럼 시주를 밝힐까. 역시나 다른 종교와 마찬가지로 사찰의 신축·개축·증축·단장 및 부지 매입, 여러 크고 작은 법회의 소요 경비가 줄을 서서 기다리고 있기 때문이다. 교세 확장은 여느 사찰이나 희구하는 운영 방침의 금과옥조이며, 일단 어느 선을 넘어서면 절은 불가사리처럼 그 틀거지가 커진다. 신도들이 큰 사찰에 소속되기를 바라는 것은 상당한 정도의 '익명성'을 저절로 보장받기 때문임은 보는 바와 같다.

뿐만이 아니다. 일본 불교는 작명료라는 제법 짭짤한 부수입을 챙긴다. 소위 '계명료戒名料'다. 일본에서는 전통적으로 죽은 사람에게 '법명法名'을 지어준다. 그 일을 관장하는 전매특허권이 주직에게 있다. 이 작명료가 형편에 따라 차이가 나기는 하지만, 수백만 엔을 호가한다. 물론 얼마라고 아예 액수를 밝히고 상주에게 요구하는데, 울며 겨자 먹기 식으로 받들지 않을 수 없다.

어디나 그렇듯이 주직의 인품·설법·불사 같은 제반 행태가 시원찮으면 신도들이 떨어져나가고, 심지어는 인정상 드물지만 조상의 묘지도 다른 절로 이장하는데, 아무리 사람 사는 세상은 온통 거기서 거기다지만 이쯤 되면 누구의 적절한 지적대로 '아편'의 효능을 적극적으로 의심하면서 그 개선을 궁리해볼 만한 시점에 와 있다고 해도 틀린 말은 아닐 것이다.

9. 료칸이 살아 있는 한

호텔/모텔은 코카콜라처럼 전 세계에 골고루 퍼져 있는 미국 문화와 그 풍속의 부산물일지 모른다. (그렇다고 해서 유럽 쪽의 유서 깊은 호텔들, 그 변천사, 그 세련도 따위가 퇴색할 리 만무하다.) 미국 문화의 소화력과 응용력에 관한 한 뛰어난 순발력을 보여주는 나라답게 일본은 단연 호텔 제국帝國이다. 인구 20만 명 안팎의 중소도시까지도 역 주변과 번화가에는 끌밋한 호텔 건물들이 촘촘히 박혀 있고, 그것도 모자라는지 곳곳에 신축 중이다.

그런데 비즈니스호텔과 '러브호텔'을(이것이 한국에서는 그동안 '과도기'를 누리다가 이제야 '모텔'로 거의 정착되어버렸다는 실감을 서울 시중의 네온사인 간판을 통해 알 수 있다) 엄격히 구분하고 있으며, 예약제와 회원제가 일반화되어 있어서 그 이용률을 증폭시키고 있음도 일본 특유의 어떤 '제도 응용력'이다. 일종의 '변신 능력'이라고 해도 좋을 일본의 이런 장기가 분업을 구조화/가속화시키는 일방 자급자족에 겨워 지내는 섬나라 특유의 '생활권역화生活圈域化'에 이바지하는 동력이 아닐까 싶기도 하다. 그러니까 지방마다의 분권화/특색화는 일본 문화의 단일화/유별화에 기여하는 '하부구조infrastructure'다. 아무튼 호텔업이야말로 일본의 성장 산업 중 최첨병임은 분명하다.

일본열도 탐험

오늘날 일본에서 호텔업 곧 숙박업이 이처럼 번창을 구가하는 것은 나름대로 역사적인 문맥도 없지 않아 보인다. 즉 일본은 일찍이 800여 개의 봉건 영지領地로 나뉘어 있었던 만큼 '막부幕府'로 오르내리는 영주들의 행차가 번다했을 터이고, 그 행정行程의 여독을 풀려면 어차피 '료칸旅館'에 들어야 했을 것이기 때문이다. 따라서 일본에서 여관업은 당당히 대를 물려주는 가업이 될 수 있었다. 게다가 료칸의 번창에 발맞춰 일본 신민들이 일찍부터 여행을 일상의 한 부분으로 정착시킨 점도 간과할 수 없다. 저기 산이 있으니 등산해서 그 풍경을 만끽해야겠다는 또 다른 일종의 물신숭배와 그 이치가 비슷한 셈이다. 그 좋은 실례는 넘쳐날 정도로 많다. 일본의 현대소설을 본격적으로 개발, 개선, 완성시킨 나쓰메 소세키夏目漱石의 여러 주인공은 걸핏하면 '여행이라도 훌쩍 떠났다 올까'라고 중얼거리는가 하면, 노벨문학상 수상 작가 가와바타 야스나리川端康成의 소설은 대개 다 객지의 료칸에서 맞닥뜨리는 사건, 정취, 소회다.

대체로 일본의 여관업은 며느리가 대代를 이어간다. 그래서 '오카미女將상'은 술집 주인을 일컫기도 하지만 여관 주인의 공식 호칭이며, '오카미상'의 아들자식은 팔자 좋은 도련님으로 대접받는다.

이 전통 있는 여관업이 요즘 일본에서는 급격히 사양화의 길을 밟고 있다. 실례를 들어보면 재일동포들을 싣고 소위 '인민의 낙원'으로 떠난, 북송선의 출발지로 잘 알려진 니가타 시내에는 1955년 전후에 160여 곳의 료칸이 성업 중이었다. 그러나 지금은 50여 곳이 남아 있을 뿐이다. 그 주된 요인은 여권 신장 덕분에 요즘 며느리들이 고단한 노동이 따르는 이 가업을 물려받으려 하지 않는 데다 호텔의 상대적 편리성, 또한 그 비교우위적 익명성에 거의 속수무책이기 때문

료칸이 살아 있는 한

이다.

일본의 오래된 료칸은 손님에게 최대한의 예의 바른 서비스를 제공함은 물론이려니와 맛깔스런 '와쇼쿠和食' 곧 일본 고유의 가정식 요리와 정식을 맛보게 한다. 1박에 3만 엔쯤 줘야 하는 일급 료칸에는 방마다 일본 옷 차림의 여자가 하나씩 따라붙고, 꿇어앉은 자세로 공기밥을 퍼 담아주는 '룸서비스'는 기본이다. 이처럼 극진한 정성과 깍듯한 예절로 손님을 대하는 일본 여성 특유의 겸손한 자태 앞에 어떤 설레는 정서를 체감하지 못한다면 그 방의 임시 주인은 멍청이거나 덜렁이일 게 틀림없다. 게요리(게살을 파먹을 수 있는 젓가락 같은 도구의 생김새가 재미있다), 생선회(술집에서 내놓는 생선회와는 크기가 다르고, 모양이나 가짓수도 단연 푸짐하다), 밑반찬(빛깔이 현란하다, 물론 가짓수나 그 양은 적다) 같은 전통 일본 요리, 곧 여염집 밥을 맛볼 수 있는 것도 이제는 이런 료칸에서뿐이다.

요컨대 일본 료칸은 호텔과 달리 사람의 인정과 훈기를 물씬 풍긴다. 따라서 호텔에 투숙해 관광지나 두루 돌아보고 오는, 그러니까 보여주는 것만 둘러보는 식의 관광으로 일본을 보았다면 그것은 수박 겉핥기로서의 눈요기만 했을 뿐이다.

해외 관광여행이란 우선 제 집을 떠나 그 나라의 진짜 일상 음식을 맛보고, 깨끗한 잠자리에 몸을 누이고, 보고 싶은 구경거리를 제 발로 찾아가서 견문을 넓히는 것이다. 누구라도 그 나라의 전통 일체를 제일 먼저 피부로 감지할 수 있는 관문이 숙박시설과 먹을거리임은 새삼 말할 나위도 없다.

그런데 우리 형편은 어떤가? 우선 외국인 관광객을 한옥에서 재우기가 마땅찮다. (여기저기 수소문하여 그런 특수한 '전시장' 같은 곳에 억지로 투숙할 수는 있겠으나, 여기서는 그런 시설이 '일반화'되어 있지 않다는 지적일 뿐이다.) 또한 제대로 차려진 여염집의 한식을 대접하기도 지난하다. (역시 어떤 특정의 한식 전문 음식점을 골라잡아 모시고 가야 한다는 소리다. 결국 숙과 식이 따로 놀아나는 것이다.) 따라서 한국식 여관은 보다시피 없고, 외국인 손님을 재우고 먹일 만한 우리 식 전통이 사라져버린 셈이다.

지금은 모텔이란 숙박시설이 슬그머니 독점해버렸지만, 한때는 장급莊級 여관이란 것이 이 땅에 우수죽순처럼 널려 있기도 했는데, 그것들은 남부끄럽게도 선남선녀들이 애용하는 밀회 장소였다. 반만년 역사를 자랑하는 나라가 고유의 숙식도 제공하지 못하면서 말끝마다 '관광수입·관광자원' 운운하는 발상 자체가 한 토막의 저질 코미디다.

일본의 초일급 호텔인 '데이코쿠帝國 호텔'이나 '뉴오타니大谷 호텔'은 조금도 부럽지 않으나, 일본식 정원을 갖춘 그들의 전통적인 료칸 앞에서는 참담한 열등감을 감출 수 없다. 분명히 혼전婚前일 것 같은 핫팬츠 차림의 젊은 남녀 투숙객이 서로 허리를 껴안고 기다란 복도를 걸어가는 광경도 일본 여관에서는 그렇게 추해 보이지 않는다. 료칸이 살아 있는 한 일본의 관광수입은 늘어나지 않을까라는 생각이 문득 떠오른다.

후일담 9 ı 일본 미학의 한 자락

취재지가 '니가타의 한 여관에서'라고 되어 있는데, 괘꽝스럽게 일본의 전통적 풍물인 료칸을 화두로 잡으면서 군이 니가타에 머문 것은 그럴 만한 사정이 있어서였다. 되돌아보니 북한으로 조총련계 재일동포를 무더기로 실어 나른(반강제로, 또 감언이설로 속여서) '북송선'의 출발지 니가타 항구, 그중에서도 '우리 조국은 조선민주주의인민공화국이다'라는 하얀 플래카드를 두르고 있는 여객선의 뱃전에서 환송 행사를 하던 한때의 신문기사 속 사진을 떠올리고, 그 생이별의 현장을 찾아가면 '조선인'의 무슨 한 많은 사연 한 토막쯤은 주워듣지 않을까 싶어서 무작정 달려갔을 것이다. 실은 그 역사적 현장인 항구의 정박지 일대를 거닐어보고 싶었던 것인데, 막상 그 주변은 여느 선착장이나 다름없는 두터운 콘크리트 바닥이었고, 그 너머에는 방금이라도 덮쳐올 것 같은 짙푸른 바다만 가없이 펼쳐져 있을 뿐이었다. 하기야 당연히 그럴 수밖에 없기도 해서 이내 택시를 잡아타고 시내의 숙박 장소를 물색하느라고 한동안이나, 그것도 벌건 대낮의 뜨거운 햇살 속을 헤매었던 기억이 남아 있다. 그래도 니가타에 들렀다는 보람을 챙기려고 시종 한눈을 팔고 다녔으며, 일본의 여느 지방에서나 마찬가지로 니가타에도 '한국인/조선인'들이 꽤나 많이 정착해서 산다는 사실을 눈으로 확인할 수 있었다.

알려진 대로 북한의 김일성 정권과 조총련, 일본 정부와 일본 공산당 및 사회당이 공모하여 떠벌인 '재일조선인 귀국사업'은 재외국민을 상대로 한 국가끼리의 사기 행각치고는 너무나 파렴치한 것이었다.

지금도 내가 갖고 있는 이런저런 자료를 참조해 간추리면, 1959년 연말에 제1차로 재일동포 975명을 태운 북송선이 니가타 항구를 출발, 이틀 후에 청진항에 닿았다. 그 후 숱한 우여곡절 끝에 1981년까지 총 30회에 걸쳐 9만3314명이 북한으로 실려갔고, 그중에는 일본인 처들도 6000여 명이 섞여 있었던 것으로 알려져 있다. 위에서의 숱한 우여곡절이란, 북일 양국이 적십자사를 앞세워 인도의 콜카타에서 '송환협정'을 조인하는 국제적 이벤트, 한국에서의 맹렬한 반대 시위('관제데모'라고 할 수는 없겠으나, 나도 도심지를 관통하는 그 시위대의 물결을 어린 눈으로 멀거니 쳐다본 바 있다), 한국 정부의 고식적인 항의, 희망자의 급격한 감소 추세로 시들해져버린 북송사업, 1965년의 한일국교 정상화로 '북송선'의 운영 중단 등등을 말한다. 그 후 1971년부터 북송사업이 재개되었으나, 이제는 자비 부담으로 '인민의 천국'을 향한 귀국길에 올라야 했고, 지원자가 없자 조총련은 숫자를 채우느라고 아주 야비한 물리력까지 동원했다. 이윽고 귀국자들의 참담한 생활상이 웬만큼 알려지자 '북송사업'은 흐지부지되고, '단기조국방문사업'을 벌이느라고 또 한 번 수선을 피웠다.

이상에서 대략 드러나 있는 대로 국가 간의 이런 하층민 '강제이주 정책'은 거의 '쓰레기 처치' 수준의 추방령이나 다름없다고 해도 과언이 아닐 것이다. (흔히 나치의 유대인 소개령을 책으로 영화로 보고 나서 우리는 감상에 젖곤 하는데, 한때 한일 양국의 양민에게도 그런 '국가적 폭력'은 비일비재했다.) 한창 젊은 기운도 넘치던 나이였으므로 어떤 공분公憤의 토로라기보다는 그런 식의 이주자들이 그 후 맞았을 다사다난한 인생행로에 대한 소설적 흥미로 한동안이나 나는 멍해져 있었을 것이다.

그런저런 끝탕 끝에 문득 정신을 차려보니 하루 일정이 완전히 허탕 친 꼴이었다. 낭패였다. 딱히 쓸 만한 아이템도 떠오르지 않았다. 내 걱정, 골몰을 힐끔거리던 통역생이 어딘가로 부리나케 갔다 오더니, 이 지방이 한때 지진 다발 지역이었고, 도시의 반 이상이 내려앉은 땅바닥을 복구한 신시가지라는데요 하는 말을 전해주었다. '지진'을 신문 르포형 화두로 삼으면 어떻겠느냐는 언질이었다. 대뜸 귀가 솔깃했으나, 지진도 일본의 한 풍물일 수는 있겠지만 이미 옛날 일이라 임장감臨場感이 떨어진다고, 나는 머리를 흔들며 퇴짜를 놓았을 것이다.

이윽고 쉴 때는 푹 쉬고 보자, 될 대로 되라지, 해도 저물어가니 적당한 비즈니스호텔에 투숙해 머리를 굴려보면 무슨 뾰족수가 나오겠지 하고 나는 마음을 돌리고 있었다. 그런데 여기저기 옮겨다닐 때마다 묵는 그 비좁아터진 비즈니스호텔 객실에서 통역생과 샤워 시간을 서로 양보하느라고 눈치놀음을 해야 하는 그 고역을 떠올리자 또 따분해졌다. 일 걱정이 머리꼭지에 매달려서 떨어질 줄 모르는 판이니 캔맥주라도 두어 개 사서 벌컥거릴 엄두도 나지 않았다. 요즘 말로는 완전히 쫄아 있는 셈이었다. 그 순간 문득 내 입에서, 값은 고하간에 료칸에서 하룻밤 묵어보지, 기분도 돌릴 겸해서, 이런 시골바닥에도 참한 료칸은 있을걸, 어디에 있는지 좀 알아봐줘, 이왕이면 노포가 좋겠지 같은 말을 힘없이 늘어놓았을 것이다.

무슨 부잣집 가운데 자식처럼 나는 착 가라앉은 목소리로 그런 말을 지껄이고 있었으나, 내 머릿속은 신문사에서 대주는 일정한 하루 취재비, 숙식비 따위를 따지는 일방 그동안 아껴 쓴 여비의(매일 공책에다 10엔 단위까지 지출 내역을 적어두었고, 당연히 영수증도 챙기고 있었다) 총액을 떠올리며 료칸에서의 숙박료가 비즈니스호텔의 세 배 이상이라도 '어떻게 감당이 될 테지' 하는 암산을 굴리고 있었을 것이다.

대체로 모든 요긴한 기억의 파노라마가 그렇듯이 어떤 장면 속에 붙박여 있는 디테일, 여러 말, 그때의 분위기 등은 여전히 생생하게 떠오르는데, 그 전후의 연결 마디는 뽀얀 백지 상태일 때가 흔하다. 그 당시의 골몰 정도, 이를테면 '북송선'이라는 주제가 '료칸'보다 더 강하게 내 뇌리를 압박했다고 하더라도 이제는 그 기억의 명암도가 꼭 그대로 환하거나 흐릿하게 재연되지는 않는 듯하다. 아마도 그때마다의 선별적인 기억저장술이 작동하기 때문에 그런 게 아닐까 짐작하지만, 왜 그렇게 '알아서' 돌아가게 되어 있는지는 조물주만이 알고 있는 '신비한 체계'일지 모른다. 하기야 기억을 아무렇게나 조작하고, 변덕스럽게 뒤바꾸는 후천적 능력이야 인간들 저마다의 재량권일 테지만.

바로 이 대목에서도 그렇다. 택시에서 내려 어느 료칸 속으로 성큼 들어섰는데, 그 집 상호도, 출입구의 모양새도, 거기가 어디쯤이었는지도 이제는 도무지 생각나지 않는다. 아마도 통역생이 알아서 택시기사에게 영업 연륜도 길고, 웬만큼 평판도 나 있는 료칸을 안내해달라고 했는지 어쨌는지. 나야 잔뜩 심각한 얼굴로 살같이 내빼는 시가지 풍경이나 보느라고 차창에다 시선을 못 박고 있었을 테니까.

아무튼 그런 경과로 어느 유서 깊은 료칸에 투숙했다. 기다란 디귿자 골마루의 나무 바닥이 번질거렸을 테고, 그 양쪽 끝에 남자용 공동욕실과 여자용의 그것이 있었던 것 같고, 그 가운데에 아기자기한 정원을 꾸며놓았는데 조그만 연못, 인공의 물줄기를 받아 일정한 속도로 돌아가는 물레방아, 새파란 이끼가 발치에 두두룩하니 입혀진 시커먼 석등, 드문드문 심겨진 관목과 몇 그루의 교목이 짙은 녹음까지 드리우고 있어서 방에서 내다보는 눈이 시원했다. 통역생과 함께 목욕탕에서 낮 동안 땀방울로 흠뻑 절은 몸을 씻고 돌아오니 기다렸다는 듯이 밥상이 날려져왔다. 비록 무늬나 옷감이 수수할망정 일본의 전통 옷 '기모노'를 차려입은 중년 부인이, 한눈에 인근의 여염집 주부가 파트타임으로 일한다는 그런 자태로 다다미방 바닥에 단정히 꿇어앉아 밥을 퍼담고 시중을 들기 시작했다. 웃지는 않지만 온몸으로 친절을 보여주려는 자세가 우러나고 있어서, 인생이 무엇인지 몰라도 오로지 이 천직天職에 열심히 매달릴 뿐이라는 그런 성의를 보여주는 데야 어느 과객인들 그녀를 '여자'로 보겠는가. 그녀의 일거일동, 곧 일하는 자세에만 주목하느라고 나는 그 외모의 미추, 몸매 따위를 살펴볼 겨를도 없었다. 그녀는 우리에게 게요리를 발라먹는 요령을 가르쳐주느라고 말은 아끼면서 손짓으로 한동안 시범을 보여주곤 했다. 통역생의 전언에 따르면 니가타는 원래 게요리로 유명하다고 했고, 실제로도 밥상 위는 불그레한 게껍질과 뽀얀 게살로 뒤덮여 있었다. 다리살과 가슴살을 발라먹는 백통의 식구食具가 각각 다르고, 특히나 볏짚을 반으로 쪼갠 모양의 기다란 쇠붙이 도구는 까만 쇠녹이 그 연륜을 말해주고 있는데, 보일 듯 말듯한 칼질이 박인 게다리 껍질 속으로 그것을 집어넣었다 빼면 뽀얀 게살점이 그 홈 안에 소복이 묻혀 나오게 되는 식이었다.

그럭저럭 복잡한 절차의 식사가 끝나고 나 혼자서 방 안에 앉아 정원을 하염없이 쳐다보고 있으려니까 예의 그 젊은 남녀 투숙객들이 연방 복도를 지나 자기들 방으로, 여관 밖 출입으로 들락거렸다. 이상하게도 젊은 손님들뿐이었다. 통역생이 제 소임을 챙기느라고 여기저기를 기웃거리고, 전화로 탐문도 하다가 방 속으로 들어오며 이 여관이 이 지방에서는 꽤 알아주는 명물인 모양이라고, 잘 들어온 것 같다고 밖에서 듣고 온 정보를 내놓았다. 영업집의 자기 자랑이려니 하면서 나는 내처 쓸거리를 머릿속으로 공글리느라고 여념이 없는 판이었다.

내 심각한 모색 때문에 통역생은 말도 건네지 못하고 앞으로의 행정을 더듬는지 노트·지도책·자료철, 역이나 숙박시설에서 집어온 관광안내도 따위를 건성으로 뒤적이면서도 문을 활짝 열어놓은 복도 쪽을 연방 힐끔힐끔 쳐다보곤 했다. 그는 일본식 생활습관에 젖어 있는 친구라 비즈니스호텔에 투숙하자마자 팬티 바람에 유카타浴衣를 걸치고, 허리를 질끈 동여맨 그 내리닫이 홑옷을 입은 옷거리가 그런대로 어울리기도 하는 체형의 경상도 출신 청년이었다. 그런데 그날따라 청바지에 티셔츠 차림으로 들락거리면서 여태 그 편리한 유카타로 갈아입지 않고 있었다. 한편 나의 좀 별난 입성 취향으로는 발치에서 치렁거리는 그 일본식 숙박업체 홑옷이 거추장스럽기도 하려니와, 가슴팍을 여미자니 답답한 데다 옷깃을 헐렁하게 벌려두자니 연방 맺히는 땀방울도 남새스러워서 한사코 안 입는 주의였다. 따라서 비즈니스호텔이든 료칸이든 나는 일단 짐을 부리고 나면 준비해 온 반바지에 칼라 안 달린 티셔츠로 갈아입고는 숙박업체에서 제공한 그 유카타를 의자 바닥에 방석 대신으로 깔고 지내는 터였다.

한동안이 지나서야 문 쪽에서 조심스러운 인기척이 다가오더니 아까까지 밥 시중을 들던 예의 그 중년 부인이 복도 바닥에서 무릎을 꿇고 앉아 통역생보다 나와 먼저 눈을 맞추며 일본말로 뭐라고 이르는 일방 손짓과 눈짓으로 어서 나서라고 권하는 것이었다. 대강 짐작이 가던 차, 통역생의 말로는 '노변정담'을 나누는 자리가 마련된 모양이라고 했다.

안내에 따라 출입구 쪽에서 돌아앉아 있는 방으로 들어갔더니 가

료칸이 살아 있는 한

겟방이지 싶은, 천장에서 굵은 동아줄이 내려온 그 끝자락에는 뭘 끓이는 데 쓰는 냄비 같은 것이 매달려 있고, 방 한가운데를 네모반듯하게 파놓은 일종의 화덕 둘레에 '오카미상'이 앉아 있었다. 소위 '이로리居爐裏'는 일본 특유의 주거 양식인데, 몸매가 부해서 대번에 '오카미상'이라는 신분과 아주 짝이 맞는 노친네가 '영업적이긴 해도 그렇기 때문에 상대방의 마음이 더욱이나 환해지는' 만면에 웃음을 띤 얼굴로 나와 통역생에게 앉으라고 손짓했다. 오카미상 곁에는 두 손까지 모으고 빳빳이 서 있는 내 또래의 사내가 있었는데, 자신이 이 집 둘째 아들이라고 했다.

이내 그 자리가 마련된 내막이 드러났다. 곧 통역생이 나와 그의 소임과 이곳까지 흘러온 사연을 털어놓자, 니가타의 풍물·내력·경기 따위를 듣자면 오카미상 자신만큼 적격자도 달리 없을 터이나, 아무래도 자기 자식도 불러 앉혀야 여러모로 구색이 맞을 것 같아 이렇게 늦었다면서, 의례적으로나마 죄송하다고 곡진하게 고개를 숙였다. 오카미상의 손짓에 따라 세 남자의 자리가 이로리 곁에 정해지자 앞앞에 다과상이 놓였고, 주인의 하명을 좇을 두어 명의 여종업원도 (아까의 그 중년 부인이 밑에 사람들을 부리고 있었다) 출입문 쪽에 비켜나 앉았다. 통역생이 이로리를 가리키며 겨울이면 풍치가 더 좋겠다고 하자, 오카미상이 활짝 웃으며 젊은 사람인데도 풍류를 안다고, 역시 명문대를 그냥 다니는 게 아니라며 손님의 기분을 맞추었다. 어느 나라나 마찬가지일 테고 또 모든 장사가 반 이상은 말로 뻥을 치는 것이라, 그러므로 손님의 기분을 얼마나 잘 읽어내면서 돈을 선선히 쓰게 만드는가 하는 재주가 바로 장사술임에는 이론의 여지가 없는 것이었다.

그 푼더분한 외모대로 오카미상은 탁 트인 음성의 소유자였고, 연방 손님의 기분을 살피며 술술 풀어놓는 말솜씨도 일품이었다. 대체로 자기 자랑이 심한 사람들은, 남자나 여자나 일정한 시간이 지나면 제발 그 털털거리는 고물차 같은 자랑일랑 거둬넣었으면 꼭 좋겠다는 말이 상대방의 목구멍에까지 차오르게 만들곤 하는데, 그 료칸의 오카미상은 단연 그렇지 않았을뿐더러 자신의 그 천직을 생래적으로 즐기면서 사람의 이목을 끌어당기고 좌중을 휘어잡는 화술까지 갖춘 '연기자'였다. 별로 요란스럽지도 않건만 그녀의 그 눈짓, 손짓, 몸짓은 어울렸고, 자신의 그런 능력을 스스로도 잘 알고 있어서 상대방의 의중을 서너 걸음 앞서 넘겨짚는 것이었다. 띄엄띄엄 받아쓰기를 하며 그날 들은 그녀의 자기 자랑, 생업에 대한 자부심은 과연 상당한 것인 데다 잊히지 않는 것이었다.

우선 니가타 경기는 북송선이 왔다 갔다 하던 1950년대 후반부터 1960년대 중반까지가 최전성기였다고 했다. 그때는 여관방이 동이 났고, 역·부두·거리마다 온통 조선인으로('한국인'과 '조선인'을 구별해서 썼다) 넘쳐났으며, 어찌 된 판인지 북송선이 뜸해지자 큰 지진이 났다는 것이었다.

통역생이 캔맥주를 찔끔거리며 그녀의 말을 옮겨주었다.

"원래 니가타는 지반이 전부 모래인 델타 지역이라는군요. 운하가 그전에는 여든여덟 개나 있었는데 지금은 몽땅 매립해버려서 하나도 안 남아 있다 카며 아깝다고, 풍경이 제법 좋았는데. 그때 민가들이 다 가라앉고 파묻히고, 소개령이 내려서 저쪽 신시가지로 옮겨갔다는 말인데…… 지진이 일어나고 경기도 가버렸다 카네요, 북송선 떠나듯이 그렇게 미련만 남기고."

97

투숙하자 목격한 대로 젊은 남녀가 이런 료칸을 잘 찾는 모양이라고 내가 묻자, 그렇다고, 요즘은 손님이 노인네와 젊은 사람으로 양분되어 있다고 했다. 직장인이나 중년의 남자 손님은 다들 비즈니스호텔이 편리하니까 그쪽으로 몰려가서 단체 손님이나 오면 씩씩한 사내들을 볼 수 있지, 이제는 남자들 인물 구경하는 재미도 없어졌다는 것이었다. 그렇지만 아직도 자기는 단골손님을 많이 거느리며 그들을 기다리는데, 개중에는 전직 모 수상을 비롯해서, 한국의 신문 지상에도 가끔씩 오르내리는 이 지역의 중의원 모 씨, 정객 아무개 등이 꼭 묵고 간다고 했다.

오카미상이 일흔이 넘은 나이답잖게 눈을 크게 뜨며, 시바 료타로司馬遼太郎 선생님도 우리 집 단골인데, 빠뜨릴 뻔했네라고 했다. 매스컴의 선전 문구대로라면 '일본의 국사國師'인 시바 료타로는 한창 글을 많이 쓰던 때는 거의 계절별로 이 료칸에 들렀으며, 그때마다 며칠씩 묵곤 했는데, 술·음식을 즐길 줄 아는 진정한 작가 선생님으로 박학다식에다 화술도 뛰어나서 그이 앞에서는 다들 턱을 떨어뜨렸다는 것이었다. 일본의 유명 작가들은 독자 관리술도 색다르구나 하는 탄복을 나는 그때 추슬렀던 듯하다.

시바 료타로의 생활 근거지가 오사카여서 그랬지 않나 싶은데, 오카미상은 문득 자식 자랑을 내놓았고, 듣고 보니 과연 이런 자리를 벌일 만하다 싶었다. 그 말을 대강 간추리면 이랬다.

'아들을 둘 두었는데, 보다시피 여기 앉아 있는 둘째 자식은 치과의사다. 치과의원도 여기서 엎어지면 코 닿을 데 있으니 이런 다행이 없다. 그래서 이 여관은 둘째 자부에게 물려주려고 한다. 둘째 며느리가 지 자식들 뒷바라지하면서 틈틈이 여기 나와 지금 여관 경영

일을 배우고 있는데, 부지런하고 아주 믿음직해서 오카미상을 대물림하기에는 안성맞춤이라 한시름 놓고 있다.'

이런 가업은 장자에게, 그러니까 맏자부에게 상속하지 않느냐고 통역생에게 물어보라고 했더니, 오카미상은 물론이고 사람 좋은 얼굴로 두 한국인 남자의 안면을 치과의사답게 꼼꼼히 꿰뚫어보던 둘째 아들도 이미 내 말을 알아들었다는 눈치였다.

'가업을 꼭 장자에게 물려주라는 법은 없다. 첫째 며느리는 너무 인텔리고 하이칼라라서 이런 가업에는 맞지 않고, 또 관심도 없는 애라서 진작에 고향을 떠나 살고 있다.'

그런데 오카미상의 맏자식은 오랜 기간 독일에서의 학구생활을 거쳐서 지금은 '정통 간사이關西 미학 이론의 명맥'을 이어가는 미학자라면서, 교토의 모 대학교수로 재직하고 있다는 것이었다. '간사이 미학 이론'의 계승자라는 말을 몇 번이나 자랑스럽게 되뇌는 오카미상의 얼굴에는 당당한 득의, 자랑스런 기색이 무슨 꽃처럼 활짝 피어올랐다. 과연 대단한 기염이었다. 한창 젊은 개업의인 치과의사도 자신의 형 자랑이 나오자 일정한 존경의 염을 온몸으로 드러내는 데 거리낌이 없었다. 부모의 생업과 맏자식의 전공이 묘하게도 일본의 료칸에서는 앙상블을 이룬다는 희한한 느낌도 들었다.

자부심과 겸손이 고루 무르녹아 있는 두 모자의 자태를 이번에는 내가 찬찬히 훑어가자, 직업의 귀천을 떠나서 일업일생으로 살아가는 사람의 낙이 이런 게 아닐까에 이어 아들의 전공 분야가 무엇을 겨냥하든 간에 평생토록 손님의 숙식을 뒷바라지해온 한 노친네의 구변에서 '간사이 미학'이라는 말이 자연스럽게 나오는 이 풍경이 얼마나 희귀한가라는 생각이 저절로 괴어들었다.

이튿날 오전, 하기도 싫고 미뤄온 숙제를 수월하게 마쳤다는 가뿐한 심정으로 그 집 료칸과 하직하려고 길가로 나서자 치과의사는 자신의 승용차를 대기시켜놓고 역까지 배웅하겠다면서 나와 통역생의 가방과 트렁크를 주섬주섬 뒷좌석에다 옮겨 싣고 있었다. 오카미상을 위시한 너댓 명의 종업원 전원이 료칸 입구에 도열해서 우리 일행에게 손을 흔들어대는 '인정어린 상술'을 까무룩해질 때까지 지켜보던 내 심사가 착잡했다. 그 배웅 풍경도 한때는 우리 풍속이었건만 이제는 드물어졌고, 설혹 목수의 아들일망정 미학자가 되지 말라는 법은 없을 터이나, '우리' 동네에는 간사이 같은 어떤 특정 지역의 고유한 미적 감흥을 정리하려는 학문이 없지 않나 싶어서였다.

10. 홋카이도 강점사强占史의 표면

—

—

—

일본이 천혜의 복락을 누리는 나라임은 외침外侵을 원천적으로 막아주는 그 자연적인 지리地利에서도 확연히 드러난다. 물론 섬나라로서 외부, 곧 대륙과의 문물 교류가 일정한 정도로 제한되어 있었기 때문에 한동안 문화 전반의 수준이 조야粗野를 면키 어려웠지만, 이런 불리한 여건마저도 한반도가 대륙 문화를 충분히 되새김질한 후에 넘겨주었으므로 소화불량 따위를 걱정할 것도 없이(막말로 손도 대지 않고) 독특한 일본 문화를 창출해낼 수 있었다. 달리 말하면 한반도라는 매개자의 시행착오까지 등 뒤에 숨어 물끄러미 참작함으로써 경비도 덜 들이는 한편 이식 문화의 활착에 나름의 응용력을 마음껏 발휘할 수 있었던 셈이다. 이래저래 만복을 송두리째 물려받은 나라이고, 그런 의미의 연장선상에서 보면 일본의 건국신화에는 호강살이에 겨워 지내는 자식의 어리광 같은 발상도 없지 않다. (아내를 찾으러 지하에 갔다가 실패하고 돌아와서 목욕 제계하자 왼쪽 눈에서 아마테라스 오미카미天照大神가 탄생해 천상을 다스리라는 명을 받았다는, 이런 황당한 신화가 실례인데 마늘·곰을 매개한 우리의 건국신화보다는 제법 상세하나 거짓말이 자꾸 부풀려지는 형태다. 그에 비해 우리 신화 체계는 너무 단순해서 오히려 믿긴다.)

그런데 이 타고난 지리상의 그루터기를 일본은 잘 갈무리했을 뿐만 아니라 그 복덩이를 더 부풀려놓는 데도 탁월한 기량을 떨친 것처럼 보인다. 그 증거가 홋카이도北海道의 개척이다.

원래 일본인들은(필경 대륙에서, 더 직접적으로는 한반도의 원주민들이 해류를 따라 바다 건너로 흘러 들어갔다는 학설이 인류학적으로나 언어학적으로도 힘을 얻고 있지만) 혼슈本州를 비롯한 시코쿠四國, 규슈九州 등 따뜻한 남쪽 지방을 주거지로 삼아왔다. 심지어 혼슈의 동북 지방만 하더라도 예로부터 곰이나 사는 곳으로 치부할 정도였으니 더 말할 것도 없다. 지금도 도호쿠東北 지방은 간사이 지방에 비해 개발이 워낙 지지부진하여 신칸센 개통이 이 지역 주민들의 최대 숙원이다. 따라서 불과 100여 년 전까지만 해도 홋카이도는 일본인에게 관심 밖의 땅이었고, 실제로도 원주민인 아이누족이 살아오던 타국이었다. 하기야 15세기경부터 본토의 일부 주민들이 홋카이도로 건너가서 살기도 했다지만, 그것도 대다수는 쓰가루津輕 해협을 끼고 아오모리靑森와는 지척간인 하코다테函館 부근에 한정되어 있었을 뿐이었고, 그들은 청어잡이에 종사하면서 혼슈와 거래를 트고 있던 어민이었다. 그러니까 일본이 메이지 유신明治維新으로 근대 통일국가의 형성을 모색하던 1868년 이전까지도 홋카이도는 엄연히 아이누족의 본거지였다.

때맞춰 메이지 천황이 집권하자 러시아의 남하 정책을 경계해야만 했고, 본토의 과밀한 인구를 분산시킬 필요가 있었다. 홋카이도가 단연 군사적·경제적 요충지로 부각되기 시작한 것이다. 메이지 정부는 본격적으로 이주 정책을 펼쳤는데, 최초의 이민은 평상시에는 농사를 짓다가 비상시에는 사무라이武士로 변하는 둔전병屯田兵이었다.

그 당시 홋카이도에는 아이누족이 5만 명 남짓만 생존해 있을 뿐이었다. 생선 따위를 생식生食하면서 살던 종족이라 인구가 꾸준히 자연감소 추세를 밟고 있었던 모양이다. 또한 곡식을 재배할 줄도 모르고, 익힌 음식을 못 먹는 탓인지 원숭이처럼 몸에 털이 많은 이 가난한 수렵민족은 유순하기 이를 데 없어서 외지인에게 이렇다 할 저항도 보이지 않았다. (물론 아이누족의 상당한 소요, 양측의 분쟁이 뒤따르긴 했다.) 이것도 일본으로서는 굴러온 복이었다. 미국처럼 원주민 인디언과 사투를 벌여 거의 인위적으로, 그전까지 이렇다 할 원한이 없었음에도 불구하고 아예 멸종시키려고 덤빔으로써 인류사에 한 오점을 남긴 숙명을 원천적으로 면제받은 것이다.

그 후부터 메이지 정부는 북방개척 정책을 착실히 수행해나갔다. 우선 아이누족의 생업이자 주식 공급원인 연어잡이를 금지시켰다. 한 종족의 생존권을 행정적으로 저지해버린 조치였다. 그와 동시에 주로 도호쿠 지방 사람들을 대대로 이주시켜 농경지를 조성했다. 뒤이어 삿포로札幌에 농업학교를 세웠다. 1875년에 설립한 이 삿포로 농업학교(현재의 홋카이도 대학)는 도쿄 대학보다 역사가 더 길다.

한 지역을 완벽하게 장악하기 위해서는 학교의 설립, 곧 말과 글의 보급과 문화 이식이 급선무임은 재론의 여지가 없다. 또한 모든 분야가 다 그렇게 돌아가도록 되어 있지만, 내실 있는 투자만이 지속적인 소득을 보장하는 법이다. 1910년 전후로 홋카이도는 이미 식량 기지로 탈바꿈해서 일본의 국부國富에 다대하게 이바지할 정도였다.

현재 아이누족은 불과 5000명쯤 남아 있을 뿐이며 그나마도 대다수가 일본인과의 사이에서 태어난 혼혈인들이다. 그래서 오타하라 다카아키太田原高昭(홋카이도 대학 농업경제학과) 교수는 '나카소네 전 총리가 일본은 단일민족 국가라고 한 말은 정치적 수사修辭일 뿐 전적으로 틀린 말이다'라고 단언한다.

한 지역을 이처럼 착실하게 정복하고, 한 종족을 이처럼 말썽 없이 동화시킨 민족이 인류 역사상 과연 몇이나 될까. 일본의 영토 확장열은 이처럼 빈틈이 없으며, 그만큼 집요하고, 당연하게도 장단기적인 안목까지 갖추고 있다. 한때 한반도도 그들의 그런 '대륙진출 정책'의 희생물이었다. 이렇다 할 실속을 챙기기는커녕 하잘것없는 공명심으로 정부 측 실력자와 재야 쪽 유명 인사들이 앞 다투어 북한을 보듬자는 소위 그 '북방 정책'의 정체가 무엇인지 되돌아보인다.

후일담 10 ㅣ 그는 아이누족이었을까?

통역생이 여기저기 수소문해보더니 마침 여름방학 중인데도 연구실을 지키고 있는 홋카이도 대학의 오타하라 교수가 홋카이도의 개척사, 아이누족의 생존사 등에 대해서는 전공자로서 자문에 응하겠다고 해서 부랴부랴 달려갔다. 벌써 삿포로에 머문 지 이틀이 지나 있었고, 취재가 끝났을 때는 점심시간 무렵이었으므로 오전 중에 시내 중심부에 있던 홋카이도 대학을 찾아갔던 듯하다.

널리 알려져 있듯이 홋카이도 대학은 창립 초기에 미국인 교수 클라크가 '소년이여, 야망을 가져라'라고, 너무나 지당해서 오히려 어린 가슴을 어리벙벙하게 만든 그 금언을(나는 물론 메들리의 영어 참고서 『삼위일체』의 예문을 통해 알았다) 남겼던 곳으로, 그이의 그 명구와 동상이 정문에 우뚝 서 있어서 유명한, 한때는 제국대학의 명패를 달기도 했던 국립대학이다. 그런데 막상 마주 대하고 보니 유서 깊은 명문 대학치고는 정문이나 캠퍼스가 고풍스럽지도 않고, 꾸며놓지도 않아서 적이 실망스러웠다. 연구실을 찾아가느라고 인적이 드문 캠퍼스를 헤매고 있으려니까 단정한 원피스 차림의 부인이 운동모자를 쓴 소년의 손을 잡고 여기저기를 뚜릿뚜릿 살피면서 빠른 걸음을 떼놓고 있었으므로 통역생이 다가가 길을 물었다. 통역생이 말을 옮겨주지 않아도 나는 대번에 그 부인과 똘똘한 소년의 눈매를 통해 대답을 알아들었다.

'죄송해요, 저도 오늘 이 북대北大를 처음 찾아온 걸음이라서 어디가 어딘지 통 몰라요. 마침 방학 중이라 제 아들에게 이 명문대를 구경시키고, 장차 이 대학에 꼭 입학시키고 싶어서 모처럼 산교육으로 자극을 주고 있는 참이어서요.'

현대판 맹모삼천지교를 몸소 실천하는 신통한 풍경이어서 나는 잠시나마 어느 나라에나 있는 극성스러운 부모의 자식 교육열, 명문대의 위세, 타의에 의한 위기지학爲己之學 등이야 아무리 떠들썩하게 설쳐대든 말든 치열한 경쟁과 여러 종류의 시장에서 살아남아야만 하는 자본주의 체제 아래서의 진정한 위인지학爲人之學이 과연 가능할까 따위를 떠올려보았을 것이다.

예의 그 오타하라 교수는 대단히 인상적인 사람이어서 한때 나의 졸작 중편소설 「머릿속의 도시」에도 두어 쪽이나 할애해놓고 있다. 요긴한 대목만 간추려보니, 역시 소설이란 장르에는 '실상'을 두드러지게 왜곡한 부분, 과장한 대목, 사생활 침해로 언짢아할 것 같아서 축소·생략한 측면이 지금도 눈에 많이 띈다.

—홋카이도 대학의 농업사 전공 교수를 만나다. 방학 중인데도 넥타이까지 단정히 매고 연구실에 죽치고 앉아 있다. 20제곱미터쯤 되는 연구실이 책더미 속에 파묻혀 있어서 발을 디디려면 나무 바닥

을 찾으려고 두리번거려야 한다. (그것이 겉멋은 아닐 텐데 연구실이나 개인 사무실을 오로지 책들로 한껏 어수선하게 만들어놓는 '이상한 취향의 개성'들이 먹물들 중에는 의외로 많다.) 멋을 가꾸는 장면, 아니 생활화하는 풍경인데, 커피를 가져오는 여자가 뜻밖에도 대단히 우아한 외모의 귀부인인 데다(한때의 미국 여배우 페어 더너웨이를 닮았다고 후술하고 있다. 가끔씩 마주치는 일본인 유부녀 중에는 서양인 미녀보다 더 뛰어나게 섬세한 인물도 있는데, 그때마다 나는 혼혈의 유전적 우성형질을 떠올린다) '좀 치워놓고 손님을 맞으시지, 선생님도 참 너무하셔' 투의 표정까지 어색하지 않게 지을 줄 알고, 몇 마디의 공손한 말이 나긋나긋한 교양미를 발산하는데 막상 연구실 주인은 그 못난 얼굴로(이런 외모야말로 연구실을 지키는 카리스마로는 제격이다) '어쩔 수 없지 뭐, 나는 원래 그런 사람 아닌가' 라는 투의 몸짓을 천연스럽게 해대고 있다. 전래의 궁금증 중 하나인 홋카이도 강점사強占史, 아이누족의 멸종사 등을 알아보기 위해 백방으로, 하루 종일 이형에게(배턴터치한 또 다른 통역생의 호칭으로 그 역시 도쿄대 이공계열의 박사과정 재학생이었다. 물론 실명이 아니다) 전화질을 시킨 끝에 간신히 '얻어걸린' 홋카이도 농업이민사와 홋카이도 개척사의 권위자다. 많이 봐줘도 쉰 살 안팎. 그러나 전공을 과시라도 하듯 세속계와는 초연한 관록이 때 이르게 약여. 그런데 정말 묘한 일이었다. 권위자의 용모가 아이누족의 원형을 방불케 하는 것이다. 두터운 돋보기안경 위에 높직이 올라붙어 있는, 징그러울 정도로 시커멓고 굵다란 눈썹. 합죽하니 길게 찢어진 입. 눈 밑까지, 손등마저도 깡그리 덮고 있는 털. 머리카락을 봐서도 알 수 있겠듯이 그의 곱슬거리는 털북숭이는 분명히 인종적인 유전인자 탓이 아닐까. 면도 자국이 워낙 선명해서 유인원의 후예 같다면 이만저만한 실례가 아닐 테다. 작은 키. 낮은 코. 톱니처럼 가지런하고, 짧고 가느다란 이빨. 아이누족의 특징 그대로다. 대뜸 고향이 어디냐고 물었더니 선뜻 지명은 대지 않고 막연히 '도호쿠 지방'이라고. 그렇다면 연구실 주인도 자기 조상의 이민사, 홋카이도 정착사를 밥벌이용 전공으로 택한 게 아닌가.

연암 박지원의 『열하일기』 문고판을(불그죽죽한 표지의 이 작은 책자는, 4권짜리였지 싶은데, 각주에 숱한 '미상未詳'을 달아놓고 있었지만, 의외로 술술 잘 읽히는 번역 문장을 똘똘한 본문 활자로 편집한 양서였다) 취재 중에도 가방에 넣고 다니면서, 내 딴에는 감히 이 위대한 기행문학의 분위기를 반이나마 따라잡아보겠다는 나름의 야심으로 몸이나 머리가 두루 분망했던 그런 면모가 위의 글에도 곳곳에 비친다. 아무튼 그 연구실에서 물러나오려 하자 방주인은 "부족하지 않은가?"라며 친절을 베풀기까지 했다. 건성으로가 아니라 진정으로 공손하게 시간을 너무 많이 빼앗은 것 같다는 내 인사에 그는 "아주아주 재미있었다"고 화답했다. 그러고는 덧붙였다. "한글도 전혀 모르고 매스컴 따위에는 관심도 없지만, 어떤 기행문이 될 건지 궁금하니 한번 보고 싶다"고 했다. 북대에는 한국 유학생이 수십 명 있으니 번역을 부탁해서 읽어보겠다면서.

아마도 나의 기행문식 소설에까지 그렇게 밝혀두었으니 신문이 나오자마자 오타하라 교수의 연구실로 부쳤을 텐데, 잘 받았다는 의례적인 답장이나 그 후 연하장 같은 것이 내게 배달된 기억은 없다. 내 생업이 '글쟁이'여서 꼬박꼬박 사례 편지 쓰기를 빠뜨린 적이 없건만, 어찌 된 판인지 내 쪽에서 일본인들의 답장을 받은 기억이 전무한 걸 보면 인사성이 밝다는 이웃 나라 식자들에 대한 통념도 엉터리 정보 중 하나지 싶고, 내 부덕의 소치는 이런 '비참한' 결과를 보더라도 어쩔 수 없는 모양이다.

이제야 어디에도 털어놓지 않은 사족 하나를 덧붙이면, 통역생이 북대를 벗어나면서 방문 기념품으로 무엇이든 하나 사고 싶다며 대학 구내의 학생전용 생필품 매장으로 나를 끌고 갔다. (이른바 '세이쿄生協'라는 것인데, 입학생은 출자 형식의 이용료를 내고 졸업 때는 그 입회금을 돌려받는다.) 그때나 지금이나 내가 눈독을 들이는 상품은 가방·지갑·허리띠 같은 장신구로 한정되어 있다. 지하에 비치해둔 생필품 매장은 대형으로, 웬만한 백화점 규모였고, 온갖 상품을 다 진열해놓고 있었다. 청바지·남방셔츠·잠바·신사복 같은 여러 종류의 옷가지는 기본이고, 자취생들을 위한 것인지 식기류도, 심지어는 자전거·스키 장비·등산 용구 등도 팔고 있었는데, 내구성이 상대적으로 나은 여러 실용품을 학생들에게 후생복지 차원에서 염가로 공급하고 있음이 한눈에 보였다.

통역생과 30분 후에 입구에서 만나기로 하고 나서 나는 발길 닿는 대로 어슬렁거렸다. 이윽고 내 경중거리던 발걸음이 한 군데서 딱 멈췄다. 손지갑을 늘어놓고 있는 코너였다. 그때까지 내가 상용하고 있던 손지갑은 꽤 유명한 외국 상표를 단, 반으로 접어 쓰게 되어 있는 검은색 가죽지갑으로 나무랄 데 없는 것이었다. 그런 만큼 대학생용 지갑이라 값도 싸고, 따라서 품질도 그만큼 떨어지는 것들이라서 나는 남의 물건에 손도 대지 않고 눈요기만 하고 있던 참이었다. 그런데 어느 순간 한 상품이 내 눈에 쏙 빨려 들어와서 나를 꼼짝 못하게 붙들고 놓아주지 않았다. 잠시 그 지갑 둘레를 둘러보니 실로 다양한 제품들이 널려 있었다. 일본 상품이 우리의 그것과 다른 점은 물론 질에서도 부분별로 차이가 심하지만 동종의 상품이 다양하다는 것이다. 아무래도 인구수에서도 일본이 우리보다는 세 배쯤 많고, 쉽게 말해서 그만큼 기호나 취향도 다양할 것이므로 상품의 구색이 다채로울 수밖에 없다고 생각하면 간단하지만, 찬찬히 살펴보면 꼭 그렇지만도 않은 데다가 같은 상품이라도 우리 것들에 비해 수십 배나 각양각색 내지는 다종다양한 걸 알 수 있다. 쉽게 말하자면 구매자에게는 선택의 폭이 그만큼 크다는 소리이고, '돈을 쓰고 싶어도 살 만한 물건이 없다'는 우리 쪽 소비자들의 불평이 쑥 들어가게 만드는 측면이 일본의 어느 '시장'에나 다 있는 것이다. 비근한 예를 들면 공항에서 선물용 초콜릿을 사가려고 할 때 그 선택 때문에 한참이나 망설여야 하는 것도 결국은 같은 이치다. 일본에 몇 번 들락거리면서 바로 이 상품의 다양성을 주목하고, 왜 이럴까, 우리가 이 대목에서 지고 있는 게 아닐까라는 내 나름의 우려가 사그라들지 않았다. 내 해답은, 이런 구색 맞춤이야말로 소비자의 취향, 사용 시의 애로점을 감안한 '손님 제일주의'의 섬세한 배려이고, 그런 관점에서 평생토록 같은 제품만 만들어내는 '장인'을 우대하고, 사회 분위기도 그런 몰입의 경지뿐만 아니라 그 생산품도 존중해주는 풍조가 정착되어 있어서가 아닐까 하는 것이었다. 과히 빗나간 추측은 아니지 싶고, 그래서일 텐데 일본에는 가방·지갑 제작자도 이미 '장인급'에 이른 양반들이('모자' 제작에도 장인이 있는지는 모르겠으나 일용품으로는 하찮게 여기는 '손톱깎이'에도 장색이 있었고, 그 기구에 기명해 두고 있다. 수작업으로서의 '제작'이 아니라 대량으로 '생산'한 손톱깎이의 수출국으로 명성이 자자한 우리나라의 그쪽 '사정'과 비교해볼

홋카이도 강점사強占史의 표면

만한 '사회적 환경'이다) 비록 가내 수공업형이든 말든 수백 명쯤 치열한 경쟁을 하고 있는 듯했다.

　내가 이미 10분 이상 만지작거리고 있던 그 손지갑은 등산용 배낭 같은 재질의 헝겊으로 만든 것인데, 보랏빛이 밴 짙은 감색이었다. (일부 지방에서는 그 색을 '북청색'이라고 하는데, 국어사전에는 등재되어 있지 않다.) 역시 반으로 접어 쓰게 되어 있는 그 크기도 워낙 앙증맞아서 여느 상품보다는 좀 작은 것 같았다. 그 속의 이른바 '수납공간'들도 다양한 모양새로, 그러니까 여느 동종의 상품들과는 다르게 파묻어두고 있었다. 봉제도 그 튼튼한 재질만큼이나 야무지게 되어 있어서 평생 써도 탈이 날 것 같지 않았다.

　벌써 아까부터 나는 살까 말까 하고 나 자신의 고질인 즉흥 구매 욕구와 치열한 암투를 벌이던 중이었다. 그럴 수밖에 없는 것이 그렇게 산 지갑이 두어 개나 내 책상 서랍 속에서 뒹굴고 있었고, 그것들은 이미 몇 번 사용해보니 그 나름대로의 사소한 결점, 내 식의 개선점, 영수증·메모지·명함 같은 것이 흘러나간다든지 빠져버리는(그 당시만 해도 현금 대용품인 신용카드를 오늘날처럼 여러 개씩 갖고 있지 않아도 되었다) 불편이 두드러져서 내게는 거의 '내버린 자식'이나 마찬가지였다. '그런저런 엉성한 불비와 미흡이 또 내게 발각되면 이번에는 누구에게 줘버리고 말지, 일본의 북대에서 사온 물건이라고 자랑하면서.' 내 마음은 그 정도로 기울어져 있었고, 그 지갑은 내 안목으로는 거의 완제품이었다. 내 일상 용어대로는 '군더더기 없는 물건'이라 10년쯤은 싫증 내지 않고 쓸 수 있을 듯했다. 가격 따위는 따질 것도 없고, 또 그럴 계제가 아닌 것이 대학생 전용 매장이라 할인점 수준이었다.

그 지갑을 손에 들고 계산대 쪽으로 막 나서려는데 통역생이 땀을 뻘뻘 흘리며 뛰어오더니, 여기 계셨군요, 아, 길을 못 찾나 해서요, 15분이나 시났는데도 안 나타나시길래 약속 시간을 까먹을 리가 없는데 하고 여기저기 찾아보다가 매장을 한 바퀴 더 돌아보던 참이었다고 했다. 이게 무슨 망신살인가, 부끄럽기 짝이 없는 노릇이었다. 손목시계를 보면서 나는 부지불식간에 그처럼 탐을 내던 그 헝겊 지갑을 진열되어 있던 그 자리에 슬그머니 내려놓고 서둘러 그 매장을 벗어났다.

'에키 벤토'를 사들고 난 후, 기차 시간을 기다리느라고 역사에서 얼쩡거릴 때에야 비로소 그 지갑을 반으로 접으면 헝겊 속에 감춰진 자석 달린 똑딱 단추가 저절로 맞물리게 되어 있는 그 절묘한 디자인이 떠올랐다. 사버려야 했는데, 하고 나는 통절히 후회했다. 내 주저벽이 원망스러웠다. 귀국 후에도 그 지갑은 수시로 내 안전에서 얼쩡거렸다. 형편이 여의롭다면 당장에라도 달려가서 그것만 사서 급거 귀국하고 싶은 (소년/소설 같은) 충동질이 내 내부에서 마구 들끓었다. 흔히 그때쯤에는 그 물건의 여러 허물을 들춰내서, 저 포도는 시어빠져서 내 입맛에는 안 맞아 같은 이솝 우화식 핑계를 내두르며 포기하고 마는 법인데, 그 지갑만은 집요하게도 나를 들볶았다. 한동안 내 강박증은 중증이었다. 정도의 차이는 있을망정 누구라도 수시로 이런 페티시즘 증상에 시달리게 마련이며, 마니아의 그런 집착을 속속들이 읽어내고 있다는 점에서 진정한 '장인'은 그 어떤 투시력을 갖춘 심령술사인지도 모른다. 어차피 극성스러운 상품경제 사회에서 살아가다보면 페티시즘 증후군에 시달릴 수밖에 없는데, 소위 '브랜드제'라는 고가의 수제품인 핸드백에 그처럼 열광하는 여성 일반의 심리를 너그럽게 이해해야 할 것이다.

홋카이도 강점사強占史의 표면

11. 지방 잡지의 왕국

—

—

—

일본이 잡지 왕국임은 아마도 우리나라 청소년들이 먼저 꿰차고 있을 터이다. 지면誌面을 빈틈없이 빼곡하게 또 알록달록한 색깔로 채운 『앙앙』 같은 소녀/예비 숙녀용 패션잡지가 그 또래 독자들을 간단없이 세뇌시키고 있는 게 사실이니까.

아무튼 일본에서 신간 잡지만을 파는 서점에 들어가보면 별의별 잡지가 다 있다. (이때껏 발간된 잡지는 물론이고 더불어 폐간된 잡지들까지 모아놓은 '잡지박물관'도 있으며, 이용객들도 연일 북적인다는 정보가 들린다.) 개중에는 만화잡지도 수십 종이나 있는데, 그것들은 대개 다 두께가 육법전서만 하다. (일부러 두터운 두께를 만드느라고 부풋한 지질을 사용하는 모양인데 그 이유가 아리송하다. 아무래도 용지의 가격 차이 때문에 그러는지.) 비닐로 꽁꽁 싸바른 포르노 잡지는 더 부지기수여서 일본인들이 죄다 변태성욕자가 아닐까 하는 착각이 들 정도다. 게다가 소설만('성애소설'이란 장르도 정착되어 있는 모양이다) 싣고 있는 잡지도 고급지에서 대중지까지 다양하기 이를 데 없다.

앞에서 지적한 '동종 상품의 다양성'에 관한 한 일본을 능가할 나라는 없을 것이다. 이것이야말로 일본의 고유한 '응용력'이고, 남에게 질 수는 없으니까 씩씩하게 겨뤄보자는 '시새움'의 발로다. 일본 문화를 이해하고, 그 코드를 해석하는 데 있어서 이 '응용력/시새움'이라는 키워드는 단연 유력하다. 우동의 가짓수가 얼마나 많은지도 실은 응용력/시새움으로 풀어보면 명쾌한 해답이 나올 수밖에 없으며, 그런 응용력은 '창의력' 내지는 '천착력'의 다른 말일 수 있다. 그런 의미의 연장선상에서 자본주의 사회의 핵심 코드인 치열한 경쟁 속의 적자생존 의식은 일본인의 사회적/생활적 유전인자라는 것이 내 주장이다. 요컨대 동종 상품이 핵분열을 일으켜 새로운 '발명품'으로 대접받는 유사종들이 각각 나름의 명맥을 유지하는 시장의 현황 내지는 활황이 응용력/시새움을 증거하며, 그런 시장 질서를 부추기는 기질이 어떤 독창력과 변화를 추구하는 동력원인 것이다.

그런데 이 수많은 잡지의 발행지가 대개 도쿄임은 어쩔 수 없지만 지방마다 꼭 그 지역에서만 발행하는 지방지地方誌, 일본식 표현으로는 '타운town지'가 있다는 점이 우리와는 다르다.

원폭의 도시 히로시마는 현재 인구가 120만 명쯤 되는데 타운지가 13종이나 발행되고 있다. 히로시마의 외항이라 할 구레吳 시는 인구가 22만 명쯤인데 이런 소도시에서도 『구레반吳版』이라는 월간지가 벌써 6년째 발행되고 있으며, 당연히 경쟁지도 있다. 일본 전국에 이런 유무명의 타운지가 대략 500개는 된다고 한다. 한편으로 이런 실정 자체는 지방자치제가 중앙 정부를 의식하지 않고 제대로 돌아가고 있다는 증거이기도 할 것이다. 그러나 일본인들의 지칠 줄 모르는 독서열이야 워낙 정평이 나 있어서 일단 접어둔다 하더라도 읽을거리도 별로 없는 이런 지방 잡지까지 장사가 될 정도라면 신기하다 못해 그 비결이 궁금하지 않을 수 없다.

역시 그 탁월한 동종 교배열을 발휘하여 타운지도 성격에 따라 크게 두 부류로 나뉜다고 한다. 그중 하나는, 일본식 표현에 따르면 '연한 잡지'라는 일종의 지역 중심 정보지다. 그 지방에서 일어난 각종 사건, 지역 유지들의 동태 등을 자세히 알리고, 영화관·음악회·그림전시회 프로그램 따위를 미리 게시해준다. 맛있는 음식을 파는 식당 순례는 아주 인기 있는 고정 칼럼이나 마찬가지이고, 미혼 남녀의 신상명세서도 빠뜨릴 수 없는 지역 정보에 해당된다. 그야말로 향토의 연대감을 북돋우면서 지역 주민들끼리의 일상적 밀착감을 심화시켜주는 것이다.

타운지의 다른 한 부류는 향토 출신의 외부 필자를 동원해서 시사성 있는 글을 싣는 이른바 '정통 잡지'다. 일본의 잡지 편집자들은 이런 정통 잡지를 '주장·감정·격식을 집어넣은 강한 잡지'라 부른다. '정통 타운지'에는 그 지역 현縣의원, 유력 인사들의 천의무봉한 고견이 실리게 마련이며, 그들의 발언은 지역 행정에 적잖은 압력이 되고, 당연하게도 어떤 실천, 나아가서 부분적인 반영을 모색하는 길을 열어준다. 좀 과장해서 말하면 지방자치제의 바람직한 구현을 위해서 제4의정부인 지방 언론이 나름의 힘을 발휘하고 있는 셈이다.

쉽게 말해서 이런 겹겹의 유기체가 곧 일본이라는 대국이다. 중앙 정부도 섣불리 관여할 수 없는 제도가 민간 외곽 단체들로, 그것도 '유사종'들에 의해 이중 삼중의 참호와 성곽을 쌓아놓고 외부의 어떤 공격도 사전에 대비, 견제함으로써 그들만의 독자적인 '지방색'을 수성守城하는 데 전념하는 것이다.

그러나저러나 이런 타운지가 제대로 팔릴 리가 없다. 『구레반』의 경영자가 들려주는 말에 따르면 전국 500여 개의 타운지가 대개 다 적자를 면치 못하고 있는데, 지역 상공인과 유지들의 적극적인 후원으로(물론 세칭 '쪽광고'라는, 상호와 그 가게마다의 서비스·특장을 선전하는 여면 활용의 광고 게재로) 결간 내지는 폐간만은 간신히 모면하고 있다고 한다.

그러나 『구레반』은 드물게 성공한 '지방 정보지'에 속한다. 4×6배판 크기의 이 잡지는 불과 80여 페이지밖에 안 되는데 정가가 310엔이다. 200페이지 안팎의 포르노 잡지가 400엔쯤임을 감안할 때 파격적으로 비싼 값이다. 그럼에도 불구하고 『구레반』이 현상 유지를 넘어 흑자를 내고 있는 까닭은 구레 시 청년 실업가들이 주축을 이룬 회원 170여 명이 매달 20부씩 사서 친지와 종업원들에게 나눠주며, 매달 1만 엔 상당의 광고를 꼬박꼬박 대주고 있기 때문이다. 십시일반으로 향토애를 발휘하고 있는 셈이며, 그들의 유일한 권고성 압력은 '폐간만은 절대로 안 된다'이다.

이처럼 '작은 의무와 권리' 행사에 스스로를 비끌어맴으로써 어떤 보람을, 또 낙을 챙기는 국민이 일본인이다. 그 단적인 실례로 도쿄대 학생자치회는 오랜 투쟁(!) 끝에야 교수가 학생을 사적으로 불러 일을 시킬 때는 자치회의 승낙을 받도록 명문화시켜두고 있다. 흔히 '거창한 요구'를 내걸며 어떤 사안에라도 오지랖 넓게 나서는 우리 대학생들은 물론이고 국민 각자가 타산지석으로 삼아야 할 면면이다. '대박'과 한탕주의에 걸근거리지 말고 제 앞가림이나 잘하면서 작은 성취에 만족하는 심성부터 길러야 하지 않겠는가.

아무튼 요즘 일본의 일반적인 애독서는 만화·잡지 등의 '연한 읽을거리'가 주류를 이루고 있으며, 이런 읽을거리들은 24시간 영업하는 '컨비니언스 스토어'에서, 그것도 새벽 2시에서 3시 사이에 가장 많이 팔린다는 믿기지 않는 통계가 나와 있다. 일본인 일반의 '자율

지방 잡지의 왕국

능력과 시간관리 능률'을 주목하게 만드는 통계다.

후일담 11 ι 구레와의 묘한 인연

위의 취재기는 구레 시 중앙도서관에서 예의 그 지방지 『구레반』의 발행인 겸 편집자인 기도 도시히사木戸俊久 씨와의 인터뷰에 기초하고 있다. 그 당시에는 임대해 쓰고 있던 『구레반』의 편집실이 무척 협소한 데다 업무에 지장이 있을 터라 바로 옆 건물인 공공도서관의 구내 커피숍에서 일본의 이색 풍물인 타운지의 현황을 탐문해본 것이다.

기도 씨는 그때 이미 나와는 구면이었다. 이런저런 인연이 닿아 알게 된 사이로 나와 두어 살 차이의 동년배였다. 그 인연이란, 내 첫 역사소설인 『우국憂國의 바다』의 주인공 고영근高永根의 일본 내 행적을 탐사하느라고 구레를 방문한 것이 계기였다. 고영근은 흔히 사후 명칭인 명성황후로 불리는 중전의 친정집 조카이자 당대의 대감 민영익 댁 청지기 출신이나 워낙 번듯한 인물과 신실한 성품으로 대궐의 꾐을 받아 여러 벼슬을 두루 거친 후, 나중에는 요즘의 NGO인 만민공동회 회장까지 지낸, 그야말로 파란만장한 삶을 산 사람이다. 더욱이나 고종의 밀지를 받들어 명성황후 시해 사건의 일본 측 하수인이었던 우범선禹範善을 일본까지 쫓아가서 죽이고 난 후, 오랜 수형생활 끝에 환국하여 능참봉까지 산 인물임에랴. 뿐만 아니라 그의 출중한 호상好相에는 연방 일본 여자(그중 한 여성은 망명객 윤효정의 현지 처였다)와의 여난女難을 곱다시 감수해야 하는 팔자까지 점지되어 있었다. 맨 얼굴에는 정치적 망명객임을 노골적으로 드러내면서 흉중에는 공적公敵을 죽이고 말겠다는 자객刺客으로서의 시퍼런 칼을 품고 다니는 이런 인물의 일본 내에서 행적이란 한국 근세사의 뒤안길에 철저히 감춰져 있을 수밖에 없다.

내 나름으로는 역사소설쓰기라는 생업에의 결백성과 사명감 같은 것도 작동해서 고영근의 은신 행적을 샅샅이 밝혀내고 싶었다. 그동안 두어 차례나 혼자서 테러리스트 고영근의 암약지를 추적해보니 과연 복잡다단하기 이를 데 없었다. 그러나 다행히도 여러 기록물이 그의 고군분투, 모살 계획, 살해 현장, 감형운동 및 정상참작과 같은 세부를 보완해놓고 있었다. 그것들을 주섬주섬 모아서 요령껏 간추리면 소설 속의 여러 장면으로 떠오를 터였다.

그래서 나는 고영근이 잠시 방을 빌려서 기거했던 구레 시의 와쇼정和庄町 현장 일대도 탐방했고, 기도 씨의 안내로 그 불행한 생애를 기리는 비석 '우범선의 묘'도 둘러보고, 내친김에 무기징역형을 살던 형무소를 찾아가보겠답시고 규슈의 오무다大牟田까지 달려갔다. 그런 현장답사가 '역사소설의 원고지 메꾸기에는 막상 요긴하게 '쓸거리'를 제공하지 않는 게 사실이다. 거의 한 세기 전에 일어난 일을 '재구성' 하기에는 오늘의 '현장/현실'이 천지개벽했다고 할 만큼 너무 많이 변해 있기 때문에 그렇다. 그럼에도 불구하고 '현장 감각'은 역사적 상상력을 충동이고, 앙상한 뼈대뿐인 기둥 줄거리에 도톰하니 살을 붙이는 어떤 형상력에 밑거름이 된다. 이를테면 1903년(광무 7) 11월 24일, 드디어 고영근은 우범선 척살을 단행하는데, 그날 아침 날씨가 흐렸는지, 가랑비가 뿌리고 있었는지 정도는 알아야 한다. 물론 얼마든지 조작할 수도 있지만, 작가로서 마땅히 지녀야 할 곡진한 윤리의식은 그런 재량권이 제멋대로 굴러가도록 내버려두지 않는다. 현장답

지방 잡지의 왕국

사와 더불어 소위 '자료'가 이때 큰 도움을 주고, 창작 열기에 상상력이라는 괄한 불길을 지핀다.

그 당시 히로시마에서는 지역 신문으로 『주고쿠中國 신문』이 발행되고 있었다. 아주 낡은 상태였지만, 구레 시 중앙도서관은 그 신문철을 잘 보관하고 있었고, 기도 씨의 한 친구는 그 신문의 복사본을 내게 속속 부쳐주곤 했다. 살해 현장의 약도는 도판으로 그려져 있는데도 자객이자 살해범인 고영근의 인물 사진, 재판정 풍경 같은 스냅 사진은 싣지 않고 있다. 신문 지면에 사진 게재가 귀할 수밖에 없는 시절이기도 했지만, 이 희귀한 복수극의 참상은 당시의 미묘한 한일관계를 감안하더라도 '기사'만으로 충분하다고 생각했기 때문인지 모른다. 아무튼 액션 영화의 한 장면 같은 그 살해극에 한 면을 온통 할애한 『주고쿠 신문』은 웬만큼 근사한 역사적 재현에는 아주 써먹을 게 많은 자료였다.

그런 경로로 사귀게 된 기도 씨는 그 후 가끔씩 만나며 최근까지도 교유를 이어오고 있다. 한국에도 2년에 한 번꼴로 들르고, 그때마다 만나서 밥 한 끼를 먹는 사이인데, 아직도 『구레반』을 착실히 발행 중이며, 어느새 지령이 300호를 넘어섰으니 일본인들의 그 끈기 좋은 일생일업주의는 우리가 귀감으로 삼아야 하지 않을까 싶다.

지금은 여덟 명쯤의 직원을 거느리며 그런대로 짭짤하니 회사를 꾸려가는 데도 도무지 빈틈이라고는 없는 월간 『구레반』의 사장 기도 씨는 일본인치고 그 생김새가 특이하다. 매부리코, 검붉은 얼굴빛, 곱슬머리, 움푹 꺼진 큰 눈, 건장한 체구의 이 친구는 누가 보더라도 대뜸 로마 병정 같다는 인상을 받을 만하다. 혼혈이 아닐까 싶어 그때도 통역생에게 내 느낌을 말했더니 그는 대뜸 알아듣고, 인도 사람, 드라비다족 비단 장사가 선조다라고 받았다. 물론 농담일 테지만 일본 역사와 지방 곳곳의 사정에 밝은 도쿄의 일본인 우인에게 물어봤더니, 구레쯤 되면 외국 문물과의 접촉이 일찍부터 번다해서 혼혈인일 가능성도 배제할 수 없다고 단정하며, 그 문제에 관한 한 일본인은 한국인보다 상당히 더 관대하다면서 약간의 우월감을 슬쩍 비치기도 했다. 순혈주의에 대한 한국인의 이상한 집착은 어떤 잣대로 따져보더라도 쇄국주의적 고집이자 반反세계주의적·미개인적 발상이라고 나는 철두철미 경원하는 편이라서 묵묵부답으로 머리만 끄덕일 수밖에 없었다. 내가 아는 범위 안에서 말한다면 '혈통 보존'에 관한 한 일본은 한국보다 단연 선진적·문명적·미래지향적이다.

우선 사위에게 처가 성씨姓氏를 물려주기도 하는 고래로부터의 관습과 그런 제도를 매끄럽게 수용, 계승하는 일본의 본이 우리의 그것보다는 단연 덜 억지스러워 보인다. 숱한 민폐와 말썽을 스스로 구축, 조장하면서까지 군이 친족, 그러니까 혈족 자식 중에서 양자를 끌어오는 것보다는 사위로 하여금 가문을 계승하도록 하는 쪽이 순혈주의상으로도 훨씬 양질임은 말하나 마나다. 실제로도 우리의 성씨 보존 및 장자/양자 상속 제도는 순혈주의 이전에 가부장제적이며 남성중심주의의 유물이든가 폐습에 지나지 않는다. 어떤 식자는 지레 팔을 걷어붙이고 나설지 모른다, 그래도 우리는 여성의 인격을 존중해서 남편의 성씨를 따르게 하지는 않는다고. 이런 우리 식의 전통도 실은 며느리를 '씨받이'로 보면서, 일정한 선을 그어놓겠다는 저의가 숨어 있다고 해석할 여지도 없지 않아 보인다. 아무튼 일본의 다양한 성씨, 그 기발한 작명법이 우리에게는 없는 창의력이랄까, 기상천외하다면 과장이겠으나 '이처럼 간단하게, 또 편리하게 달리 생각

지방 잡지의 왕국

할 수도 있는데 구태여 억지를 부리고, 불편을 감수하며 살려고 드느냐'는 일본인들의 저변에 깔린 발상을 읽어보자는 것이다. 지금 나는 우리의 수많은 김씨·이씨·박씨 같은 성과, 학교 출석부에 적히는 두 명 이상의 '용환·현숙·수진·정태' 같은 흔한 이름을 통해 이 땅의 따분한 전통 고수와 협애 일로의 발상을 나무라며 재고해보자는 주장을 펴고 있다. (외국인의 이름 짓기에도 이치로, 존, 캐터린, 하인리히, 폴, 엘리자베스 같은, 서양 쪽은 성경 속의 인물 따오기가 흔하다고 대들지 모르나, 내 진의는 두 자 이름에의 지나친 '집착, 답습'이 창의력의 원천적 제약 매체로 기능한다는 것이다.)

화제가 좀 엉뚱한 쪽으로 번져버렸는데, 구례와의 묘한 인연은 고영근을 통해서, 또 한 노인으로까지 확대되었음을 털어놓기 위해서다. 사정상 성씨와 이름을 밝힐 수 없는 그 노인은 기도 씨와 친구로, 나와 첫 대면을 했을 때 이미 예순 살이 훨씬 넘은 양반이었다. 그러니까 기도 씨보다 20년 이상 연상인데도 아주 무간한 친구처럼 사귀고 있어서 내가 필담으로, 일본에는 노소도 없느냐라고 물었더니, 그 노인은 대뜸, 내가 손해 볼 게 뭐 있겠나라고 했다. (일본인들의 이런 친구 사귀기는 서양식을 방불케 한다.) 그이는 모 철강회사에 근무하다가 은퇴한 사람으로 그즈음에는 향토사학자답게 인근 지역을 답사하는 한편 공공도서관을 이용해 이런저런 자료와 서적을 섭렵하고 있는 눈치였다. 대강 그의 관심벽과 인품 전반을 어림짐작할 수 있었고, 나에게 그이를 소개한 기도 씨의 의중도 훤히 비쳤다. 역시 그 노인은 꼼꼼하고 자상하게도 내게 온갖 자료를 복사물로 철해서 보내주었다. 가령 메이지 30년 전후(1898~1905)의 쌀값, 술값, 담뱃값과 그 종류, 일고日雇 노동자의 품삯, 이발 요금, 화대花代, 가임家賃 따위를 일목요연하게 정리한 복사철(나중에 알고 보니 당대의 물가를 비교, 고찰한 희귀한 발상의 단행본이 이미 출간되어 있었다. 일본 출판문화의 심도를 한눈에 파악할 수 있는 증거인데, 지리부도조차 발행하지 못하는 우리 출판계는 저질의 돈벌이에만 눈이 먼 중증 장애자일지 모른다) 등등이었다. 또한 미닫이문은 여닫이문과 달리 대륙 문물이 아니라 일본의 자생적 건축 양식이라는 주장, 러일 전쟁 전후의 인력난과 건설 붐으로 격변하는 생활양식의 도판들, 우범선의 피살 당일인 1903년 11월 24일의 기상도 곧 그날 최저기온이 4.1도에 최고기온이 14.1도였다는 수치를 그래프화한 자료까지 있었다. 이 노인네는 만주 창춘長春 태생으로 패전 후 귀환할 때 인천·부산을 경유했으며, 배낭 속에는 영화英和사전 한 권만 달랑 넣어왔다고 실토했다. 그래서 실지로도 그렇지만 필명을 아예 '도라이진渡來人'이라고 지었다면서 내 안면을 유심히 쳐다보았다. 그제야 나는 속으로, 이 양반이 지금 자기 조상은 조선인이었고, 결국 귀화인의 자손임을 실토하고 있구나 하는 추측을 얼핏 챙겼다. 그러고 보니 그이의 골상, 안면은 어디서 많이 본 듯한, 매일같이 천 원권 지폐 속에서 지긋이 우리를 노려보는, 아주 낯익은 전형적인 조선인의 형용인 그 긴 말상을 그대로 빼닮은 것이었다.

　좀 감상적인 지론일 테지만, 조선인과 일본인이 외모상으로나 골격상으로 닮은 정도는 '동조동근론同祖同根論'에 상당한 힘을 보태주고 있다. 사람의 지인지감력에는 동서고금을 막론하고 어떤 보편성이 유사 이래 꾸준히, 또 널리 깔려 있기 때문이다. 유심히 쳐다보면 다민족 국가인 중국의 대표적 종족인 한족漢族과 조선족이 다름은 몽고족과 우리 한족韓族의 차이 이상이다. 이 등식은 세월의 흐름과, 문명의 개화 정도와, 문화의 수준 차이 같은 것들이 종족의 특성을 어느 정도까지 막무가내로 지워가는 요소임을 보여준다. 그렇긴 해도 일본인과 조선인의 외모 및 신체 전반의 차이가 아직도 그렇게 두드러지지 않는 것을 작금의 몽고인과 견주어보면 위의 세 요소 내지는 환경적 여건의 중요성을 웬만큼 짐작할 수 있다.

기도 씨는 '니혼슈日本酒'를 냉수와 함께 마시기를 좋아하는 애주가이고, 나는 도입 초창기에 굳이 독일 맥주를 마다하고 체코식 맥주 제조 공법을 받아들였다는 일본 맥주 특유의 쓴맛을 즐기는 폭음가여서 그 당시만 해도 일본에서 만나면 둘 다 꼭 3차까지는 술집 순례를 일삼던 터수였다. 그때마다 우리는 '도라이진' 양반을 불러내곤 했는데, 그이는 늘 자전거를 타고 술집으로 달려왔다. 독학으로 영어는 물론이려니와 베이징 관화官話와 한국어를 익혀 회화는 할 수 없어도 글로 옮길 수는 있다는, 특히나 그 눈매가 찬찬하니 맑은 이 노인은 언제라도 맥주 한 잔을 받아놓고 씨름을 하곤 했다. 그러고는 내게 필요한 자료가 있으면 언제라도 말하라고, 그런 품앗이가 자기 일인 양 덤비는 것이었다. 기도 씨와 내가 어느 정도 취했을 때쯤이면 역시 망망대해를 건너온 '도라이진'처럼 슬그머니 일어서서, 내일 할 일이 있다면서 자전거를 타고 사라졌다. 그이의 조상은, 내 눈총기가 그런대로 쓸 만하다면, 분명히 조선인이었다. 장담하건대 그이의 선조의 도항渡航은, 임진왜란 때까지로 거슬러 올라갈 것도 없이, 최근 100년 안쪽의 일이었을 것이다. 그러니까 그이의 할아버지나 증조부는 한반도의 어느 한촌에서 주경야독하는 세유世儒였다, 그럴 수밖에. 나의 경중거리는 상상력이 이처럼 천방지축임을 과연 언제부터 절감했을까.

내 머리굴림이 거기까지 이르자 저절로 이런 자탄이 터뜨려졌다.

'저 일본인도 형용이야 우리 조선인과 똑같건만 사는 환경이 다르니 저처럼 딴사람으로 살아가네. 그래서 사람도 천차만별이라는 거지.'

최근에 나는 기도 씨로부터 그 '도라이진' 노인이 연전에 돌아가셨다는 말을 전해 들었다. 노처와 함께 살아가던 자그마한 아파트 속의 다다미방도 떠오르고, 문고판 책이 서너 권씩 여기저기에 널브러져 있던 깔끔한 거실도 어제 일처럼 눈에 선했다. 모르긴 해도 사전이나 문고판 책을 뒤적거리다가 순명했을 것이다. 소식小食한다면서 술집 안주에도 젓가락질을 하지 않던 꼬장꼬장하니 말랐던 양반이었으니까.

이제 나도 '도라이진' 노인을 처음 만났을 때의 그 연치에 이르렀다. 내 주위를 아무리 둘러봐도 매일같이 공공도서관을 찾아가는 그런 '젊은 할배'는 없다. 서울이 이럴진대 인구 20만 안팎의 지방 도시에서는 더 말할 것도 없으리라. (한적한 시골의 기차 정거장에서 아침의 출근 인파를 보면 역시 일본의 국력·취업·일·돈·시장·자본 등의 규모와 질을 생생하니 실감할 수 있다.) 다들 허구한 날 TV나 시청하다가 하품을 빼물든가, 오전 내내 몸가축하느라고 헬스클럽에서 땀이나 뻘뻘 흘리든가, 얼룩덜룩한 캐주얼 복장으로 이틀이 멀다 하고 이 산 저 산을 마구 삐대고 살아가는 데 영일이 없다. 이런 '우량아' 같은 사회 풍토에서, 씩씩하나 알량하기 짝이 없는 생활환경 속에서 무슨 '인격'을 기대할 수 있을까. 형용이 똑같아도 벌써 '인품'이 다른데 '인종'을 따져본들 무슨 의미가 있겠나. 결국 그런 '인격'들의 집합체가 '국격'의 차이로 이어질 것은 불문가지인데. 어차피 한국인들은 흰옷 입고 노래하며 춤추는 데 길들여진 민족이라 무엇이든

헤퍼서 자신의 전 생애조차 '낭비'하는 특이한 '인종'인 것을. 주체할 수 없는 '건강체'로 머리는 텅텅 비우면서 장수만을 바라는 그런 '주체'들은 남을 불편하게 할뿐더러 스스로도 넌더리가 날 텐데. 그러나 내 이런 시건방진 우려와 탄식은 때 이른 기우일지 모른다. 우리가 언제부터 먹고살 만해졌는지 짚어봐야 하며, 돈맛을 웬만큼 알아야 그때부터 '몸 사치'야 어째 됐든 '머리'를 무엇으로든 채우는, 진짜 오붓하고 감질나는 낙을 찾을 테니까. 결국 세상만사는 상당한 연륜을 쌓아야 어떤 '세련'에 이를 수 있다는 천리를 우리 사회의 온갖 불합리가 매일같이 새록새록 가르쳐준다. 물론 적당한 물질적 조건과 '학습'에 대한 줄기찬 열기라는 두 에너지원이 쉴 새 없이 작동해야 웬만큼이라도 고상한 품위가 우리 사회 각 분야에 자리 잡을 테지만.

12. 재일동포의 양극화 현상과 일본의 심상 구조

―

―

―

재일동포 사회만큼 양극화 현상을 현저하게 보여주는 사례도 그렇게 흔치는 않을 것이다. 이런 이분법적인 사고가 편리하나 그것이 본질의 규명과는 겉돌고, 그런 만큼 요식적이며 임시방편적이긴 한데 어떤 사회현상의 문제제기에는 만부득이 이 도식을 써먹을 수밖에 없기도 하다. 재일동포 사회가 꼭 그 짝으로 두 편을 갈라 서로가 상대방을 흑이니 백이니 하고 있는 것이다.

우선 재일동포는 당사자의 의사와는 상관없이 민단계와 조총련계로 분류되며, 그들끼리의 교류는 원수 진 사이처럼 아예 없다. 그야말로 견원지간인 것이다. 조총련계는 그들이 운영하는 은행을 이용하며, 민단계도 마찬가지다. 세칭 '분단 모순'의 골짜기가 얼마나 깊은지를 실감케 하는 현상인데, 도대체 무슨 얼어 죽을 이데올로기가 동포를 이처럼 철저하게 갈라놓았는지 알다가도 모를 대목이며, 곧장 한숨이 길게 터져나오는 국면이 아닐 수 없다. 아무튼 현재 일본 각지에는 70여 만 명의 동포가 흩어져서 살고 있고, 민단계와 조총련계를 반반으로 보는 통념이 당사자들이나 일본 조야의 시각이다. 오사카 일대처럼 재일동포가 유독 군집 현상을 보이는 곳도 있긴 하나, 대체로 일본 전국 각지에 골고루 뿌리를 내리고 사는 현상도 주목할 만하다. 이런 이합집산 현상에는 상당한 역사적·사회적 문맥으로 고찰해볼 여지가 다분하다.

한때 한국이 독재정치 체제로 울을 치고 있던 즈음에는(그동안 북한은 아예 낡아빠진 전제군주 체제였음에도 불구하고) 민단계와 조총련계의 비율이 1대 2 정도였으나, (현지 일본의 시각으로는) '남한 정부'의 민주화 덕분으로 지금은 거의 역전된 형세라고들 한다. 그 결정적 전기가 고향방문단, 더 구체적으로는 '추석성묘단' 사업으로 알려져 있다. (이 '고향방문사업'은 앞서 언급한 북한의 재일동포 북송사업이 중단되자 뒤이어 1978년부터 시행한 '조국방문사업'의 모방일 가능성이 짙다. 당연하게도 한국 정부의 모처가 음양으로 지원했을 터인데, 그 비용이야 어찌 됐든 이런 선의의 경쟁은 바람직한 것이며, 결국 그 혜택이 재일동포와 국내의 그 일가친지에게 돌아가므로 국비의 효율적인 분배인 셈이다.) 한사코 자기 이름을 감춰달라는 한 재일동포는 오사카 지역 거주자 18만여 명을 포함한 40여 만 명의 간사이 지방 민단계 동포 중 3분의 1이 조총련계이며, 그중 반 이상은 이미 '심정적'으로는 북한의 노선에 등을 돌렸다고 단언한다.

또 다른 양극화 현상은 더 심각하다. 재일동포 사회의 빈부격차가 워낙 뚜렷하고, 그것이 점점 더 심해지는 데다 못사는 동포의 비율이 늘어나고 있다는 점이 그것이다. 일본인의 국민적 오락인 동시에 기계와 사람이 1:1로 맞붙는 합법적 노름사업인 파친코 업종은 대략 그 7할 이상을 재일동포가 운영하고 있다. (역시 '이름 없는' 한 증언자의 말에 따르면 대만계가 1할, 일본인이 1할쯤 파친코 업종을 분할하고 있으며 그 나머지를 재일동포가 운영한다면서, 이 사행사업을 일본인들이 즐기기야 하지만 막상 그 운영은 대체로 기피한다고 했다. 아마도 윤락업종처럼 백안시하는 여론이 일본인들 사이에는 팽배해 있는 모양이었다. 돈벌이라면 무슨 업종이든 극성스러운 일본인들이 '사행업'에 유독 배타적인 현상은 좀 억지스럽다. 재일동포의 기득권이나 운영의 묘가 워낙 뛰어나서 지레 기피하는지, 아니면 이 사행업에는 예의 그 '장인 기질'이나 '분업'의 소지가 없어서 일본인으로서는 생리적으로 흥미가 없는지 알 수 없다.)

재일동포의 치부 수단으로서는 거의 땅 짚고 헤엄치기이지 싶은 이 파친코 업종의 수지 타산은 의외로 간단명료하다. 인구 20만 명 정도의 소도시라도 목이 좋은 곳은 당연히 대지·건물에 상당한 목돈을 투자해야 하고, 대략 100대를 설치하려면 7, 8억 엔쯤은 있어야 한다는 것이다. 현재 파친코 기계 한 대당 가격은 10만 엔 정도이고, 100대당 연간 매상액은 4억 엔이 넘는데 순이익은(물론 관리·영업 수완에 따라 편차는 심하지만) 대략 20퍼센트로 잡는다.

현재 홋카이도 전체에는 파친코 점포가 300여 개나 있고, 그중 8할 이상이 재일동포의 자영업체이며, 앞으로 더 늘어날 추세라는 게 홋카이도 재일동포 거류민 단장 김명조金命祚 씨의 증언이다. (물론 김 씨도 파친코 점포를 여러 군데나 갖고 있다.) 적어도 파친코 업종을 생업으로 꾸려가고 있는 재일동포들은 하나같이 거부라고 보면 틀림없다고 김씨의 측근은 단언한다.

한편으로 가난한 동포도 부지기수인데 그들은 거의 난민難民 수준이다. 많이 개선되었다고 하나 여전히 공무원이나 대기업 사원으로 취업하기는 어려운 실정이며, 걸핏하면 불법취업자로 몰려 임금도 제대로 못 받는 일이 비일비재하다. 재일한국인으로서 차별대우를 받고 있어서도 그렇지만, 일본 사회 전반도 부익부빈익빈 현상이 현저한 시장만능의 경쟁 체제라서 그런데, 여러 점에서 이중 삼중으로 불공정한 시합을 감수해야 하기 때문이다. 이러니 부자와 빈자의 의식 구조도 판이하다. 이를테면 부자들은 하나같이 '우리 동포들을 강제로 끌고 온 죄가 있으니 일본 정부도 나름대로 대접한다'고 하고 있을 뿐만 아니라 차별대우도 많이 개선되어가고 있다며 호의적인 반응을 보인다. 더욱이나 일본 사회도 곳곳에 양심이 살아 움직이는 건전한 토양이 마련되어 있다고 본다면서 단연코 긍정적이며, 심지어는 입에 침까지 튀기며 일본·일본인을 옹호하는 데 열을 올린다. 그 배면에는 한국인·조선인을 아직도 열등 민족으로 보는 패배주의랄지 일본식 군국주의 체제가 심어준 야마토大和 우월 신조가 넘실거린다. 그러나 한편으로 못사는 재일동포들은 '김치도 먹지 마라, 한국인이나 조선인이나 일체 만나지 마라'고 일본 정부는 사사건건 간섭만 한다면서 일본·일본인 전체를 철저히 사갈시한다. 빈자의 이런 억울감·불만·불평은 어느 나라, 어느 지역에서나 대동소이하고 그 밑바닥에는 자학·자기기만과 아울러 겹치는 불운·박복에 대한 자기소외가 깔려 있으므로 외부의 여러 정황은 적대적이며 그만큼 과장되어 있는 면면도 훤히 비친다. 객관적 시각이라기에는 어폐가 있으므로 새겨들어야 하는 것이다.

또 다른 양극화 현상도 있다. 국적 포기와 일본인으로의 귀화에 대한 전혀 상반된 의식 구조가 그것이다. 쉽게 도식화하면 귀화예비자와 귀화거부자의 견해차는 극심하다. 사실상 일본인으로의 귀화라기보다는 일본 국적을 취득하려는 의사는 누가 막을 수도 없는 개개인의 생존권을 위한 몸부림이다. 특히나 재일동포 2세, 3세들은 언어, 사고 행태, 습관 등도 그렇거니와 살아가는 자세가 이미 준準일본인화되어 있다. 그들은 지금처럼 일본에서는 살 수 있어도, 단언컨대 한

일본열도 탐험

국에서는(또는 북한에서는) 도저히 살아갈 수 없다. 삶의 터전이 일본이기도 하려니와 사람은 누구라도 환경의 지배를 받는 존재이므로 쉽게 그 근거지를 옮길 수 없는 것이다. 따라서 귀화 문제는 생존과 직결되어 있으므로 심각하게 고려하지 않을 수 없는 사안이다. 한편 귀화예비자들은 자신들의 어쩔 수 없는 숙명을 '어차피' 감내하기로 한 현실주의자들이다. 이름을 일본식으로 바꾸고 '신일본인'(매스컴 용어인지 법적인 호명인지 알 수 없다)이 되더라도 3대까지는 호적에 전前국적이 명시되므로 여전히 유형무형의 불이익을 감수해야 하며, 또 재일동포로부터도 온갖 수모를 당할 각오가 되어 있어야 한다.

그러나 귀화거부자는 숙명론자로서야 귀화예비자와 어슷비슷하나 차별대우의 모순과 귀화제도의 불평등과 같은 일본 사회 자체의 두 터운 '벽'과 죽을 때까지 맞서 싸우겠다는 투사형 이상주의자들이다. 자신의 '뿌리'만은 지키고 싶다는 간절한 염원을 갖고 있으므로 그들의 적은 사실상 일본과 일본인이 아니라 '한국인'(또는 '조선인')이라는 심상心象 일체이고, 그 심정적 경사는 어떤 '애착'이나 '고집'의 다른 말일 수도 있으므로 누가 같잖은 조언성 설득으로 도움을 베풀 수도 없다. 그래서 그들은 뿔뿔이 흩어져서 싸우는 독불장군이다. 심지어 우리식 이름을 고수할 수 있다면 당장에라도 귀화하겠다는 젊은 재일동포가 흔하다는 사실도 시사하는 바가 크다. (이름에 대한 이상한 집착, 그것도 부모가 지어준 것 하나만 고수하겠다는 이 이상한 한국적 고집은 풀어야 하고, 그런 사고방식 일체를 얼마쯤 열어놓아야 한다. 이름도 하나의 '제도'임은 분명하고, 인간이 만든 제도는 좋은 것이든 나쁜 것이든 시대 상황에 따라 바뀔 수 있으며, 모든 법률적 제재가 그렇듯이 제도는 인간의 자유의사를 적극적으로 제한하므로 시비를 걸 수 있고, 무찌르기도 해야 하는 것이다.)

도대체 일본은 무슨 억하심정으로 재일동포에게만 일본식 이름을 강요하는가?(이 물음은 의미심장하다. 일본인 일반의 심상 구조에 들어앉은, 지워지지 않는 '동조동근론'을 부분적으로 반영하고 있는 듯하기 때문이다.) 중국인 귀화자에게는 '왕정치王貞治'와 '진순신陳舜臣'을 허락하면서. 귀화 문제에 있어서도 일본은 그들 특유의 이기적·국수적 이중성을 드러내고 있지 않은가. 이쯤에서 떠오르는 말은 역시 '왜국倭國'이라는, 한때의 지칭어였던 그 적절한 뜻글자다.

후일담 12 ı 이중 잣대로 본 재일동포 귀화 문제

오사카 일대에서는 물론이고 삿포로에서도 재일동포들을 많이 만났다. 오사카의 우리 동포 밀집 지대에서는 생생한 경상도 사투리가 여기저기서 들려왔으므로 여기가 과연 일본 땅이 맞나 하는 의심이 들 정도였다. 이상하게도 이북 사투리나 전라도, 제주도 방언을 들을 수 없었던 게 신기하게 여겨졌는데, 아마도 경상도 출신들이 상대적으로 목청이 크고 시끄러운 성정 때문이 아닐까 싶어 속으로는 고소했다. 어쨌거나 홋카이도 소재의 재일동포 거류민단 사무실을 찾아갔더니 사무국장인가 하는 직함의 장년 남자가(30대 중반의 팔팔한 사람이었다) 어디선가 생업에 종사하다가 헐레벌떡 달려와서 나와 통역생을 오후 한나절 내내 맞기도 했는데, 그는 홋카이도 대표로(일본 대표였다던가?) 활약한 레슬링 선수 출신이었다. 그 격투기 선수 출신으로서의 험한 흔적이 얼굴에 훤히 남아 있었으나, 말씨나 심성은 의외로 점잖고 반듯한 교양인이었다. 그러나 일본 정부보다 일본인들 사이에 더 팽배해 있는 뿌리 깊은 '조센진' 차별의식에 대한 반감을 드러내는 데는 스스럼없었다. 대체로 이런 귀화거부자들은 가난한 가정환경에서 어렵게 성장한 사람들이며, 그들이 귀화예비자들보다 우리말을 훨씬 더 잘하는 현상도 충분히 짐작할 수 있는 일이었다. 그에 비해 귀화예비자들의 성장 환경과 현재의 처지는 유복한만큼 일본 사회에 이렇다 할 반감 없이 '동화되어' 있는 데다 그들에게 우리말은 공연히 '뿌리'를 자극시키는 외국어에 지나지 않는 애물이었다.

지금도 크게 달라진 점이 없지만 그 당시에도 나는 재일동포를 보는 시각에 관한 한 이중인격자로서의 견해 및 처신을 펼치는 데 다소곳한 입장이었다. 귀화거부자에게는 의당 그래야 된다고 은근히 응원하는 눈짓을 보내는 한편, 귀화예비자에게는 어서 마음대로 하라고 권면하면서 자기 정체성을 결코 잊지 않겠다는 다짐도 허영일지모르니 열심히 살아가면 그뿐이라고 부추기는 식이었다. 어차피 그렇게 귀결이 날 텐데 하라 마라 할 사안도 아닌 데다 각자의 생존이 걸린 중대한 사안을 그렇게 결정했다면 그만한 고충과 사정이 있었을텐데, 그것을 제삼자가 충분히 이해했다면 허풍이든가, 섣불리 옳다 그르다 발설하는 자체가 만용이든가 월권일 것이기 때문이다.

엄밀하게 따진다면 재일동포가 일본인으로 귀화하는 것은 일본국적을 취득함과 동시에 한국(또는 북한) 국적이 말소되는 것일 뿐이다. 그야말로 그 이상도 그 이하도 아니다. 귀화한다고 해서 그의 정체성이 당장 바뀔 리도 만무하다. 아마도 죽을 때까지 그는 진정한 일본인으로 환골탈태하기는 어려울 것이다. 한국인으로서의 잠재적 성향을 반쯤 지니면서 의식적으로나 외형적으로만 일본인으로서 심기일전하여 살아갈 뿐이다. 이런 경우는 위장이랄 수도 없다. 대다수의 사람은 직장생활과 가정생활을 아무런 말썽 없이 잘 꾸려가는데, 낮 동안에는 상대자의 직위에 따라 아첨꾼이 되거나 호랑이로 변했다가 밤에는 살갑기 이를 데 없는 무골충으로 살아가는 이치와 얼추 비슷하다고 할 수 있다.

또 귀화에 따르는 시비 건으로 '일본식 성명으로의 개명'과 그 강요가 있다. (일본 정부로서는 이왕 귀화할 바에야 호명에 편리한 일본식 성과 이름을 어디까지나 '권장'하고 있을 뿐이라고 할 것이다. 이 점은 미국·호주 등지의 권장 사항이자 말썽 없는 국적 취득 요건인 '이름'만의 개명과도 매우 다르다.) 사실상 이 사안은 명분과 실리의 언쟁일 공산이 크다. 한국인은 워낙 명분에 살고 죽으며, 일본인은 실속을 챙기는 데 앞선다는 생래적 특성을 들먹일 수 있는 셈이다. 그렇다면 두 쪽 다 틀렸다고도, 그렇다고 옳다고도 할 수 없는 측면이 있다. 한국식(또는 중국식) 성을 용납하지 않겠다는 일본의 입장은 고리삭은 순혈주의에 대한 집착에 지나지 않으며(성씨에서 독일식·러시아식 성씨를 허용하는 미국의 실례를 보라), 이런 시대착오적 발상은 후진적이므로 다양한 성씨를 수용함으로써 다원화 사회를 지향, 폐쇄성 불식 나아가서 세계시민으로서의 성숙을 기약하라는 주문도 일리가 있기 때문이다. 이런 '속 좁은 일본적 사고'는 만년 2등 국민 같은, 그런 자격에 연연하는 '심층 구조'에 지나지 않는다. 여기서 일본인들은 외국어 발음에 관한 한 자신들의 선천적 불구성을 쳐들며('김씨'를 '기무씨'로밖에 발음할 수 없다는 유치한 엄살에 기대서) 양해를 바랄지 모르나, 그 점은 유럽 쪽 사람들의 동양 쪽 발음도 오십보백보다라는 사실 앞에 변명의 여지가 없다.

물론 한일 양국 사이에는 어떤 원칙론도 적용할 수 없는 역사적인 가해자/피해자라는 끔찍한 흉터가 있다. 양쪽이 다 갖고 있는 이 트라우마는 억지인 줄 알면서도 서로의 견해를 좁히지 않으려는 측면이 있는데, 쉽게 말한다면 여전히 내연하는 '적대적 감정'의 상존이다. 그 점을 무시할 수 없으므로 '김'씨를 고집하는 귀화예비자를 설득할 명분도 마땅치 않고, '가네다金田'로 바꾸라는 귀화 정책을 매도하는 귀화거부자가 정정당당하다고 격려하려면 빈말이나 둘러대는 것 같아 어색해진다.

하기야 이제는 부분적일망정 이중국적을 허용하는 세계적인 추세도 있는 터이고(나라마다 그 '실시 시기'만 조율하는 단계라고 봐야 할 것이다. 물론 선거권/피선거권의 규정, 세금 부과와 같은 권리/의무에 대한 명문화와 그 실천적/명시적 효과가 관건일 텐데, 이런 난제도 앞으로의 전자문명이 속전속결식 해답을 내놓을 것이라는 전망을 마냥 무시할 수도 없다), 국적 취득은 원론적으로 당대적·개인적 사투인 측면도 있으므로 '시간의 흐름'만이 어떤 지양을 관장하고 있다고 봐야 할 것이다.

물론 당사자가 아닌 다음에야 국적 취득에 따르는 개개인의 그 고충·번민을 실감하기는 지난하다. 이 점도 미국이나 호주의 국적 취득에 한국인이 과감성을 발휘하는 것을 보면, 또 일본인으로의 귀화도 앞으로는 '민족적 자존심'과 같은 심정적 경사에서 다소 열린 자세를, 그러니까 '적대적 감정'의 희석을 기대할 수 있지 않을까 싶긴 하다.

그런데 재일동포의 차별대우, 또 그들의 귀화 수용/거부에 따르는 숱한 고뇌와 고군분투를 적나라하게 그린 소설류나 논픽션물을(저자와 책명을 거론하기는 마땅치 않다) 번역 문장으로 읽어보면 이런 비인도적인 처사가 횡행하는 풍토에서도 그나마 양심과 양식이 살아 있는 식자와 글줄이 꾸준히 양산되고 있다는 일본적 현실이 좀 신기하게 여겨진다. 나만의 유별난 독후감인지, 아니면 일본 지식인 대다수의 공적 처신과 사적 심경에(필경 입말과 본심은 다를 테지만) 소상하지 못한 내 무지 탓인지 분별이 잘 서지 않는 것이다. 아마도 일본인 저마다 장인의식이 제대로 육화되어 있어서, 재일한국인들 사정이야 남의 일이기도 하려니와 자기들 관심사도 아니라서 알아도 모른 체 외면하고 사는 게 아닌지.

일본열도 탐험

13. 일본의 한국 '연구'

—

—

—

국력을 가장 정확하게 반영하는 것이 그 나라 국어의 상용常用 인구 수의 다과多寡에 있음은 재론의 여지가 없을 것이다. 그래서 중국은 유사 이래 여전히 대국의 반석 위에 서 있다. 마찬가지 등식으로 한 나라의 국부國富 신장세는 그 개별 국가의 모국어를 이해하는 세계인 의 증가 수치가 곧이곧대로 보여준다. 20세기에 들어와서 어느 나라 사람이나 영어를 읽고 말하는 데 능숙하지 못하면 입신출세에 상당 한 지장이 있을 수밖에 없는 현실은 미국이 지구촌의 중심 국가임을 여실히 증명하고 있다.

영어에는 아직 역불급이지만 일본어는 이제 프랑스어·독일어·스 페인어에 못지않은 세계다. 일본의 국력이 그만큼 막강해졌다는 생생한 증거인데, 도쿄대 앞의 한 전문 서점은 일본의 정치·경제·사 회·문화 등 각 방면의 일본어 전문 서적을 다른 나라 말로 번역한 최신판 외국 서적들만 팔고 있을 정도다. 그러니까 일본 원서의 번역 판 외서를 수입해서 팔고 있는 셈이고, 그 외서들이 대개 다 최근에 일본에서 발행된 신간들이라는 데 놀라지 않을 수 없다. 줄여서 말 하면 일본어 전공 학자들이 세계 도처에 수없이 산재해 있다는 증 거다.

88서울올림픽 이후 우리 국력 신장은 오히려 일본에서 간접적으로 엿볼 수 있다. 한국어 학습열이 그 좋은 바로미터다.

일본에는 현재 국립 도쿄외국어 대학, 오사카외국어 대학, 도야마富山 대학, 간다神田 대학, 덴리天理 대학에 각각 조선어학과가 있다. 그 중에서 덴리 대학 조선어학과의 역사가 제일 길다. 우리나라가 일제 식민지 통치하에 있을 때부터 '나라는 없어도 언어와 민족은 남아 있다'는 취지 아래 지나어支那語(중국어)·말레이시아어·러시아어 등과 나란히 명맥을 유지해왔다고 하니 일본의 한국어 연구열이 얼마나 뿌리 깊은지 알 수 있다. 현재 덴리 대학 조선어학과의 모집 정원은 40명이며, 매년 평균 입시 경쟁률은 4대 1을 상회하고 있다고 한다. 대학원 진학자도 매년 3, 4명꼴로 나오는데, 그들은 모두 한국으로 곧장 유학 온다. 1960년대의 졸업생들은 대다수가 일본 외무성으로 진출했으나, 요즘 졸업생들은 대체로 재일동포가 경영하는 회사에 취직한다. 일찍이 고려대에서 「조선후기 소설독자 연구」로 문학박사 학위를 딴 오타니 모리시게大谷森繁(덴리대 외국학부장) 교수의 말에 따르면 '적어도 졸업생의 3분의 1은 한국어를 살리면서 평생 밥을 먹는다'고 한다. 그 밖에도 덴리 대학이 주도하는 '조선학회'는 회원이 600명을 상회한다. '조선어학회'의 회원도 150여 명이다. '한국어문학 연구회'는 오타니 교수를 정점으로 20여 명의 회원이 있다.

이런 전문가들의 연구열보다 일반인들의 한국어 학습열은 더 극성스럽다. NHK 교육방송의 한국어 강좌는 인기 프로그램이며, 88 서울올림픽을 전후하여 한 민간 상업 TV에서는 우연히 흘려보낸 한국어 학습 프로그램이 예상 밖의 시청률을 보이자 정규 장기 프로그램으로 '승격'시키기도 했다는 후문이 있다.

뿐만 아니라 가까운 사람끼리 모여 우리 유학생을 선생으로 모시고 1주일에 두어 시간씩 한국어를 배우는 이른바 '그룹 스터디'도 성행하고 있다. 2000엔 안팎의 수업료를 갹출하여 배우는 이런 소규모의 자생적 '한국어연구회'는 전국 각지에 숱하며, 한국 유학생에게 좋은 아르바이트감이 되고 있음은 물론이다. 부지런하다든지 시간을 아껴 쓴다 같은 일본인 해독 코드에 또 하나 추가할 거리로서의 무엇이든 배우겠다는, 거의 바보처럼 순진무구한 향학열 앞에서는 잠시나마 숙연해진다.

'한국어 선생' 노릇을 1년째 하고 있다는 한 유학생은 이렇게 말한다.

"제가 지금 가르치고 있는 그룹은 대기업체 부장급 사원, 자영업체 사장, 지방자치단체 의원 등 열 명인데 다들 50대 후반에서 60대입니다. 공연한 피해의식인지 몰라도 그들의 학습 열기가 종종 무서워질 때가 있습니다. 저런 학구열이 또 언젠가 우리 한반도를 덮치지 않을까 싶은 생각이 들어서요. 어떤 학생은 자기 친구가 한국어를 잘하는 것을 보고 자신의 프레스티지가 한 등급 아래라고 느껴져서 배우기 시작했대요. 원래 질투가 심하고, 남에게 지기 싫어하는 오기를 잘 부리는 민족인 줄이야 알지만, 한국말을 배우는 저 사람들을 우리가 막연히 좋아하고 있어야 할지 모르겠다 싶어요."

물론 우리의 일본어 학습열도 대단하지만, 세대를 가리지 않고 저돌적으로 덤비는 일본인들의 학구열을 과연 세대별/계층별로 따라가고 있는지는 의문이다. 우리는 이제 겨우 일본을 알려고 하는데, 일본은 우리를 '연구'하고 있다는 인상을 지울 수 없다.

후일담 13 ㅣ 일본인의 어학 천착벽과 애호벽

우리는 흔히 일본인들의 이상한 외국어 발음을 예로 들면서 그들의 어학 실력을 얕잡아보는가 하면, 심지어는 외국어 학습에 관한 한 그들의 '태생적 한계'에 대해 아주 잘못된 고정관념까지 갖고 있다. 실제로도 '기무치'나 '소우루(서울)'나 '마쿠도나루도 함바가' 같은 발음을 듣고 가타가나로의 그 어설픈 철자화를 눈으로 읽어가다보면 좀 답답해지고 저절로 쓴웃음기가 번지는 것은 어쩔 수 없다. 물론 이만저만한 오해가 아니므로 당장 그 몰이해를 시정해야 옳다.

내가 보기에는 외국어 발음에 관한 한 일본인들의 이런 '체질적 불구성'이 오히려 그들 특유의 외국어 학습열을 강화시키지 않나 싶다. 지진이나 쓰나미 같은 자연재해가 무시로 덮치기 때문에 나무를 많이 심으면서 국토를 애지중지 가꾸고, 그 천부의 불리한 환경 조건을 어떻게든 극복하려는 애착심에 어떤 광적인 '국수주의적 지향'이 덧대지는 정황과도 상동한다. (잘난 자식보다 못난 혈육에게 정이 더 쏠리듯이.) 아마도 그런 생래적 열등감은 흔히 심리학에서 말하는 '승화'의 길을 밟는다. 과찬이랄 것도 없이 일본인들은 외국어라면 상당한 경배열과 동시에 콤플렉스를 솔직하니 드러낸다. 그 자연스러움은 거의 똑똑한 바보의 어리광 비슷한 수준이다. 자신의 출신을 그처럼 알고 덤비니 진지할 수밖에 없다. 외국어가 만만히 볼 수 있는 상대가 아니고, 그러니 대적해서 정복하고 싶은 적군인 것이다. 그러므로 일본인의 외국어 학습열은 일종의 태생적 증후군일 수 있다.

'우리는 외부와 단절된 채로 섬에 갇혀 살다보니 외국어 습득에는 워낙 선천적으로 한계가 있고, 우리 말과 글이 한자·한자어를 적당히 빌려다 써온 데서도(물론 일본'말'은, 순수한 '한국어'가 그렇듯이,

한자나 중국어와 무관한 것이 태반이지 싶지만) 알 수 있듯이 외국어 표기와 발음에도 부족한 구석이 많은 것이야 뻔하고, 이런 악조건을 뛰어넘으려면 역시 우리 식으로 열심히 공부하는 것 말고는 다른 방법이 있을 리 만무하지.'

이런 '거북이' 같은 겸허한 자세가 일본인 정서에는 모진 트라우마로 깔려 있다고 해도 좋을 것이다. 좀더 정확하게 말하면 외국어 습득에는 워낙 열등생 유전인자를 타고났다는 일본인다운 자각은 결국 '회화'에서의 장애 요인이 있다는 '체질'에 대한 쓸쓸한 체념이자 입술을 깨무는 승복이다. 이 어쩔 수 없는, 쓰라린 숙명론은 '읽기'에서 벌충하자는 '승화'로 치닫는다. ('쓰기'는 회화에서 '말하기'와 꼭 같은데, '듣기' 곧 '귀가 뚫리고' 나면 '입은 저절로 열린다'는 그 등식이 '읽기'와 호응하는 국면이다.)

제도권 교육에서 외국어 학습 과정이 '발음'이야 어찌 됐든 '읽기'부터 시작해서 문장에 대한 '문법'적인 이해와 뜻풀이를 반복해서 가르치는 것은 고금동서가 한결같지 않았나 싶다. 하기야 가정교사를 통해서거나 현지에 가서 외국말부터 익히는 학습법이 훨씬 더 효과적이고, 외국어에 대한 자신감을 갖는 데도 유리할 테지만, 그런 '회화' 위주의 지향점도 결국 그 나라 문화 전반에 관한 깊은 이해에 이르려면 '책읽기'로 나아갈 수밖에 없다.

작금에 걸핏하면 10년 이상씩 영어를 배워놓고서도 외국인과 말도 주고받지 못하는 딱한 경우를 '문장 독해 위주의 제도권 교육' 탓으로 돌리며, 초등학교 때부터 과외 공부나 정규 과정에 '영어회화' 가르치기가 우선시되어 있지만, 이런 최신의 어학 교습법이 과연 옳은지도 의심스럽다. 배운 것을 '복습하기'와 아는 대로 '실천하기'는

일본의 한국 '연구'

나 몰라라 하고 오로지 섣부른 허영심에 들떠서 '선행학습'에만 미쳐 돌아가는 이런 '머리 따로 행동 따로'형 인간 만들기가 과연 바람직한 교육일까. 이런 교육 현장에서 옳은 인간은커녕 창의적 사고방식의 태동을 기대한다는 것은 아마도 쓰잘 데 없는 공상에 지나지 않을 것이다. 따라서 이런 교육제도와 관행 자체는 유명무실의 표본이며, 낭비적인 작태다. 때 이른 성숙의 도모가 아니라 억지스러운 조숙이 시건방을 불러오는 장본인일 수도 있겠기 때문이다. 이런 반면 교사 같은 실례는 '입말' 배우기를 '글말'에 대한 구조적 이해보다 더 중요시하는 외국어 학습에서 찾을 수 있다. 실로 성급한, 졸속의, 지각 없는 교육 방침이 아닐 수 없다.

요컨대 '듣기/말하기'를 당분간 따돌리고 오로지 '읽기/쓰기'에 매달리는 재래식 외국어 습득법은 우선 그 들이는 공력으로부터 착실하고 신실한 인간으로서의 성숙을 기대할 수 있다는 이점도 크다. 이런 자명한 이치를 떠올려보더라도 우리의 조기 영어 '말하기' 교육은 되바라진, 생각도 없이 '입말'이나 나불거리는, 참을성 없는 사람 만들기에나 유효할 뿐이다. 외국어 학습에서부터 비탐구적이고 반학문적인 습성을 길들이고 있는 꼴이니 이러고서 앞으로 각자의 전공 분야에서 과연 어떤 진지성, 성실성을 기대하기는 난망이 아닐까 싶기도 하다.

일본인의 외국어 학습열에 대한 근원적인 해석이 우리 조기 교육에 대한 원성으로까지 비화하고 말았지만, 내 진의는 일본의 전반적인 외국어 해독 수준은 우리와는 비교급이 아닐 정도로 월등하다는 것이다. 그 우월한 실력에 대해서는 그들의 우스꽝스러운 외국어 발음이 빚어내는 숱한 촌극만큼 다양하게 들 수 있으나, 여기서 우리가 손쉽게 체험할 수 있는 실례 두 가지만으로도 일본인 일부의 '어학 천착벽=언어 애호벽'을 십분 짐작하고도 남는다.

우선 우리가 널리 써먹고 있는 '자연·문화/문명·역사·철학·엽기· 진리·존재' 같은 말은 개화 초기에 서양의 문물을 받아들이면서 일 본의 선각자들이 영어를 번역하며 '지어낸' 어휘들이라고 알려져 있 다. 찬찬히 뜯어보면 그 번역에 고심한 흔적도 읽히지만 그들의 영어 이해가 얼마나 웅숭깊었는지 알 수 있다. 그 말들을 새롭게 만들어낸 영어 교습생들이 열심히 배우는 한편 그 정확한 의미를 알기 위해서 외국인 선생의 도움을 일부러 사양하면서 스스로 '숙고'한 흔적이 '신 생어'의 배면에 깔려 있는 것이다. 이런 자각에 이르면 그런 전통이 살아 있을 그들의 외국어 실력을 도저히 깔볼 수 없으려니와 일정한 경이와 감탄을 나지막이 터뜨리지 않을 수 없다.

나와 30년쯤 우의를 나누는 한 출판사 박모 사장은 '국어사전'에 대한 논란이 나오면, 옳은 게 뭐 하나라도 있어야지, 전부 일본 것이 나 베껴먹고서는, 하고 아예 입을 봉해버린다. 대체로 그 의견에 동조 하는 나는 일쑤 그의 울분을 좀더 덧들이면서 돼먹잖은 책이나 펴내 며 돈이나 벌려고 설치는 우리의 상업주의 출판 행태를 매도하는 데 앞장서는 편이다. 어쨌거나 박모 사장의 지탄은 명명백백하게 사실 이다. 국어사전뿐만 아니라 영한사전·한한漢韓사전 등을 사용하다보 면 그 '내용·뜻풀이(이것이 남의 것을 '참조용'으로 활용하지 않고 베 낀 실례를 드러내는데, 우리 '국어사전'의 경우는 부실한 뜻매김과 그 쓰임새마저 줄여놓고 있다)·예문·편집 체제, 제본 부실' 등등에 대 한 불만이 연방 터져나오게 마련이다. 특히나 '등재어의 미달'은 크게 책잡아야 마땅하다. 사투리·은어, 지방마다 달리 쓰는 동식물·어패

일본의 한국 '연구'

류·도구·세간의 이칭, 표현상의 차이가 두드러지는 동사·형용사 등을 지금도 지방별로 널리 쓰고 있음에도 불구하고 무슨 '월권행사'인지 사전에 올리지 않고 있다. 그러잖아도 우리말은 다른 몇몇 외국어에 비해 어휘 수가 적은 편인데 '발굴'은커녕 있는 것도 따돌리는 형편이니 도대체 무슨 심보인지 알 수 없다. (북한의 어문 정책과 숱한 우리말의 '발명'은 상찬감이다. 내가 보기에 이것이 김일성 정권의 유일한 치적인 듯하다.) 이런 대목에서도 같잖은 '한글애호가'들은 사전에 등재된 말만을, 그 뜻도 아주 제한적으로만 쓰려고 발버둥질치는 이상한 '아집덩어리' 같다. 아무튼 우리말 사전은 어느 것이라도 사용할수록 '무성의'가 빤히 들여다보여서 괘씸하다 못해 결국에는 욕설까지 마구 쏟아지는 판이다. 인간의 발명품 중에서 사전만큼 요긴하게 써먹을 수 있는 게 달리 없을 텐데, 지식의 기초체력을 보강해주는 이 영양소를 어떻게 이처럼 날림으로 만들어서 먹이려고 드는가 하고 놀라기까지 한다.

그러나 한마디로 매조지면 일본은 사전을 '성의껏 잘 만든다.' 어떻게 달리 표현할 수 없을 정도로 그 속에는 편자/저자의 간곡한 '성심성의'가 살아 숨 쉬고 있다. 달리 말하면 일본의 정신적 국력은 각종 '사전류'에 집약되어 있으며, 그렇다는 것은 그들의 어학 실력, 곧 다소 엉성한 언어 체계인 국어일망정 일본어를 갈고닦아 쓰는 능력은 말할 것도 없고 영어·한문과 같은 해당 외국어에 대한 놀라운 이해력, 정확한 사용법, 탄탄한 예문 등 실증적 '본보기' 앞에서 기가 질릴 정도로 뚜렷이 관찰된다. 여기서도 해당 사전 몇몇의 내용과 그 편찬 기술의 탁월한 성과 등에 대해 내 나름의 식견을 토로할 수 있으나 공연한 현학으로 비칠까봐 생략하는데, 최근에 들은 말로는 중국인 식자들도 혀를 내둘렀다는 모로하시 데쓰지諸橋轍次(1883~1982)의 『대한화사전大漢和辭典』 수준에 버금가는 『불화사전』을 만들어 프랑스 국어학자를 놀라게 했다고 한다.

2008년 1월 말이지 않았나 싶은데, 3박4일 일정으로 도쿄와 가네자와金澤를 둘러보던 중에 간다神田의 한 서점에 들렀다. 거기서 인명사전과 지리부도 책을 살 작정이었고, 적당한 것을 고르려면 한참이나 두리번거려야 했다. 그런데 어느 순간부터 내 눈길이 유독 한곳에 오래도록 머물렀다. 일반 단행본으로서 소설류 등의 신간 서적을 진열해놓은 그 한가운데, 그것도 바닥부터 그야말로 산더미처럼 차곡차곡 쌓아놓은 두툼한 책이 있었다. 이와나미岩波 서점에서 발간한 신판(물론 개정판이며 제6판이었다) 국어사전 『고지엔廣辭苑』이었다. 거의 한 시간 이상 힐끔거렸지만(마침 평일 오전 10시쯤이었다) 누구도 그 사전에 집적거리지 않았고, 사가는 사람도 눈에 띄지 않았지만, 수요가 저 정도는 있기에 저렇게 쌓아놓고 구매자를 기다리고 있겠지 하는 내 짐작이 차츰 다른 쪽으로 물꼬를 터갔다. 그 물꼬란, 한글이 우수한 과학적 언어라고 자랑만 늘어지게 해댈까 옳은 사전 만들기에 한껏 등한하고, 도대체 사전을 찾는 사람도 드물고, 기왕 발행한 몇몇 사전이나마 계속 보완해서 수정판을 내려는 '성심성의'를 안보이니 이러고서도 '문화민족/문명국가' 운운할 자격이 있을까 하는 것이었다. 내 심사는 씁쓸했고, 우리 언어 현실은 참담했다. 도대체 우리말을 제대로 사용할 줄 모르면서 외국어를 잘할 수 있다는 생각은 망상이 아니고 무엇인가. 요즘에사 여러 유명 출판사에서 추수주의의 본때를 까짓것 보여준답시고 '세계문학전집'을 앞 다투어 발간하고 있는데, 개중에는 뛰어난 학력의 대학교수들이 번역한 명작/걸작들의 반 이상이 문장/문맥에서 '우리말이 안 되는' 오문/악문/비문으로 환칠되어 있다. 그 역자들의 뜨르르한 학력으로 미뤄볼 때 해당 외국어에는 능통한 모양이나 우리말 공부가 한참 부족해서 '과락' 수준임이 여실하다. 그렇지 않고서야 스스로 옮겨놓은 우리말이 '무슨 뜻'인지 혼자만 알고 있으니, 이러고서도 자신의 전공 외국어를 제대로 읽는다고 할 수 있을까. (누가 뭐래도 나는 그들의 외국어 실력을 믿지 않는다. 흔히 씨월거려쌓는 그들의 '우리말로 옮길 수 없다'는 '자랑 투의 엄살'은 핑계이고 또 다른 '무식'의 토로에 지나지 않는다. 내가 아는 한 일본의 외국어 전공자에게 그런 핑계는 통하지 않는다.)

어린 나이에 일본으로 유학 가서 장기간 체류했으므로 일본말이 모국어나 마찬가지였던, 아마도 현대소설의 진정한 의미와 가치를 철두철미하게 의식하며 창작에 매진했던 불세출의 작가 횡보 염상섭의 만년 대담기에는 이런 대화가 있어 이채롭다. 곧 웬만한 작가라면 외국어 하나쯤은 알아야 한다는 단언이 그것이다. 역시 그이답게 '마스터' 운운하지 않고(우리는 흔히 '어학' 부문에서는 상투적으로 '마스터' 운운하는데, 과연 어느 수준에 이르러야 '정통하다'고 할 수 있을지는 각자의 판단에 맡길 수밖에 없다. 다른 외국어는 거론할 자리가 아니므로 당연히 생략하지만, 일본어의 경우는, 무학력에 독학자였던 수필가 김소운이 스스로 사전의 도움 없이도 『겐지모노가타리源氏物語』를 읽을 수 있다고 천명했으니까 그 정도의 경지라야 '마스터'했다고 할 수 있을 터이다), 우리말을 잘 쓰려면 외국어를 모르고서야 될 성싶은가라는 충언인 것이다. 내로라하는 당대 일본 작가들의 외국어 실력을 일찍이 주목했을 횡보의 그런 소설가 '자질론'에는 문장만능주의만이 한국 문학을 살릴 것이라는 간절한 희원이 배어 있는 셈이다. 우리말을 가장 풍부하게 썼고, 그 구문도 자유자재로 정확하게 구사했던 횡보의 사려 깊은 충언은 귀담아 들을 필요가 있다. (내 짐작이긴 한데 한글학회가 관장한 여러 '사업'에도 알게 모르게 개입한 횡보는 우리말 사전을 거의 통째로 외우려는 야심 많은 '어휘 수집가'였지 않을까 싶다.) 그러나 옳은 국어사전도 없는 현실을 감안할 때 우리의 '외국어' 이해 수준은 여전히 제자리 뜀뛰기나 하는 꼴이 아닐까 싶기도 하다. (한마디만 더 보태면 한글학회에서 펴낸 『표준국어대사전』은 기왕의 여러 국어사전 중에서는 가장 나은 것이라고 알려져 있는데, 수정판이나 증보판을 내놓기는커녕 아예 절판시켜놓고 있다. 최근에 펴낸 고려대 출판부의 『한국어대사전』이 과연 추천할 만한 '결정판'인지는 사전 편찬자들이 더 잘 알 터이고, 그 미비를 매년 보완해가려는 의지 여부를 따져봐야 할 것이다. 물론 두 사전 다 사라진 말, 일부 지방에서만 쓰이고 있는 토박이 말의 '발굴'에 얼마나 성의를 보였는지는 자성해야 할 테고.) '대사전' 말만 나오면 정부 차원의 대대적인 지원이 필요하다고 떠들어대지만, 근본적으로 '사전 편찬'이라는 힘든 품은 민간 차원에서 몇몇 개인의 '평생 집념'과 그들을 후원하는 동지들의 살가운 품앗이에 맡겨야 한다는 것이 내 생각이다. 누가 뭘 하라 마라는 간섭의 '선'에 관한 한 어떤 타의도 받아들일 수 없는 자유업인 출판업종의 생리가 그렇듯이 사전 만들기도 그럴 수밖에 없지 않을까. 초창기 한글학회의 구성원들이 좋은 선례를 보여주었건만 이제는 각계각층이 풍요를 구가하면서도 우리말 갈고닦기에는 다들 무지몽매하다. 이러고도 '문화' 운운하고 있다니.

14. 한 일본인의 인생유전

—

—

—

한국인 관광객들이 많이 찾는 곳 중 하나인 후쿠오카福岡 시에는 좀 유별난 인생을 살아낸 한 일본인이 있다. 히로하타 히토리廣畑一人(59세) 씨가 그 주인공인데, 그도 재일동포들처럼 일제의 전쟁피해자임에 틀림없으나 소설 속에서나 나옴 직한 몇 번의 가연佳緣 때문에 '이중국적'의 전쟁피해자가 되었다. 모든 팔자가 우연에 달려 있다는 말을 실감케 하는 그의 인생유전은 이렇다.

히로하타 씨는 대구사범학교 심상과(박정희 전 대통령이 4기생으로 재학, 졸업했던 바로 그 명문 5년제 중학교였다) 2학년 여름방학 때 8·15해방을 맞았다. 그해 봄에 그의 부친이 토건업을 하던 관계로 '일을 따라' 가족을 데리고 함흥으로 이사를 가버려서 그는 누나와 함께 전학 수속을 밟고 있던 참이었다. 어쩔 수 없이 임시로 이산가족이 되고 만 셈이었고, 본국으로 철수하기 위해 그는 누나와 함께 동양면화주식회사 대구지점에 집결했다.

수많은 일본인과 함께 조국으로의 귀환을 초조히 기다리고 있는데, 하루는 지점장이 그에게 회사 서류를 부산 지점에 전하고 오라고 했다. 반듯한 학교에 재학 중인 학생 신분에다 나이가 어려서 가장 안전하다고 여겼기 때문일 것이다. 그는 철수하는 일본인들 중에 혹시나 부친과 가족들이 있을까 해서 부산 부두를 이틀 동안 샅샅이 뒤지다가 대구로 돌아오니 누나는 물론이고 다른 일본인들도 모두 떠나버리고 없었다. 남의 나라에 홀로 떨어진 고아가 되고 만 것이었다. 기가 찰 노릇이었다.

히로하타 씨는 곧장 동양면화주식회사의 심부름꾼이 되었다. 그런데 설상가상으로 그 적산회사를 물려받은 이재희(훗날 영남일보 사장 역임)씨가 복잡한 사정에 휘말려 그 회사를 다른 사람에게 빼앗기고 말았다. 오갈 데가 없게 된 그를 이재희씨는 친형인 이성희씨에게 맡겼다. 이성희씨는 그즈음 대구 근교에서 정미소를 운영하며 농사를 크게 짓던 토호였다.

그는 일본의 원적지로 여러 차례 편지를 띄워보았으나 번번이 답장이 없었다. 밀항하려고 했더니 거금 80만 원을 달라고 했다. 일본인이라는 꼬리표가 달려 있어서 복학은 엄두도 내기 어려웠고, 히로하타 씨 자신도 그렇지만 주위의 누구도 그의 학업에는 관심이 없었다.

느닷없이 6·25 사변이 터졌다. 그는 도민증이 없어서 바깥출입도 할 수 없었다. 그제야 귀국이 불가능한 줄 알고 이성희씨의 둘째 아들로 입양 절차를 밟아 '이재건李在建'이 되었다. 법률상으로는 한국인이 된 셈이었다. 그러나 농사짓기도 싫고, '공산당이 우리나라를 쑥대밭으로 만든 직후라 애국심도 있어서' 그는 용약 1953년 1월 15일 제주도 훈련소에 입대했다. 29사단 85연대에 배속되었고, 황봉관(현재 미국 체류) 연대장의 당번병이 되었다. 두 상관과 부하의 일상 대화는 주로 일본말로 이뤄졌다. 황 대령을 따라 육군 본부로 전속하니 마침 재일동포 위문단의 공연이 베풀어졌다. 그 편에 친부모에게 연락해달라고 쪽지를 띄워봤더니 뜻밖에도 누나에게서 편지가 왔다.

황 대령에게 기구한 사연을 털어놓았다. 이내 제대 특명이 떨어졌다. 한국인으로서 꼬박 3년 8개월 동안이나 복무한 뒤였다.

히로하타 씨가 국적 변경 판결을 받고, 국방부에서 주는 여비 18만 환을 가지고 일본으로 돌아간 때는 1956년 9월 14일이었다. 그는 한동안 일본말을 몰라서 고생이 막심했다. 무슨 말인지 알아듣기는 하겠는데 막상 할 말이 입안에서 웅얼웅얼거리기만 할 뿐이었다. 26세의 나이로 야간고등학교에 다니며 보석판매회사에 취직했다. 그 직장에서 19년 동안 일하다가 그는 보석상을 차려 독립했다. 그동안 행세하고 살 만큼 돈도 많이 벌었다.

이상이 한 일본인이 전쟁피해자로서 겪어낸 인생유전을 최대한으로 간추린 우여곡절기다.

히로하타 씨는 지금도 자신이 일본인인지 한국인인지 분간하지 못할 때가 많다고 한다. 일본인으로 태어났으니 피야 속일 수 없겠으나 한창나이 때 한국인 부모 슬하에서 성장하고 군 복무도 마쳤으므로 살과 뼈는 한국인이라고 해야 맞을 것 같다고 했다.

그의 유창한 우리말에는 아직도 대구 지방 사투리가 그대로 남아 있다. 일본인으로서 한국인 친척을 자신만큼 많이 둔 사람은 없을 것이라고 그는 단언한다. 과장으로 들리지는 않는다. 태풍이 온다는 뉴스를 들으면 한국에 살고 있는 형제자매의 안부부터 먼저 떠올리게 된다고도 했다.

후쿠오카의 술집 거리에는 5층짜리 건물 전체가 한국식 카페 주점으로 꽉 들어찬 희한한 빌딩도 흔하다. 술집 이름도 '대구' '명동' '충무로' '서울' 등이다. 집집마다 한국의 최신 유행가를 비롯해 '흘러간 옛 노래'를 불러대고, 한복을 입은 호스티스들이 바글거리니 도대체 이곳이 한국인지 일본인지 정신을 못 차릴 지경이다.

히로하타 씨는 카페 '大邱'에 자주 들른다. 향수를 달래기 위해서다. 술집에서는 그를 한국인으로 알고 있으며, 그도 한국인으로 행세하며 묘한 위안을 받는다. 그의 유별난 인생유전은 조만간 '니시니혼西日本 TV'에서 극화하기로 되어 있는데, 히로하타 씨는 '우리나라(한국)를 위해서 무슨 일이든 조그맣게 벌일 구상을 갖고 있다'고 힘주어 말한다.

후일담 14 ㅣ 회색빛의 무상한 해후

아무리 머리를 이쪽저쪽으로 굴려봐도 히로하타 씨를 어떤 경로로 만나게 되었는지 모르겠다. 한국에서 이미 그의 드라마틱한 인생 역정을 알고 있었는지, 아니면 통역생이 그즈음 일본 매스컴에서 비등해지고 있던 화제의 인물로서 그를 기억하고 있다가 취재해보자고 나를 설득했는지 아슴아슴하다. 하기야 그의 별난 인생유전기가 대중소설적 흥미를 자아내기에는 충분하고, 1945년 8월 15일의 항복선언 후부터 그해 연말까지 그동안 내지 밖에서 살아오던 모든 일본인은 한 사람도 빠짐없이 '깔끔하게' 귀환했다는 '통념'에 반하는 사례라서 명색 소설가로서의 '범죄적 발상'에 불이 붙었지 않았을까 싶기도 하다. 게다가 히로하타 씨의 성장지인 대구는, 또 그의 모교인 대구사범학교 교사校舍의 울창한 담쟁이덩굴은 나와 통역생에게 워낙 낯익은 풍경이었으니까. 일종의 동향의식 같은 감정이 작동하여 그를 '화제의 인물'로 띄워보자고 죽을 맞췄을지도 모른다.

아무튼 이처럼 '기억 회복'이 어느 골짜기에 빠져서 꼼짝도 안 할 때는 무슨 단서라도 잡히면 속이 후련하련만 히로하타 씨는 그런저런 특징조차 없던, 지독히도 평범한 사람이었다. 한동안 보석상을 운영해서 그랬던지 아주 신중한 사람이었고, 나와 통역생의 언행을 유심히 살피면서 할 말과 안 할 말을 미리 챙기는 게 훤히 비칠 정도였다. 일본말을 할 때와 한국말을 할 때를 분명히 구별하는 처신도 그랬다. (대학 캠퍼스에서 자세히 관찰해보면 이내 알 수 있는데, '사범대'생은 어디가 달라도 다르다. '사범'이라는 이 훌륭한 어휘가 가리키는 면면의 일부가 얼핏얼핏 그들의 언행에 비치는 것이다. 아마도 인간의 '근본'은 타고나는 듯하다.)

위의 취재기에는 차마 드러낼 수 없었다기보다도 지면의 여유가 허락지 않아 생략했다고 해야 옳을 테지만, 그 당시 그의 생업은 술집 주인이었다. 술집이래야 그가 생선회를 뜨고 각종 안줏거리를 만드는 주방장 겸 주인장이고, 그의 아내가 주문을 받고 음식 그릇을 나르는, 일본에서는 흔한 그런 자그마한 자영업이었다. 그렇긴 해도 땅값이 상대적으로 덜 비싼 지방이라서 손님들이 좌정할 수 있는 방도 두어 개나 딸렸고, 그것보다 널찍한 홀 안에는 4인용 식탁이 서너 짝이나 비치되어 있었다. (아마도 그 영업집이 히로하타 씨 개인 소유였지 않았나 싶다.) 어쨌든 그는 잠시도 가만히 있지 못하는, 대개의 일본인이 그런 것처럼 '자기 생업'을 요령껏 최상으로 만들어가는 데 부지런을 떨어대는 사람이라서, 불경기로 보석상이 재미를 못 보고 또 후쿠오카 같은 지방에서는 장래성이 없다는 판단 아래 그만두고 난 후, 그동안 별러온 대로 요리학원에 등록해 꼬박 1년 만에 요리사 자격증을 땄다고 했다. 그러니까 내가 취재차 찾아가서 만났을 때는 새로 시작한 그 생업에 한창 열을 내며 수입보다는 자신의 요리 실력을 알아주는 손님들 맞기에 재미를 일구고 있던 판이었다.

통역생과 나는 취재 장소인 그 손님방에서 초밥과 생선회를 시키고 술판을 벌였다. 내일 일정도 있어서 과음할 처지는 아니었다. 그러나 자리가 자리인 만큼 활짝 열어놓은 가게방 밖의 술집 동정과 주인장 내외의 일거일동을 힐끔거리며 술을 권커니 작커니 하고 있는데, 히로하타 씨가 하얀 근무 복장을 벗어붙이고 넥타이 차림으로 우리에게 다가왔다. 일본의 영업집 주인이 흔히 그러는 대로 그는 문지방을 걸터넘자마자 무릎을 꿇고는 고개부터 깊숙이 숙이고 나서 통역생에게 뭐라고 자기 사정을 일렀다. 통역을 들을 것도 없이 나는 그 말귀를 알아챘다.

'피치 못할 약속이 오래전에 잡혀 있어서 만부득이 자리를 비우게 됐으니 양해해달라, 집사람이 가게를 지키고 있을 테니 뭣이든 더 시켜서 부디 천천히 즐기시고, 일본에서의 남은 일정을 무사히 잘 마치시기 바란다, 아무쪼록 '우리나라'의 창창한 앞날을 성원하는 일본인이 후쿠오카에서 살고 있다는 것을 잊지 말아달라.'

정중한 자세로, 아주 진지하게 자신이 할 말을 꼬박꼬박 읊조리는 일본인의 이런 자세에는 좀 기가 질리는 한편 대단찮은 일상 중에 무슨 '결의'를 다지는 듯해서 우스꽝스러워진다. 한참이나 그의 언변을 듣고 있으려니, 술기운도 있어서 그랬을 텐데, 인생이란 참으로 덧없이 흘러가면서 팔자라는 것이 곳곳에서 어떤 매듭을 지어주는구나 하는 생각을 반추하며 나는 색다른 감회에 젖을 수밖에 없었다.

그 후 그 술집을 어떻게 빠져나와 그다음 일정을 순서대로 소화시켰는지 어쨌는지 내 기억에 남아 있는 게 아무것도 없다. 그의 파란만장한 '인생유전극'을 한국의 독자들에게 알림으로써 내 소임은 끝났고, 그를 '일' 때문에 다시 만날 계제는 있을 리 만무해서 나는 문득문득 그와 그런 인생행로를 떠올리자마자 얼른 지워대기만 했을 뿐이었다.

이태쯤이나 흘렀을까. 예의 내 소설 주인공 고영근의 행적을 추적하느라고 혼자서 괴나리봇짐만 한 헝겊 가방을 들고 야마구치山口 현의 하기萩를 둘러보고, 시모노세키下關의 전통 있는 요리점 춘범루春帆樓(구한말 우리 정객과 망명객들이 자주 이용했던 최고급의 유서 깊은 음식점이다)도 그 높다란 외관만 눈여겨본 후, 혼슈와 규슈를 잇는 해중 터널을 시모노세키 쪽에서 모지門司 쪽까지 걸어보고 나서 (그때 마침 마라톤 선수 서너 명이 환기가 잘되고 있는 그 간몬關門 터널 속을 달리며 출전 준비에 매진하고 있었다) 나는 후쿠오카에서 오무타大牟田로 가는 기차편을 기다리고 있던 참이었다. 여유 시간이 많아서 한때 거닐었던 거리를 더듬고 있는데, 문득 히로하타 씨의 그 술집이나 찾아가보자는 생각이 떠올랐다. (막 쇠고기 덮밥을 아침으로 먹고 난 참이었다.) 그를 만나서 안부를 주거니 받거니 하겠다는 생각은 애초에 없었고, 한때의 취재 장소가 그대로 있는지 둘러보자는 심사였을 것이다. 길눈은 어두운 편이 아니라서 이내 찾을 수 있었다. 때가 때인 만큼 당연히 문이 닫혀 있어서 바로 옆집의 매점으로 들어가 여전히 히로하타 씨가 영업을 하고 있는지 물어보았다. 기껏해야 단어의 나열에 지나지 않는 영어·일어·필담까지 동원해서 어렵사리 내가 그를 왜 찾는지 중년의 매점상에게 알렸다. 이제는 그가 머리를 갸우뚱거리면서 아주 난감해했다. 그때 마침 슬리퍼를 끌고 후줄그레한 행색의 대학생 한 명이 담배를 사려고 들렀다. 매점상이 그 단골인 듯한 대학생에게 하소연을 늘어놓았다.

'자네가 이 멀대 같은 한국인에게 영어로 설명을 좀 해주겠나, 바로 이 옆집 사람의 집을 찾는 모양이야.' 그 젊은이는 '영어'라는 말에 이내 손사래를 쳤다. (한국도 마찬가지지만 일본의 남자 대학생들은 대체로 불친절하다. 그들이 친절을 바치는 대상은 다른 것들, 예컨대 만화, 여자, 영화, 책 따위여서 외부의 '타자'가 아예 안 보인다는 듯 무뚝뚝하기 이를 데 없다.) '그렇다면 집이라도 좀 가르쳐줘라, 저기 보이는 저 사거리에서 오른쪽으로 꺾어들면 기다란 맨션아파트가 있다, 잘 알지? 바로 3층, 맞다, 300 몇 호가 바로 이 집의 본가다, 거기까지 좀 안내해줘라, 어렵잖지?'

두 사람은 연방 길가로 나와 내게 보랍시고 손짓을 해댔다. 더벅머리 단골은 영 마땅찮은 듯, 재수가 없으려니, 아침부터 일진이 사납네라고 속으로 투덜거리는 눈치였다. 이제는 나도 물러설 수 없었다. 이미 내친걸음이라 갈 데까지 가봐야 할 것 같았다. 이것도 좋은 경험이며, 이 일본인들이 나를 어떻게 대하는가 두고 보겠다는 심정이었다. 매점상이 단골을 따라가라고 내게 손짓했다. 한 블록을 걸어가는 내내 젊은 안내자는 내게 말도 걸지 않았다. 하기야 할 말도 없으려니와 일본인의 대표적인 특색인 '영어 발음 공황증' 때문에 무슨 말을 건네볼 엄두도 내지 못할 터였다. 내가 연방 '고맙다'는 일본말을 건네는데도 그는 불퉁하니 말이 없었다. 이윽고 사거리께에서 젊은 친구가 대각선 너머의 고층 아파트를 손짓하며, 호수를 일본말로 되뇌는 일방 손바닥에 아라비아 숫자로 적기까지 했다. 공연히 폐를 끼치는 판이라 그가 그쯤에서 제 소임을 마치려는 것도 내게는 큰 부담을 덜어주는 격이었다.

이렇다 할 '장애'나 '해프닝'도 없이 나는 히로하타 씨의 댁을, 그러니까 영업집이 아닌 '살림집'을 찾아갔던 듯하다. 참으로 무례한 방문이었고, 지금 생각해도 그런 심방은 이만저만한 결례가 아닐뿐더러 무모한 만용이었다. 명색 소설가의 이런 치기 어린, 허영기 많은, 대중 소설적인 기연을 미리 상정하며 스스로 들떠버리는 '제멋대로식 기염'은 그 당시에는 그럴듯해 보이고 흡사 지가 무슨 영화 주인공이나 된 듯이 껍죽거리는 꼴이지만 돌아서면 공연한 짓을 했다고 후회하게 마련인, 떠올릴수록 저절로 얼굴이 달아오를 정도로 창피스럽기 짝이 없는 작태였다.

한참이나 뜸을 들이더니 아파트 현관문이 열렸고, 내 눈에 낯익은 부인이 뻘쭘한 틈 사이로 나를 올려다보았다. 내가 '한국인' 운운하자 그녀는 대뜸 나를 알아보았다. 뒤이어 히로하타 씨가 계시냐고 묻자, 그녀는 잠시 어리둥절해하다가 이내 사태를 파악하고 내게 길을 터주느라고 현관 문짝을 열어주었다. 안내하는 손길을 따라 성큼 들어섰고, 안주인의 '이리로'라는 말과 손짓에 따라 나아갔더니 히로하타 씨의 흐릿한 영정 사진 위패가 모셔진 부쓰단佛壇이 한쪽 벽에 있었다. 내 가슴속에서 뭔가 뜨끔한 통증이 빠르게 훑고 지나갔다. 내가 놀란 눈길로 미망인을 쳐다보자 그녀는 손짓으로 우선 합장부터 하라고, 묵념을 올리라고 했다. 시키는 대로 하고 나서 어쩌다가 이런 변고를 당했냐고, 언제 돌아가셨냐고, 무슨 사고사였나 아니면 병환이었느냐 등등을 두서없이, 영어와 일본어 단어로 나는 마구 주워섬겼던 듯하다. 그녀의 손짓도 아주 다급하게, 일본말과 함께 쏟아졌다. '1년쯤 전에 돌아가셨다, 심근경색이었다, 워낙 갑작스런 변고여서 한동안 나도 긴가민가했고, 지금도 멍한 판이다.' 대강 그런 사연을 그녀는 당황하지도 않고 전해주었다.

다음 장면은 단정한 꽃무늬가 자잘하니 박힌 연보라색 원피스를 입고 있는 미망인과 내가 어느 커피숍에서 마주보고 앉아 있는 것이다. 그녀는 슬픔에 젖어 있지도 않았다. 그 반듯한 외양대로 여전히 똘방똘방하니 바쁜 일상을 여축없이 잘 꾸려가고 있는 듯했다. 할 말이 제한되어 있었고, 서로가 알아들을 수 있는 말을 고르느라고 한참씩 더듬거렸지만, 그녀와 나는 수많은 말을 이심전심으로 나누고 있었다. 히로하타 씨와 그녀는 만혼이었고, 슬하에 애가 없다는 말도 들었지 싶다. 병원에는 밤에 실려갔다고 했으니 아마 과로사였던지도 모른다. 워낙 급사여서 병원도, 일가친지도 어이없어했던 모양이다. 내가 개인 자료 수집차 방일했으며, 마침 짬이 나서 불시에 방문했는데 실례가 많았다는 말을 했던 것 같다. 한국에 생존해 있을 히로하타 씨의 친지를 찾아볼 의향이 있느냐고 물었더니 그녀는 그런 생각은 해보지도 않았다면서 그의 죽음이 아직도 믿기지 않는다고 머리만 내둘렀다. 화제가 메말라서, 말이 안 통해서 서로가 한참씩이나 멀뚱거렸다. 아까부터 나는 일어설 시점을 재느라고 엉덩이를 들썩이고 있었다. 그녀가 내 괴나리봇짐에는 들어가지 않는, 종이백 속에 책머리가 불쑥 튀어나와 있는 것을 보고 '그림책을 사가시는군요' 같은 말을 무심히 흘렸다. 그 화집은 그때 4000엔, 5000엔씩 하는, 나로서는 사치다 싶은 원색 그림을 많이 수록한 일본화 도록이었다. 그 커피숍을 어떻게 벗어났는지 모른다. 아마도 기차 시간이 임박해서 허둥지둥 택시를 집어탔던 듯한데 이렇다 할 기억은 남아 있지 않다.

　그때 나만의 일정을 다시 한번 되돌아보고, 방금까지 가필하며 쓴 위의 글을 읽어봐도 이렇다 할 과장도 안 보이고, 소설처럼 그럴듯하게 지어낸 부분도 없는 듯하다. 이런 회상에서는 어떤 어설픈 '조작'

이 통할 수 없다. 다만 기억의 왜곡은 있을 텐데, 그 부분에 미심쩍은 게 한두 가지가 아니다. 매점 주인이 나를 배웅하고 난 후, 미망인에게 웬 키 큰 한국인이 찾아갈 것이라고, 조문을 왔는지 모르겠다고 그런 전갈을 전화로 알렸을 것이다. 그런데 그 조촐한 미망인은 내가 인편에 부고를 듣고 조문하러 왔다고 여길 수도 있었지 않았을까 싶지만, 아무리 말이 안 통하는 사이라 해도 그때 내 뜬금없는 방문이 전적으로 '우연'이었음은 알아챘을 게 틀림없다. 히로하타 씨와 나의 만남 자체가 전적으로 '기연'이었으니까. 그런 사정쯤이야 눈치로도 얼마든지 읽어내는 여자였으니까. 그러나저러나 미망인 혼자 사는 그 상가에 잠시나마 앉았던 기억도 전무하니, 참으로 기가 막히는 '해후'이고, 어이없는 인생무상의 한 풍경이다.

이제는 그 미망인의 얼굴조차 아슴아슴하다. 덩달아 히로하타 씨의 유독 흐릿하던 영정조차 세파에 워낙 부대끼며 바쁘게 살아온 그의 삶을 그대로 베껴놓은 듯해서 좀 묘하다는 생각도 든다. 사람의 명운을 누가 관장하는지.

아무래도 미심쩍어, 내 기억을 확인하느라고 평소에 막역하게 지내는 일본 근대문학 연구자 P교수에게 전화로 집 안의 위패 모시는 불단 앞에도 영정사진을 비치하는지 물어보았다. 전화를 끊고 기다렸더니 그녀는 일본인에게 확인해봤다면서 고인의 사진을 '이하이位牌'와 함께 모시는 '부쓰단佛壇'이 더러 있다고 했다.

다시 한번 낡은 기억을 되살려보니 기다란 복도가 딸린 아파트였지 싶은데, 히로하타 씨의 미망인이 살던 그 집을 찾아가면서 엘리베이터를 이용한 기억도 없고, 계단을 오르내렸던 것 같지도 않다. 실은 3층이었던지도 아리송하다. 2층이었던 것도 같다. 그래도 그녀가 내

보따리와 책 꾸러미를 찬찬히 쳐다보던 눈매는 여태 남아 있다. 도대체 거기를 왜 찾아갔던지, 무엇에 씌웠던지 알다가도 모를 일이다. 기억이 착각과의 치열한 싸움에서 간신히 살아남은 포로라면 그 운 좋은 생존자의 생채기 따위를 자꾸 더듬어보는 것도 사람으로서 할 짓거리가 아닌 듯하다.

15. 에로틱한 풍속의 나라

다소의 어폐를 무릅쓰고 말한다면 일본은 예로부터 대단히 에로틱한 풍속을 잘 다듬어 온 나라임에 틀림없다. 소설류나 풍속화에 남아 있는 흔적이 웅변하고 있는 바대로 그렇다. (특히나 남녀 혼욕이 온천 같은 데서 부분적으로 허용되던 시절이 있었다거나, 여자들은 한때 속옷도 입지 않고 살았단다와 같은 구전을 듣고 나면 그 '전설 속의 무릉도원 같은 나라'에서는 일찍부터 프리섹스 풍조가 만연했던 모양인가, 그래서 저절로 위생관념에 투철했던가 하는 기상천외한 상상력을 주물럭거리게 된다.) 그중에서도 남녀 간의 성희性戱만을 그려 놓은 옛날 화첩을(물론 복제본이 다양하게 출판되어 있다) 보면 그 대담무쌍하고 적나라한 묘사에 혀를 내두르지 않을 수 없다. 그것에 비하면 요즘 외국 영화에서 보랍시고 들이대는 제법 노골적인 섹스 장면은, 남녀의 특정 신체 부위가 어떤 식으로 까발려지든 말든 어린애 장난이고, 예술과는 거리가 멀뿐더러 비인간적이어서 유치하다.

이런 유구한 풍속을 이어받고 있는 만큼 오늘날 일본의 섹스 산업이 최전성기를 구가하고 있다고 하면 그들의 선조들이 섭섭해할지 모른다. 시골 구석까지 널리 보급되어 있는 비디오 가게는 포르노 필름 대여가 주요 영업의 한몫을 톡톡히 한다는 풍문이, 믿으라고 여기저기서 들려온다. 포르노 잡지와 더불어, 성희·성교, 여자의 나신만 다채롭게 찍어놓은 사진책만을 파는 별도의 서점도 흔하다. (이것도 업종의 분화 내지는 전문화이며, 편리성을 앞세운 응용력 좋은 상술이다. 돈을 목표로 삼은 '실질' 추구 앞에서 '체면/명분' 같은 것은 쓰잘 데 없는 겉치레인 것이다.) 이런 야한 책만 취급하는 전문 서점은 퇴근 무렵부터 한밤중까지 취향대로 책을 골라잡느라고 골머리를 싸매는 손님들로 북적거린다. (그런 유의 책들은 속의 내용을 못 보도록 비닐로 덮어씌워놓아서 '선택'에는 적잖은 시간을 투자해야 하는데, 누구에게도 부끄러움을 타지 않는 구매자들의 태도가 좀 수상쩍게 비친다. 이런 장면에서도 '세계'가 없는 머리로서 내 앞에 떨어진 '낙'만 즐기면 그만이라는 '안분지족'에 겨운 '영장류'가 일본인이라는 추단을 불금케 한다.) 성희 보조기구를 전문으로 파는 상점에서는 손님과 점원이 (수동식이거나 자동식인) 각종 기구의 작동 방법에 대해서 서로 진지하게 가르쳐주고 배우는 우스꽝스러운 장면도 길거리에서 쉽게 목격할 수 있다.

이런 간접적인 성욕 해소 산업은 물론 약과다. 좁은 집에서 사는 젊은 (정식) 부부들도 많이 애용한다니까 러브호텔이야 굳이 섹스 산업의 범주로 들먹일 것도 없지만, 거리마다에 지천으로 깔려 있음은 사실이다. 최근에 터키 대사의 강력한 항의로 '소프soap랜드'라는 요상한 이름으로 바뀐 '도루코' 탕까지도 예약제가 보편화되어 있다고 한다.

도쿄의 환락가 신주쿠新宿, 우에노上野 등의 공중전화 부스 안에는 천연색 딱지가 어지럽게 널려 있다. 딱지에는 반라의 예쁜 아가씨 몸매와 함께 전화번호가 적혀 있고, '60분에 1만2000엔, 120분에 2만엔'과 같은 구체적인 서비스료까지 명기되어 있다. 콜걸들의 조직적인 매음 선전이 아주 공개적으로 펼쳐지고 있는 셈이다.

뿐만이 아니다. 삿포로 중심가에는 밤마다 여자와의 성매매를 부추기는 청년들이 떼 지어 길을 메우고 있으며, '섹스 인포메이션 센터'도 버젓이 문을 열어놓고 있는데 손님들의 발길이 끊이지 않는다. 손님의 기호, 습벽 따위를 묻고 맞춤한 상대를 골라 접선시켜주는 매음 상담소인 것이다.

'리비도'를 들먹일 것도 없이 일본인들의 이런 절륜의 정력과 그것의 배설 절차에 골몰하는 집요성이 오늘의 경제대국을 이룩한 원동력인지도 모른다. (프로이트는 역시 부분적으로 명징하고, 따라서 위대하다.) 오죽했으면 외국 언론들이 일본 관광객을 '섹스 애니멀'이라고 매도했을까.

그런데 잠시만 주의를 기울이면 일본의 섹스 산업 내지는 성 풍속도에도 일본식의 특이한, 역시 나름의 출중한 '응용력'을 재량껏 구사하는 장삿속이 번득인다. 즉 어떤 포르노 잡지, 단행본, 영화라도 남녀의 특정 신체 부위를 희뿌옇게 또는 거무스레하게 지우고 있는 점이 그것이다. 어떤 인쇄물을 보더라도, 비즈니스호텔의 방마다에 묻어와 있는 어떤 포르노 필름을 (동전을 넣고) TV 화면을 통해 열어보더라도 가장 요긴한 치부는 철두철미 빠뜨림 없이 '손질'이 되어 있다. 법이 금지하고 있으니 지킬 뿐이라는 시위일 테지만 사실상 눈 감고 아웅하는 수작이 아닐 수 없으며, 오히려 그런 발상 자체가 섹스 산업을 마르고 닳도록 번성시키려는 얄팍한 장삿속임은 말하나 마나다. (특유의 응용력을 발휘하여 개척한 신업종을, 차라리 '고유의 장르화'를 모색해 일본적 풍토에 활착시켰다고 해야 옳을 그 변종 '밥벌이 수단'을 영구업종화하는 데 있어서 일본인의 능력을 따라가기는 힘들듯하다. 적어도 이재理財 수완에 관한 한 일본인의 천연스러운 연찬술은 유대인을 능가하지 않을까 하는 내 생각에 일리가 없지는 않을 것이다.)

좋은 의미에서 일본의 활짝 열려 있는 고유한 성관념은 지구 문명사에서 유례가 드물지 않나 싶다. 한 형제와 한 자매가 상대방의 한 자매와 한 형제와 짝을 맞춰 결혼할 수도 있고, 친족 혼인도(친사촌·고종사촌·외사촌 등까지) 어느 정도까지는 당연시하는 풍습 등이 우리와는 무척이나 다르다. (난쟁이 화가 로트레크의 부모는 이종사촌끼리 혼인한 사이였지만, 역시 프랑스에서도 '예외적'이긴 했던 모양이다.) 이런 풍속 자체가 일본을 에로틱한 별세계로, 어떤 변태 행위의 수용에 너그러운 '초현실적 사회'로 부각시키는 관건일지 모른다.

따라서 한국에서는 철저히 금기시되고 있는 유명한 여배우의 반라/전라 사진을 일본에서는 잡지나 단행본 형식의 호화판 사진집을 통해 공공연히 완상할 수 있다. 달리 생각해보면 이런 트인 성의식이 오히려 성도덕의 문란을 어느 선까지는 지키면서 그 너머로의 범람을 막아주는 수위 조절기 역할을 강제할지도 모른다. 그에 비해 우리나라는 섹스 산업이라면 무조건 틀어막고 있으니 성도덕이 음성적으로 더욱 문란해져 있고, 이제는 법으로 막기에도 역부족이 아닌지. 퇴폐이발소의 발본색원을 당국이 수시로 부르짖건만 이렇다 할 실효를 못 거두고 있는 것이 그 단적인 실례다.

아무튼 일본의 섹스 산업은 외국에서 날아온 관광객에게는 물론이고 자국의 선남선녀에게도 성적 도발을 거의 공격적으로 또 무제한적으로 펼치고 있다. 그럼에도 불구하고 섹스 산업을 이용하는 계층은 돈과 시간에 여유가 있는 사람들에 국한되어 있을 뿐이라는, 그 너머에는 삼강오륜이 지배하는 건전하고 방정한 시민사회가 살아 있으니 크게 걱정할 것 없다, 섹스란 젊은 시절에 누구나 한번씩 탐닉하기도 하는 묘약일 뿐이다라는 일종의 사려 깊은 사회적 합의가 전 국민의 어른스러운 관용을 도출해내고 있는 모양이다.

그래서 일본에서의 섹스 산업은 서비스 산업의 비중 높은 한몫을 톡톡히 맡고 있으며 고용 증대에 이바지도 크다. 이렇듯 어떤 업종이라도 떳떳하고 세련된 '상품'으로 만들어낼 수 있는 고유한 상술을 일본인들은 타고난 듯하다.

후일담 15 ┃ 일본식 섹스 산업의 독보적(?) 성취

공교롭게도 나의 첫 해외여행지가 일본이었고, 그때 비즈니스호텔에 투숙해 '재미 삼아' 동전을 집어넣고 TV 속의 '밀실'을 열어본 후 받은 '문화적 충격'은 제법 큰 것이었다. 그러고 나서 이태 후엔가 파리에서 여러 문인과 단체로 관람한 오시마 나기사大島渚 감독의 「감각의 제국」은 그 과도한 작위성, 끔찍한 종말, 잘라낸 성기의 클로즈업 같은 것이 확연히 일본적인 조작으로, 이 세상에 유례가 없는 성의식을 자화자찬식으로, 따라서 억지스럽게 강요하고 있어서 적잖이 떨떠름해하던 감상이 오래도록 지워지지 않았다. 그 후로도 서너 차례는 예의 그 '일본식 포르노 필름'을 역시 비즈니스호텔에서 그때마다 '연구 삼아' 보고 나면 그 감상이 아주 착잡했다.

'도대체 저 늙다리 명색 처녀에게 세일러복을 입힌 발상의 저의는 무엇일까. 결국 성충동을 집적거리는 모양인데 저렇게 후져빠져서야 소기의 목적과는 겉돌고 말 텐데. 올 때마다 모든 분야가 눈에 띌 정도로 성큼성큼 나아지고, 세련되고, 바쁘게 살다보니 남녀노소가 더 쌀쌀맞아지는데 저 포르노 필름만큼은 제자리에서 꼼짝도 않고 꾸물거리고 있네. 저 구태의연한 발상, 너무나 도식적인 구성, 5분 이내 식상해지는 남녀관계의 설정, 늘어빠진 장면 전환, 한심한 카메라워크, 주택가를 걸어가는 저 보잘것없는 배경 설정, 조잡한 미장센, 그렇거든 화면이나 뚜렷하니 밝든가.'

내 감상은 매번 그런 식의 불평·불만으로 부글거려서 복도에 비치해둔 자동판매기 속의 캔맥주를 빼먹느라고 과외의 용돈만 허비했다. 그런데 나름대로 머리를 굴려보니 비즈니스호텔용 '일본식 포르노'의 그런 답보성·후진성이야말로 하나의 상술인지도 몰랐다. 그러니까 그 업소용 도색 동영상의 제작자는 이차판에 숨길 게 뭐 있냐는 듯이 이런 변명성 소견을 피로할 게 틀림없다.

"아, 우리 필름의 수준이야 우리 스스로가 아주 잘 알지, 누군들 눈이야 없겠어. 한마디로 저질이고 지지부진하니 정체를 면치 못하고 있지. 이런 식도 오래됐어. 그런데 바로 그 일정한 한계가 우리 장르의 고유한 영역이야. 장르란 말이 어렵다면 분업이라고 해도 돼, 각자 전공이 다르단 소리야. 더 좋은 것, 일컬어 예술적인 에로물, 몰라, 그런 게 있다면 말이야, 그건 또 다른 장르야. 그쪽 전문가에게 맡겨야지. 다들 잘하고 있다대. 그런 것과 달리, 굳이 해명하자면, 우리 필름은 애용자들의 사생활을 존중하는 쪽이야. 가볍게, 부담 없이, 아주 상투적인 내용이니까 심각할 것 없이 한두 편 보다가 일찌감치 눈을 붙이라는 거야. 일종의 배려지. 지나치게 잘 만들어서 밤잠을 설치게 하면 서로 난처하잖아. '오모이야리(배려)' 알지, 서로 그걸 존중하며 그럭저럭 사는 거야. 출연진, 화면 처리, 서사의 진행, 장면의 밀도 등등의 낙후성을 걸고넘어진다면, 역시 경비 문제도 있고, 앞서 말했다시피 다른 장르 감각이란 말이야. 우리는 진부하든 말든 우리 영업에 충실하면 그뿐이야. 월권은 서로 피곤하잖아. 성행위가 원래 일시적인 거고 또 뻔해요, 거의 찰나적이지. 인생 전체로 따질 때도 그렇고 그 행위야 더 말할 것도 없지. 그때그때 잠시 임시방편으로, 갈증 해소하듯이. 우리 영업 방침이 바로 그래. 그렇지만 누구라도 성행위에 물리는 법이 없듯이 우리도 한결같은 자세로 이 생업에 매달린다고. 이게 쉽지는 않아. 인생, 생업, 남녀관계, 다 따분하지. 그래도 어째, 끝까지 지키고 가다듬고 모른 체하며 살아가야지."

일본의 또 다른 섹스 산업에는 일찍부터 '우키요에浮世繪'라는 장르가 있다. 이 장르는 과연 일본만의 독보적인 시각이 뛰어난 미술구성적 성취에 힘입어 단연 압권으로 육박해온다. 우리 풍속화 속에 깊숙이 자리잡고 있는 밝고 명랑한 정조, 특히나 혜원 신윤복의 춘화에서 보여주는 친근한 해학미나 날개처럼 가벼운 동작미의 대척점에 일본의 묵직한 우키요에가 있다면 거의 정확한 진단일 것이다. 물론 각각의 모티브, 구도, 색채감이 무척 이질적이라서 단순 비교는 무리지만 일본 춘화에는 숨 막히는 긴박감이 화폭 밖으로까지 넘쳐난다. 방·대청마루 속의 소도구에 드리운 생생한 디테일감, 현란한 옷 무늬와 어지러운 남녀 육체의 꿈틀거리는 굴곡선에 드러난 밀착감, 솔가지처럼 빳빳한 모발의 사실감 같은 것이 화폭을 빈틈없이 채우고 있다. 특히나 남녀의 표정은 거의 천편일률로 경직되어 있는데, 성적 희열 자체에 온전히 몰입해 있다는 그 표현이야말로 어떤 전형성에 대한 고찰이다. 그런 매몰 과정은 과장스럽게 부각시키는 남녀의 성기

일본열도 탐험

가 대변하고 있기도 하다. 바로 그 순간에는 온 세상과 만사가 그것으로 충일해 있다는 남녀 각각의 심리적 경사가 그런 과장을 불러왔으며, 그런 반사실성과 굵은 선들의 코러스는 야수파와의 접점에 다가가 있다. 그런 주목, 시각은 화가의 작의이기도 하려니와 당대 최대치의 풍속 재현을 모색한 노력이다. 우키요에의 과장이야말로 실로 덧없는 세상살이/인생살이에 대한 은유라고 해도 틀린 말은 아닐 것이다.

역시 서로가 비교급이 아니라고 대들 테지만, 중국의 춘화도 여백 없는 채색감이 나름의 풍속 재현을, 또한 특유의 '서유기'식 환상적 성의식의 부각을 기도하고 있으나 어딘가 단조롭고 평면적이다. 무척이나 단정하며, 그 섬세한 묘사력이 어떤 책의 해설용 삽화나 미니아튀르(세밀화) 같다는 인상을 지울 수 없는 것이다. 요컨대 그 역동감의 부재는 일본 춘화에서 압도적으로 떠올라 있는 그 선의 운동감과 견줘보면 대번에 드러난다.

또 다른 섹스 산업의 주목거리는 '성인용품'에 대한 판매술이다. 이 업종이 요즘은 주로 인터넷을 통한 '주문배달'로 이뤄지는 모양인데, 일본 역시 그런지 나로서는 문외한이라 더 이상은 알 수 없다. 그런데 내가 목격한 바로는 이 상행위에 있어서도 우리와 일본은 현격한 차이가 있다.

우선 우리의 성인용품점은 창문이나 출입 문짝을 꼭꼭 닫아놓고, 스스로도 창피를 무릅쓰고 마지못해 이런 밥벌이를 한다는 투다. 짐작이 가기는 하는데, 그처럼 음성적으로, 숫기 없이 할 바에야 진작에 업종을 바꾸든지 다른 식으로 호칭과 외장을 은근짜처럼 꾸며서, 이왕 벌인 일인데 하는 듯이 해야 서로가 덜 민망할 터이련만, 안쓰

에로틱한 풍속의 나라

러운 느낌부터 앞서게 한다. 또한 이 업종마저 서울에는 상대적으로 드물지 않나 싶고, 오히려 지방 대도시에서는 흔하게 목격된다. 내가 알기로는 시내 중심부에는 아무래도 점포 임대료가 비싸서 거의 없고, 변두리 대로변에, 그것도 허름한 상가건물에서 개업하고 있다. 물론 창틀이나 출입문에 '성인용품 매매, 대여'라고 적혀 있어서 은근히 호기심을 유발한다. 허구한 날 꽁생원으로 살아가는 나야 안으로 용약 들어가본 적이 없으니만큼 그 용품의 다채로움에는 일자무식일 수밖에 없지만(듣기로는 그 기구들이 대개 다 미제나 일제라고 하며, 그런 엽기적인 한국 소설도 우연히 읽어본 듯하다) 포르노 비디오나 시다는 빌려 보고, 기타 성기 대용품이나 성욕자극제 및 그 보조제는 매매용으로 구비하고 있지 않나 싶다. 아무튼 그처럼 겉으로는 장사를 하는 둥 마는 둥 하고 있음에도 불구하고 간판이 어느 날 문득 내려져 있는 점포가 없었던 걸 보면 그런대로 장사가 쏠쏠하게 되고 있다는 반증이 아닐까. 그런데 일본의 섹스숍은, 위 기행문에서도 잠시 비쳐져 있듯이, 흡사 고급 양품점을 방불케 할 정도로 깔끔하게 잘 꾸며져 있다. 아마도 서양 쪽의 그런 용품점에 뒤지지 않을 정도일 듯싶은데, 역시 견문이 짧아서 긴가민가할 뿐이다. 무슨 장사든 하려고 들면 제대로 해서, 생업으로서의 당당한 위상을 챙기겠다는 일본인의 근성이 읽히는 대목이다.

또 다른 섹스 산업으로는 비공인 사창을 물리력으로 없애버리자 나름의 선전 수단을 동원한 윤락녀의 인신매매다. 이 업종은 일본 못지않게 한국에서도 자못 성업 중이다. 딱지 같은 인쇄물의 살포까지 일본 방식을 그대로 베끼고 있다. 주로 밤 10시 이후에 오토바이를 탄 아르바이트생이 유흥가 밀집 구역 거리마다에 마구 뿌리고 다니는 것을 나는 여러 차례나 목격한 바 있다. 아침마다 출근 인파의 발길에 밟히는 이 조잡한 천연색 딱지를 낮 동안 길거리 청소부들로 하여금 말끔히 치워버리게 만드는 '행정력'의 끈질긴 인내력이 실로 놀라울 뿐이다.

그런데 이 대목에서는 내 목격담과 뒤미처 떠오른 착상이 그나마 실감나지 않을까 싶다. 벌써 햇수로 7, 8년 전의 어느 일요일, 이른 아침이었다. 마침 밤이 짧은 초여름이어서 이제 막 어둠이 걷히고 있었다. 나는 등산복 차림으로 대절버스가 기다리기로 되어 있다는 곳까지 한적한 8차선 도로의 인도를 발밤발밤 걷고 있었는데, 길바닥 곳곳에 깔린 그 요란딱딱한 딱지 중에서 좀 색다른 것이 내 시선을 막무가내로 잡아채가는 데는 도무지 속수무책이었다. 그것은 어떤 젊은 여자의 전신상을, 그것도 지독히 무성한 거웃이 프레임의 하단을 온통 뒤덮어서 그 비스듬한 상체와 얼굴이 얄궂게 축소되어버린 '사진'이었다. 행인도 보이지 않아서 그것을 집을 수도 있고, 심지어는 내 소지품처럼 고이 간수해도 되련만 나는 흡사 '습득물 무단 파지죄'를 겁내는 조로 그것을 유심히 쳐다보느라고 거의 제정신이 아니었다. 꽤 잘 찍은 사진이었고, 내가 잘못 보지 않았다면 클로즈업시켜놓은 그 시커먼 부분만 짜깁기한 흔적도 비치지 않았다. 그런 선전용 딱지에 실린 호객용 '사진'이란 것이 전라/반라의 여체를 오려서 핑크색 바탕에다 밀착시킨 것으로, 그 '내용'도 대개 다 소위 '끈팬티'라는 것을 입은 피사체가 엉덩이를 내두른다든지 비키니 차림의 옷걸이가 탐스러운 젖통을 보란 듯이 내밀고 있는 그런 유의 '상투적'인 것이다.

나는 요즘도 가끔씩 그날 아침의 정경을 떠올리며 이런저런 생각을 여튀간다.

—왜 그때 나는 명화의 부분도 같은 그 기발한 '사진'을, 딴에는 확실한 구도 속에 앉혀놓은 선전용 '딱지'를 등산화로 짓적거리기만 하고 집어들지 않았을까. 혹시라도 대구에서 소백산까지의 당일치기 산행 중 그 습득물이 여러 등산객 앞에서 불쑥 튀어나와 망신을 당할까봐 지레 쫄았단 말인가. 그 사진을 찍은 사람은 주문자의 요청대로 그 피사물에다 포커스를 맞춘 단순한 카메라맨(촬영자)이었을까, 아니면 그런 구도를 스스로 창출해낸 사진가(포토그래퍼)였을까. 후자라면 앨프리드 스티글리츠가 그의 두 번째 부인 조지아 오키프의 밀림처럼 짙고 넓은 음부를 정면에서, 무척이나 도발적으로 찍은 그 유명한 사진 「토르소」를 알고 있었던 게 아닐까. 그렇다면 그것을 지멋대로 엉뚱한 용처에다 써먹은 꼴인데, 패러디치고는 심하지 않나. 어쨌거나 목적이야 그렇다 치고 수단이 너무 얄궂고 저질이잖나. 그러나 마나 그 노골적인 수단이 소기의 목적에 다소나마 이바지가 되었을까. 그런 '선행학습'보다는 원피스 자락 밑의 맨발이라든지 풍성한 치마 속에 감싸인 튼실한 히프 같은 '기초학습'부터 제시해야 다음 '과정'에 대한 호기심이 더 진지해지지 않을까. 아무튼 그런 과격한 '베끼기'가 서울에서도 더러 있으려나. 일본에서야 그것은 법에 저촉되므로 감히 엄두도 못 낼 발칙한 소행으로 치부할 테지만. 아니다, 그런 준법정신 때문이 아니라 장사를 길게 보고 차곡차곡 다져나가겠다는 주의니까, 그런 선행학습이 당장에는 '대박'을 불러올지 몰라도 결국에는 업종의 위기를 몰아올 것이라는 꾀바른 예측으로 자제했을 게 틀림없다. 이래저래 성급한 과외의 선행학습이 오히려 역효과를 불러온다는 이치가 여기서도 적중하고 있는 셈인가, 맞을라나?
　지리적으로도 가깝고 인종적으로도 유사한 덕분일 테지만 우리는 일본의 모든 사회현상을, 그중에서도 경제적 여건이나 제도를 즉각 베끼는 데 능수라면 시큰둥해할 사람도 있을 게 틀림없다. 그러나 사실이다. 이제는 소위 '한류'에서도 보이듯이 어떤 유행이나 경향을 한일 양국이 실시간으로 공유하고, 여러 매체를 통해 온갖 정보를 서로가 경쟁적으로 잦아올려 써버릇하므로 '성 의식' 따위도 양쪽의 심부에 즉각 삼투하게 되어 있는 시대 환경에서 우리는 살아가고 있다. 이런 현황에도 불구하고 서로가 베껴먹지 말아야 할 부분이 아주 많다는, 무력한 염원을 되뇔 수밖에 없는 현실이 무척 안타깝다.

근린상업지구마다 속속 들어서는 모텔 건물과 그 간판에 오늘도 '금일 숙박요금 할인'이라는 네온사인이 줄줄 흐르는 광경도 틀림없이 이웃 나라 풍속을 베낀 듯해서 민망하고 조마조마한 심정이다. 그뿐만 아니라 그 속에서 TV 화면을 통해 무료로(일본처럼 동전일망정 돈을 내고 시청해야 할 텐데 왜 이런 '전자 장치'는 베끼지 않는지 알 수 없다. 아마도 한국의 전자업체는 통이 커서 꾀죄죄한 푼돈은 안중에도 없는 탓일 게다) 볼 수 있는 동영상도 일본의 그 따분한 비즈니스호텔용 포르노 필름과 유사하다. 아니, 우리 것이 훨씬 더 재미없는데 여기서도 진정한 상술의 경주, 경쟁에서, 일생일업하려는 집념에서 우리의 그쪽 생업자들이 지고 있다. 어떤 분야든 경쟁에서 지면 쓸쓸한 법이다, 이 말은 물론 냉소적인 수사가 아니므로 유념해야 옳을 터이건만.

16. 캠퍼스의 '우량아'들

—

—

—

'요즘 일본 대학생들은 공부를 열심히 하지 않는다'라고 말하면 물론 다소의 어폐가 있겠으나, 일리가 다분한 사실이다. 도대체 주객이 전도된 좋은 본보기처럼 일본 대학생들은 하나같이 아르바이트에 더 몰두한다. 일거리가 그만큼 많은 일본 사회 전반의 분업 현상이 부럽지 않은 바도 아니나, 학생 신분으로서 공부는 뒷전으로 밀쳐두고 '돈벌이'에만 열을 올리는 시속이 적잖이 기이하게 비치는 것이다.

가정교사를 일주일에 두세 군데씩 뛰느라고 자가용을 굴리는 대학생은 일반 회사원에 비해 고소득층이라는 통설도 이제는 진부한 말이라고 한다. (그쪽으로는 워낙 해박한 통역생의 전언이다.) 음식점 심부름꾼, 24시간 영업하는 슈퍼마켓과 편의점의 점원, 창고지기, 빌딩의 야간 경비원, 호텔의 세탁물 수거원 등등. 일거리가 많기도 하다. 보너스·유급휴가·후생복지 혜택을 받지 못할 뿐 매달 손에 쥐는 시간당 보수는 웬만한 그 또래 월급쟁이들의 급료와 어금지금하다고 한다. 실로 아르바이트 천국이며, 다분히 일본적인 고용 형태로서 소득의 평준화/왜곡화/차별화를 심화시키는 또 다른 경제 현상이 아닐까 싶기도 하다. 이런 판이니 대학생에게 공부할 여유가, 그 세대만의 무쇠 같은 힘과 용수철보다 더 좋은 탄력에도 불구하고, 남아날 리 만무하다.

일본열도 탐험

물론 이런 사회적 현상의 선악을 단선적으로 재단 평가할 수는 없 겠지만, 대학생 신분으로서 '돈에의 노예화' 현상만큼은 다각도로 점 검해볼 필요가 있지 않을까 싶다. 하기야 이런 풍조에는 부모의 신세 도 안 지겠다는 전통적인 자립심, 분업의 철저화, 고용 형태의 다양 화, '일하지 않은 손으로는 밥그릇을 잡지 마라'는 식의 근면을 강제 하는 사회 전반의 분위기, 서비스 업종의 도시 집중화 등등이 고도 의 산업사회와 밀월관계임을 드러내는 기류일 텐데, 당연하게도 부정 적인 측면이 없지 않다. 이를테면 직장생활을 기피하는 경향, '종신고 용제'를 마다하고 이직을 당연시하는 추세, 뿌리 깊은 배금주의 사조 의 때 이른 학습 등이 젊은 세대 전반을 사회에서 일정하게 유리시킴 으로써 그들만의 '무풍지대'를 조성해버린다는 진단이 그것이다. 실 제로도 대학생 일반이 과점하고 있는 일거리는 대단히 제한적이다. 대체로 그것은 '생산직'일 수 없고, 단순·반복을 강제하는 '심부름'형 노동인데, 그 성격상 비정규직으로 맞춤해 보이는 것들이다. 이런 노 동을 통한 보수 체계는 부의 재분배나 창출과는 하등의 관계가 없 고, 오히려 부익부빈익빈을 조장하는 요소마저 다분하다. 그런데도 그 불안정한 반半 직업에 매달리는 것은 대학생들이 '푼돈'의 단맛에 길들여져 있기 때문이다. 사람이라면 누구나 한창때는 정신적으로나 육체적으로 제 정체성의 일대 교란기로서 각종 '마약'에 한번씩 빠지 기도 하는 것이지만, 그 중독 현상이 범사회적일 때 어떤 물리적 제 재가 불가피함은 통상 관례가 보여주는 바와 같다.

　어쨌든 이런 외부적인 환경의 변화보다 대학 교육의 제도적 측면 자체에도 문제가 있어 보인다. 우선 국민소득의 증가로 대학 진학률 이 워낙 높다. 따라서 대학의 학생 수용 능력이 포화 상태에 이른 지는 오래되었다.

사학의 양대 명문 중 하나인 와세다 대학의 총 학생 수는 4만 5000명쯤이며 경제학부 상학과 모집 정원이 2000명이다. 아무리 대학 공부는 스스로 알아서 해야 할 일이라지만 '학문'의 출입구를 제대로 가리켜줄 여건에 무리가 따르게 되어 있는 셈이다. 자연스럽게도 대학생들의 하루 평균 수업 시간도 3.5시간 정도다. 교수로부터, 실제로는 강의를 통해서 어떤 자극을 받을 기회가 제도적으로 제한되어 있는 것이다.

이런 형편이니 극단적으로 말하면 일본의 대학 교육 제도가 학생들에게 아르바이트를 권장하고, 우리끼리 열심히 돈 벌어 잘 살면 그뿐 아닌가라는, 포괄적 의미에서 '감상적 국수주의'를 암암리에 조장하고 있다. 앞에서도 잠시 지적한 대로 '세계 없는 머리'의 임자들은 전적으로 이런 사회 분위기, 곧 제도적 유기성의 숨 가쁜 작동과 그 막강한 회로의 군림 때문에 어쩔 수 없이 태어나는 사생아인 것이다.

그렇다면 '돈벌이'에 유독 열을 올리는 일본 대학생들은 주로 뭘 하며 알토란 같은 청춘을 만끽하고 있는가.

대학생들도 워낙 다종다양한 '생명체'여서 일반화시키기가 어렵지만, 대체로 그들은 한국의 대학생들과는 달리 정치에 관심이 없다. 세계 제2의 경제대국을 만들어놓은 자민당의 눈부신 치적 앞에 어떤 항의성 데모의 주제를 찾기가 막막한 것이다. 더불어 천황을 중심으로 똘똘 뭉쳐서 일본의 상대적 우월성을 맹목적으로 과시하려는 우익의 논조도 대학생들에게는 남의 집 불구경이다.

와세다 대학은 전통적으로 천황제를 반대하는 학풍이 면면히 내려오고 있다면서도 한 재학생은 곤혹스러운 표정으로 이렇게 말한다.

"네모크라시와 천황제가 배치되는 거야 책에도 자세히 쓰여 있고…… 천황은 역사의 일부로서 전통 보존쯤으로 생각하면 좋을 거예요. 더 이상의 의미 부여는 또 다른 문제고요. 한국인으로서는 이해하기 힘들 테지만 천황제가 나와는 상관없고 또 관심도 없는 제도임은 분명해요."

그렇다면 젊을 때는 대개 다 그 순수한 열정과 인도주의적 신념 때문에 깊숙이 빠져들었다가 빈손으로 돌아 나오곤 하는 좌익 사조에의 열기는 어느 정도일까. 이것도 물질의 풍요 앞에서는 맥을 못 추고 거의 녹아버렸다고 해야 옳을 것이다. 하기야 일본의 쟁쟁한 진보적 지식인들까지도 마오쩌둥毛澤東 사후에는 그들의 정신적 지주를 잃어버린 미아迷兒처럼 방황하고 있는 판이니 대학생들이야 더 말할 나위도 없다.

현재 일본의 대학생들은 대체로 이성異性, 스키·야구 따위의 각종 스포츠, 록뮤직, 책 읽기보다 만화 보기 등등에 한사코 매달리는 듯하다. 그다음으로 해외여행이나 유학을 관심사로 들먹인다고 하니 일본 사회 전반이 대학생들을 '머리야 어찌 됐든 몸과 마음이 고루 튼튼한 우량아'로 키우기를 작정한 것 같다. 그에 비하면 한국의 대학생들은 공연히 빨리 기성세대가 되고 싶어 안달을 부리는 조숙아 같다. 어느 쪽이 정상인지는 쉬이 분간하기 어렵다. 이런 경우야말로 두 쪽 다 틀렸다고 해야 정답일 것이다. 다만 우리 대학생들도 미구에 고민거리가 없어서 쩔쩔매는 '이웃사촌'들을 닮을까봐 은근히 걱정이 될 뿐이다.

후일담 16 | 오늘날 '지식 산업'의 처방전

실은 한가롭게 이웃 나라 대학생들의 향학열, 그 교육제도의 허허실실에 대해 가타부타하고 있을 때가 아니다. 오히려 우리 쪽 교육의 여러 난맥상을 걸고 넘어가야 마땅할 터이다. 물론 우리만 딱한 것도 아니고, 범세계적으로도 가장 긴요한 화두가 바로 '내실 있는 교육'의 실현에 따르는 방법론적 모색이다.

단도직입적으로 말하면 (초중등 교육은 괄호 속에 묶어놓고) '고등교육의 부실'만을, 그것도 그것의 어떤 해결책보다 현상 자체를 피상적으로나마 훑어보는 것이 그나마 문제의 핵심에 다가가는 지름길일 듯하다. 당연하게도 나는 교육제도 전반에 대한 출중한 식견을 갖고 있지 않지만, 21세기 벽두부터 지방의 한 사립대학에서 10여 년동안 수강생들에게 나름의 지식을 전수한 경험이 있어서 그쪽으로 이런저런 생각을 많이 여투었고, 꼭 그만큼은 말할 자격이 있다고 여겨진다.

'교육'에 대한 논란은 워낙 심각하며, 그 가닥도 복잡다단하기 이를 데 없고, 그에 대한 이런저런 궁리를 벼를수록 점점 미궁에서 헤매게 되는 아포리아라고 해도 좋을 것이다. 흔히 세상 이치를 웬만큼 경험해본 어른들이, 사람은 우선 먹고산 다음에는 배워야지라고 하는데, 실은 그 말도 엉터리인 것이 '먹고사는 법'을 알기 위해서는 우선 배워야 하기 때문이다. 그래서 『논어』의 첫머리도 '배우고 때때로 익히면 즐겁지 않은가'라며 사람의 근본에 대해 읊조리고 있다. 그러므로 '고등교육'에 대한 이런저런 문제를 슬쩍슬쩍 건드려보는 것도 (그 본질, 곧 배움의 대상인 '가르칠 거리'의 정체를 어느 정도까지 한정할 것인가조차 함부로 말할 수 없는 논란거리이기 때문이다) 위낙 벅차고 거창한 주제라서 여기서는 내 나름의 사유 몇몇만 늘어놓는 데 그칠 참이다. 매일같이 아침저녁으로 캠퍼스를 15분쯤씩 타박타박 걸어 관통하면서 공글려본, 다소 감상적인 푸념의 일단만 풀어놓겠다는 소리다.

누구나 인정하듯이 오늘날 우리의 '대학 교육'은 자비 부담의 의무교육 연한에 들어가 있다. 선진국이든 개발도상국이든 명색 대학이라는 고등교육 기관이 하나 이상 존재하는 나라에서는 모든 청소년이 다 대학생이 되고 싶어하고, 또 대학 졸업장을 따놓아야 상대적으로 좀더 나은 직업을 골라잡을 수 있으며, 더불어 손쉽게 돈을 벌수 있다든가 출세할 기회가 다양하게 열려 있기 때문에 그렇다. 여기서 새삼스럽게 더 나은 직업이 과연 어떤 것인지, 출세의 진정한 의미가 무엇인지 따위의 원론적인 질문을 내놓는다는 것은 부질없다. 보통 사람들이 대체로 그렇다고 여기는 '~사' 자 붙은 직업을 가지든가 돈으로든 권력으로든 여러 사람을 수하에 부릴 수 있는 처지를 '출세'로 여기기 때문이다. 단순하면서도 명쾌한 이 두 목적을(직업/출세) 어떤 식으로든 쟁취하기 위해서 '대학 교육'이 그 존립 의의를 지닌다면 무척 허망하지만, 대학의 이런 세속화 측면은 '연구와 봉사를 통한 민족/국가/인류에의 헌신' 같은 그럴듯한(그래서 무척이나 막연한) 사명감보다 훨씬 더 실속 좋은 '간판'이 되어 있다. 실제로도 오늘날의 대학은 일류든 삼류든 '취업 제일주의'에 매몰되어 있는, 돈벌이 수단만을 전문적으로 가르치는 사설 '학원'과 다를 바 없다. 그러므로 그 속을 꿰뚫어보면 곳곳에 크고 작은 구멍들이 보기에도 흉하게 숭숭 뚫려 있다.

모든 난문제가 그렇듯이 이 화두에도 숱한 의문이 꼬리에 꼬리를 물고 이어진다. 언제라도 내 출근길에 달라붙곤 하던 그 질문들을 정리해보니 대략 다음과 같이 세 갈래로 큰 가닥이 나뉠 수 있을 듯하다.

우선 이 대학 교육이 '낭비'가 아닐까라는 원초적인 질문이다. 알다시피 '낭비'란 시간·돈·물자·재능·힘 따위를 엉뚱한 데다 함부로 헛되이, 곧 보람 없이 쓴다는 것이다. 그러므로 한창나이의, 상투어대로 인생의 황금기인 청춘의 알토란 같은 4년을 (별것도 아닌) '지식' 습득에 허비하는 것이 과연 옳은가? 그 지식 획득이라면 1년 정도만 제 집이든 공공 도서관에 제 일신을 처박아두고 책이나 요령 좋은 강사를 통해 얼마든지 수습할 수 있지 않나? 뿐만 아니라 한 학기에 400만 원 안팎의 등록금을 내는 것은 '눈먼 투자'가 아닐까? 점점 더 보랍시고 겉은 웅장하고 속은 삐까번쩍하게 짓고 있는 캠퍼스 내의 각종 최신식 건축물은 '사치'가 아니고 무엇인가? (최근의 유행이자 대세랄 수 있는데, 대학 내의 여러 신축 건축물은 하나같이 초호화판이다. 바닥재가 대리석임은 기본이고, 냉난방 시설은 전천후로 가동 중이며, 교수/학생의 편의시설치고는 그 효율성을 따져볼 여지가 많다. 물론 '장기적인 투자'라느니, 국민소득의 전반적인 향상에 따른 '수요자 취향의 고급화' 추세 때문에 불가피하다느니 하는 상당한 변명에도 일리가 없지는 않으나, 그것의 사용 가치도 한번쯤 따져봐야 한다.) 그 밖에도 학생마다의 자질·열의·형편이나, 학사 행정 일체에 따르는 여러 부속기관, 그것들의 운영과 인력 등의 잣대를 들이대면, 이게 무슨 '낭비'에 '허세'와 '남용'인가 하는 탄식이 저절로 터져나오는 대목이 수두룩하다. 그럼에도 불구하고 '대학 교육'이란 제도는 이제 '역사적 문맥'에서 이해해야 한다는 측면도 있고, 젊은이들을 대학에서 4년 동안 붙들고 있지 않으면 다른 용처에다 써먹기도 마땅한 게 없다는 난점이 있다. '교육은 백년대계'라는 말도 이제는 시장원리에 따라 비용·효과·가치 따위를 철저히 따져봐야 할 시점인 것이다.

나의 두 번째 숙고도 숱한 의문을 거느리기는 마찬가지다. 가령 오늘날 대학에서 무엇을 가르칠 수 있나라는 질문부터 가로막고 나선다. 지식에도 낡은 것과 새것이 있을 수 있다면, 그 옛것이 진부한 대로 요긴하게 써먹을 수 있는 일면이 많은 반면 요즘 한창 인기리에 팔리고 있는 새 학설은 얼마나 허술한가? 그것을 마구 재단평가해서 들려준다면 강의자·수강생들을 공히 시건방지게 만드는 작태가 아니고 무엇인가? 교수는 흔히 학생들에게 공부하는 방법이나 자세를 가르치는 것만으로도 족하다고 하는데, 사표師表란 말이 무색하게 오늘날에는 '잠시 동안만 먼저 알고 있는' 한낱 지식의 편린을 팔아먹는 월급쟁이일 뿐이잖은가? 도대체 지식이라는 이 방대한 체계에 어떤 '범위'를 상정할 수 있을까? 또 대다수 교수의 '앎'의 정도는? 그 폭은 말할 것도 없고 깊이마저 똑똑한 학생에게는 훤히 비칠 정도가 아닌가? 또 그 지식이란 '당의정'도 진리는 아닐지라도 현재 시점에서도 과연 정당, 요긴, 정확한 것일까? 근본적으로 '쓸모없는' 지식이 있을 수 있을까? 더욱이나 요즘의 지식은 강의실을 통한 전수보다 책·오디오·비디오 등을 통해 직접 '생생한 생물'로 접할 수 있고, 또 그런 학습·복습이 훨씬 더 효과적이 아닐까? 사람이나 책이나 천차만별이듯이 지식에도 급수를 매길 수 있을 텐데, 그것을 4년 동안 어느 정도까지만 전수해야 옳을까? 무언가를 하나라도 옳게 가르친다기보다도 전해주려는 입장에 서보면 이런 잡다한 자문 앞에 켕기는 구석이 한두 가지가 아니다.

세 번째 자문으로는 '점수 매기기'도 예삿일이 아니다. 한 학기가 끝나면 모든 수강생의 이해 정도를 시험이나 리포트 따위로 점검하고, 학교마다 다르긴 하지만 대체로 절대평가를 못 하게 하니 상대평가로(그것도 백분율에 따라, 예컨대 A학점을 20퍼센트 이상 주지 말라고 명시한다) 성적을 내기로 되어 있다. 이른바 '서열화' 작업이다. 어려운 작업도 아니고, 이런 석차 정하기는 어떤 과목의 이수 과정에 긴장감을 불어넣기 위해서도 반드시 필요한 요식 행위이자 관행이다. 그러나 이런 서열화의 궁극적인 지향점은 결국 어디에 닿는가? 쉽게 말해서 어느 특정 전공 분야에서 '초일류'의 인재를 육성한다는 목표 아래 그처럼 성적순을 점수화하는 것이다. 여기서 초일류의 최고치는 당연하게도 한 나라에서, 나아가 세계 수준에서 제일 나은 정도를 의미한다. 그 한두 사람의 양성을 위해 나머지 99퍼센트쯤은 열등한 인간으로 취급해도 좋은가? 하기야 흔히 함부로 말하는 대로 모든 교육은 100명 중 또는 1000명 중 한 명을 기르기 위해 만부득이한 '반복'의 수습修習일 뿐이라고 한다. '만민평등'이라는 명제와는 두동지는 말이긴 하지만, 틀린 구석은 없고, 어차피 '교육'이란 그렇게 굴러가게 되어 있다. 머리와 노력이 모자라서 못 따라오면 할 수 없는 것이다. 실제로도 이 세상은 그런 걸출한 위인에 의해서 어딘가로 나아가고, 어떤 모습으로 점차 단련된다. 그렇다면 그런 '수재/천재'의 양성을 위해 기왕의 교육제도를 고수, 운영하는 것은 하등에 쓸데없는 경쟁심만 조장하고, 얼마나 허망한 낭비인가. (오해할 만한 대목인데, 99명이 손해를 보는 것이 아니라 한 명을 발굴, 숙성시켜가는 교육상의 '방침'을 따라가다보면 결국 나머지 학생들이 '공부'를 통해

득을 보는 것이다. 나중에 그 한 명의 인류에 대한 봉사/이바지 덕분으로 99명이 혜택을 본다는 것은 그다음 문제이고, 과도한 '점수화/석차화/서열화'라는 경쟁 체제에다 99명을 묶어놓고 있는 현새의 불필요한/불가피한 교육 제도의 타개책/개선책을 강구해봐야 할 것이다.)

또 다른 실례도 대학 교육에 관한 숙고거리로는 안성맞춤이다. 여러 신문이 걸핏하면 세계의 유수한 일류 대학들을 전공별로 등수 매기기를 하여 화제를 불러일으키는 것이 그것이다. 이를테면 한국의 어느 일류 대학 경영학과의 교육의 질이 65위까지 부상했다는 도표화 같은 것이다. 신문사마다 경쟁적으로 다루는 이런 기사거리의 진정한 목적은 다른 데 있을 테지만, 그 성적순이 공정한 심사 기준에 따라 정해진 '믿을 만한 등수'라 하더라도 그런 서열화가 막상 해당 학교의 학생들에게 무슨 의미가 있겠는가? 모르긴 해도 그 구성원들에게 대략 이틀쯤의 알량한 자부심을 심어주는 데 그칠 터이고, 학생 개개인의 어떤 '성취'와는 하등에 무관한 '성적'일 뿐이잖은가. 그런 성적순이 공공연한 사회적 성망 속에 유통된다면 그 학교 졸업생들이 각자의 '취업/출세'에 상당한 정도로 프리미엄이야 얻을 테지만, 그것도 한시적인 '성공'에 그치고 마는 것은 보는 바와 같다. 이 지점에서 '평생 공부'와 '일생 정진'의 중요성이 드러나므로 사실상 대학 교육에서의 '성적순'은 하찮은 '성과 견주기' 더 이상도 더 이하도 아니다. 그런데도 오로지 시장에서의 경쟁이라는 만능의 잣대로 교육=성적 매기기에 영일이 없는 것이다.

그 밖에도 우리의 대학 교육은 어떤 부실의 대표적 사례로 손색이 없지만, 비단 우리만의 일도 아니므로 여기서는 이 정도로 그치는 것

캠퍼스의 '우량아'들

이 옳을지 모른다. 하기야 '지식 산업' 자체가 누구라도 평생토록 짊어지고 다녀야 하는 열등감이나 갈급증에 유효한 일시적인 또는 잠정적인 처방전 같은 것이므로 어느 정도까지는 진리를 위장한 일종의 분식粉飾 행위라는 면이 다분하고, 그 수단이 허장성세의 말(강의)과 침소봉대의 글(저술 행위)임은 드러나 있는 바와 같다. (물론 망원경/현미경적 시각으로 바라볼 때 그렇다는 지적일 뿐이다.)

17. 일본 예찬을 대하는 불편함

일본은 바야흐로 한국인 유학생 붐을 맞고 있다. 5공共의 일대 치적 (?)일지도 모를 해외여행 자유화/해외 유학 자율화 덕택으로 일본 전국이 한국인 유학생들로 들끓고 있는 것이다.

믿을 만한 통계에 따르면 일본의 최고 명문 대학인 도쿄대에만 한국인 유학생이 자그마치 400명쯤 재학 중이고, 사학私學의 명문 와세다 대학에도 300명 이상이 다니고 있다고 한다. 또한 도쿄 일원의 대학과 대학원에 재학 중인 한국인 유학생 숫자가 수천 명에 이르고, 지명도가 상대적으로 떨어지는 대학일수록 유학생 유치 경쟁에 열을 올리고 있다는 풍문이 파다하다.

이런 정규 코스 말고도 일본어를 배우기 위한 사설私設 학원의 연수생들은 일본 전국 각지에 헤아릴 수 없이 깔려 있다. 소문에 따르면 도쿄의 대표적인 술집 거리 아카사카赤坂에는 한국인이 직접 경영하는 술집이 300~400곳쯤 되는데, 그곳의 호스티스들까지도 대개는 일본어 연수생이라는 떳떳한 자격으로 체류하고 있다고 한다.

이런 추세가 계속된다면 한때 미국 유학 붐에 이어 미국 문화가 급속도로 이 땅에 심어졌고, 각료 명단에 미국 유학 출신자들로 짜인 전례前例를 장차 일본 유학 출신자들이 '배턴터치'할 날도 멀지 않았다는 예상도 내놓을 만하다. 좀더 까놓고 말하면 일본은 현재 튼튼한 국력을 과시라도 하듯 외국 유학생들을 무제한으로 받아들이고 있으며, 그들을 세계에서 유례가 없이 뛰어난(?) 일본 문화의 보급 및 이식移植 작전에 첨병으로 양성하고 있는 것이다. (이런 자국 문화 선전에는 프랑스나 미국과 같은 나라도 극성스러운데, 어느 쪽이 억지스러운지/촌스러운지를 면밀히 주목해보는 것도 나름의 의미가 있을 듯하다.) 요즘 우리의 소위 의식 있는 운동권 학생들은 이런 경우를 문화 식민주의 정책의 일환이라고 매도하고 있기도 하다. (이런 투정/항의에도 당사국들이 눈도 깜짝하지 않음은 보는 바와 같고, 어차피 세상은 바야흐로 서로를 마구 베껴먹고 사는 방향으로 흐르고 있으며, 그런 대세에 전자문명이 혁혁한 이바지를 덧대고 있다.)

오늘날 국제정치 질서는 어떤 강대국이라도 특정의 약소국가를 무력으로 완벽하게 '먹을' 수는 없게 되어 있다. '식민지'라는 말 자체가 이미 낡아버렸고, 한때의 절대주의/제국주의 시대에서 용도 폐기한 유물이 되고 만 것이다. 그 대신 막강한 경제력과 우열이 분명한 군사력만 있으면 어떤 나라도 야금야금 '문화식민지 국가' 내지는 '문화종속국'으로 만들 수 있다. 한때 식민지 국가들의 깨어 있는 식자계급이 줄기차게 벌이던 '민족적 저항'마저도 제도적으로 무력화시키고 있는 이 '문화침탈 정책'의 핵심이 바로 외국인 유학생의 대대적인 수용, '사육'일지도 모른다. (더욱이나 이런 자국 문화의 보급/교육에는 이렇다 할 '비용'이 들지 않을뿐더러 오히려 유학비/체재비라는 외화 가득률 100퍼센트인 무역외 수지로써도 흑자를 톡톡히 누리고 있다.)

요즘 일본 위성통신의 국내 시청률이 급증하는 현상도 그런 의미의 연장선상에서 이해하면 쉬 납득이 가는 대목이다. 이런 현상은 일본 유학생들과 그 친인척들이 뿌리고 있는 '일본 숭배열'이 얼마나 지극한지를 짐작할 수 있는 척도이며, 남의 나라 방송을 애청한다는 사실 자체가 벌써 다른 민족 문화의 향수자임을 암암리에 과시하고 싶다는 징표가 아니고 무엇이겠는가.

아나나 다를까, 재일 한국인 유학생들은 하나같이 일본 문화에 세뇌될 대로 세뇌되어 '일본 예찬'에 입속의 침이 마를 지경이다. 그들은 우선 '일본 생활이 편리하고, 남의 눈을 의식하지 않아도 되니 자유롭고, 누구도 간섭하지 않아서 아주 좋다, 정말 살 만하다'라고 말한다. 얼핏 듣기로는 '과연 그렇겠다'는 짐작이 앞선다. 객지의 외국인을 누가 곁에서 감히 간섭하겠으며, 그들을 얽어매는 제도적 장치라야 기껏 '학업 따라가기' 정도일 테니까. 그러나 어딘가 어불성설로 다가온다. 냉정히 따져보면 우리 특유의 인간관계와 문화 양식이 다소 덜 세련되어서 음양으로 주위 사람들에게 구속감을 불러일으키는 일면도 없지 않지만, 그 정도는 충분히 참아낼 만한 사회생활상의 '비용'일 뿐이며, 실은 그런 장애·불편·부자유의 대부분은 경제적 요인에 기인하므로 참아낼 수밖에 없다. 실은 그런저런 애로 사항도 없는 무풍지대는 사람이 살 곳도 아닐뿐더러 거기서 자라난 생물의 면역력은 부실하기 짝이 없을 것이다. 또한 대개의 '경제적 요인'이 미구에 어떤 식으로든 개선될 것임은 인류의 이때껏 모듬살이 내력을 훑어보더라도 훤히 꿰뚫을 수 있기 때문이다.

또한 '일본만큼 살기 편한 곳이 달리 없다'는 유학생들의 말에는 일본 풍속 예찬이 깔려 있다. 여기서의 '풍속'이란 일본 문화 전반에 깔린, 비슷하면서도 아주 다른 한국의 그것과 대비되는 것으로서의 사회적 기류 일반을 일컬을 텐데, 그것을 함부로 말하기에는 무척 막

일본 예찬을 대하는 불편함

연하고 그렇다고 일일이 예를 들기도 번거로운 '이국 취향', 흔히 에그 조티슴이라는 그것의 현시에 지나지 않는다.

좀 두루뭉술하다는 핀잔이 나와도 어쩔 수 없는 말을 한국인 유학생 제위에게 들려줄 수밖에 없다. 곧 이왕 유학을 갔으면 일본을 철저히 배우고, 일본 문화의 속살을 꼼꼼히 살펴서 좋은 점만을 익히고 돌아와야지, 막연히 '좋다'만 남발하는 감상적 일본 예찬론자가 된다면 한일 양국에 두루 불행한 일이 아닐 수 없다.

누구라도 이제는 지구촌 시대에 살고 있는 만큼 제노포비아(외국인 혐오증)는 타기해야 마땅하겠지만, 자신의 뿌리에 대한 확고한 자각과 성찰 없이는 외국인으로부터, 특히나 일본인들로부터 존경은커녕 멸시당하기 십상일 것은 말하나 마나다.

후일담 17 ‖ 독학으로 빚어내는 자기완성주의

이 꼭지의 취재지는 '도쿄대 교정에서'로 밝혀져 있다. 일본근대문학관은 여러 번 둘러보았으나, 그 바로 옆에 붙어 있는 고마바駒場의 도쿄대 교양학부 교정을 거닌 적은 없으므로, 혼고本郷의 캠퍼스였을 것이다. 소위 아카몬赤門이라는 고색창연한 정문을 걸터 넘고 우람한 은행나무 밑을 지나 적요가 뭉게뭉게 몰려오던 한쪽 구석의 벤치에 앉아 내가 담배를 맛있게 태우고 있으려니까 청소하는 늙은이가 나를 물끄러미 쳐다보며 모자챙을 한 손으로 잠시 잡았다 놓는 경의까지 표해 어리둥절했던 기억은 아직도 생생히 남아 있다.

이윽고 나를 안내하는 도쿄대 대학원 재학 중인 통역생이 학생 식당으로 가자고 했다. 햇볕이 이글거리는 더위가 아주 지독했다. 한쪽 손에 제법 묵직한 취재 가방을 든 내 행색에서 문인이나 기자 체취를 맡기는 어려웠을 것이다. 그래도 일본에서는 기중 낫다는 대학의 본바닥 '실물'을 눈에 담아가겠답시고 잔뜩 긴장한 자세로 통역생의 꽁무니에 따라붙었더니 과연 교수, 학생들이 삼삼오오 떼 지어 한쪽 방향으로 몰려가고 있었다. 그런데 어느 순간 내 시선이 눈부신 하얀색 긴팔 와이셔츠에다 허리띠도 아주 좋아서 줄 선 바지가 더욱 돈보이는 한 교수의 씩씩한 보행 자세를 쫓아가고 있는 것이었다. 50대 중반쯤 돼 보이는 그 교수라기보다 세칭 영국풍 신사는 그처럼 보무당당한 걸음 중에도 파이프 담배를 연신 입에 물었다가 뻐끔거리고는 이내 그 기호품을 거머쥔 한쪽 손을 내려놓곤 했다. 학력·인물·신체·재력·(현재의) 학문적 성취 등등 무엇으로 따져봐도 남부럽지 않을 그의 그런 멋부림이 한편으로는 몹시 신선하고 한국에서는 도저히 있을 수 없는 풍경이라 과연 도쿄대의 자부심을 이 양반이 대변하고 있구나 하는 경이를 불러일으키면서도, 다른 한편으로는 서양에서 배워온 저런 자기 과시벽이 이 바닥에서도 어울린다고 해야 하나라는 생각을 떨쳐버릴 수 없었다. 나의 그런 주목과 저작이야말로 '괜한 간섭'이란 듯이 그 신사와 동행하는 여러 교수와, '선생이야 늘 별종이지, 우리야 그들의 일거일동에는 관심도 없어'라는 투로 바쁜 걸음을 떼놓는 학생 제군은 그처럼 '튀는 작위적 멋부림'을 아무렇지도 않게 대하고 있었다.

내 진의는, 파이프 담배야 누구라도, 또 어디서라도 피울 수 있지만, 도쿄대 교정에서 제 스스로의 과시벽을 그처럼 드러내려는 짓이 '개성'으로 비치지도 않을뿐더러, 어째 억지 같고 촌스럽다는 것이다. 지식인이나 예술가들이 흔히 별난 취향을 가졌답시고(물론 일반인에

일본 예찬을 대하는 불편함

게는 중뿔난 '과시'로 비치는데) '지멋대로 튀는 행태'를 일삼곤 하지만, 내 경험으로 그것이 어울리는 경우는, 특히나 동양인의 사례에서는 희귀하지도 않고 거의 없었다는 점만은 특기해도 좋을 것이다.

각설하고 '유학생' 문제는 우리의 전통적인 교육열 때문에 누구도 그 시비를 따지지 않는다. 그것에의 시비는 금기어에 가깝거나 터부의 대상에 속한다. 심지어는 유학생을 우상화하는 사례로서, 일제강점기 때 사각모를 쓴 도쿄 유학생이 방학을 맞아 고향 역에 내려서 지나가는 허룩한 행인에게 제 짐을 지우게 하는 시건방을 예사로 부렸고, 그런 작태가 어느 정도까지 통용되는 시절도 있었음은(그 보수반동적인 한 세월 속의 어리석은 우리 백성 개개인은 얼마나 어진 심성을 가지고 또 기렸던가) 소설로/구전으로 널리 전해지기도 했다. 그러나 요즘에는 유학생도 흔해져서 그 성가가 많이 떨어졌다. 이를테면 방학 중에 일시 귀국한 있는 집 자식들로서의 유학생들이 떼지어 차를 몰고 다니며 얄궂은 비행을 저질렀다는 단신 따위가 신문 지상을 어지럽히다가 유야무야로 넘어가곤 하는 정도이니 말이다.

역시나 사설이 길어졌지만 단도직입적으로 말하면 나로서는 '외국 유학'도 '낭비적 측면'이 다분하므로 그 선악을 반드시 따져보자고 주장하는 쪽이다. 개화 초기에는 우리 학문이나 교육 시설이 워낙 수준 이하였고, 서양의 실증적 학문이나 그 연구방법론이 월등했으므로 그런 제도 일체를 현지에서 배우고 익혀 이 땅에다 이식하려면 똑똑한 인재를 한 사람이라도 더 많이 또 한시라도 빨리 내보내는 시책·성원이 옳았고, 그 성과가 실제로 다대했음은 주지의 사실이다.

문제는 그런 '유학 만능' 풍조가 무슨 유전인자처럼 대물림하여

'해외 유학파'가 대학 강단을 과점하는 경향이 우심해지고 있다는, 걱정스러운가 하면 언짢은 현실이다. 막말을 하면 이런 현상 자체가 우리 교육 체계 전반을 아직도 불신한다는 전 국민적 시위가 아니고 무엇인가. 자기가 4년 이상씩 줄곧 가르쳐온 제자에게 외국에 나가서 후딱 박사학위를 받아오라는, 그래야 그 실력을 그나마 믿겠다는 소신은 무슨 사대주의의 선전원 같을뿐더러 철저한 형용모순이다. 영문학·불문학·독문학 같은 외국 문학 전공은 만부득이 해당 국가에 가서 마지막 학력 점검으로서의 최종 학위를 받아야 한다는 '맹신'도 결국은 이때껏 자신을 가르쳐온 교수의 실력을 못 믿겠다는 소리가 아니고 무엇인가. 더욱이나 그 나라 말이라도 제대로 배우려면 아무래도 본바닥으로 나가서 주워듣고 와야 한다는 헛소리도 가관이기는 마찬가지다. 그럴 리는 드물겠으나 극단적으로 말해서 「황무지」의 시인 엘리엇을 평생토록 열심히 읽고 강의해온 순토종 대학접장이 영어회화에는 얼마든지 반거충이일 수 있고, 실은 그런 배짱과 몰입이야말로 진정한 학자적 자세다.

물론 해외 유학파의 실력도 천차만별이다. '학력 인플레' 현상은 이제 세계적 기류이기도 해서 아무리 쟁쟁한 유수의 외국 대학에서 공부했다는 '학위 소지자'라도 그 실력을 믿을 수 있을지는 의문이다. (엉터리 '실력파 교수'들을 숱하게 봐온 내 민망한 경험담까지 늘어놓기는 차마 점직스럽다.)

말을 줄이면 반도국가의 구성원으로서 우리에게는 언젠가부터 뿌리 깊은 사대주의적 근성이, 거의 유전인자처럼 대물림하고 있다고 해야 옳을 텐데, 그런 심성의 점차적 소거를 기약하려면 '해외 유학파 선망열'부터 바로잡아야 함은 재론의 여지조차 없다. 논란이 이

지경에까지 이르렀으니 덧붙일 수밖에 없는 고언은, 일본의 지적 풍토에서는 해외 유학파를 유달리 '대접'하는 경향도 없는 듯한데, 그 밑바닥에는 섬나라답게 거의 '자력/독학'으로 외국어를 자기 방 속에 틀어박혀 익히고, 그 실력으로 해외 문물을 받아들이는 '체질적/역사적' 전통과 자기완성주의가 있다는 사실이다. 우리에게는 참조 사항으로 아주 유효해 보인다. 물론 지당하게도 '우리 것이 제일이다'라는 이상한 국수주의적 '곤조根性·心志'는 타산지석으로 삼아야 할 테지만.

18. 여자 단기대의 생명력

—

—

—

일본에는 대학도 부지기수이지만 우리 전문대에 해당되는(요즘에는 '전문'이란 명칭도 지우고 그곳의 '학장'도 '총장'으로 승격했다. 어디나 언어의 '뻥튀기기' 현상이 자심하다) 2년제 단기대短期大도 헤아릴 수 없이 많다. (단기대도, 어떤 '제도'의 응용력이란 점에서, 일본인 특유의 편의주의적 발상을 읽을 수 있다.) 전국 각지 어디를 가나 역사驛舍 주위에는 단기대 선전 간판과 함께 그 지망자를 위한 '예비교생 모집 중'이라는 재수 학원의 입간판이 나란히 붙어 있다. 종교사업처럼 교육사업도 성업 중이며 어떤 분야나 마찬가지로 지속적인 수요 창출을 통한 양적 팽창을 구가하고 있는 것이다.

아마 학교를 세울 재력도 넉넉하고, 수요 곧 장단기에 걸쳐 학생의 충원도 보장되어 있는데 캠퍼스를 마련할 땅이 없는 사정이야말로 당면하고 있는 최대의 난제가 아닐까 싶다. 아나나 다를까, 작금에는 캐나다·오스트레일리아 등지의 시골 소재 대학을 일본 자금력이 송두리째 사들이고 있다는 외신 보도가 이 점을 웅변으로 증명하고 있기도 하다.

하기야 교육은 근본적으로 그 질이 중요하지 양은 문제도 아니다. 특히 대학 교육에서는 그렇다. 양적 팽창에 앞서 질적 개선의 성취가 대학 교육의 관건임은 이론의 여지가 없다고 할 수 있을 텐데, 1960년

대 프랑스 학생 혁명의 이슈가 바로 그것이었음이 좋은 선례다.

아무튼 학력學歷 인플레 현상(상대적인 학력學力은 예전에 비해 한참 떨어진다고 봐야 할 것이다)은 어느 나라나 겪고 있는 난제 중 하나다. 그 수혜자의 절반쯤인 여성의 대학 교육에 있어서도 마찬가지인데, 그 수급 조절을 제대로 예상, 관리하는 나라가 과연 있는지도 의심스럽다. 그만큼 '앎'과 '배움'에 대한 갈증은 어느 나라에서나 비등점을 향해 치닫고 있으며, '여성 해방'에 관한 한 지난 세기 초부터 단기간에 우람한 실적을 내놓은 한국과 일본이 여성의 대학 교육에서 '질적 성장통'을 앓고 있는 셈이다. 그러나 일본은 특유의 유전인자인 '편의주의', 나아가서 '실속 우선주의'를 원용하여 이 난제를 부분적으로나마 잘 소화시켜내고 있다. 곧 사립 단기대학의 착실한 성장이 그것이다. ('단기대短期大'란 명칭조차 얼마나 간단명료하며 실무적인가. 일본인의 성씨와 이름이 그렇듯이 편의주의와 실속을 앞세워야 할 때는 '이름 짓기'가 구체적이고 실제적이 된다.)

일본의 단기대는 여성 인력에게 대對 사회적 적응 능력을 단기간에 길러준다. 어느 단기대에나 반드시 그 존재감을 드러내는 '영어과英語科'에서는 영어회화·영작문·영문독해력 등을 집중적으로 가르친다. 공허한 '교양' 위주의 과목을 죄다 빼버리고 실용 위주의 교육 방침으로 장차 취업했을 때 바로 써먹을 수 있는 과목만 공부시키는 것이다. 또한 대학 당국에서 적극적으로 권장하는 서클활동을 통해서도 실생활에서 요긴한 요리·서도·꽃꽂이·다도茶道 등을 거의 강제로 배우게 한다. 이런 과외 공부도 결혼했을 때 가정을 제대로 꾸려가는 '실무 중의 실무'에 해당되는 것으로 졸업을 몇 달 앞두면 각 서클 소속의 학생들은 부모와 친지를 모시고 그동안 갈고닦은 그들의 취미

일본열도 탐험

생활 발표회를 가진다. 이런 '조그만 낙'의 향유는 일본인의 가정생활에 빠뜨릴 수 없는 것이라서 그야말로 '실용적인 학문' 그 이상에 값한다.

요컨대 단기대는 실생활에 당장 써먹을 수 없는 거창한 이론/학문 따위는 적극적으로 생략해버리고 돈벌이에 필요한 능력과 행복한 가정 살림을 꾸려나갈 수 있는 '따뜻하고 간단하며 편리한 기술'만을 중점적으로 가르치는 것이다. 이처럼 알토란 같은 실과實科만 배울 수 있으니 단기대는 인기가 높을 수밖에 없다. 요즘 말로 하면 '시장市場 최우선주의'인 것이다. 그런 만큼 단기대의 실적은 단연 괄목할 만하다.

우선 단기대 졸업생들의 취업률이 100퍼센트다. 단기대 출신자의 초임은 10만 엔쯤 받는 고졸자보다 3만 엔이나 4만 엔쯤 더 받는다는 통계가 나와 있다. 4년제 대졸 여성은 단기대 졸업자보다 월 1만 엔에서 2만 엔쯤 더 받는다고 하지만 취직이 그렇게 쉬운 편은 아니다. 사회 분위기가 그들을 다소 거북하게 여기고 있는 것이다.

한편으로 단기대 출신자들이 '결혼시장'에서도 단연 인기라는 사실 앞에서는 '총각들도 역시 실속부터 챙긴다 이거지'라는 탄성이 저절로 터져나온다. 아마도 여자의 고학력이 결혼생활에 오히려 거추장스러울 수도 있음을 영리한 신랑 후보감들은 일찌감치 터득하고 있기 때문일 것이다. (실제로도 오늘날의 지식/정보의 유통 구조를 감안할 때 학력과 결혼생활은 전적으로 겉돌거나 '학벌' 따위는 상대방 곧 한쪽 배우자에게는 어떤 성가신 '압력'일 뿐이며, 실용 면에서는 거의 무익하다.)

따라서 단기대는 입시 경쟁률도 대략 3대 1을 상회한다. 등록금도 학기당 35만 엔 안팎인데 봄학기 때 1년 치를 완불해야 하고, 입학금도 20만 엔에서 30만 엔 수준이다. 4년제 사립대학보다 오히려 더 비싼 편이라고 한다. 강의는 일주일에 평균 18시간꼴로 짜인다.

시코쿠四國 학원 단기대 영어과 1학년에 재학 중인 한 여학생은 매주 세 번꼴로 타대학 남학생들과 그룹미팅을 갖는다고 솔직히 털어놓고 있다. 각자가 제가끔 살아갈 길을 적극적으로 찾아가고 있는 좋은 본보기가 아닐 수 없다.

그런데 한편으로 도쿄 근교의 단기대들은 지방과 달리 4년제 대학으로 탈바꿈하는 추세가 현저하다고 한다. 사회당 당수직을 여성이 맡고 있는 나라답게 일본 여성들의 사회활동은 단연 전천후적으로 또 각 방면에서 눈부신 바 있으며, 그런 활약에는 결혼 연령의 고령화 내지는 만혼화 경향이 뒤따른다는 진단이 나와 있다.

'모든 것을 알맞은 위치와 장소에 둔다'는 말은, '도코노마床の間'라는 일본 특유의 실내건축 양식에도 드러나듯이, 일본인의 좌우명이다. 같은 맥락에서 일본의 단기대는 여성 인력의 적재적소 배치라는 실질적인 효과와 역할을 너끈히 담당하고 있음이 분명하다.

후일담 18 | '낭비'의 잣대로 따져본 대학과 교육

역시 취재지를 시코쿠의 '가가와香川 현에서'라고 밝히고 있다. 세토내해瀨戶內海를 가로지르는 세토 대교大橋를 기차로 건너간 기억은 희미한 채로나마 남아 있지만, 어느 지역의 어떤 단기대를 둘러보았는지는 도무지 생각나지 않는다. 그 당시에는 경찰관들이 길에서 흔히 사용하는 휴대용 무전기만 한 휴대전화를 열차 창가에 올려놓고(여름방학을 맞은 대학생 네 명이 승객들에게 보랍시고 그 커다란 이동식 전화기를 차창 턱에 올려놓고 있었다) 여행하는 사람이 더러 눈에 띄곤 하던 때였다. 내 취재를 주선하고 도와주는 통역생에게 그런 신제품이 있을 리 만무했다. 그러니까 상하 복선으로 자동차 도로와 기찻길이 아래위에서 달리는, 그즈음에는 최첨단의 공법으로 지은 세토 대교를 관광차 건너가본 셈이었다. 가가와 현에 떨어지자마자 그 인근의 단기대 중 하나를 물어서 찾아갔을 게 틀림없다. 그런 수박 겉핥기식 탐방이었으니 이렇다 할 기억이 남아 있지 않음은 당연하다.

오히려 한참 후에, 연도는 역시 아슴아슴하지만 2000년대에 접어들어서 어느 한여름에 사가佐賀 시에서 열리는 한 문학 심포지엄에 참석하느라고 샌들 바람으로 갔더니 마침 개최 장소가 단기대였다. 그때서야 일본 단기대의 실상을 대강이나마 감 잡을 수 있었다.

안내장에 씌어 있는 대로 시내버스에서 내려 양쪽으로 인가와 녹지대가 박힌 깔끔한 인도에 접어들었더니 이내 언덕길이 나타났다. 한적한 주택가였다. 이정표가 가리키는 대로 그 길을 따라 한참 올라갔더니 우리나라에서도 흔히 볼 수 있는 중고등학교 교정 같은 학교가 나타났다. 교문에 적혀 있는 대로 그곳이 단기대였다. 시간이 많이 남아 있어 나 혼자서 교정 속 여기저기를 발길 닿는 대로 거닐었다. 운동장은 아예 안 보이고, 건물들 사이의 자투리땅에다 조성해놓은 아기자기한 화단과 정원과 오솔길, 거의 빈틈없이 우쭐우쭐 세워진 4, 5층짜리 학사學舍들. 방학 중인데도 교정 구석구석을 말끔히 쓸고 닦아놓은 흔적이 눈길 닿는 데마다에 여실했다. 심지어는 담배를 피우는 구석도 곳곳에 마련해두고 아주 끌밋한 의자, 벤치 등을 비치해놓고 있었다. (비록 커다란 알루미늄 상자형의 재떨이 속은 다소 지저분했던 듯하지만. 그 당시만 해도 나는 줄담배꾼에 용고뚜리였다.)
강의실용 건물 안의 여러 시설은 웬만한 호텔 이상으로 깔끔했다.

마침 한국말을 제법 잘하는 일본인 문학평론가 겸 모 대학교수에게 나는 궁금증을 털어놓았다, 복도에 깔아놓은 코발트색 카펫을 직시하면서.

"아니, 여기가 여자 단기대인 모양인데 재단이 무슨 돈이 많아 실내외를 이렇게나 초호화판으로 꾸며놓았습니까?"

호인 타입의 그는 싱글벙글거리면서 즉답을 내놓았다.

"이처럼 잘 꾸며놓지 않으면 학생들이 입학하려고 나서질 않습니다. 어디나 소비자 중심이지요. 재단이야 뭐, 나도 잘은 모르지만, 교육사업도 결국은 투자 대비 수익을 봐야 할 테니까. 이 학교는 지방이라서 아직도 도쿄 쪽이나 대도시보다는 여러 점에서 덜 세련되었네요."

대충 그런 요지의 한국말을 뜸직뜸직 내놓았지 않나 싶은데, 여전히 '무척 놀랄 만한 별세계'에 '완전히 감동을 먹은' 내 얼굴을 직시하는 주위의 심포지엄 참석자들 면면은 '이 정도야 별것도 아니지요'라는 내색으로 나를 촌사람처럼 대하는 데 경쟁적이었다. 그때 내 주위에는 일본의 근대소설을 연구하는 박사과정 중의 한 유학생 노처녀, 가끔씩 나쓰메 소세키의 덜 알려진 소설을 우리말로 소개하면서 기타큐슈의 어느 대학에 재직 중인 한국인 여교수, 일본의 학계 모임에는 부지런히 얼굴을 내미는 '연구활동'으로 소문난 한국의 모 대학 접장 등등이 우물쭈물 서 있었다. (아마도 내가 가장 연장자이고 유일한 현역 소설가여서 그랬던 듯하다.)

워낙 과문이어서 그 당시의 내 눈이 촌스러웠음을 시인할 수밖에 없지만, 그래도 그 아담한 단기대의 실내, 예컨대 100여 명이 수강할 수 있는 계단강의실, 의자, 걸상, 영상 집기 등등은 '교육 환경 만점'의 그것이었다. 그 뒤부터 나는 번번이 대학의 건물과 설비를 예의 주목하면서, 과연 어느 정도라야 적정할까, 부속환경이 좋다고 꼭 교육 성과가 높아질까 하는 등의 의문을 뒤적이는 버릇이 생겼다. 그럴 수밖에 없었음은 그즈음 내가 밥벌이하느라고 몸 붙이고 있던 어느 지방의 사립대학은 방학 때마다 크고 작은 설비 개보수 공사를 하느라고 인문대 건물 전체가 시끄러운 먼지 구덩이로 돌변하는 통에 아주 짜증스러웠기 때문이다. 예산 집행의 적기適期 때문에 그랬는지 주로 겨울방학 중에(여름방학 중에도 더러 화장실 보수공사 따위가 벌어지곤 했다) 그처럼 뜯어고치곤 해서 나중에는 이럴 바에야 아예 건물 전체를 허물어버리고 다시 짓는 게 '교비 절감'의 지름길이지 않느냐는 의견까지 요식적인 '단과대별 하기 교수 세미나' 석상에서 발표했지만, 귀담아 듣는 사람은 한 명도 없었다.

하기야 이웃 나라의 이런저런 제도를 그대로 송두리째, 심지어는 이 땅의 여러 형편이나 풍속과의 조화 따위를 고려하지 않은 채 날것으로 베껴먹는 데 일가견이 있는 만큼 우리 대학 교육에 딸린 건물·설비 등도 괄목할 정도로 좋아졌다. (이런 대목에서도 설마 일본 것을 본받을까, 비교치고는 억지스럽다고 할지 모르나 '건설시장'의 소위 베끼기 기술력은 선진국이 주도하며, 그런 능력을 경제력의 진전에 따라 그대로 답습함으로써 어떤 '경기'의 부침을 선도한다.) 분필과 칠판 대신에 유성펜과 매끄러운 하얀 벽판에다(흔히 '보드'라고 부르는) 영상 기기를 갖춰 강의를 '들려주기'보다 '비춰주기'를 일삼고, 학교 건물의 실내는 바닥부터 온통 뻔쩍뻔쩍하는 대리석 일색에다 엘리베이터가 기본적으로 딸려 있기도 하다. 또 강의실이나 연구실마다 천장에서 내뿜는 냉난방의 열기가 전기 사용량을 배가시키고 있음은 주지의 사실이다.

물론 일취월장하는 우리 국력을 감안할 때 이 정도의 '교육 환경' 개선은 당연한 투자라는 측면도 있다. 그러나 이처럼 훌륭한 교육 환경에서 과연 얼마나 양질의 지식을 주고받는지, 배우는 소비자나 가르치는 공급자가 양심적으로 자문할 여지는 워낙 크다. 오늘날의 선진제국에서 벌어지는 '고등교육'의 외형적 시설투자는 이상할 정도로 경쟁적일 뿐만 아니라 그럴수록 교육/연구의 질·양·순도는 퇴보 일색으로 치닫는 게 아닌가 하는 내 기우는 분명 일리가 있을 것이다. 이쯤에서 얼핏 떠올릴 수 있는 독서 경험담 한 토막도 내 우려를 보완해주고 있다. 곧 천황제를 일정하게 비판하면서도 국수주의적 시각을 과시했던, 서구의 연구방법론을 과감히 적용시킴으로써 일본의 정치학 수준을 단숨에 본궤도에 올렸다는 마루야마 마사오丸山眞男의 어느 글에 보면, 여름방학 중에도 학교 연구실에 나와 '난닝구' 바람으로 무더위와 싸워왔다는 그 호학好學의 카리스마, 공부란 그야말로 모진 '극기'지 별건가라는 자기 자랑은, 오늘날의 대학들이 치르는 시설투자가 얼마나 무용지물인지를 절감하게 만든다.

그러나 또 그럼에도 불구하고 나는 '교육에의 투자'만큼은 개인적으로나, 지역사회적으로나, 나아가 국가적으로나 결코 낭비일 수는 없다고 주장하는 쪽이다. (우리 '일상' 중에 맞닥뜨리는 여러 측면의 '낭비적 요소'를 따져보면 어처구니없는 대목이 무척 많다.) 자본주의의 태생적 장기이자 미덕이기도 하며 동시에 한계이기도 한 이 '교육'이라는 천출의 인생 항로에는 대량생산과 대량소비가 맞물려 있기도 해서 그렇지만, 그런 체제 속에서 영일 없이 부대껴야 하는 인간 개체들은 어차피 적당한 허영, 분에 넘치는 상당한 사치, 겉돌기는 할망정 지 잘난 멋에 살도록 부추기는 '교양=교육' 따위를 웬만큼은 걸치고 나서야 하며, 또 그러고 싶기 때문이다.

너무 거창한 진단이라면 내 경험담을 짧게 들려줄 수도 있다. 가끔씩 대안학교 출신의 험상궂은 응시생이 '특별전형'을 어렵사리 통과해 대학 신입생으로 등록하는데, 그를 보고 있으면 조마조마하기 이를 데 없다. 그 언행이 무척 거칠 뿐만 아니라 학력學力도 워낙 모자라서 동급생들과 어울리지도 못하고, 학과를 따라가지도 못하는 게 훤히 보이기 때문에 그렇다. 그런데 겨우 과락科落이나 면하는 수준의 학점 이수로(우리의 특수한 '사정'이기도 하지만, 오늘날 한국의 대다수 대학은 출석만 제대로 하면 '학점 취득→졸업'에는 별다른 어려움이 없다) '대학물을 4년쯤 먹고 나면' 몰라볼 정도로 '순화된 형용'을 목격하게 되는 것이다. 이윽고 대학접장으로서 그 경이는, 아무래도 별것 아닌 '지식'의 전수에 의해서가 아니라 대학이라는 물리적/공공적公共的/이성적/감성적 정서의 습득에 제 또래 친구와 이성들과 더불어 무제한으로 노출되어 있는 덕분이었음을 알아채기에 이른다. '교육'이나 '배움'이나 '앎'이 중요한 게 아니라 만부득이 붙들어 놓고 있는 한창때의 '학교'가 사람을 사람답게 만드는 것이다.

하기야 (일본형 여자) 단기대와 4년제 인문대들 소용의 건물 및 시설 투자는 분명히 약과일 것이다. 적어도 하루가 다르게 눈부신 발전을 거듭하는 이공계 및 자연계 대학에는 당연히 실험실습용 기자재의 설치 및 그 장비 일체를 들여놓을 만한 구조물의 불비 상태로 일정한 성과를 기대한다는 것이 어불성설일 테니 말이다. 그러나 이 대

여자 단기대의 생명력

목에서도 그런 기자재의 100퍼센트 이상의 활용에 과연 만전을 기하고 있는지 점검해볼 여지는 분명히 있을 것이다. 왜냐하면 어느 대학의 연구소/연구실은 단기간 내에(또는 예상한 기한 안에) 상당한 성과를 내놓고 있는데, 그렇지 못한 설비의 주체들은 장구 탓하는 선무당 꼴이든가, 결국 그런 '교육/연구' 투자는 개 발에 편자였다는 핀잔을 면치 못할 것이기 때문이다.

다시 한번 강조하건대 (거시적으로 본다면) 자본주의 체제하에서는 인간의 기본적인 의식 일체가 어떤 불요불급한 '낭비'와 허영심을 충동질하는 '사치'에 저절로 길들여지게 되어 있다. 그중에서도 '교육' 부분에의 '낭비/사치'는 워낙 막대할 뿐만 아니라 누가/어떻게 그것을 집적거려도 그 이해 당사자들이 벌떼같이 따따부따거리는 '벌집'이든가 '폭탄'이라서 다들 우물쭈물하는 사안일 따름이다. 물론 우리나라나 일본만 그런 것도 아님은 명명백백하다.

대학 교육의 '내용' 일반을 따지자면 더 복잡하다. 책과 인터넷이 누구에게라도 바로 '원하는 시간'에 '지식/정보'를 제공하는 오늘날과 같은 '깜빡이는' 전자문명 시대에 특히나 '무엇'을 가르치고/배워야 하는지는 아주 난해한 문제가 아닐 수 없다. 이 난제 앞에서 나는 흔히 주판을 떠올림으로써 어떤 해답이라기보다도 임시방편일망정 하나의 궁여지책이라도 짜내보려고 안간힘을 쓰는 쪽이다.

이제는 주판이라는 '문명의 이기'를 모르는 세대가 인구 비례상 반 이상을 점유해버렸지 않을까 싶지만, 한때는 그것이 초중등 교육에서 필수과목이었고, 상업고등학교에서는 그 숙련도에 따라 급수를 매기고, 그 자격이 (그때나 지금이나) 초일류 직장인 은행에 취직할 수 있는 바로미터였다. 뿐만 아니라 1980년대까지만 해도 상대를 졸업한 학사 소지자들이 치열한 경쟁 끝에 은행원으로 취직되면 연수 기간 중에 돈 헤아리는 실습과 함께 '주판 놓기'로 어느 정도까지는 실기 점수를 따야 임지로 발령이 났다는 술회를 나는 가까운 지인들을 통해 전해 들었다. 그런데 이제는 그 요긴한 가감승제의 도구가, 아니 기계 이상으로 편리하며 반영구적인 만능의 그 숫자 계산기가 무용지물이 되고 말았다. 주판 자체가 박물관에나 전시되기에 알맞은 구닥다리가 되었으며, 은행 창구에서도 그것이 말끔히 사라졌다. 누구도 그것에 대한 남다른 애착이나 간절한 회고담조차 지껄이지 않고, 아주 몹쓸 구시대의 유물이나 폐풍의 장본인쯤으로 치부하고 있다. 오늘날의 대학에서 가르치는(초·중·고등학교에서 가르치는 교과목은, 대학 입학시험을 논외로 치더라도, 그들의 전인 교육을 위해서 불가피한 측면이 있는 만큼 또 다른 화제로 묶어놓아야 한다) 지식/정보도 언젠가는 주판처럼 골동품으로 분류되지 않을까 하는 '기우'조차 느끼지 못하는 대학접장은, 내가 보기에, 운수 좋게 간판도 그럴듯하고 매달 생활비도 넉넉히(?) 대주는 훌륭한 직장을 얻어걸린 덕분으로 때 이르게 백치가 되어버린 거드름꾼일 뿐이다.

오해가 없기를 바라면서 첨언하면 나는 제도권 교육의 역할과 성과를 무시하지 않는다. 다만 '낭비'라는 잣대를 유념하면서 그것의 내실을 따져보자는 것이다. 독학자의 편벽된 사고방식과 그들의 무모한 '노력'은 공부하는 방법으로서도 순 엉터리일 뿐이어서 안타깝기 이를 데 없는데, 그 고집을 교육으로도 뜯어고칠 수 없으니 유구무언일 수밖에.

여자 단기대의 생명력

19. 지방자치제와 가짜 전문가

오늘의 경제대국을 만든 일본의 원동력이 과연 무엇인가에 대해서는 이론이 분분하다. 외국 학자들이 앞 다투어 써낸 숱한 '일본론'이 그 점을 여실히 증명하고 있다. 예로부터 남의 눈치를, 그중에서도 한반도와 그 너머 대륙의 동정을 살피기에 워낙 부지런했던 민족인 일본인들은 외국 학자들의 그런저런 거시적/미시적 이론들을 열심히 주워 읽고 '언제부터 우리에게 이런 제도·풍속·근성·모순이 있었나, 미처 몰랐네, 딴은 그렇기도 하네'라고 탄성을 내지르곤 한다. 그리고 이제는 자신들의 여러 장점과 미풍양속을 더욱더 기리고 뽐내는 데 혈안이며, 그것을 느긋이 즐기는 게 '인생의 조그만 낙'으로 되어 있기까지 하다. 이런 민족적 자부심을 과시하는 주체는 늘 한중 양국의 양심적 식자계층을 자극하는 일본의 '우익 세력'이다. 실은 일본 내부의 우익적 경향은 뿌리도 깊고, 그 저변 인구가 막강하다기보다 대다수가 그런 일종의 '비종교적' 선민의식, 민족적 우월감에 지배되고 있다고 해도 틀리지 않을 것이다. 좋게 본다면 이런 인종적 자부심은, 그 기원이 그렇듯이, 유대인에게 현저하며, 정도의 차이는 있을망정 지구상 도처의 현지인에게 뿌리를 내리고 있다. 나라가 있든 없든 그런데, 오늘날의 지구 문명이 어느 종족에게나 '독야청청'을 허락지 않고, 그 연장선상에서 상호 협력을, 공생공존을 도모해야 한다고 볼 때 과도한 자기 민족 제일주의는 이론적으로도 어불성설이며, 필경 마찰을 불러와서 분쟁을 사주할 뿐이다.

논지가 엇길로 새버렸지만, 일본인들이 흔히 간과하는 자신들의 풍속이나 제도 중 하나가 분업의 전통화 내지는 고수화다. 비근한 실례를 들어보면 이렇다.

사람 사는 데가 어디 없이 똑같다면서 오십보백보라고 대수롭잖게 취급할지 모르겠으나, 남편과 아내의 할 일이 일본인만큼 엄격하게 구분되어 있고, 또 각자가 그 직분을 실수 없이 수행하느라고 바짝 긴장하며 살아가는 민족도 그리 흔치 않을 것이다. 돈을 제대로 못 벌어오는 남편이 그 '의무 미달죄'에 갑시어 슬그머니 가출해버린다거나, 가정주부 구실을 제대로 못 한 아내가 어느 날 갑자기 '그동안 신세 많이 졌습니다'라는 쪽지를 남기고 홀연히 사라져도 하등에 이상할 것이 없는 나라가 바로 일본이다. (물론 사람 사는 '동네'인 만큼 일본에도 뻔뻔스러운 남편/시건방진 아내가 수두룩하지만, 그들이 '별난 족속'으로 취급받는 정도가 상대적으로 좀 유별나다고 보면 옳을 것이다.) 인정과 이해를 무척이나 삭막하게 가르고 따지려들며, 지나친 책임감만 강요하는 이런 직분의 철저한 분담이 풍속 차원으로 정착되어 있다고 해도 무방할 텐데, 바로 이 분업사회가 직업의 세분화, 전문가 예우의 일반화, 남의 생업에 대한 월권 금기시화, 적자생존의 체질화 등등을 점점 더 강화시켰지 않나 싶다.

일본의 어떤 분야를 보더라도 분업주의는 거의 생리적으로 규정되어 있는 듯하며, 정치 쪽도 예외가 아니다. 곧 지방자치제의 확고한 정착도 분업주의의 한 사례로 읽히며, 이것이야말로 (수상과 내각이야 바뀌든 말든) 정치 안정, 행정력 건재, 경제 정책의 일관성을 주무하는 관건이 아닐까 싶기도 하다.

고토 구江東區는 도쿄 도내都內의 23개 특별자치구 중 하나다. 지명이 가리키는 대로 도쿄 만의 일부를 매립해 신키바新木場라는 대단위 목재소 집합지를 조성하는 한편 아파트 단지를 집중적으로 건립한 도쿄의 외곽 주택지역이다. 요컨대 신주쿠와 같은 대규모 상업지역에 비하면 상대적인 낙후성이 뚜렷하나, 그만큼 한적하고 깔끔한 면도 있는 자치구가 바로 고토 구다.

고토 구민은 현재 38만8000명쯤이며, 올해 연간 예산은 1290억 엔이다. 예산 규모로는 도쿄 도내 23개 특별자치구 중에서 중간치이고, 도쿄 도에서 280억 엔, 국가에서 74억 엔을 보조받는다. 도쿄 도로부터 700억 엔의 보조금을 받는 가난한 자치구도 있다고 하니 고토 구는 그나마 나은 편이다.

이 사실만 보더라도 한때 '재정자립도 미비' 운운하며 지방자치제를 한사코 차일피일했던 우리 정치 풍토가 얼마나 직무유기에, 횡설수설로 소일했는지 알 수 있다. 어쨌든 고토 구는 작년에 320억 엔의 (전체 예산의 37.5퍼센트) 보조금을 도쿄 도로부터 받아 썼는데, 회사와 공장들을 적극적으로 유치해 재정자립도를 현격하게 개선시켜 나가는 중이다.

고토 구는 아파트 단지가 많아서 야당 성향이 농후하고, 자민당 지지율이 낮을 수밖에 없다. 그래서 정원 48명의 구의원 중에서 자민당 소속 의원이 19명, 공명당 12명, 공산당 8명, 사회당이 6명이며, 나머지는 무소속이거나 진보혁신계 의원으로 짜여 있다. 고토 구 구청은 1990년 현재 해안가에 낮 동안 상주인구 6, 7만 명의 오피스 타운을 건설한다는 야심적인 '고토 구 기본 구상안'을 구의회에 제출해놓고 있다. 그러나 공산당이 소음 공해, 바다 오염 등의 이유를 들어 반대하는 바람에 이러지도 저러지도 못하고 있다. 지난 6월의 정기 회기 중에는 자민당에서 '고토 구 기본 구상안'의 가부를 구민의 의견을 좇아 결정하자는 안을 내놓았지만, 공산당은 '새로운 마을 만들기 조례'부터 제정하자는 안으로 맞서 '투표 안건' 자체가 부결되었다.

이런 다양한 여론의 수렴 과정은 비경제적일 뿐만 아니라 국민의 혈세나 축내는 소모전같이 보이나, 제도 자체가 그러하므로 일본인들은 대체로 조급증을 내지 않고 최선책을 찾아간다. 이윽고 최선책이 나오면 전문가들이 결정한 일이므로 두말 않고 승복한다. 분업주의가 비전문가의 개입을 원천적으로 막고 있는 것이다.

말끝마다 다수결원칙의 의회민주정치 같은 입찬말이나 나불거리는 우리의 유명짜한 정치가들은 아무래도 상습적인 거짓말쟁이이거나 제정신으로 바른말을 할 수 없는 중증의 헛소리꾼이 아닐까 싶다.

후일담 19 | 분업화와 세분화의 미덕

조만간 지방자치제가 실시되어 직선제로 뽑히는 서울시장은 임명직인 국무 총리급 이상이니 그렇잖다느니 하는 옥신각신이 시중에 파다하던 때여서 이 '꼭지'는 반드시 끼워넣어야겠다고 벼르고 썼던 원고다.

통역생이 수소문을 하더니 나로서는 생소하기 짝이 없던 외곽지 고토 구를 찾아가자고 했다. 그곳에서 대형 제재소와 더불어 마름질 한 목재를 산더미처럼 쌓아놓은 야적장을 운영하던 한 목재상이자

지방자치제와 가짜 전문가

구의회 의원의 사무실에 들렀더니, 방주인은 사업가이자 부업 겸 여기로 맡은 봉사직인 지방 정치가답게 앉으란 말도 없이, 아, 더워요라면서 아주 낡은 자기 승용차로 우리를 모시고 갔다. 바쁠 테니 고토 구 의회부터 들러서 자료 일체를 받은 다음 거기서 인터뷰에 응하는 게 서로 편하다는 것이었다. (반팔 남방셔츠 차림에 몸을 잽싸게 움직이며 잠시도 가만있지 않은, 말씨나 행동이 수선스러울 정도로 활달하던 그 양반의 외모와 행동거지는 지금도 어렴풋이 떠올릴 수 있으나, 이름은 잊어버렸다. 종이백에 잔뜩 담아주던 고토 구의 온갖 자료, 두꺼운 책자부터 컬러 팸플릿에 이르기까지 각종 인쇄물을 나는 책장 한쪽 귀퉁이에다 10년 이상 간직하고 있다가 '정리'해버리면서 그의 '읽을 게 많은 명함'도 고의로 폐기했던 듯하다.)

지방자치제는 정치/행정 분야의 분업주의가 거둔 최상의 결과물이라고 해도 좋을 것이다. 웬만한 국토 면적과 상당한 인구를 거느리는 국가로서는 중앙집권제가 지방의 골골에 어떤 시책을 펼치기가 어려운 게 아니라 그런 일관성 좋은 정치 행위가 지역 민심과 겉돌 수 있고, 편의주의적 발상으로서의 요식 행위에 그칠 수 있다는 난점을 안고 있다. 이런 사례로는, 지방 수령들의 몹쓸 가렴주구와 전횡이 국력의 쇠잔을 발 빠르게 재촉했음을 우리는 근세사 공부를 통해 좀 지나치게 많이 알고 있는데, 실은 그것도 그 당시의 혹독한 실정失政에 비하면, 모든 사실의 재구성물인 '역사 내지는 기록'의 숙명이 그렇듯이, 차라리 '낭만화된 이바구 한 자락'에 지나지 않을 것이다. 이런 역사적 전통으로서의 지방 분권에 관한 한 일본은 일찍부터 나름의 틀을 갖추고 있었다는 것이 정설이다. 서구 중세의 봉건영주제가 동양에서는 드물게도 일본에서 '사무라이적 통솔력' 형태로 발휘되고 있었다는 실적이 그것이다. 각 지방의 다이묘大名에게 몇십만 석의 영지를 할당하여 전권을 위임한 사례는 시바 료타로의 『세키가하라 전투』와 같은 시대소설에 생생하게 또 누누이 그려져 있다.

그렇다면 일본에서 유독 지방분권제가 그처럼 일찍부터 확고하게 자리잡은 근거가 무엇일까라는 의문이 생긴다. 지리지형적 여건, 교통 편의의 정도, 지역감정 등의 여러 변수가 먼저 떠오른다. 거기에다 지역민의 정치의식이, 더 쉽게는 개명/개화의 정도라는 지정학적/문화사적 상수도 거론할 수 있다. 내게 그런 전문적 지식이 있을 리 만무하므로 여기서는 내 식의 인상담조 분석을 내놓을 수밖에 없다.

우선 위의 취재기에서도 얼핏 언급한 대로 각 분야에서 깊이 뿌리내린 분업주의를 거론할 수 있다. 분업주의는, 그 근본을 곧이곧대로 까발겨보면, 나는 그쪽에 대해서는 잘 모른다, 라는 인간으로서 누구나 갖게 마련인 자기 한계에 대한 솔직한 시인에 지나지 않는다. 그런데 이 소탈한 경지에 이르기는 말처럼 쉽지 않다. 인간은 수시로, 경우에 따라, 처신마다에 '허영'을 앞세우는 동물이기 때문에 그렇다. 물론 허영을 떨어대는 정도도 사람마다 다르고, 말로나 겉치레로나 씀씀이로나 그것을 발휘하는 '주특기'도 허영꾼들의 기질이나 성격이나 환경 나름이다. 분업주의는 그런 허영의 과시를 웬만큼 제어하는 사회적/문명적 장치일 수 있다.

이를테면 정치, 나아가서 그 정점인 권력의 맛을 알면 누구라도 안하무인이 되고 말아 언행 일체에 저절로 허영을 덧대고, 남의 전문적 소양을 무시하기 쉽다. 정치가들의 말이 흔히 허황되고, 도무지 신뢰할 수 없는 그 정도는 전적으로 해당 분야에 대해 잘 모르면서 전문가인 '남의 말'을 주워다 옮기는 허영의 경중에 달려 있다. 물론

지방자치제와 가짜 전문가

세련된 정치가는 스스로 전문가가 아니라고 못 박지만, 그것은 겸손을 포장할 줄 아는 '기술'로서의 위선에 지나지 않는다. 아무튼 각 분야의 전문가를 존중해 어떤 공적/사적 업무를 위임하는 기풍의 안착은 거꾸로 각자의 소임, 제 밥그릇, 위상을 점검하는 한편 자기 정체성의 자발적 추인에 이를 수 있다. 이런 분업주의의 진작은 남의 밥그릇을 넘보지 않으면서 자기 몫의 밥벌이에 더 기를 쓰고 덤비는 반사작용을 낳는다. 이래저래 서로의 밥그릇에 대한 배려가 일정한 치외법권 지역을 설정하여 '니 몫 내 몫' 식으로 월경을 막는다. ('세력권' 또는 '세력 범위'라는 말로 일본인들의 상용어인 '나와바리'도 의미심장하다.) 말하자면 어떤 분야에서도 월권을 타기하는 불문율이 알게 모르게 지켜진다.

또 다른 분업주의의 미덕은 개성의 발굴과 그 육성에 일찌감치 눈을 뜨게 만든다는 점이다. '작지만 이것만이라도 제대로 해내면 우리 사회가 내 몫의 밥은 먹여주게 되어 있다'는 소박한 전망이 일상 중에, 구성원 각자의 심성에 기간산업시설처럼 깔려 있을 때, 자기 전공, 생업, 자기 앞의 '허무한' 생 따위에는 어떤 특유의 '성격'이 주어진다고 해도 좋을 것이다. 그런데 우리는 이 분업주의의 대강을 일쑤 마구 흩어놓는다. 뽕도 따고 임도 본다는 말을 흔히 하지만, 실제로 두 일을 한목에 할 수는 없고, 하나라도 옳게 추슬러내기가 벅찬 것이 현실이며, 우리 생업과 인생도 그런 이치로 굴러가고 있건만 돼먹잖은 '일탈'을 일삼음으로써 분업주의와는 멀어져버리는 것이다. (비근한 실례로 머리를 깎으러 가는지 몸의 근육에 안마질을 입히려는지 알 수 없는 퇴폐이발소의 '제도적 장치'와 그런 양다리 걸치기식 생업이 흔한 우리 현실을 직시할 필요가 있다. 그것은 분명히 두 업종을 합친 '퓨전'형 생업이고, 비빔밥처럼 이런 '섞박지형' 감각이 한국 문화의 한 코드인데, 실은 각각의 생업에 대한 월권이다.)

뭐니 뭐니 해도 분업주의의 최대치 미덕은 분업이 핵분열처럼 또 다른 분업을 낳는다는 철리다. 보다시피 사물의 이치가 그렇게 굴러갈 수밖에 없다. 학문의 발달과 그 세분화가 말해주는 것처럼 한 분야에 대한 철두철미한 몰입, 탐구는 그 속의 무궁무진한 미개지를 열어서 개간하는 동력원일 뿐이다. (김치와 치즈와 술과 우동의 가짓수가 많고, 지금도 그 먹을거리들이 개체분열을 거듭함으로써 가짓수를 불려가는 현황을 주목할 필요가 있다.) 거꾸로 말하면 분업이 제대로 이루어지지 않을 때 그 결과물은 거칠어빠진 조악품이 될 수밖에 없다. 한마디로 그것은 '정체'이고, '답보'이며, '미개'다. '세련'이란 있을 수 없고, '문화'와는 거리가 멀어진다. 당연하게도 현대 문명과는 척을 지는, 야만으로서의 어떤 '반동'에 값한다. 그런 사회에서 직업의 분화는 있을 수 없다. '독재자'가 무서운 것은 전문가도 아닌 얼건달 같은 '허영꾼'이 제 혼자서 모든 일을 다 하려고 덤비는 꼴이니, 그 시행착오와 그것에다 쏟아부은 온갖 물자와 노력이 결국 낭비에 지나지 않기 때문이다. 다양한 일거리, 각자가 하고 싶은 일을 만들어낼 수 없는 사회야말로 '전근대'적이다.

분업주의야말로 각 분야에서 진정한 '전문가'의 창출을, 전공 부문의 확산 곧 '세분화'를 기약할 수 있음은 누구라도 쉽게 이해할 수 있는 대목인데, 그 실천적인 국면에서는 '장인급' 전문가의 탄생이 그렇듯이 수많은 시행착오를 겪어야 한다. 물론 개인적인 인내와 노력과 집념이 따라야 할 테지만, 주위의 관심, 배려, 성원도 필수적인 관건이다. 요컨대 시대환경적 조건으로서의 정신적/물질적 후원 없이는

지방자치제와 가짜 전문가

전문가도, 전문 분야의 세분화도 근본적으로 난망이다. 말을 줄여보면 문화/문명의 세련 정도도 대체로 이런 경로를 밟아 오늘에 이르렀다고 봐야 할 텐데, 거기에는 상당한 시일과 들이는 물적 토대 곧 경제력이 필요충분조건임은 의심의 여지가 없다.

쉽게 말해서 국부 및 국력의 차이는 분업주의의 활착 여부와 그것의 내실화 정도에 따라 가름할 수 있다고 해도 과언이 아니다. 그런데 문제는 '가짜 전문가' 내지는 '사이비 전문가'의 횡행이고, 그런 현실의 용납 정도에 따라 한 나라의 실력·성격·위상 등을 저울질해볼 수 있다는 것이다.

아무래도 일본의 분업주의 전통이 우리보다는 앞서고, 그 내실화도 알차서 생업의 가짓수나 '장인급 전문가'의 수효도 월등히 많을 테지만, 남의 사정이야 어떻든 우리 실정을 차제에 간단히 짚고 넘어가는 것도 '낭비'는 아닐 듯하다.

실제로 '근대'를 맞아들이면서 우리는 각 분야에 사이비 전문가가 뿌린 몹쓸 구두선에 일희일비하면서, 결과적으로는 그 뒤치다꺼리에 수많은 인적/물적 폐해와 낭비는 물론이려니와 아주 처참한 정신적 피해까지 감수해왔다. 우리의 최근세사는 사실상 그런 벗쟁이 무리들이 저질러놓은 온갖 저지레를 뒷감당하느라고 허무하게 헐떡거린 낭패 만발의 질곡 그 자체였다고 해도 과언이 아니다. 비근한 실례를 몇몇 들어보자.

사람은 누구라도 자기 생각, 신조의 노예이듯이 어떤 이념·사상에 볼모로 잡혀 꼼짝할 수 없는 경우가 허다하다. 웬만한 가정·가계·가문에서 꼭 한두 사람씩 '두각'을 나타내는 공산주의자·반체제 인사·운동권 학생 따위는 그들의 생리상/체질상/소양상 그 분야에 관한

208 　　　　　　　　　　　　일본열도 탐험

한 '전문가'로 행세한다. 그런데 그들이 온몸을 바쳐서, 심지어는 자신의 전 생애를 걸고 헌신하는 그 투쟁에 밑거름이 되는 것은 해당 분야에 대한 나름의 신념이고, 그런 마음의 작용을 뒷받침하고 있는 근거는 그 방면의 소양, 나아가서 지식 일체다. 그러나 그의 그 '앎'의 전모는, 대개의 경우 거의 천박한 수준이라고 해도 무방할 것이다. 감히 단언컨대 일제강점기에서 해방 전후까지, 그 후 한국동란부터 휴전까지 우리의 수렁 같은 현대사에서 명멸한 여러 공산주의자가, 그들의 열렬한 투쟁 경력에도 불구하고 '계급 없는 사회'에 대한 '지식' 일체가 얼마나 유치했느냐는 것은 그들의 '말'과 '글'에 분명히 드러나 있다고 봐야 할 것이다. 그런데 보다시피 그들의 '글'은 희소한 데다 있는 것마저도 거의 보잘 것이 없고, '말'은 지금 북한 땅 곳곳에 펄럭이고 있는 구호 수준에 머물러 있다. 그들은『자본론』의 해설 책자는커녕『공산당선언』도 읽지 않았거나, 설혹 간접적으로 들었어도 그 역사적 문맥을 제대로 이해했을지는 의문이다. 그쪽의 소양을 갈고 닦을 기회가 없었다는 것은 '공부'할 짬을 못 냈다는 변명으로 통하지 싶어도, 전적으로 어불성설이다. 진정으로 그쪽의 전문가가 되어 세상을 바꿀 불굴의 의욕에 넘쳐났다면 공부 이전에 '과연 그럴까?'에 이어 '내 신념의 근거가 맞을까'라는 자문 앞에 성실해야 하기 때문이다. 그러니 그들은 남을, 대중을 속이기 전에 자기 자신에게 먼저 사기를 치고 무작스럽게 나댔을 뿐인 것이다. 그 후 그들이 뿌린 각종 폐해는, 직계 가족과 일가친지야 당사자처럼 '팔자'여서 곱다시 받아들일 수밖에 없었다 하더라도, 천인공노할 정도였음은 보는 바와 같다.

이런 비전문가 내지 사이비 전문가의 행세는 지금도 여전하다. 그들의 무식과 무분별이야 위의 사례에서 보듯이 그때나 지금이나 대동소이할 테지만, 분업주의의 근본이라 할 '내 것 니 것의 분할선'에 대한 어떤 의식도 없을 뿐만 아니라 그들의 소행 일체는 남의 전문 분야에의 월권행위를 일로 삼고, 그것 자체가 그의 직업이 되어 있다는 점이야말로 개탄스러운 것이다.

요컨대 진정한, 따라서 수준 높은, 세계적으로도 최정상급의 전문가가 여러 방면에 포진해 있고, 그 수가 많을수록 그 나라의 '국격'이 결정된다고 할 수 있다. 거꾸로 말하면 분업주의가 사회와 구성원마다의 심성에 폭넓게 뿌리를 내리지 않는 한 전문가 양성은 힘들고, 사이비 전문가의 횡행은 그들의 월권행위로 말미암아 이런저런 '비용'만 축낼 뿐이다. 그런 행패를 막는 정치적 수단이 지방자치제의 근간임은 말하나 마나다. 물론 단숨에 어떤 성과를 바라는 것은 무리다. 장인의 탄생은 시행착오의 반복에 있는 것처럼 덧없는 시간과의 싸움을 지켜보는 인내심부터 길러내는 '요령'도 결국은 교육에 기댈 수밖에 없다.

나라 정치든 지방자치든 그 핵심은(요즘 유행어로는 '어젠다'인데) 분업주의의 철저한 시행을, 그 하부구조에는 전문가의 실력에 대한 존중과 그의 사명의식에 대해 승복하는 자세를 지역 주민과 국민에게 선도하는 것일 텐데, 우리 위정자의 정치적 통솔력이나 발상은 사이비 전문가적인 행태로 일관하는 듯하다. 그들이 개과천선하는 길은 간단하다. 어차피 기왕의 모든 '투사'처럼 그들 자신의 '팔자'도 비전문가일 수밖에 없으므로 '전문가 행세'만 하지 않으면 되는 것이다.

공연한 일로 기염을 토한다고 할지 모르나, 최근의 '비전문가적' 횡포에 얼마나 막대한/허무한 재물을 쏟아부었는가는 다음의 두 사례

일본열도 탐험

가 증명한다. 하나는 천성산에 도롱뇽이 사라진다 만다는 '비전문가적 견해'로 100억 원 이상의 피해를 본 것이고, 다른 하나는 거의 누더기 꼴로 끼워맞춘 숭례문 복구공사 '하청업' 실태다. 원청업자나 하청업자는 말할 것도 없고 그 작업을 주무한 공무원들도 전문가가 아니며, '전문 지식'을 무시하고, '전문적 소양' 자체에 등한한, 이럴 때는 옛날 어른들이 '에라, 순 엉터리 같으니라고' 하면서 아예 두번 다시 상종도 안 할 것처럼 돌아서던 그 황폐한 심경을 떠올릴 수밖에 없다. 그러나 마나 '진짜'는 다르다. 어떻게 구별하는지는 뻔하다. 한 시간쯤만 허심탄회하게 대면해보면 '돈'을 밝히는 인간은 대번에 뭔가가 비친다. 그러므로 옳은 전문가는 우선 머리에서 발끝까지 '장인기'가 줄줄 흐르는 양심가이다. 관상가가 아니라도 벌써 '인품'에 그것이 비치건만, 사이비 전문가들의 '입 살리기'에 혈세만 낭비하는 꼬락서니라니.

지방자치제와 가짜 전문가

20. '일본 읽기'의 길

—

—

—

(국토 면적이야 상대적으로도 약소국가라고 해야 옳겠지만) 인구수로나 경제 규모에서 일본은 단연 대국이다. 이런 정의가 새삼스럽다고 할지 몰라도 문화적으로도 초우량 국가임에는 틀림이 없다. 또한 사회적으로도 갈등 요인이 거의 전무해서 기이할 따름이며, 그들의 특이한 전통과 제도를 잘 살리면서 선진의 문물 일체를 적극적으로 수용, 개발함으로써 다른 나라의 모범이 되고 있다고 해야 '객관적 평가'에 근접했다고 할 수 있다. (소위 '일본 때리기Japan bashing'는 역설적이게도 일등 국가, 초우량 국가로서의 현재 일본의 위상에 대한 흠집내기든가, 왕따 만들기로서의 어떤 질시를 담고 있는 셈이다.)

(역시 상대적인 관점에서 보더라도) 일본은 어느 분야에서라도 우리와는 질적으로나 양적으로나 현격한 차이가 있는 게 사실이다. (부분적으로 쌍방의 우열 정도를 따지는 미시적/매스컴식 발상은 문화적/문명적 관점에서는 이렇다 할 의미가 없다. 조선 산업·자동차 산업의 수출액 비교 같은 수치가 그 대표적인 사례다.) 그럼에도 불구하고 우리는 '성가신 이웃'을 축구 상대국쯤으로 여기며, 지구상에서 가장 만만해서 마구 대들어야 직성이 풀리는 버릇에 길들여져 있다. 그래서 온갖 수치를 끌어대며 우리가 일본을 따라잡지 못하고 있다는 안달을 드러내곤 하는데, (시어미) 욕하면서 닮는다는 속담대로

그런 '어른스럽지 못한' 발상의 연원도 실은 섬나라 근성에서 중독성 좋게 옮아온 것이 아닌가 싶기도 하다.

물론 그런저런 발상에는 역사적인 연원도 있고, 수치 비교우위론 만큼 타당한 게 달리 없을 터이긴 해도 큰 의미가 있지는 않아 보인다. 왜냐하면 의료 수가가 전액 무료라는 영국, 대학 수업료는 전액 국가가 부담하는 프랑스, 모든 노동자에게 물가연동제의 보수를 보장한다는 독일, 주거비가 가계 수입의 10퍼센트 미만이라는 한때의 사회주의국가로서의 소련 등과 비교할 때, 일본이 그런 수치로는 단연 열등할 것이기 때문이다.

그런 단순 비교의 연장선상에서 보면 일본은 여전히 야무지고 깜찍한 전자제품과 생활용품을 팔아대는 '세일즈맨 국가'일 뿐이고, 일본인들은 그렇게 번 떼돈을 어떻게 써야 할지 몰라서 쩔쩔매는 졸부라고 해도 무방할 것이다. 시골 사람이 자기 체신에 어울리지도 않는 부富와 사치를 누리는 것을 일본말로 '나리킨成金'이라고 한다는데, 어떤 의미에서 현재의 일본도 '나리킨 국가'라고 해야 옳을지 모른다.

우리가 '일본 이해'에 흔히 '실패'한다기보다도 수박 겉핥기식에 그치고 마는 이유 중 하나는 일본인들의 본질적인 국가관/세계관에 대한 공부 부족 탓일 게 틀림없다. '일본론'으로서는 핵심을 찔렀다는 중평의 명저인『국화와 칼』의 저자 루스 베네딕트 여사는 일찍이 다음과 같이 단언한 바 있다. 곧 일본인은 그들의 확고한 계층제도에 맹목적으로 순종하는 습성이 있는데, 그런 관점에서 국제관계를 파악, 이해한다는 지적이 그것이다. 이 탁월한 지적을 확대 해석하면 일본은 지금도 그런 시각으로 세계 각국을 1등 국가, 2등 국가로 분류하고 있을지 모른다. 따라서 트랜지스터라디오를 팔 수 있는 나라, 자동차를 먹일 수 있는 나라, 아직까지는 컴퓨터에 관한 한 어떤 테크놀로지도 넘겨줄 수 없는 나라를 일본은 경제적으로나 정서적으로 엄격히 구분하고 있으며, 이런 편의주의적 세계관은 필경 극도로 조잡한 국가이기주의를 낳고 있을 게 틀림없다. 그러니까 일본과 일본인에게는 어떤 나라도, 어떤 인간도 '호혜평등'한 관계가 될 수 없다. 우리보다 여러 가지 점에서 나은가 못한가, 우리에게 도움이 되는가 안 되는가, 어느 정도로 도움이 될까, 손해를 어느 선까지 감수할까와 같은 이해타산적/계급우열적 셈속을 차리는 데 능수능란한 것이다. 좋게 보면 자기 분수 챙기기이고, 나쁘게 보면 남의 눈치 살피기인 이런 대세관, 처세관은 대체로 일본인끼리의 교유에서도 그대로 드러난다. 일종의 '선긋기'인 이런 인간관계에서 허물없는 우정, 격의없는 인정 나누기를 기대한다는 것은 무리이며, 특히나 외국인과 알고 지내기는 십중팔구가 겉으로만 깍듯한 예의와 반듯한 범절 차리기에 익숙한 탓에 그 우의라는 것도 대체로 피상화로 치닫는다. 그래서 그들은 흔히 '폐를 끼쳐서는 곤란하다'란 말로 또 다른 형식의 '선긋기'를 내놓는다.

실제로도 일본의 이런 '분수 챙기기'로서의 국수적 이기주의는 정평이 나 있고, 그래서 그 막강한 경제력에 비해 국제정치 질서와 세계 평화에의 기여도는 늘 함량 미달의 수준을 벗어나지 못하고 있다. (딴에는 한다고 하지만 도무지 생색이 안 나는 게 우리의 고질적 '국제 협력' 자세인데, 태평양전쟁에서의 패전이 몰고 온 트라우마의 짐이 이처럼 짙고 질기다라는 사고방식을 대다수의 일본인 식자가 공유하고 있다고 해도 과언이 아닐 것이다.)

물론 어느 나라나 '우리부터 편안히 살고 보자'는 이기주의가 국가

정책의 근간을 이루지만, 일본은 그 정도가 지나치며('원폭'을 우리만 당했다는 목청 높은 소리 뒤에 웅크린 '원인 제공'에 대해서는 힘주어 눈을 감아버리는 식이다), 그런 일본식 국가이기주의는 기고만장한 자국 제일주의까지 불러와서 여전히 분단 상태에 있는 한반도는 일쑤 '한때 우리 식민지'였다는 백안시의 대상이 되고 만다.

세계는 하루가 다르게 급변하고 있으며, 문명과 문화의 교류 및 삼투는 지구를 무한정으로 좁혀가고 있다. 사람이 혼자 살아갈 수 없듯이 어느 나라도 세계정세의 직간접 영향권으로부터 무한정 자유로울 수 없다. (그런데 비록 한시적일망정 일본은 자주 안하무인의, 오불관언의 자세를 취한다. 이를테면 유수의 세계적인 경기진단 업체가 제시한 경제지표 하향조정과 같은 계수도 무시해버린다. 이런 자만이 학문 부문이나 문화 부문에도 자심한 편이다. 실은 별것도 아니고, 대수롭잖은 섬나라 특유의 '고유성'인데도 곧잘 너절한 '의미 부여'에 매진함으로써 서로를 차별화해 종내에는 유아독존에 빠져버리는 것이다.) 특히나 한일 양국은 오랜 옛날부터(그래봤자 한국동란 발발 후이지만, 군수 물자의 지원 기지로서 또 반공산주의적 연대감에 기댄 심정적 후원자로서 다소의 이바지가 있었음은 사실이다) 어떤 숙명적인 연대감까지 공유하고 있다. 바로 이 연대감이 한국인에게는 더러 씁쓰레한 곤혹감을 불러일으키며, 일본인에게는 어울리지도 않는 상전의식과 함께 우월감을 거느리게 만든다. 그러나 이제는 어느 쪽도 그런 못난 열등의식, 공연히 우쭐대는 선민의식을 버려야할 때가 왔지 않았나 싶다. 그러기 위해서는 한때 대륙 문화의 전수자/수입자로서 서로가 상대방의 실체를 면밀히 연구, 비판하는 장을 열어가야 할 것이다. '진정한 선린관계'는 이웃의 장점을 옹호하면서 동시에 단점도 매섭게 지적, 비판하는 사이가 아니겠는가. 그런 의무/권리에 서로가 성실히 복무하는 자세야말로 미구의 마찰, 암투, 분쟁, 비극 따위에 대한 예방주사이기도 할 테니까.

후일담 20 ㅣ '친일파'에게 바람

이상으로 '일본열도 탐험'은 끝이 났다. 8월 초순쯤이었을 텐데, 비록 주마간산 격이었으나 통역생을(둘 다 도쿄대 대학원에서 박사과정을 밟고 있던 유학생으로 한 명이 열흘 이상씩 교대로 동행했다) 데리고 숨 가쁘게 돌아다닌 스무 날 남짓의 일정이었다. 막상 귀국 차비를 꾸리자니 비행기 표가 8월 말까지 동이 났다는 전갈이 도쿄지국으로부터 날아왔다. 대기 번호를 받아두었으니, 넉넉잡아 사나흘만 쉬면서 기다리면 순번이 돌아올 것이라고, 여름휴가 철에는 원래 예매나 취소가 많아서 늘 이렇다고 했다. 호텔에(도쿄 한복판의 '제일호텔'이었지 싶다) 처박혀 글을 써본 경험도 없고, 내 책상 앞에 앉아 사전이나 이런저런 관련 서적을 뒤적거리며 원고지를 메꾸는 버릇 때문에 하루라도 무료하게 지체할 수 없었다. 좀이 쑤셔서 반바지 차림으로 히비야日比谷 공원을 찾아가 나무 그늘 밑 벤치에 앉아 줄담배를 태우며 초조한 마음을 달래기도 했다. 궁하면 통한다는 말대로 문득 관직에 있는 친구에게(행시 출신으로 마침 교통부의 해당 부서에 재직 중이었다) 과연 그 끗발이 어느 정도인가 싶어 '비행기 표 좀 구할 수 없겠냐'고 물어봤더니 이내 한 항공사에서 언제까지 귀국하셔야 하나고 물어왔다. 되돌아보니 그해 8월, 도쿄의 무더위는 지독했다. 히비야 공원 내의 나무 그늘 밑 벤치에도 인적이 아예 비치지 않았고, 늙은 외국인 관광객 한둘이나 빗자루를 든 공원 청소부가 연방 구르륵거리며 먹이를 쪼는 비둘기 떼 사이를 어슬렁거리고 있을 뿐이었다.

이제는 '일본열도 탐험기'에 대한 내 나름의 시각을 몇 가닥으로 나눠서 피로할 차례인 듯하다.

우선 우리가 흔히 간과하는 점인데, 모든 여행은 근본적으로 '수학'여행의 성격을 띤다는 사실이다. 낯선 풍물 그 자체는 단순한 볼거리를 넘어 여행객의 심상에 대뜸 어떤 '인상'을 심어주고, 그 느낌은 기왕의 사고방식 일체에 하나의 자극으로 와닿기 때문이다. 사람마다 정도의 차이는 있을 테지만, 그런 자극은 그의 일상과 의식 일체에 신선한 충격이 되면서 '자기 자신'과의 진정한 대면을 재촉한다. 그러나 그런 경험도 여러 차례 되풀이하다보면 들인 여행 경비나 빼자는 심정으로, 또 피곤하다는 핑계를 앞세우며 발품이나 팔면서 '무심히' 보고 먹다가 '별것도 아니네, 남는 것도 없잖아'라면서 사진이나 찍고 돌아온다. 그런 회오만으로도 여행은 자신의 따분한 일상과 상투적인 의식을 비춰보는 거울이 된다. 특히나 해외여행은, 그중에서도 지근거리에 누에처럼 엎드리고 있는 일본으로의 여행은 여러 점에서 유익하고, 자극도 상당한 게 사실이다. 우리와 겉으로는 무척이나 닮았으면서도 속으로는 다른, 굳이 비유하자면 이란성쌍생아 같은 그 풍물에 우리는 어쩔 수 없이 묘한 자극을 받는 한편으로 칭송과 폄훼의 감정을 동시에 갈무리하느라고 바빠진다. 흔히 쓰는 문자대로 '상반되는 감정의 병존', 곧 애증의 교차로 착잡해지는 것이다.

그쯤에서부터 우리의 감상담은 왠지 옥죄어든다. 딱히 거치적거리는 것도 없고, 누가 훼방이나 간섭을 내밀지도 않건만 우리는 어딘가

'일본 읽기'의 길

부자유스러워지는 것이다. 이를테면 눈앞에 펼쳐진 '일본적인 풍정'을 무조건 좋게 봐주면서 감탄하면 즉각 '친일파적인 짓거리야' 하고 스스로를 경계하게 되고, 남들이 앞 다투어 입에 침이 마르도록 일본/일본인을 칭송하면 속으로 싸늘하게 비웃으면서도, 웬 질시야, 솔직하지 못하고, 우리가 아직 못 따라가고 있는 건 사실이잖아와 같은 자문을 중얼거린다. 이런 복잡한 심리적 암투는, 당연하게도 한 시절 내내 고통스럽게 치러낸 피치자/치자 관계로서의 원한이 뼛속에까지 사무쳐 있다는 방증이기도 하다. 아무튼 다른 사람은 어떤지 몰라도 내 일본/일본인관은 여전히 불편하고, 매사를 헐뜯다시피 뜯어보게 되고, 우리 것과 저쪽 것을 일단 견줘보고 나서 우열을 따져보느라고 멍청해지며, 배울 것과 타기할 것을 가리는 이분법적 사고에 놀아나느라고 바쁘다. 이런 갈등을 반추하는 재미 때문에라도 내 일본여행은 언제라도 '본전이야 뽑고 온다'는 심정이라서 돈 등쌀에 켕기지는 않는다.

한편으로 가만히 따져보니 그동안 내 나름의 '일본 이해→해석→평가'를 즐긴 이면에는 무엇보다도 다음과 같은 수상한 풍경에 대한 의문이 있었다고 해야 맞을 듯싶다.

작금의 우리 주변에는 쉽게 말해서 '친일파'적인 사고방식에 겨워 지내는 보통 시민이 부쩍 많아졌고, 이제는 그들과 입씨름질을 하기도 내키지 않는, 그러나 그 편향적인 '세계관'의 공세와 드센 신조 앞에서 청자 제위가 께름칙해하거나 어정쩡해지는 풍경이 그것이다. 너 그렇게 봐주면 우리도 남을 칭송하는 데 인색하지 않을 정도의 물질적/정신적 풍요를 누리고 있다는 자세일 수 있다. 그러나 어느새 우리보다는 훨씬 월등해져버린 일본의 국력이라기보다도 (요즘 유행어대로라면) '국격'에 곱다시 승복하는 그런 '친일파' 내지는 '지일파'들의 사고 행태는, 도대체 저 잘난 '친일 사상'은 무엇을 근거로 삼고 있을까라는 의문을 쉽게 떨쳐버릴 수 없게 만든다. 그중에서도 장단기간의 유학생활이나 체류 경험이 있는 명색 '일본 전문가들'은, 내가 잘못 보지 않았다면, 상당한 정도로 일본 제일주의적 신앙에 세뇌되어 제정신들이 아니고, 그래서 분명히 어떤 '균형 감각'을 잃고 있다. 더러는 그 중독증이 심해서 그 자신들조차 알게 모르게 '일본교'를 전파하느라고 열을 내기 시작한다.

나로서는 이내 그들의 그런 증상의 연원을 더듬기 시작하는데, 내 둔중한 머리로는 그 쉴 새 없는 자문자답 앞에 혼란스러워진다.

—정치판이야 거기나 여기나 사이비 우국지사들의(단언컨대 그들은 평생토록 장식용으로서 이마빡에 붙이고나 다니는 그 '애국'을 실천하는 데는 무능하고, 과외의 일로 나라를 사랑하는 '방법'에 대해 생각할 틈이 없다) 변덕스러운 변죽울리기식 북새판이니 논외로 치고, 그러고 보면 이때껏 천황제까지 찬성하는 현대판 친일파는 못 본 듯싶네. 그거야 어쨌든 사회 제반의 기율이 반듯하다는 게 매력일 테지. 여러 제도가 나름대로 반듯하게, 공평하게, 남녀와 노소가 동고동락하자는 합의 아래 조용조용히 굴러가는 것은 사실이니까. 또 인간관계가 깔끔한 선긋기에 기대고 있어서 우리처럼 치근거리지 않아 좋을 테고, 서로가 부담스럽지 않기는 해. 요컨대 매사를 담박하게 처리해버리지, 일이나 인간관계나, 그게 바로 정리정돈벽이지. 깨끗하게, 뒷말 없이, 간단히, 소위 한칼에 베어버린다는 식으로. 그런 기율을 좋아하는군, 그러고 보니 친일파에는 유독 여자가 많은 것 같네. 하기야 모성적인 세계와는 다소 거리가 있고, 새침한 여성적 세계가

일본 문화의 기저에 깔려 있는 것도 같네. 남자라고 구질구질한 것을 좋아할까만 공연히 덤벙거리고, 실속 없이 허풍이나 떨고, 어수선하니 일을 잔뜩 벌이는 경향이 상대적으로 여자 쪽보다는 많다고 봐야지. 일본 문화가 근본적으로 여성적이지, 새침하니. 우리 것은 그에 비해 모성적이라고 해도 될 테고. 친일파들의 저 엽엽한 친절도 결국은 가식일 텐데, 일본 본바닥과 많이도 닮았네. 서로 잠시 편하자 이거지, 기울치고는 딴에 그럴듯하군.

'친일파'의 그런 일본 경배열은, 개개인마다의 취향과는 무관하게, 꽤나 타당한 일본적인 제반 풍속/제도의 기본에 대한 솔직한 집착이라고 할 수 있으며, 애완동물을 기리듯이 그만큼 애착을 가질 만하다고 봐야 할 것이다. 그러나 동물애호가들의 그런 집착은 보는 바와 같이 흔히 '고립'을 자초한다는 점에서 '자기 과부하'가 자심하다. 여성스러움의 한 단면이기도 한 그런 각진 소외가 세상살이를 꾸려가는 데는 단연 편리하고, 부지런한 자기 일상에 자족하면서, 어떤 작은 성취에의(누구에게라도 폐를 끼치지 않았다는 자위라든지 주위 사람들에게 손을 벌린 적은 없다는 '홀로서기'에 대한 자만 따위다, 기껏해야 그 정도 아닐까) 매몰에는 유익할지 모르지만 진정한 '인간적인 성숙'과는 상당히 멀리 떨어져 있어 보인다는 것이 내 진단이다.

내 좀 별난 성격 때문만은 아니지 싶은데, 웬만큼 유식한 일본인 '먹물'과 며칠씩 숙식을 함께 나누다보면 어딘가 '인간적인 맛과 멋'이 종내 풍겨오지 않아 점점 어리둥절해지다가 좀 피곤해지는 경우가 흔하다. 아니다, 하나같이 그렇다. 일본인 스스로가 제 자신을, 또 남을 자꾸 의식하고 자로 재는 통에 그렇지 않나 싶고, 그런 자의식 과민증 내지는 강박이 상대방에게도 그것을 강요하게 되는 것이다. 욕하면서 배우는 게 아니라 거꾸로 서로를 너무 배우느라고 껄끄러워지며, '너와 나'를 의식하는 통에 못마땅해지고 마는 꼴이다.

　일본인들의 그런 성정, 곧 끊임없는 자기 점검과 남의 눈치 살피기라는 자의식 비대증은 남을 불편하게 함으로써 스스로 긴장의 끈을 놓지 않겠다는 것이다. 그러다가도 자신의 빳빳하고 방정한 처신이 무시당하거나 상대방의 냉대를 불러올 때 그들은 곧장 싸늘하게 앵돌아진다. 더러는, 또 때로는 표독스러워진다고 해도 과히 어긋나지 않을 것이다. 예를 들 수도 있다. 세계적으로도 널리 알려져 있고, 일본인들도 자랑거리로 삼는 사무라이들의 깨끗한 자결 방식만 해도 바로 그런 사례로서는 합당하다. 뿐인가, 한반도의 식민지 경영에서나 만주사변이나 중일전쟁을 치르면서 군인·민간인에게 저지른 몹쓸 행패는 결국 공간적으로는 섬이나 방 같은 곳에 틀어박혀서, 정서적으로는 '내가 세계다, 남의 세상으로 나아가서 옳으니 그르니 상관하는 짓거리는 나한테 벅차다'라는 자기 유폐, 자기 초월이 사회화 과정을 거치면서 분출한 원망의 난반사라고 해도 무방할 터이다.

　그러나 마나 우리 '친일파'들은 과연 그 방면에 관한 한 남들이 감히 넘겨다보기 어려운 경지의, 자타가 인정하는 '전문가' 반열에 들어설 각오로 '일본 공부'에 열심히 매진하고 있을까. 내가 보기에 그들은 일본의 문명/문화를 거의 통념적으로, 따라서 세계적 안목으로서의 어떤 주관 없이, 그러니까 일본인들과 닮아버린 그 여성적·유아적·감상적 심경에 물들어 그냥 막연히 최고 수준이라고 평가하고 떠받드는 듯하다. 불쑥 일본이 이때껏 받은 노벨상의 숫자 따위나 들먹이면서(그런 발상에서는 우리 매스컴도 한통속이지만). 사실상 긴 한숨과 착잡해지는 열등감에 휩싸인 그런 주눅은 일본/일본인의 본질 해명과는 하등에 무관한 지엽적 실적일 뿐이건만. 하기야 그런 자세조차도 한반도의 문명/문화 수준을 한 수나 두 수 아래로 대하는 일본인 대다수의 고질 같은 일반적 자세에 세뇌된 흔적일 터이고.

　어느 방면에서나 진정한 전문가는 적어도 부화뇌동하지 않는다는 사실만 유념하면 점점 불어나는 우리의 '친일파' 숫자 따위야 염려할 게 없다는 것이 내 신조이기는 하다.

제2부 일본이라는 독서 체험

1. 나라나무가 없다니

—

—

—

일본은 어떤지 모르겠으나 우리말 사전에 '나라나무' 곧 '국수國樹'나 '국목國木'같은 단어는 등재되어 있지 않다. 국가國歌·국기國技·국사國師·국화國花 등은 표제어로 올라 있고, 심지어는 국혼國婚이라는 아리송한 말까지 거들먹거리는데도 말이다. 저절로 고개가 갸우뚱거려질 뿐만 아니라 중년 이후부터 유독 나무를 좋아하는 나로서는 좀 억울한 심정에 짓눌려서 누군가에게 마구 툴툴거린다.

—제정신인가, 나라꽃은 있으나 나라나무는 없다고? 이게 무슨 엉터리 발상인가, 나무가 있어야 꽃이 피지. 우리 국화는 무궁화고, 북한은 진달래꽃을 그걸로 삼았다던데 그쪽도 나라나무는 안 정했을까? 다른 나라야 어떻든 일부러라도 나라나무는 지정해서 잘 가꿔야 하잖아, 식목일까지 만들어 겉치레로만 애림녹화 운운할 게 아니라. 캐나다의 국기에까지 그려진 단풍나무 모형은 그 목본이 전 국토에 흔전만전이어서 국수 맞잡이로 새긴 표상이 아닐까.

말할 나위도 없이 일본의 국수는 삼나무가 아닐까 싶다. 내 이런 단정에는 상당한 근거가 없지 않다.

우선 내가 눈여겨본 바로는 일본 전국의 산야를 뒤덮고 있는 삼나무의 분포도가 기타 수종을 단연 압도한다. 무슨 사안이든 그렇지만 이런 수적 강세 앞에서는 유구무언이다. (어떤 신조와 선택권자의 이

일본이라는 독서 체험

해利害에 따라 채택 여부가 달라지면서 행불행이 갈라지는 다수결원 칙과는 다른 차원의 논란거리다.) 뿐만 아니라 인명이나 지명에도 '스 기杉'라는 한자를 많이 쓰고 있는 데서도 알 수 있듯이 일본인의 삼 나무에 대한 호감도는 거의 육친에 대한 친근감 같은 것이라고 해도 좋을 듯싶다. 다만 봄철마다 그 꽃가루 때문에 지독한 알레르기 증 세를 앓는 사람들은 삼나무라면 지긋지긋하다고 할지 모른다. 그렇 긴 해도 무엇이나 아주 흔하면 귀한 줄 모르듯이 목재로서의 효용 가치 면에서도 노송老松나무보다 못하다는 사람도 있을 수 있다. (한 국에서는 '노송'이라는 말이 어울리지 않아서 그런지 '편백나무'로 통 칭하며, 이 교목이 희소가치 때문인지 삼나무보다는 인기가 더 높은 듯하다. 참고삼아 말한다면 삼나무는 주로 배를 모으는 데 쓰고, 집 을 짓는 데는 편백나무를 쓰는데, 특히나 짚 대신 없는 일본 특유의 집이나 사찰의 지붕 재료는 편백나무 줄기의 수피인 회피檜皮를 길게 뜯어내 가지런히 포개놓은 것이다. 그래서 지붕이 두툼하다, 매트리 스처럼.) 사람마다 취향은 천차만별이어서 편백나무나 삼나무 중 어 느 한쪽을 편애하는 거야 가타부타할 수 없지만, 둘 다 측백나뭇과 인(삼나무를 낙우송과로 분류해놓은 책도 있다. 박상진의 『우리나무 의 세계』 2권 참조) 이 일본산 특수종特樹種들은 인공 조림한 것이라 서 오늘날 더 세계적인 성가를 누리고 있기도 하다. 그러므로 두 나 무 중 어느 것을 일본의 국수로 골라잡아도 상관없겠으나, 성목成木 인 경우를 상정하여 그것을 목재로 쓸 것인가, 아니면 다른 용도로, 이를테면 레저생활의 운치 좋은 무대로 활용하든가 지진 등 재난 대 비용으로 써먹는지를 따지는 인간의 편의적 이기주의는 인류보다 훨 씬 더 긴 '역사'와 다사다난한 '생활세계'를 누려온 나무의 치열한 생존 전략 앞에서는 거의 무모한 타산일 것이다.

그런데 '인공 조림'이란 말이 시사하듯이 삼나무(더불어 편백나무까지도)의 기원설, 나아가서 '원산지 증명설'에 관해서는 이설異說이 분분하다. 중국 남부에도 삼나무는 밀생하고 있으므로(삼나무는 추위를 싫어하며, 흔히 사진이나 동영상으로 볼 수 있듯이 사람의 머리털처럼 빽빽하니 떼 지어 자라는 희한한 식물이다) 이런 대목에서도 다소 애교스러운 국수주의적 성향을 발휘해 거기가 삼나무의 고향이라고 주장하는 사람도 있다. 중국 쪽 주장이라서가 아니라 분포도의 열세 때문에라도 비학술적인 '고함'일 공산이 크다. 또한 제주도에도 삼나무 군락지가 있으며, 그 수종이 자생식물임이 밝혀졌다는 신문의 보도도 있었다. 삼나무 학명에도 *crytomeria japonica*라고 '일본'을 명기하고 있으니 군말 없이 승복하라는 자세는, 기왕의 학술적 정의를 의심하고 덤벼야 하는 학문적 입지와는 두동질 수 있다. 아무려나 제주도의 삼나무가 자생식물이라고 해서 '일본 원산지'설이 바뀔 리는 만무하다. 대규모 밀생지대가 일본에 있을 뿐만 아니라 나무란 홀씨의 자유자재로운 주거 이동에 따라서 얼마든지 세거지도 마련하고, 일가를 이룰 수 있으니까. 비록 음식일망정 카스텔라의 원산지가 스페인임에는 틀림없지만 그것의 활착과 개량과 소비에 성공한 일본의 성가를 무시할 수 없는 이치도 고려해볼 만하다. 물론 나무도 자연적으로 또는 인위적으로 원적지를 바꿀 수는 있다. 다만 시간이 흐를수록 자생식물의 원산지가 희미해질 따름이다.

이노우에 야스시井上靖의 어느 단편에 보면 고대에는 제주도가 일본 본토에 조공을 바치는 속국으로 그려져 있다. 지금의 한국인으로서는 지리상으로도 도저히 믿기지 않는 이 사실이 오히려 식물학적으로는 상당한 일리를 제공하고 있는 단면이다. 그 종자나 유목幼木이 어떤 식으로든 옮겨졌다는 사실이야말로 그만큼 사람끼리의 거래와 문물 교환이 이루어졌음을 증거하고 있으니까. 그러므로 제주도에서 자생하던 삼나무가 중국으로, 일본으로 퍼져갔을지도 모른다는 제멋대로식 상상도 나올 법하다. 그러고 보면 규슈 한복판 일대에 유독 삼나무 밀생지대가 산재해 있음도 주목에 값한다. 더욱이나 제주도 방언의 동사 종결어미에 아직 남아 있는 '맛수'가 일본어의 그것인 '마스'('입니다'에 해당되는 일본어)와 무척이나 닮아 있다는 언어학적 실례야말로 이노우에 야스시의 소설적 내용에 힘을 보태주고 있다. 아무튼 내가 주목한 바로는 일본의 중부 지방, 대략 니가타 현 북부(북위 38도 부근이다)까지가 삼나무의 경계지역이 아닌가 싶고, 더 북쪽으로는 역시 추운 기후 관계로 삼나무 군락의 밀도가 떨어져 소생疏生하는 듯했고, 보기에 따라서는 그 '허우대'도 헌걸스러운 멋이 줄어들 뿐만 아니라 어딘가 시들어 보였다.

말이 나온 김에 이노우에 야스시의 박학한 견문담 한 토막을 여기에 소개해도 좋을 듯하다. 역시 제목이 떠오르지는 않는데, 이노우에 야스시의 한 한국 탐방기에 '온 산을 둘러봐도 소나무뿐이다'라는 대목이 있었던 것으로 기억한다. 아마도 여몽연합군의 일본 정벌 실패기를 다룬 장편소설 『풍도風濤』를 쓰기 위한 자료 취재차였을 테고, 두어 차례 이상 내한했던 것으로 알려져 있다. 또한 내한할 때마다 가명을 썼다는데 일본에서 인기 작가였으므로 한국의 취재기자에게 시달릴 것을 예상하고 그랬는지 어쨌는지는 알 수 없다. 아직도 내 총기가 그런대로 쓸 만하다면 그때 그의 문장에는 어딘가 비아냥이랄까 경멸기가 잔뜩 묻어 있었다. 대번에 이상해서 나도 냉소를 배물었다. 누구라도 알다시피 일본에도 소나무는 전국 곳곳에 워낙 많고, 또 일본인의 의식 구조에 소나무가 얼마나 뿌리 깊이 밀착해 있는지는 지명이나 성명에 소나무 송松 자를 애용하는 데서도 여실히 드러나 있다. 그런데도 이노우에 야스시의 눈에는 한국의 산야에는 온통 소나무뿐이며, 그런 풍경은 쪽쪽 곧은 삼나무의 수해를 이룬 일본의 산지에 비해서는 어딘가 열악하고, 산세가 박복하게 비쳤는지 모른다. 최근의 한 통계에 따르면 소나무가 한국의 산림 면적에서 차지하는 비율은 27퍼센트에 불과한데도, 우리 강산에는 과연 소나무 천지라고 할 만큼 흔한 것도 사실이다. 특히나 해안지대에는 곰솔이라는 해송海松이, 깊은 산록에는 적송赤松이 빼곡하다. 내 관찰에 따르면 우리 땅의 지력 자체가 전반적으로 소나무와는 죽이 맞는지 산달이나 야지나 가릴 것 없이, 심지어는 바위 틈새에서까지 소나무는 착근을 잘하고, 성장도 빠르다. 물론 번식도 잘해서 낙락장송 두어 그루 밑의 야트막한 동산이 10여 년 만에 보득솔로 새카맣게 뒤덮이는 것을 내 눈으로 매일 확인하기도 했다.

아무튼 한국인의 심성에 소나무는 오래전부터 굳건하게 뿌리를 내리고 있어서 시조나 유행가 등에서도 기림의 대상이 되고 있음은 아는 바와 같다. 오죽했으면 애국가에서도 '남산 위에 저 소나무' 운운했을까.

최근에는 이 소나무 애호열이 지나쳐서 어울리지 않게도 서울 시내의 노른자위인 을지로 노변과 서울역 앞의 버스 승강대에까지 가로수로 심어놓았고, 고층아파트 단지에는 어김없이 키만 삐쭉하니 큰 신품종 소나무로 조경을 해놓고 있다. 지방에서는 한 그루에 억대를 호가하는 소나무가 부지기수이며, 매매도 곧잘 이루어진다는 풍문이 자자하다. 그 정도로 값진 '물건'의 감별법은 대체로 이런 모양이다. 곧 밑동이 튼튼하고, 용틀임이라는 말대로 구불구불하니 잘 뻗어나간 원줄기에 '자연적으로' 살아남은 가지들이 그늘을 알맞게 드리운 정도에 따라 값을 매긴다는 것이다. (밑동의 가지에다 함부로 톱질한 흔적이 있는 것은 하치로 따돌린다고 한다. 시 당국에서 봄마다 저지르는 가로수 가지치기는 분명히 '고발감'이다. '자연주의자'의 눈에는 정말로 거슬리는 풍경이다. 중국 항저우杭州의 서호西湖 일대에 가꿔놓은 플라타너스 가로수 터널 길은 가지치기의 불요성을 보여준다.) 나무 값은 깎지 말고 호가대로 주고받아야 한다는 속설이 과연 그럴싸하게 들릴 만큼 탐나는, 역시 팔공산 음덕을 고이 보듬었다 싶은 소나무들을 나도 서너 그루나 무르춤하니 주시한 바 있다. 그러나 해변가로나 깊은 산속으로 들어가면 대번에 눈독을 들일 만한 소나무를 자주 상면하는데, 그것을 과연 인가의 정원에 옮겨 심어도 그 풍치가 살아날까라는 생각을 나는 자주 하는 편이다.

이쯤에서 한 나라를 대표하는 특이한 수종 몇몇을 내가 목격한 대로 소개하는 것도 '나무 보호'와 '국수 제정'에 다소나마 이바지가 될 듯하다.

우연한 기회가 닿아 스위스 취리히에 사흘쯤 머문 적이 있다. 하루는 인근의 산악지대를 관광하느라고 말로만 듣던 스위스 명물인 톱니바퀴식 철도를(발명자의 이름을 따서 아프트식 철도라고 한다) 타고 올라가려니까 응달의 가파른 산기슭에 독일가문비나무가 빼곡하니 장관을 이루고 있었다. 한눈에 봐도 사람의 손끝이 전혀 닿지 않은 처녀림 수해가 털거덕거리면서 거북이걸음을 떼놓는 철길의 한쪽 면에 울울창창했다. 독일가문비나무는 바늘잎이 치열하게 박인 호밋자루 같은 가지가 아래로 축축 처지면서 거기에 솔방울이 오골오골 맺힌다. 가지의 밀생도가 워낙 빽빽하고, 사방으로 뻗어나가는데, 연녹색의 새순이 가지 끝에 파딱파딱 맺히면(겨울눈이라고 하며 봄에서 여름까지 계속 눈망울을 굴린다) 상고대를 덮어 쓴 나무처럼 보기에 아주 좋다.

이 독일가문비나무의 장관에 대해서는 토마스 만의 걸작 『마의 산』에도 두어 번인가 나오는데, 내가 그 감회에 젖어 있으려니까 동행하던 독문학자가 어느 한쪽을(햇살로 보아 아마도 서북쪽이었지 않나 싶다) 가리키며 바로 그 작품의 배경이 된 휴양지가 저쪽에 있고, 만의 아카이브도 있다고 했다. 혼자서라도 이번 기회에 한번 가볼 테냐고 물었으나, 자연림으로서의 독일가문비나무의 수해를 본 것만으로도 족하다는 생각으로 나는 고개를 저었다. 추위에도 워낙 강하다는 나무인데도 그날 그 산정 일대에서는 볼 수 없어서 서운하기 짝이 없었다. 아마도 독일가문비나무는 습기를 좋아하고 양지를 싫어하든지, 시계를 열어놓기 위해 관광 당국이 베어버리지나 않았는지 실로 궁금했다. 물론 우리나라에도 이 독일가문비나무를 풍치목으로 더러 심어놓은 것이 눈에 띄지만, 대개 다 쓸데없이 밑동에서부터 가지치기를 해서인지 한때 내가 취리히 산자락에서 본 그 거수巨樹들의 풍모가 간곳없다. 나무도 그 지형·지세·풍토와 어울리는 것이 따로 있는 듯하다. 아무리 행세하는 유명 인사라도 앉은 자리마다 촌티를 못 벗어서 보기에 민망할 때가 있듯이.

최근에 그 풍토와 아주 잘 어울리는 나무로는 오스트레일리아 남부, 그중에서도 멜버른에서 서남 방향 해안가 일대에 밀생해 있던 유칼립투스를 꼽을 수 있다. 그레이트 오션 로드라는 잘 닦인 고속도로변에는 벌판과 야트막한 구릉지가 끝없이 펼쳐져 있었는데, 희한하게도 높은 산은 안 보이고 판판한 야산과 두두룩한 들판뿐이었다. 역시 대륙답게 그런 벌판은 대규모로 조성해놓은 경작지에 비해서는 덤불 천지의 거친 산야에 불과했다. 워낙 물이 귀한 건조지역이어서 키 큰 교목이 자랄 수 없는 모양이었다. 그래도 해안가, 분지, 계곡 일대에는 뿌연 유칼립투스가 은은한 방향芳香을 내뿜으며 밀림을 이루고 있었다. 코알라가 그 방향에 취한 채 굵은 가지마다에 둥글둥글한 몸매로 매달려 죽은 듯이 잠자고 있는 광경도 자주 목격되었다. 수양버들처럼 길고 두꺼운 유칼립투스 잎사귀가 그 길이 때문에 오그라든 채로 땅바닥에 지천으로 깔려 있기도 했다.

그러나 뭐니 뭐니 해도 오스트레일리아의 명물은 '남양삼나무'라는 거대한 교목이었다. 이파리가 철사처럼 빳빳하게 또 굵게 뻗어 있고, 줄기도 꼿꼿하게 치솟아서 말 그대로 하늘 높은 줄 모르고 '까마득하게' 멀어지며, 가지가 워낙 밀생해서 밑자락부터 송곳 같은 틈도 안 보이는 침엽수였다. 아예 작정하고 공원수나 가로수로 식재해두었는가 하면 해안가에는 방풍림 겸 풍치림으로 가지런히 심어두어서 경관을 살리고 있었다. 나무의 허우대도 워낙 거목인 데다 그 인물이 압도적으로 걸물이어서 학명까지 적어왔다. *Araucaria Hetrophylla.* 귀국해서 알아봤더니 김진석·김태영의 『한국의 나무』에는 금송·개잎갈나무(히말라야시다)와 함께 세계 3대 정원수로 친다며 전 세계적으로 널리 식재하고 있다고 되어 있다. 그런데 오스트레일리아에서 적어온 그 학명 밑에는 '노퍽Norfolk 섬 소나무'라고 부기해놓고 있었다. 노퍽 섬은 뉴질랜드 서북쪽 75킬로미터상에 있는 오스트레일리아령의 화산섬인 모양인데, 그 앞에 서면 외경감이 저

나라나무가 없다니

절로 우러나오는 이 기목奇木의 원생지가 왜 그곳이었을까라는 물음 앞에서는 말문이 막힌다. 또한 멜버른 도심 곳곳에는 이 남양삼나무를 가로수로 촘촘히 심어두고 있던데, 과연 북반구의 온대지역에서도 잘 자라는지, 성장도 빠른지, 그 당당한 용자勇姿가 우리 풍토에도 어울릴지 알 수 없다. 미구에 이 남양삼나무를 다시 한번 보기 위해서라도 나는 오스트레일리아행을 불사할 참이다. 감히 주제넘게 냅뜨는 것 같아 민망하지만, 오스트레일리아 당국은 장차 국수로 유칼립투스나 노펙 섬 소나무 중 어느 것으로 택할지 한참이나 고민해야 할 날이 머잖은 것 같다. 흡사 캐나다가 국기 논쟁으로 100년 이상을 가타부타하다가 결국에는 단풍나무 이파리를 깔끔하게 도안했듯이.

일일이 다 짚고 넘어갈 수 없지만, 이웃 나라 중국도 꽃 못지않게 나무를 사랑하고 있음은 여러 문헌에 간단없이 기술되어 있다. 『금병매』에도 호색한 서문경이 바쁜 걸음으로 들락거리는 집집마다 나무를 심어놓고, 그 그늘에서 때맞춰 노닥거림으로써 음밀한 정서를 저절로 조장하는 실례가 그것이다.

각설하고 이때껏 화석나무라고만 알려졌던 메타세쿼이아가 양쯔 강 상류에서 실물로 발견된 후, 불과 반세기 남짓 만에 우리나라에서도 가장 인기 좋은 풍치목으로 자리잡은 것은 익히 봐오는 바와 같다. 이 '인물' 좋은 나무의 원산지 근방인 장자제張家界의 협곡을 거닐며 그 수해를 눈여겨봤더니, 나무 역시 본바닥의 세거지에서 자라야 하지 않을까 싶었다. 이 나무는 물을 좋아해서 중국과 북한에서는 수삼水杉이라고 부르며, 그래서 물가에서라야 잘 자라는 것으로 알려져 있지만, 이제 나라마다 가로수나 풍치목으로 많이 심어서 '자생지'

를 따질 빌미도 없어졌다. 그런데 우리나라에서는 대단위 아파트 단지에 조경용으로 이 키 큰 나무를 많이 심는 거야 이해할 수 있지만, 어떻게 머리를 굴렸기에 건축물 벽에다 바투 심어두곤 해서 성목이 되면 정확히 이등변삼각형이(나무 관련 서적에는 흔히 피라미드형이라고 소묘하는데, 유심히 보면 가당찮다는 표현법이 아닌가 싶다, 아마도 원통형이 다소 나은 비유일 것이다) 되는 이 나무의 틀거지를 삐딱하니 망가뜨려놓고 있기도 하다. 어쨌든 중국은 이 수종의 종주국임을 자임하려는지 상하이에서 항저우로 내려가는 고속도로변에다 대단위 묘목장을 조성해두고 있었다. 일본은 중부 이북에, 특히나 홋카이도에 이 나무를 더러 심어두었던데, 재질이 물러서 쓸모는 별로 없는 걸 알고 풍치림으로 심어놓은 게 아닌가 싶었다. 벌레도 끓지 않고 성장도 빠른 데다 바늘잎나무치고는 낙엽수라서(앞서 인용한 두 공저자의 도감에는 '상록교목'이라고 못 박고 있는데 단순 오식인 듯하다) 가을에 단풍이 들면 그 갈색의 외관보다는 땅바닥을 뒤덮는 갈잎의 경관이 아주 멋지다. 자문을 받아 그 장단점을 소상히 알고 있었을 박정희 전 대통령이 이 나무를 유독 좋아했다니까 그이의 성정이 대강이나마 짚여오는 데가 있는 셈이다.

이제 감히 내 사견을 말한다면 그 꾸불퉁거리는 가지와 줄기의 '자연미'는(실은 쭉쭉 뻗어나가고 쪽 곧게 치솟는 자연미가 흔한데도) 한껏 상찬할 만해도 풍치나 용모도 상대적으로 덜 씩씩하고, 재목으로서의 쓰임새도 제한적인(웬만큼 곧아야 대들보나 기둥으로 쓸 수 있다) 우리의 국수 소나무를 나는 그렇게 좋아하지 않는다. 벌레가 끓고 병충해에 약해서가 아니다. 그런 취약점은 가꾸기 나름이다. 그거야 어쨌든 나무는 우선 전나무처럼 쭉쭉 곧게 뻗어나가야 하고,

나라나무가 없다니

'인물'이 시원하니 잘생긴 데다 늘품이나 기상이 우뚝해야 눈이 시원해지기 때문이다.

다시 한번 화두를 돌려세우면 이노우에 야스시의 예의 그 '온 산을 둘러봐도 소나무뿐이다'라는 단언의 진의가 자못 궁금할 뿐이다. 여기서 첨언해도 좋은 사실 하나는, 남해 쪽 한 내지에 가로수로 그 곰솔을 촘촘히 심어두고 있는 것을 최근에 나는 목격했는데, 그늘도 없어서 좀 쓸쓸해 보이고, 가로수로나 풍치목으로도 어울리지 않았다. 앞으로 그 소나무들이 성목으로 자란 다음의 광경이 어떨지, 나에게는 비상한 관심의 표적이 되어 있다. 어떻하든지 쓰개는 덮어 쓰고 싶어서 중절모를 구했는데 고무신을 신고 나선 것 같은 을지로의 그 소나무 가로수보다는 다소 함초롬한 자태가 드리워져 있었지만, 역시 낯설었다.

움이 막 트기 시작하는 봄철이나 낙엽이 지천으로 깔린 늦가을에 산길을 밟다보면 이 세상에 사람의 머리나 노력으로는 다 헤아릴 수 없는 것이 무엇일까를 나는 곰곰이 생각한다. 아마도 '불가사이'나 '무량대수' 같은 숫자를 지어낸 인류의 '착상'도 그 대상은 결국 온 천하를 뒤덮는 나뭇잎이 아니었을까.

2. 일본 작가들의 난해한 정직성

—

—

—

최근에 우리말로 옮겨져 출간된 오에 겐자부로大江健三郎의 대담집『작가 자신을 말한다』를 통독하면서, 왜 일본 작가들은 하나같이 이처럼 자신의 전모를 숨김없이 드러내려고 안달일까, 독자들의 과도한 관심에 꼭 부응해야만 작가로서의 의무를 다한다고 생각하는 것일까, 작가도 한낱 인간에 지나지 않으므로 정직해야만 한다는 사회적 압력의 수위가 높든 말든 매스컴을 통한 '소통'의 권리는 당사자가 지키기 나름이잖나 하는 해묵은 의문이 시종일관 내 뇌리에서 떨어지지 않았다.

사실 이런 의문의 기원은 일본 근대소설의 특별한 양식이라고 해도 좋을 '사소설'에 있다. 하기야 지나치다 싶게 솔직한 그런 사소설을 한때 나도 닥치는 대로 읽어버릇했으므로 내 그런 의문은 해묵은 화두였다. 모든 화두가 그런 것처럼 사소설 내지는 '고백문학'이란 양식도 붓 가는 대로 따라 쓴다는('붓=생각'이라고 해도 어폐가 심한 수사임은 뻔하다) 수필과는 엄청나게 달라서 함부로 말하기 어려운 대목이 곳곳에 복병처럼 산재해 있음은 말할 나위도 없다. 우선 '어디까지 털어놓는단 말인가'라는 원초적인 질문만 하더라도 그 경계선에 대한 숱한 상념이 돈 이자야 어찌됐든 원금부터 갚으라는 최고장催告狀처럼 연방 날아오게 마련이다. 자신의 치부야말로 못난 성깔이 저질러버린 덤터기이자 지 혼자 즐기다 들통이 나버린 남우세가 마리일 테니까.

내 나름대로 일본 소설을 열심히 읽어가면서 우리 것과 다른 점을, 그 장단점과 더불어 특유의 시각을 더듬어가던 시절, 내 명치께가 뜨끔해질 정도로 충격적인, 그 좀 야릇한 '소설 같은 고백'은 시마자키 도손鳥崎藤村의 일화 둘이었다. 그중 하나는 자신의 친조카와 상간相姦했다는 도저히 믿기지 않는 술회였고, 다른 하나는 그가 어떤 희생을 무릅쓰고라도 장편소설 『파계』를 완성시키기 위해서 생활비를 최대한으로 줄인 통에 그 여파로 가족들이 영양실조에 시달리다가 결국 딸들이 차례로 죽어갔다는 실토였다.

먼저 후자인 이 비참한 실화는 결국 미필적고의에 의한 치사죄를 물을 만한 범법 사실로서 시가 나오야志賀直哉의 단편 「구니코邦子」에서도 인용되고 있으므로 다시 따오면 다음과 같다.

'지금으로부터 이십 몇 년인가 전에 시마자키 도손이 『파계』라는 소설을 쓰고 있을 때, 어떠한 희생을 당할지라도 그 일만은 완성시킬 결심으로 가급적 생활을 긴축시켜, 가족들은 그 때문에 영양부족이 되고, 몇 명인가의 딸이 하나하나 죽어간 사실을 쓴 적이 있다. 나는 그것을 보고 퍽 화를 냈다. 『파계』가 그만한 가치의 작품이냐고 항의하고 싶어졌다. 몇 명인가의 딸이 그 때문에 죽었다는 것은 예사로운 사건이 아니다. 『파계』가 완성되고 안 되는 문제 정도가 아니잖느냐고 생각했었다.'

위 인용문에서 작중화자 '나'는 극작가라고 되어 있으니 시가 나오야 자신이 아니라기보다는 그의 분신쯤 되겠는데, 짐짓 조작한 그 주인공의 실체에 가탁假託하여 11년 연상의 문단 선배 시마자키 도손을,

그의 작가로서의 윤리의식을 노골적으로 비난하려는 장치라고 해도 좋을 듯하다. (미리 말해두면 '나도 새 희곡쓰기에 매몰되어 아내 구니코를 죽음으로 몰아간다.') 일본의 사소설은 이처럼 겹겹으로 '까발림으로써', 내 식의 표현으로는 '장르의 확산' 나아가서 '생업의 장인화'에 몰입하며, 이런 관계망 얽어가기가 섬나라 전체와 그 구성원들을 국지화(동네화)/가족화(피붙이화)시켜간다. '외부'야 어떻게 돌아가든 '우리끼리'인데 얼마든지 솔직하고, 또 정직하게 살아가면 그뿐이지 않겠냐라는 발상이 저절로 꿈틀거린다고 해도 어긋진 말은 아닐 것이다.

참으로 희귀한 발상인데, 그 연장선상에 앞의 실화 곧 조카딸과의 불륜관계와 그 '고백'이 있다. 하기야 내남없이 인간은 '성적인 동물'일 수밖에 없으므로 만부득이 저지를 수 있는, 아니, 말이 틀렸다, 어느 순간에 저절로 저질러지는 실수가 운명적으로 닥치게 마련이다. 소설가에게는 역시 '범죄적 발상'의 조작자답게 세상살이의 고비마다에 어떤 팔자로서의 '소설 같은 해프닝'이 뜬금없이 들이닥치는지 시마자키 도손은 10년 남짓의 결혼생활을 영위하던 중 부인이 넷째 딸을 낳다가 과다출혈로 죽는 봉변을 겪고, 그 후 작은아버지 댁의 가사를 도와주러 온 조카딸과 관계를 맺은 모양이니, 어떻게 보면 '무척이나 그럴듯한 이바구' 같은 설정이 현실로 들이닥친 셈이다. 부인과 사별할 때 그의 나이도 서른여덟 살이었다고 하니 이래저래 실화적/소설적 개연성은 점증하는 국면이다. 누구라도 겪어보면 알듯이 그 나이 때는 세상을 알 만큼 안다는 자만심으로, 또 여자도 웬만큼 겪어봤다는 교만으로 스스로를 철없이 과신하므로 뜨겁고도 싸늘한 정서가 하루에도 여러 차례씩 들끓게 마련이며, 그런 심경 변화에 시의적절한 윤리적 잣대를 꼬박꼬박 들이대는 남자는 있을 수 없다. 혹시라도 있다면 그 인간은 '뼛속까지' 위선자일 뿐이다. 좋다 나쁘다 할 것도 없이 그런 유의 탈바가지를 뒤집어쓰는 것이, 또 때와 장소와 경우에 따라 그렇게 굴러가는 것이 사내의 숙명이자 멍에다. 흡사 상품의 다른 이름이 쓰레기이듯이 윤리와 도덕의 이면에 가식과 위선이 웅크리고 있음은 재론의 여지조차 없다.

요컨대 그런 성적 파탄은 흔히 하는 말대로 '무덤 속에까지 비밀'로 가지고 가야 할 개인적/항구적 트라우마다. 그런데 일본 작가는 그것을 기어코 실토한다. 누가 고백하라고 강요하지 않는데도 말이다. 설마 소설로 써먹을 소재가 궁해서 그럴까, 그렇지는 않을 것이다. 작가는 글을 팔아서 생계를 때워가는 팔자이고, 장르를 불문하고 전문적인 글쓰기란 어차피 대중을 상대하는 공적인 행위인 만큼 자발적 윤리의식에 최대한 성실히 복무해야 하므로 어떤 경우에도 스스로 면죄부를 팔아서는 안 된다고? 과연 그럴듯하다.

그렇다면 일본 특유의 지적 풍토에서 소설쓰기라는 문학 행위 자체를 애초부터 '일상의 기록 → 반성 → 자기 갱신(또는 자기완성)'으로 받아들였다는 혐의가 짙다. (유심히 들여다보면 일본 소설에는 어느 것이나, 이것은 한낱 소설일 뿐이다라는 자의식과 더불어, 작가들이 소설도 상품이라며 고객에게 나름의 사용가치를 반드시 집어주려는 안간힘이 비친다. 이 점이 한국 소설에는 다소 희박한 것으로 비치는데 일종의 '현대성' 여부로 의미 부여할 수 있다.) 그러니까 작가가 오로지 주목하는 대상은 자기 자신인 '나'뿐이다. '남'은 관심 밖이다. 여기서의 남은 '사회'나 '세계'의 다른 말이다. 그것들에 대해서 오불관언하겠다는 입지는 장인정신의 생활 태도와 영판 한 본이다. 이런 기류는 근대 곧 메이지 유신 이전부터 일본 사회 전반에 널리 퍼져 있던 일종의 풍토성이기도 할 테고, 사소설의 기름진 토양으로서는 안성맞춤이었던 셈이다. 그러므로 '자기완성'만을 추구한다는 결사적 명분 때문에라도 작가는 남과 사회로부터 스스로를 한사코 격리시킴으로써 자족에 빠진다. 장인들의 일상 및 그 추구벽과 정확히 일맥상통하는 것이다. 바로 그런 은둔은 자기만 고고한 체하는 어떤 '포즈'로 비칠 수 있지만, 작가는 즉각, '나' 자신이 죄인이라는데 무슨 말이 많아, 나는 적어도 참회하고 있단 말이야, 자기 유폐가 무슨 말인지 알아, 하고 대든다. 그런 보상심리는 작가 자신의 실존에 상당한 후광으로 작용해 스스로 도취와 최면에 빠지고 급기야는 안심입명까지 넘보게 만든다.

거칠게나마 이런 이해를 펼쳐가면 일본 사소설에서 '근친상간'과 같은 거창한 소재 따위도 실은 '자백→구도求道→이해 초월→작품 완성'이라는 회로 속에 감김으로써 몰라보게 '아무것도 아닌 것'으로 변해버리고, 그런 반인륜적 행위의 희생자인 조카의 신분 공개 같은 사소한 인권 침해도 안중에 없게 된다. 요컨대 장인이 어떤 '물건'을, 작가가 한 '작품'을 완성시킴으로써 자기 자신은 물론이려니와 그의 삶과 가족 같은 '부속 인물'들은 얼마든지 희생물이 되어도 어쩔 수 없다는 논리다. 그렇다면 얻은 것은 작품이고 잃은 것은 사람이다라는 간단한 도식에 이른다고 할지 모른다. 그렇지 않다. 모든 인간의 삶에 드리운 '범속성'을 떨쳐버렸다는 점에서 작가 자신은 어떤 초월적 존재가 되어서 범부의 지위를 벗어난다. 그러므로 일본 풍속에는 '신'을 아주 만만하게 보고, 곳곳에 그 등가물인 '우상'이 산재한다. 요컨대 일부러, 또 생리적으로 그런 것을 만들고 기려야 편하다는 추론도 성급하게 나설 만하다. 위에서 인용한 시가 나오야의 별칭도 '소설의 신'이다. 장편소설을 딱 한 편만 '완성시킨' 사람을 소설의 신이라고까지 자연스럽게 우상시하는 통속성이야말로 일본적 국수주의의 전형이다. 아무튼 다소 치기만만한 이런 소년적 감개가 사소설의 솔직담백한 면면을 지탱시키면서 작가마다 경쟁적으로, 내 고백에는 한점의 거짓도 없고 나 자신의 심경도 진실하다는 탈속화/신비화로 줄달음치게 만든다. 생업에 목숨을 걸면서 스스로를 우상의 반열에 올려놓으려는 이런 몸부림은 사무라이들의 빳빳하나 허무맹랑한 생과 사에도 그대로 도출되어 있다. 또한 그런 작위적 생애 자체를 격려하고, 서로 흉내 내려는 기조는 일본인들의 범속한 심성에 깊숙이 자리 잡고 있는 것처럼 보인다.

결국 사소설이라는 양식은 굳이 '교훈' 같은 데마고기를 무시하더라도 '고백→반성→갱신→탈속→우상'이라는 단조로운 도식에 따라 인생 전반의 지혜를 내발적으로 구축함으로써 작가에게는 아주 '편한 글쓰기 형식'이 된다. 그러니까 범박하게 말해서 일본 작가들에게 '사회주의적 사실주의'와 같은 문학 이념은 무척 동떨어져 있는 피안의 등불에 가깝다. 생리적으로도/풍토상으로도 그런 거창한 교조적 원리는 맞지 않다. 따라서 '참여소설'과 같은 우람한 함성도 시건방져 보일 뿐만 아니라 세상을 고발하고 사회상의 지리멸렬을 폭로하기 전에 '자기 고백'이 우선이다라는 '개인적 육성' 앞에서는 힘을 잃고 만다. 그러고 보면 일본 문학 전반에서 '참여문학'이 차지하는 비중은 보잘것없으며, 그런 유의 몇몇 작품도 어색한 조작미로, 신변잡기로, 심경 변화의 저작으로 주저앉아 있음도 주목에 값한다. 이런 사회적/문단적 기류 속에서 제 전신만을 뚜릿뚜릿 살피며 조심스럽게 숨을 쉬어야 하는 작가로서는 이래저래 일석이조다. '소루한 조작미'를 일단 우선적으로 따돌림으로써 작품의 위상도 그럴듯해지고, 무반성적인 장삼이사들과는 단연 차별화된 작가 자신의 인품마저 안개 속에서 청명한 하늘로 치솟아 오르니까.

우리의 경우는 전혀 다르다. 소설적인 자기 고백의 형식을 잠시 유보해둔다면 단적으로 '회고록'이나 '전기' 같은 주관적/객관적 양식조차 제대로 틀을 못 갖추고 있다. 좀 구차스럽게도 여러 변명성 이유를 끌어올 수 있는데, 사화 같은 정쟁이나 반공/친공에 대한 단말마적 추적, 구타, 살해 같은 역사적 문맥이 그런 '글쓰기' 행태의 자존과 자립을 철저히 조져왔음이 그것이다. 온통 거짓말투성이거나 자화자찬의 그런 '자기 고백' 양식은 유명 인사들의 허명과 실상이 얼마나 동떨어져 있는지를 일목요연하게 보여주면서, 글쓰기라는 제도를 함부로 남발했다가는 얼마나 심각한 자기 손괴를 초래하는지를 웅변으로 말해준다.

비근한 실례가 무척 많지만 다 생략하기로 하고 얼핏 떠오르는 사례만 몇몇 열거하면 다음과 같다.

우선 문헌적인 경우로서 여기서조차 익명화시키는 딱한 사정도 우리의 쉬쉬주의 풍토 때문임은 쉬 짐작이 갈 것이다. 벌써 수년 전에 국내에도 번역된 일제 치하의 '경성문단 교우록'이라고 할 만한, 세태소설을 빙자한 일본 작가의 희작戱作 같은 장편소설 속에 좀 색다른 '고발'이, 조선인 너희는 아직도 모른 체하고 있지라는 투로 소개되어 있다. (그 서술 기조가 조롱과 비아냥으로 점철되어 있어서 열독 중 내내 내 얼굴이 붉으락푸르락했음을 첨언해두어야겠다.)

일본 작가의 시선에는 별것도 아닌 그 비화는 물론 남녀 간의 사통을 언급하고 있는데, 당시 제일가는 문학평론가 모씨와 여류 시인 모씨는 내연관계를 넘어 한쪽이 정부이고 다른 한쪽은 첩이라는 것이다. 요즘의 페미니스트라면 펄쩍 뛰고 나서서 기염을 토할 사안일 테지만, 당시 우리나라 혼인 풍속으로 그 정도의 소실치레는 항다반사였고, 심신이 두루 복대기는 그런 호사에의 걸떡거림도 남자 명색으로서는 하나의 능력이었다. 그거야 어떻든 두 사람의 입신도 그만한 여유를 누리기에는 모자람이 없었다. 곧 정부 쪽 모씨는 경성제대 영문과 출신으로 조선인으로서는 최초로 모교 강사에 선임된 양반이었고(그 당시 강사는 요즘의 비정규직 '보따리 장사'와는 달리 정식교수 요원으로 임용된 당당한 직위였다), 그의 상대자 모 여류 시인은 한 국어사전에 따르면 '여성적인 예리한 감각과 청수淸秀한 서정이 담긴 시'를 쓴다는 요조숙녀였다.

또 다른 사례는 최근에까지도 도하의 몇몇 신문에서 거론하다 흐지부지 흘려버린 미제 건으로, 추상화가로서는 명성으로나 실적으로나 최정상급이었던 수화樹話 화백의 작고한 부인이 한때 천재기가 여실했다는, 또 천부의 재능을 타고났다는 자의식을 스스로 조장, 과시하는 '포즈'에도 능했던 어느 유명 문인과 동거생활을 했다는 명명백백한 (소설사적) 사실을 이제 와서 또 새삼스럽게 들춰낸다고 유족 측에서 들고일어났을 뿐만 아니라 그런 뒷구멍 캐기식 조명 일체를 틀어막아버린 사단이 그것이다. 이 경우도 이미 여러 형식의 기록으로 활자화되어 있기도 하려니와 '널리 알려진 비밀'임은 공지의 사실인데도 더 이상 학문적으로나/예술적으로나 초들어 말하지 말라고 (아주 관습적인) 못질을 해대는 꼴이다. 아마도 법률적으로는 이런 강압적 조치에 '표현의 자유'를 제한했다는 트집을 잡아 상당한 불이익을 감수하라는 판결을 받아도 유족 측이 꼼짝 못하지 않을까 싶기도 하다.

마지막으로 털어놓고 싶은 사례는, 내가 한때 직장 상관으로(그 양반은 어느 신문사 문화부에서 명색 민완 기자로 재직한 경력의 소유자였고, 자기 말로는 사흘이 멀다하고 김시인이 찾아와서 대낮부터 함께 '퍼마셨다'고 했다) 모시던 사람을 통해 들은 믿을 만한 구전으로서 김수영 시인의 생전 일화들이다. 이 '흘러간 옛 노래'와 같은 실화도 유족 측의 예의 그 상습적인 항의를 만부득이 의식하지 않을 수 없어서 이런 지면에서조차 공개할 수 없는 것이 안타깝지만, 그이의 그 해괴한 버릇이랄까, 익살기와 비장미를 한목에 끌어다 부려놓는 그 언행 일체를 듣고 나니 그때까지 활자로만 알고 있던 한 시인의 전모가 다시 보이는가 하면 그 힘찬 시어와 착실한 일상의 기록들에 진정성이 두어 배나 더 올라붙던 내 심경의 변화만큼은 특기해 두어도 좋을 것이다. (최근에 김수영 시인의 미망인께서 오쟁이 진 고인의 처신, 모주꾼으로서의 여러 곰살궂은 기행, 역시 문사답게 질투벽이 우심했던 천성 등등을 꽤 소상하게 털어놓음으로써 또 다른 '전설화'에 기여한 바 있지만, 그래도 내가 알고 있는 그이의 또 다른 '전신상'과는 여전히 현격한 차이가 있었다.)

이미 행간에서 넘쳐나는 내 진의대로 우리의 쉬쉬주의는 (요즘 문자속을 빌리자면) '신상털기'에 활수한 일본의 전통과 풍속에 견주면 얼토당토않은 생떼거리나 마찬가지다. 이미 알려질 대로 알려진 혼외 정사일 뿐이고, 유사 이래 하늘 밑에서 벌어진 일치고 새로운 것 없다는 진리의 말씀처럼 흔해빠진 불륜 행위에 지나지 않음에도 불구하고 짐짓 소란을 피우는 꼴인 것이다. 누구라도 한때의 넘쳐나는 리비도의 등쌀에 시달리다보면 그런 철딱서니 없는 탐욕에 코를 처박고 제정신을 못 차리곤 한다. 그뿐이다. 쉬쉬하고 말고를 따질 것도 없이 아예 쉬쉬거리가 안 된다고 해야 맞는 말일지 모른다. 우리 주변에서 일어나는 그런 종류의 춘사가 다 그렇게 불거졌다가 이내 봄눈 슬듯이 없어지는 것을 빤히 봐오고 있다. 그럼에도 불구하고 이름깨나 날리는 명색 '먹물'들은 유독 그런 유의 구설수에는 기겁하며 몸부터 사리느라고 허둥거린다. 그 본을 받아서 유족들은 삿대질을 앞세우며 난리다. 예삿일이 아니라 차제에 이성적으로/다각적으로 따져봐야 할 우리의 이상스러운 풍토성임에 틀림없다. 이미 드러나 있는 대로 일본과는 전적으로 상반되는 세속의 풍경인 것이다. (물론 일본에서도 주로 신문 지상을 통한 유명인들의 염문·치정 같은 가십성의 사생활 까발림에 대해서 피해 당사자와 그 주변의 교양인들이 정색하고 타기하지만, 그런 '특종'을 '표현의 자유'라는 측면에서 용납하는 한편으로 불특정 다수가 어떤 선까지의 '공개'를 이용하기도 한다. 그 정황 역시 「구니코」에 진술하게 소개되어 있다.)

좀 피상적인 채로나마 내가 알고 있는 일본 문학의 전반적인 수준과 그것에의 의미 부여를 통해 그들의 국문학을 기리는 정도 및 그 연찬 방법은 우리의 그것과는 많이 다른 듯하다. 우선 외국의 짱짱한 문예 사조나 문학 이론을 곧장 들여와서 웬만큼 소화해내는 기량은 그대로 유지하면서 그들만의 연구방법론을 철저히 고수하는 자세가 그것이다. 이를테면 작가의 생애와 성격 따위는 일단 괄호 속에 묶어놓고 작품만을 탐색, 평가하는 신비평이나, 문학은 진부한 현실과 사상事象 일체를 시종일관 삐딱하게 보면서 관습/우상에 딴죽걸기의 한 양식일 뿐이라는 러시아 형식주의 같은 문학 이론이 한동안 유행병처럼 성가를 누리든 말든 대상 작가의 정신적/물질적 생애 전반에 대해 미주알고주알 캐내서 더 이상 모르는 게 없는 지점에 이른 후, 이번에는 특정 작품을 도마 위에 올려놓고 찬찬히 저며나간다. 그런 자세는 어차피 하려고 덤벼들었으니 제대로 해보자는 장인의식의 발로일 수도 있고, 변덕 부리지 말고 이때껏 해온 대로 지킬 것은 지키자는 전통 고수에 대한 집착일 수 있다. 물론 이런 연찬에는 장단점이 따른다. 어느 한 작가에 대한 선입관이 특정 작품의 해석을 엉뚱한 쪽으로 몰아가서 그 대상작의 역사적 소명 일체를 과소/과대평가할 수 있다는 단면적 시각이 그것이다.

좀더 전문적인 설풀이를 늘어놓을 자리도 아니고, 그럴 만한 소양도 태부족임을 자임하면서, 요점을 서둘러 말하면 이렇다. 일본 문학의 창작과 그것의 '빛내기'에 종사하는 문인과 그 소수인 문학평론가들은 상당한 정도로 '주체적'인 자세를 견지하고 있다고 해야 할 것이다. (이런 대목에서조차 '국수주의적 경향'을 끌어와 재단 평가할 수는 없을 듯하다. 어느 작가인들 제 손안의 무기인 모국어에 대한 애착이 없겠는가.) 그래서 그런 실적이 강단 쪽에서나 문단 쪽에서나, 또 학구적으로나 문학비평적으로나 출판계의 활수한 거둠손 아래 나름의 소임을 펼쳐나가고 있다. 물론 그릇의 크기도 나르고 천착의 심도도 유별나서 단순 비교는 어불성설일지 모르나 우리의(문학 창작 수준이야 일단 괄호 속에 묶어놓고) 그 독해/연구만 언급한다면, 한마디로 이것도 저것도 아니면서, 우선 듣기로는 제법 그럴듯해 보이는 '남의 사조'를 그때마다 마구 둘러 맞춰내는 '이상한 전통'에서 한 발자국도 더 나아가지 않고 있다는(다분히 그렇게 비치고 있는 듯한), 그 통에 창작 쪽도 지지부진하다는 감상을 지울 수 없다.

여러 말 할 것 없이 이런 성마른 도식적 결론을 추출해낼 수 있다. 정직은 문학 창작의 생명이다. 글이란 장르를 불문하고 진실을 담는 그릇이기 때문이다. 거짓말을 해대는 글은, 내가 보기에 산문에서, 그 중에서도 소설과 문학평론에서 가장 두드러지게, 그것도 즉석에서 고약한 냄새를 피우며 맡아지게 된다는 사실이다. 아무튼 문학의 솔직한 생명력인 리비도는 근본적으로 자기 자신과의 겸허한 대면에서 샘솟기 때문이다. 거울 앞에 나타난 전신상은 그 자체가 이미 숨기고 말고 할 것도 없이 적나라한 자기 나신임으로 정직한 눈길로 느긋하게 톺아보기만 하는 것으로도 족하다. 거기서 무엇을 보느냐는 것은, 또 그 눈매의 신실성 정도는 각자 몫이다. 더러는 자신의 치부를, 정욕을, 거짓을, 짜증을, 심술을, 옹졸을 읽기도 할 것이다. 그러나 그것들을 어떻게 드러내느냐 하는 '기술'은 또 다른 차원의 논란거리다. 따라서 쉬쉬주의는 자기 대면의 기피 현상에 다름 아니다. 자신의 못난 신체 부위를 보지 않겠다는 것은 철부지의 생떼거리나 위선 그 자체다. 문학 창작을 충동이는 여러 요소 중에 매명 욕구와 자기 자랑벽도 암류할 터이나 자기모멸이나 자기 기피 심리는 발붙일 여지가 거의 없지 않나 싶다. 그것이 지나치게 분출하고 있다면 거울을 보지도 않을 터이기 때문이다. 그러므로 자기 대면은 문학 종사자의 권리이자 의무다. 창작 쪽에 종사하는 문인이든 그것이 가짜인지 진짜인지를 분별, 도해하는 제2의 창작인이든 부정직하다면 반풍수나 마찬가지다. 당연하게도 쉬쉬주의가 만연하는 풍토에서 '옳은' 문학을, 그것에 대한 정당한 평가를 기대하기는 어렵다.

물론 우리 문학계에도 자기 자신을 정색화/희화화한 3인칭/1인칭 소설은 무수하다. 그것들마다 과연 사소설의 반열에 올려놓을 수 있을 것인지 어떤지 나로서는 판단하기가 지난하다. 부분적으로 작가 자신이 알게 모르게 '전통적인' 쉬쉬주의에 매몰되어 있는 흔적도 비치거니와 곳곳에 자신의 전신상을 직시하지 않으려는 '자기 기피증'과 어떤 식으로든 얼버무리려는 '자기 분식증'의 넘쳐남을 읽을 수 있기 때문이다. '현실'을 외면할 수는 있을 테지만 자기 자신을 보지 않겠다는 심사는 스스로 '유령'임을, 세속계에서의 존재 증명을 무화시키려는 작태가 아니고 무엇이겠는가.

다시 시발점인 예의 그 '명단편'이라는 「구니코」로 화두를 돌려보면, 극작가인 화자 나는 자기 형이 하녀를 건드렸다는 형수의 연락을 받고 달려가 그 '집안 사정'을 수습한 뒤 귀가하여, 이번에는 자기 자신도 한때 제 집의 하녀와 내통한 사실에(명색 가장인 족속들은 다들 마르크스처럼 하녀에게 집적거리는 데 능수인 것은 가사노동을 분담 내지 모면하려는 안방마님의 미필적고의가 지나쳐서 동성의 성적 능력을 얕보는 자세·교만도 한몫하고 있는 듯하다, 페미니스트들이야 또 따따부따할 테지만) 죄책감을 느껴서 아내에게 솔직하게 고백하고 말며, 그것이 도화선이 되어 아옹다옹하다가 종내에는 이제 막 '작품이 잘 풀려나가는 판에' 사사건건 간섭하려든다고 티격태격하다가 한때 술집 종업원이기도 했던 경미한 의부증 환자인 부인을 음독자살의 골짜기로 내몰아버린다는 내용이다. 결국 선배 작가 시마자키 도손의 전철을 그대로 답습, 이런 경우야말로 '욕하면서 닮는다'는 우리 전래의 속담이 그대로 들어맞는 형국이다. 귀중한 생명이기 이전에 자기 자식을 낳은 지어미의 죽음까지 불러일으킨 그 고백은 과연 옳았을까라는 의문이 떠오른다. 그런 정직성도 '인간적'이랄 수 있을까. 인간은 동물이 아니기 때문에 수시로 거짓말도 하면서 적

일본 작가들의 난해한 정직성

당히 위선의 탈바가지를 덮어 쓰고 살아가게 마련 아닌가. 그런 가식이 무조건, 생리적으로 싫다고 해서 자기 치부를 고백하고, 스스로 양심적인 인간이라는 자기 최면에 갑시면서 '아슬아슬한 줄타기'에 매진하는 사람이 곧 윤리적인 인간일까. 유독 창작 행위를 생업으로 누리는 사람들만 그 과민한 정서의 작동으로 '연애→정사→고백→죽음'이라는 도식에 만만하게 길들여졌고, 그런 유형이 일본 특유의 풍토일까. 그에 비한다면 우리의 쉬쉬주의는 비록 의뭉스럽긴 할망정 '사서 사람을 다치게 하는' 야만을 멀찌감치 따돌리고 있다는 점에서도 한결 어른스럽다고 해야 하지 않을까. 도덕관념과 윤리의식이 페르낭 브로델의 지적대로 '인류의 두 번째 성공'이라는 문명의 세계를 힘차게 열어온 박차였음은 분명한데, 인간은 제 편리한 대로, 남이야 죽든 말든 아전인수격으로, 제 체면 차리기에나 급급해하는 족속이 아니고 무엇인가. 그럼에도 불구하고 문학이 '거짓말 경연장'일 리는 만무할 터이다. 그런저런 '문학적 전통'이야 어떻게 굴러가든 노출증/관음증을 두루 즐기는 '제도적 장치'가 일본의 작가/독자 사이에는 하나의 관습으로 기능하고 있는 듯하다.

일본이라는 독서 체험

3. 무미無味 예찬

1980년 10월에 나는 처음으로 일본을 방문했다. 물론 첫 해외여행이었다. 그때 도쿄의 스이도바시水道橋 역 부근의 도쿄그린호텔에 한 달쯤 투숙했다. (초청자 측이 일행을 죄다 몰아넣은 소위 비즈니스호텔인데, 2008년도엔가 한밤중에 예약도 하지 않고 찾아가봤더니 기왕의 그 깔끔했던 건물을 허물고 신축 중이었다.) 한창 젊었던 시절이어서 호기심도 왕성한 데다, 차제에 일본을 속속들이 알아보자는 나름의 주제넘은 열의도 출렁거려서 날이 밝기도 전에 일어나 채비를 차리고 나서 운동화 바람으로 아침 산책에 나서곤 했다. (일본에서 처음으로 지출한 돈이 '운동화 값'이었는데, 일행과 함께 번화가를 거닐다 후딱 사버린 그 신발은 '한국제'였다.)

산책이라지만 정해진 코스가 있는 게 아니라 숙소인 도쿄그린호텔에서 대략 2킬로미터 반경 이내를 발길 닿는 대로 어슬렁거리며 둘러보는 행정이었다, 그것도 주로 대로변보다는 1차선이나 2차선의 아스팔트를 곱게 깔아놓은 골목길. 그때나 지금이나 나는 웬만한 거리쯤은 걸어다니는 도보주의자라서 오늘은 간다神田 쪽으로 발길을 떼놓았다면 다음 날은 우에노上野 일대를 슬슬 걸어다니는 식이었다.

그렇게 한 시간 반쯤 일본 새벽의 동정을 살펴가다보면 어느새 사방에서 출근 인파가 다문다문 나타나기 시작한다. 특히나 또각또각지축을 울리는 직장 여성들의 단화 뒤꿈치 소리는 단조로운 음색의 무슨 동요처럼 귀를 즐겁게 한다.

그런데 그 당시에도 벌써 먼 데서 전철로 출근한 샐러리맨들이 역사 주변에 촘촘히 도열해 있는 여러 음식점에서 아침 식사를 하고 회사로 가는, 한국에서는 볼 수 없던 진풍경이 벌어져서 신기했다. 내 아침 식사 단골집은 숙소 건너편의 조그마한 우동집이었다. 물론 따끈따끈한 밥도 팔았다. 그런 간이음식점이 대체로 그렇듯이 기다란 식탁대 앞에 앉으면 그 너머 조리대에서 주인과 종업원 한 명이 주문받은 음식을 집어주게 되어 있고, 좌석은 예닐곱 석이 까짓것이다. (하룻밤에 익힌) 히라가나나 떠듬떠듬 읽을 줄 아는 주제라서 나는 그 단골집의 내 지정석 의자에 엉덩이를 걸치자마자 머리 위쪽의 메뉴판 상단에 씌어 있는 우동을 달라고 손짓했고(나는 좀 이상한 고집쟁이여서 그 단골집에서 다른 음식을 시켜본 적이 없다. 지금도 나는 물냉면이나 평양냉면만 주문할 줄 알까 함흥냉면이나 비빔냉면을 시키지 못한다), 며칠 후부터는 상당히 통명스럽게, 그래도 일본인 흉내를 낸답시고 '아노, 우동오 구다사이마세'를 읊조렸다.

혹시나 무슨 실수를 할까봐 그처럼 긴장하고 있던 내 처신 때문인지, 또 무엇이라도 헐뜯듯이 노려보며 머리를 주억거리는 내 시선 때문인지 하얀 위생복 차림에 호인풍인 중년의 그 집 주인장은 나만 들어서면 빳빳이 정색하고, 아무런 말도 없이 행주 따위를 들고서 내 거동을 차근차근 살피기만 하는 것이었다. 오늘은 드디어 다른 음식을 주문하려나 하는 호기심 많은 눈길로. 모르긴 해도 그 집 주인은 나를 일본의 온갖 문물제도를 신기해하는 한 오지 출신의 중국인쯤으로 치부하는 눈치였다. 그러거나 말거나 방금까지의 산책 중에

일본이라는 독서 체험

도 그랬듯이 나는 주인의 동태와 옆자리 손님들의 음식을 눈여겨 살펴갔다.

개중에는 나와 한사코 시선을 맞추지 않으려고 애를 쓰는(낯선 사람과의 시선 교환에 관한 한 일본인 대다수의 좀 다소곳한 배려로서의 '외면'은 특이할뿐더러 그것이 지나치면 이쪽을 깔보는 게 아닌가 하는 오해를 불러일으킨다. 그런 일종의 '무시'에 태무심할 수는 없고, 저 우월감의 정체는 도대체 뭘까 하고 고개를 갸웃거리게 된다), 제일 구석 자리거나 그 옆자리에 앉아서 한결같이 낫토백반을 시켜 먹는 50대쯤이지 싶은 샐러리맨이 있었다. 비록 아무런 특징도 없는 신사복에 항시 넥타이 차림새가 단정했던, 어딘가 쑥스러워하는 구석이 어깨에 서려 있던 그 단골손님의 풍채가 지금도 눈에 선히 밟히는데, 내 상상력에 따르면 그 양반은 어느 회사의 경리 담당으로 사장이 수족처럼 부리는 심복이었다.

그러나 마나 그 낫토라는 음식은 냄새부터가 무척이나 고약했다. 또한 나무젓가락으로 한참씩이나 휘저어야 하는 그 반半 조리식 불편을 감수하는 행태도 난해하기 짝이 없었다. (내가 한참씩이나 물끄러미 쳐다보고 있음을 알고서도, 그래서 더 오래도록 젓가락으로 그 이상한 먹을거리를 저어대는 그 단골손님은 늘 날계란을 풀었고, 간장도 찔끔찔끔 끼얹었다.) 더욱이나 실처럼 길게 따라붙는 무엇도 그렇지만, 걸쭉한 모양새도 수상쩍었다. 일본인들은 어떻게 저런 지룩한 음식을 매일 아침 먹어버릇할까 하는 내 상념은 짙어질 수밖에 없었다.

그 후부터 나는 일본 음식이라면 어느 것이라도 다 잘 먹고 또 좋아하지만 낫토만은 못 먹고, 아예 안 먹는다고 여러 사람 앞에서 공

무미無味 예찬

언도 했으며, 몇 번이나 한 젓가락쯤 꼭 맛이라도 봐야 할 기회가 있었지만 적극적으로 사양했다. 그러나 동석자가 그 음식을 굳이 먹겠다면 말릴 생각은 추호도 없었다. 그 점은 산낙지회나 삭인 홍어찜 앞에서 기겁하는 외국인을 경원하는 이치와 같을 것이기 때문이다.

사람은 모름지기 건강한 몸으로 장수해야 그 인생의 콘텐츠가 풍부해지거나 알찰 것임은 자명하다. 하나 마나 한 말 같지만 나야말로 요즘에사 먹거리 하나 때문에 이때껏 내 인생의 일부가 미개 상태에서 벗어날 줄 몰랐다고 자책하고 있어서다. 그 경위는 이렇다.

2011년 3월 중순, 나는 잘 알려진 중병으로 다섯 시간에 걸친 복강경 수술을 받았다. 자가 진단에 따르면 가족과 떨어져서 혼자 자취생활을 하는 통에 제대로 만든 음식을 못 먹어온 장장 12년 동안의 '내 입맛 학대증'도 발병의 큰 요인이었지 않나 싶다.

말이 나온 김에 곁가지 하나를 더 치면, 총기가 좋아서 어느 자리에서나 우스개를 언죽번죽 잘 둘러대는 지인이 오래전에 술술 지껄이던 '남자의 좌우명'이 병상의 내 머리맡에서 떨어질 줄 몰랐다. 모름지기 사내대장부는 다섯 가지를 가리지 말고 닥치는 대로 취할 줄 알아야 하는데, 맛·색·돈·술·책이 그것들이라는 것이었다. 들을 때는 타고난 팔자가 워낙 좋아서 저런 싱거운 말이나 주워섬기면서도 헐렁헐렁 잘도 살아가네 싶더니만 막상 주사기를 하루 종일 팔뚝에 꽂고 지내려니 유독 그 말 같잖은 농담이 제법 그럴싸했다. 찬찬히 따져보니 내 출신이 워낙 미천해서 어릴 때부터 먹어본 음식 가짓수도 빤한 데다 안 먹어버릇한 먹을거리는 한사코 기피하며, 술도 내 기호에 따라 마셔오던 것만 찾고, 책만 하더라도 본문의 활자꼴, 레이아웃, 읽히는 문장 따위에 대한 호오가 분명해서 이것저것을 많이 따지는 편이었다. 색은 감히 가릴 처지도 취할 능력도 없으니 말할 잠이도 아니며, 돈은 들인 공력만큼이라도 벌면 감지덕지한다는 주의로 살므로 늘 허덕거리는 터수였다. 그러니까 은근히 까다로운 게 아니라 아주 편벽된 내 사고방식, 취향 때문에 무던한 성정으로 스트레스를 덜 받고 살아가라는 현대인의 제일 강령을 깡그리 무시하고, 늘 무엇에 쫓기듯 불평불만을 입에 달고 살아낸 내 삶이 새삼 되돌아보이는 것이었다.

각설하고 2012년 7월 초순부터 객지에서의 자취생활을 홀가분하게 걷어치우고 '집밥'을 먹게 되었다. 끼니마다 무엇을 챙겨 먹어야 한다는 짜증스런 '강박'에서 놓여난 것만으로도 한결 살 만해서 한숨이 저절로 터져나왔다. 더욱이나 호강스럽게도 집사람이 꼭 먹어야 한다면서 아침 식사 때마다 낫토를 내놓았다. 이제는 내 모든 편견을 단숨에 무찔러버리고 과감하게 '몸에 좋다'는 '남의 나라 음식' 낫토에 달려들었다. 처음에는 역시 무척이나 역해서, 아무런 맛이 없는 이 이상한 음식을 일본인들은 왜 먹어버릇했을까 하는 의문만 되뇌었다. 그러다가 불과 열흘쯤 후부터는 그 거부감이 묽어지면서 한때 내 눈길을 기피하던 예의 그 일본인 중년 남자의 몇몇 자태가 저절로 떠올랐다.

한 손으로 쑥색 보시기를 잡고 호기롭게 나무젓가락을 저어대면서, 인생이란 별게 아니야, 아침 끼니마다 낫토 한 접시를 맛있게 먹는 것으로 다지, 오감하다 마다, 더 이상 뭘 바라는 사람은 건달이라고 봐야지와 같은 득의의 표정을 감추지 않으면서, 이번에는 그 사기 그릇조차 깨물듯이 알뜰하게 입속으로 거머넣던 그 모습이 자꾸 얼쩡거렸다. 또한 그 단골 간이식당에서 나와 간다 쪽으로 타박타박

무미無味 예찬

발걸음을 떼놓던 그 양반의 가뜬한 뒷모습도 훤히 그려졌다. (역시 2008년도 겨울엔가 그 일대를 거닐어봤더니 그 단골집은 없어지고, 그 옆자리에 일본 대학 정경학부 건물이 우뚝 치솟아 있었다.)

어느새 내 '낫토 기피증'은 슬그머니 자취를 감추었다. 내 변덕스러운 입맛도 신기했고, 그러고 보니 나도 꽤나 무던한 성정의 인간일지 모른다는 같잖은 자부심도 엉겨붙었다.

그런데 아침마다 일회용 인스턴트식품으로 만든 국산 낫토와 (백화점 식품부에서 사온다는) 일제 낫토를 번갈아 먹어보니 딱히 그 맛의 차이를 감별해낼 수도 없었다. 겨자와 간장 맛의 차이만 분별할 수 있을까, 낫토 자체의 제조 기술에는 이렇다 할 차이가 없지 않나 싶은데 잘은 알 수 없으니 역시 아직 '광팬'이랄 수 없을지 모른다. 그렇긴 해도 주식도 아니고 그렇다고 반찬이랄 수도 없는 이 희한한 음식은 그 특유의 '맛없음'이 매력이지 싶다. 뜯어볼수록 제멋대로 생겼는 데다 화장도 할 줄 모르고, 설혹 옷 따위를 차려입는다고 해도 도무지 어울릴 성싶지 않은 여자가 은근하게 사람을 끌어당기다가 종내에는 상대방의 가슴을 모질게도 후벼파는 것처럼 말이다. 낫토는 흡사 그런 여자처럼 심성이 무던하고 덕성스러운 데가 있다.

6개월쯤 아침마다 낫토를 휘젓는 재미에 빠져 지내다가 더 이상은 안 먹게 되었다. 변덕이 심해서가 아니라 그 인스턴트 낫토가 비싸기도(아마도 대량생산이 아니어서, 그 희소성 때문에 제조 회사가 고가 '정책'을 고수하는 게 아닌지) 하려니와 김치냉장고에 보관하려면 자리도 크게 차지할뿐더러 함께 따라붙는 겨자·간장 등 양념용 비닐 주머니를 일일이 가위질로 자르게 만들어놓은 포장술도 불편하고(가위로 손톱만 한 비닐주머니의 끝을 잘라내다보면 그 내용물이 손에 묻거나 종지 밖으로 쏟아지기도 한다), 날계란을 깨서 비벼 먹으려면 또 다른 과외의 준비와 성가심이 따른다. 게다가 우리 전통 음식이 아닌 탓으로 소비나 보급이 워낙 미미해서인지 대형 매장에서도 국산이든 일제든 일쑤 낫토를 진열해놓지 않고 있는 모양이었다. 그렇다고 극성스럽게 주문 배달해서 챙겨 먹기도 귀찮은 일이었다. 안 먹어버릇하니까 더 이상 찾아지지도 않음은 물론이려니와 먹고 싶은 욕구도 대번에 사라졌다. 역시 무슨 음식이든 웬만큼 입맛에 맞아야 하고, '일반적인 특미'가 그 음식에 배어 있어야 한다. 또한 어떤 음식이라도 유전인자처럼 내림이 있어서 조상들이 늘 먹어오던 것을, 당사자도 어릴 때부터 익숙하게 먹었던 것만을 자주 찾게 마련이다.

그러나 낫토 같은 먹을거리는 결코 물리는 음식이 아닌데도 안 먹게 되니 전혀 아쉬워지지 않음은 내게 좀 의미심장했다. 지나치게 까탈스럽게 모든 음식을 내 몸에 이로운/해로운 것으로만 분별하는 이분법적 사고에 내가 멍들어 있지 않나 하는 저작질이 심해졌기 때문이다.

아무려나 낫토 대신에 또 다른 콩류 음식과 함께 챙겨 먹기 시작한 식품이 마를 비롯한 고구마·감자 등이다. 그중에서도 마는 옛날부터 구황식품으로 귀하게 대접받은 먹을거리이며, 특히나 술꾼들의 속을 다스리는 강장제로 널리 알려져왔다. 예전에는 강판에 갈아서 그 즙을 먹었으나 요즘에는 믹서기로 간단히 돌려서 주스처럼 후루룩 마시는 것이 대세인 듯하다. 먹어본 사람은 알겠지만 마와 낫토는 닮은 데가 많다. 둘 다 강장제로서 위와 장의 활동을 도운다는 '과학적' 근거도 있다. 또한 걸쭉해서 어느 것이라도 먹기가 거북하다. 유바湯葉(두부껍질. 두유에 콩가루를 섞고 끓여서 그 표면에 엉긴 얇은

껍질을 걷어 말린 식품) 같은 먹을거리의 독창적 개발과 그 식용화를 보더라도 일본인들은 지룩한 음식을 좋아하는 듯하다. 게다가 맛이 무척 없다는 점에서도 두 음식은 일치한다. 모든 음식은 그 고유의 맛이 있고, 그 특미에 상당한 대중의 보편적 기호가 따르면 상식常食의 반열에 오르는데, 마와 낫토는 전적으로 무미無味 그 자체다. 아무런 맛이 없다는 이 특장은 유머러스한 면도 없지 않다. 아무래도 아주 못난 여자가 사귈수록 덕성스러운 인품을 천연히 드러내는 그런 경우와 상통하는 국면인 것이다. 오죽했으면 낫토에는 겨자·간장·날계란 같은 자극제 양념을 끼얹어서 버무려 먹겠으며, 마도 꿀이나 우유에 타서 한참이나 휘저었다가 '씹어서' 삼키라는 하나 마나 한 식사 요령까지 덧붙여놓았겠는가.

아쿠타가와 류노스케芥川龍之介가 쓴 어느 단편에 보면, 참마죽을 실컷 먹어봤으면 하는, 얼빠진 사무라이가 결국 그 소원을 풀자 허전해지고, 그때까지 설레던 행복감이 사라져버렸다는, 그야말로 심심해서 마맛 같은 내용의 이바구가 있다. 참마죽은 찹쌀가루와 마를 갈아 체에 걸러서 (기호에 따라) 묽거나 되게, 뭉근한 불에다 끓인 음식으로, 위장에 좋다고들 한다. 그 맛은 낫토 이상으로 보잘 것이 없으나, 사무라이나 씨름선수처럼 수시로 용을 몰아 써야 하는 사내들이 상용하는 것으로 알려져 있다.

물론 한국에서도 참마와 마는 오래전부터 약용으로, 특히나 식용으로는 다양한 음식의 재료로 쓰이고 있다. 시대가 천지개벽했다시피 엄청나게 달라졌으나 낫토나 마를 휘저을 때마다 어느 사무라이를 떠올리며 나는 장차 일본을 방문할 기회가 오면 '성미도 급하게 만들다가 지레 먹는 음식'인 낫토와 마죽을 한번쯤 사 먹어보려고 한

일본이라는 독서 체험

다. 김치가 아무리 일본의 대형 마트에 널려 있다 하더라도 그 종주국인 우리 바다의 '진짜'와 어떻게 견주겠으며, 낫토와 마죽도 원조국의 수준을 어떻게 따라가겠는가. 하기야 두 음식 다 이제는 노인네들이나 찾는, 인기 없는 '옛날 먹을거리'가 되고 말아서 본바닥에서인들 제대로 만들어진 것을 찾기도 힘들게 되어버렸을 테지만.

내 식으로 풀어보면 낫토는(더불어 마는) 다른 음식들처럼 어떤 모양도, 어떤 양념도, 어떤 기교도 덧붙이지 않은, 그런 잔손질을 덧댈수록 정나미가 떨어지는 순수한 맨살의 음식이다.

4. 한반도는 일본의 안방인가

―

―

―

어느새 아주 낡아버린 화제가 되고 말았지만, 2011년 말의 어느 날 한낮에 느닷없이 한 친구가 북한의 국방위원장 김정일이 사망했다는 급보를 전화로 알려주었다. 오랜 기간 막역한 사이로 지내던 터이라 그는 평소에 TV·PC·휴대전화 따위를 안 가지고도 용케 살아내는 내 처지를 잘 알아서, 내일 아침자 중앙지를 받아보기 전에 미리 귀띔해준 것이었다. 나는 대뜸 '그거 참 잘됐네, 정말 다행이다'라고 응수했다. 이라크의 독재자 후세인이나 리비아의 무슨 광대 같은 장기 집권자 카다피처럼 비참한 타살을 당하지 않고 그나마 지병으로 급서했으니 천만다행이라는, 미리 그의 죽음을 나름대로 그려온 나만의 평소 생각이 그런 즉흥 반응을 불러일으켰던 것 같다. 막상 말해놓고 나니 상대방이야 어떻게 받아들였든 말든 나잇살이나 먹은 주제에, 또 명색 한미한 접장 나부랭이가 신둥부러졌나 싶어 적이 점직했다. 그러나 한편으로는 북한의 정치체제를 비롯한 제반 사회적 기율과 제도 따위는 말할 것도 없고, 그 꼴같잖은 군사 퍼레이드나 지도자 동무의 현장 지휘, 공갈로 일관하는 방송 언어, 여자 아나운서의 그 이상한 억양과 음색 등이 먼저 떠오르는, 아무리 '내재적 잣대'를 들이대더라도 자가당착에 시대착오적이며 유치하기 짝이 없는 폐쇄적 소굴 같다고 매도하기를 서슴지 않아온 내 소회素懷도 한 독재자의 허무한 죽음 앞에서는 묘하게도 국수주의의 탈을 한 꺼풀쯤 뒤집어쓴 꼴이었다. (실은 국수주의 같은 거창한 말보다는 팔이야 늘 안으로 굽으니, 우리말을 쓰는 동포의식의 자연스런 발로라고 해야 옳을 것이다.) 그러니 먹물깨나 든 사람의 지조나 이념 따위는 얼마나 얄궂고 변덕스러운 것인가.

뒤이어 내 상념은 번개처럼 희번덕거리기 시작했다. 곧 내일 아침 자 신문의 1면 헤드라인이 연방 떠올랐다가 지워지곤 하는 것이었다. 또한 일본 쪽 반응도 점쳐지기 시작했다. 곧 이런 중대한 뉴스를 전 국민에게 알리는 일본 신문사들의 '속보전'은 관례대로 '호외' 발행일 것이고, 일본인 행인 한 사람이 방금 손에 거머쥔 그 뜨거운 '특종'을 훑어보는 아주 상투적인 사진을 한국의 도하 신문들이 '일본 현지 반응'으로 보도할 것이라는 예상이었다. 그다음 날 아침에 내 예상은 어김없이 맞아떨어졌고, 이미 알려진 대로 한국의 여러 신문은 하나같이 호외를 발행하지 않았다.

대개의 양국 식자들이 무심히 받아들이는 두 쪽의 이런 보도 자세가 오래전부터 내게는 단순한 흥밋거리를 뛰어넘어 어떤 '역사적 상상력'을 충동이는 매개물이기도 하다. 여러 방송사가 어슷비슷한 내용의 속보를 다양한 수단으로(이를테면 TV 화면으로나 글자가 아래위로 흘러다니는 번화가의 네온사인 형태로) 집중 중계하기 때문에 굳이 호외 발행은 낭비라는 한국 쪽의 양상과, 그래도 빅뉴스만큼은 활자로 급히 찍어 독자들에게 그 '확실성'을 심어주어야 성이 차는 일본 쪽의 '보도 관행' 사이에는 꽤 두드러진 '태생적/후천적' 시각 차이가 있다는 것이 내 생각이다.

여기서 '후천적'이라면 모든 분야가 그래야만 자본주의 체제의 진정한 정착 및 그 성숙이라고 할 시장경제 원리가 신문 업종에서도 예외 없이 작동하고 있을 터이므로 일본에서 신문사끼리의 치열한 보도 경쟁을 떠올릴 수 있다. 말 그대로 죽기 살기로 덤빌 것이므로 호외 같은 서비스 경쟁은 독자 일반의 성마른 기대에 즉각 부응하는 수단임에 틀림없다. 그러나 일본은 신문의 종수도 워낙 많고, 신문마다의 특징이나 체질, 성격 등이 상당히 다원화되어 있어서 호외 같은 서비스가 구독자의 확보, 유지나 부수 확장에 그렇게 이바지할 것 같지는 않아 보인다. 물론 나 같은 국외자의 안목에는 그렇게 비친다는 소리다. 실제로 그런지 어떤지는 차치하고라도(모든 고객은 까다롭다는 말대로 신문 같은 상품에 대한 독자 일반의 호오 감정은 가히 조변석개한다고 해도 좋을 정도로 변덕이 심한데, 나도 그중 한 사람이고, 따라서 수시로 구독 신문을 미련 없이 바꾼다) 일본의 방송사들도 즉각 특종이나 급보 생산, 전파에는 신문 이상의 역할을 톡톡히 감당하고 있는 만큼 호외 같은 정보 매체는 이미 낡아버린, 거의 유치한 제작 및 보급 수단이다. 모르긴 해도 영미 각국과 유럽 쪽에서도 호외는 이미 전시대의 유물로 자연도태되고 말았을 것이다. 그런 맥락에서라면 우리나라도 선진 문물이나 제도, 어떤 경향을 받아들이고 내버리는 데는 늘 첨단적 순발력을 발휘하고 있어서 호외 따위는 진작에 폐기해버린 처지다.

그런데 보다시피 일본은 아직도 호외란 제도를 소중하게 기린다기보다도 그 명맥만큼은 어쩔 수 없이 이어가자는 무언의 '공적 합의' 같은 게 이루어져 있다. (역시 외부자의 눈에는 그렇게 비친다.) 이런 현상을 '공동선共同善'으로 풀이하기에는 무리가 따른다. 왜냐하면 그런 고수책에는 상당한 실익, 편리 같은 것이 따라야 하는데 생산자/

소비자 양쪽이 상당한 손실, 불편을 감수하고 있으니 말이다. 과격하게 말하면 호외 발행이야말로 인적·물적 낭비의 표본 같은 것이다. 이런 대목에서 흔히 끌어다 쓰는 일본 문화의 키워드에 '전통 지키기'가 있는데, 그것만으로는 뭔가 미흡하다. 이를테면 새로 출범하는 내각의 각료진이 도무지 어울리지도 않는 연미복들을 잔뜩 빼입고 (특히나 바지 색깔이 제멋대로여서 우습기도 해 나는 찰리 채플린을 떠올릴 때도 있다) 계단에 층층으로 서서 단체 사진을 찍는 전통 지키기 같은 관행은 그 엄숙주의도 나름대로 그럴듯하달 수 있고, 새 술은 새 부대라는 각오·각성을 다지는 데도 자그마한 의의가 없지 않아 보인다. 호외에는 그런 겉치레로서의 전통 지키기의 흔적이 남아 있지도 않다. 그러니 호외는 남이 하니까 질 수 없어서, 일반 대중에게 초라하게 비치기 싫어서 마지못해 발행하는 것이 아니라 오로지 무작정·무조건·막무가내로 이때껏 해오던 관행을 지키는 것일 뿐이다. 전통 지키기라는 도식적 어폐보다는 '추수주의'가 이런 대목에서도 암약하고 있다는 것이 내 주장이다. 알다시피 추수주의는 어떤 지론이나 아무런 비판도 없이 맹목적으로 남의 뒤꽁무니를 쫄쫄 따라다니는 행위를 지칭하는데, 그런 투신에는 반드시 남의 눈치를 살피는 데 급급한 성정이 흐르게 마련이다. 당연하게도 남의 흉내를 내는 그런 눈치놀음의 밑바닥에는 시샘이 있다. 남이 하니까 나도 안 하면 안 된다는 것, 안 했다가는 당장 따돌림당한다는 그런 사회 분위기에는 '왕따당함'에 대한 뿌리 깊은 경계 심리가 작동하고 있다고 해도 좋다. 그러니까 추수주의는 생존 전략의 일환으로 당당한 원칙 (나 혼자 중뿔나지 않겠다는) 고수의 탈을 덮어 쓰고 명맥을 이어간다. 요컨대 김정일 급서에 따르는 호외 발행은 일본 신문사들의 치열

한반도는 일본의 안방인가

한 보도 경쟁 때문이 아니다. 또한 TV 매체에 지기 싫다는 오기 때문도 아닐뿐더러 북한의 핵 위협 앞에서는 남한보다 일본 본토가 더 위험하다는 적대적敵對的 인식에서 비롯된 것도 아님이 분명하다. (하기야 야구계의 타격왕으로 손색이 없는 스즈키 이치로의 1000회 안타 돌파 때도 호외를 발행했다고 한국 신문들이 보도한 바 있긴 하다.) 그 밑바닥에는 분명히 남다른, '태생적 정서'가 깔려 있다는 게 나만의 추론이다.

1980년 10월의 어느 주말 오후, 나는 예의 운동화 차림으로 도쿄의 간다 고서점 거리를 샅샅이 둘러본 후, 그 일대를 발길 닿는 대로 느직느직 거닐고 있었다. 가을 날씨는 한국만 좋은 게 아니라 일본도 나무랄 데가 없지만, 그날따라 하늘은 나지막하니 잿빛이었다. 이윽고 내 발걸음이 메이지明治 대학의 칙칙한 회색 담장 밑을 지나게 되었는데 그 너머 교정에는 '살인마 전두환 정권을 타도하자'라는 플래카드가 내걸려 있었다. 고풍스런 교사의 출입구 이마에 가로다지로 내걸린, 붉고 검은 글씨로 쓰인 그 플래카드는 펄럭거리지도 않았는데, 자극적이라기보다는 좀 당혹스럽게 만드는 구호였다. 한창나이 때인 만큼 나로서도 제2의 군부정권에 찬동할 리 만무하지만, 이웃나라 대학생들이 그처럼 지레 나서서 설치니 은근히 배알이 꼬이는 것이었다. 순간 나는 속으로 투덜거렸다.

'저게 뭔가? 내정간섭 같은데. 아무리 혈기왕성하다고 해도 그렇지, 거창한 인류애를 앞세워 광주光州 민주화운동을 제압, 집권의 빌미로 삼은 군부정권을 지들이 쳐부수겠다고? 좀 시건방진 수작 아닌가. 남의 나라 일인데. 할 일이 저렇게나 없다. 아무리 객기가 심한 대학생들이라지만. 한참이나 지나친 행태인걸. 지들 앞가림이나 때맞춰

잘할 것이지.'

그날 스이도바시 역까지의 도로, 골목길에는 야마구치 모모에山口
百惠의 은퇴 리사이틀 광고가 전신주마다 다닥다닥 붙어 있었다. 지금
도 그녀의 그 시원한 눈매, 고운 피부, 착한 기운 같은 미모의 자태가
내 눈에 선하게 밟힌다.

그때부터 내 신화적/소설적 상상력은, 이럴 때 흔히 써먹는 상투어
대로, 고삐 풀린 말처럼 마구 내달리기 시작했다. 다소 만화 같은 그
때의 내 '동조동근론'의 연원 모색과 그 조작물은 다음과 같다. 이런
발상이 오늘날 가당찮은 줄이야 잘 알지만, 그럴수록 '체질인류학'이
나 '심성인류학'적인 접근, 이해, 규명은 미구에라도 불가피한 작업 같
아서다.

―일본은 왜 유독 조선반도에서(일본의 지리부도에서는 아직도
'조선반도'라고 명명한다. '한반도'보다 경멸적인 뉘앙스는 없는 듯하
고, 일종의 관습적 호칭으로 봐줄 만하다) 일어나는 모든 사건에 저
토록 자별한, 또 극성스러운 관심을 쏟는가. 잃어버린 식민지로서의
조선반도가 부모의 강권으로 헤어질 수밖에 없었던 옛 애인쯤이라
도 되는가. 하기야 땅이든 애인이든 제 수중에서 놓치고 나면 오죽
사무치게 그리울까. 두고두고 허전하기 짝이 없을 테지. 아니다, 조선
반도와 일본 열도에는 공히 지울 수 없는 혈연으로서의 DNA가 잠
재해 있을지 모른다. 일본의 개화사를 읽어보더라도 그때 명색 선각
자라면서 동분서주하던 '먹물'들은 제 코가 석 자인데도 주제넘게 말
끝마다 '조선 독립' '조선 개혁'을 부르짖는데, 도대체 그 얼토당토않
은 정열의 연원이 무엇일까.

명색 소설가는 꿈을 먹고 자라는 소년처럼 하등에 쓸데없고, 그만

큼 허황한 공상에 빠져들면 제 신바람에 놀아나느라고 천방지축이 되는 모양이다. 그때부터 이때까지 내 머리에서 가끔씩 뛰노는 그 황당한 상상력의 일단을 소개하면 대강 이런 것이다.

　—아주 먼 옛날, 진작에 모둠살이의 틀은 대강이나마 갖춰서 살림을 한껏 벌여놓았으나 아직도 나라 꼴이 제대로 이뤄지지 않은 한 시절이다. 그중에서도 시베리아에서 무리를 이루어 만주 벌판까지 내려온 한 종족이 있다. 어느새 대세력을 형성한 그 부족장의 슬하에는 두 아들이 서로 앞서거니 뒤서거니로 지 애비를 보필하는데, 그 기상이 워낙 출중해서 이웃의 자잘한 공동체들로부터 부러움을 사고 있는 판이다. 그러나 호사다마였다. 두 아들이 외모·지략·포부 등에서 우열을 가릴 수 없을 정도여서 장차 누구를 후계자로 삼을지 부족장의 번민은 깊어갔다. 그럴 수밖에 없음은, 한 아들이 서자庶子로서 그가 오히려 두 살 많은 형이었기 때문이다. 이미 두 형제를 따르는 무리도 꼭 반반씩 나뉘어 서로가 먼저 칼을 빼들기만을 기다리는, 일촉즉발의 순간이 야금야금 닥쳐오는 판이었다. 숨 막히는 긴장의 나날을 보내던 어느 날 한밤중, 말馬을 잘 부리고 가무를 즐기는 부족이라서 어둠이 짙어갈수록 취흥이 도도히 번져갔다. 가없이 펼쳐진 대초원에는 짐승의 가죽을 이어 붙여서 맷방석처럼 둥글넓적하게 지어놓은 '파오'들이 바둑판 꼴로 가물가물 펼쳐져 있었다. 부족장은 이미 수많은 전장을 누비면서 그때마다 죽을 고비를 힘겹게 넘나들었던 무장답게 희끗희끗 센 구레나룻에는 어딘가 달관한 기색이 엉겨붙어 있다. 모꼬지에 뒤이어 벌인 술판이 어느새 숙지막해진 틈을 타서 부족장은 자리에서 성큼 일어선다. 죽지 않는 전사답게 그는 어떤 경우에라도 단안이 빠르고, 칼을 빼들었다 하면 언제라도 앞

장서서 적진을 향해 짓쳐들어가곤 했다. 술판을 끝까지 지켰다가는 두 무리가 칼부림으로 밤을 새울 게 뻔했다. 그것만은 막아야 했다. 두 자식 중 하나가 죽을 운명인 것이 두려워서가 아니라 자신의 부족이 삭풍의 낙엽처럼 뿔뿔이 흩어질까봐 겁이 나서였다. 그는 두 아들을 불러 세웠다. 그의 매서운 눈길이 화톳불길을 받아 이글거렸고, 어느 순간 그의 시선이 하늘과 땅을 번갈아 꼬누었다. 결코 두 아들과 눈을 맞추지 않으려는 나름의 계산속 때문이었다. 잘 들어라, 아무래도 안 되겠다. 너희 형제는 서로 떨어져서 살아라. 마침 일의대수 저쪽에 제법 풍요롭고 널찍한 섬이 기다리고 있다. 사흘 말미를 주겠다, 누가 바다를 건널 건지 둘이서 결정해 이 아비에게 먼저 알려라. 내가 따로 이를 말도 있고, 출정 채비를 갖춰주겠다. 무력시위로 도해자渡海者를 결정할 생각은 말아라.

따라서 조선반도에서 벌어지는 어떤 사건이라도 그것은 결코 남의 일이 아니다. 그것이야말로 일본으로서는 뒷담 너머에서 들려오는 남의 집 일이 아니라 바로 '우리 집안'의 안방에서 벌어진 내정사內庭事인 것이다.

달리 말하면 대륙과 그 통로인 반도의 동정에는 늘 촉각을 곤두세울 수밖에 없다는 지정학적 고찰만으로는 작금의 비상한 일본적 대한관對韓觀을 설명하는 데 부족한 구석이 있다. 막연히 '이웃 나라니까'라는 설명으로는 어딘가 함량 미달로 비치는 것이다. 대륙과 반도의 안위安危에 따라 섬 안에서의 안분지족의 정도, 곧 심정적 평안 상태가 결정된다는 강박에는 어떤 연원이 있다고 봐야 하지 않을까. '야마도大和'의 '화和'가 실은 만나서 서로 목소리를 듣고 조화를 모색한다는 뜻이라는데, 이래저래 의미심장하게 다가온다.

5. 건강제일주의자의 수선스러움

—

—

—

눈부신 의술의 발달에 힘입어 평균 수명이 대략 10년 단위로 부쩍부쩍 늘어나고 있음에도 불구하고 요즘처럼 건강에 대한 관심이 비등해진 때도 일찍이 없었던 것 같다. 물론 옛날이라고 해서, 이를테면 4, 5세기 전이나 가깝게는 100여 년 전이라고 해서 건강에 태무심한 종족이나 민족이 있었을 리 만무하지만, 오늘날처럼 오로지 '무병장수'에의 갈급증으로 허덕거린 적이 과연 있었을까 하는 생각이 조석으로, 그러니까 아침에는 신문을 통해, 저녁에는 TV를 볼 때마다 연방 눈앞에서 얼쩡거리는 것이다. 이를테면 수백만 원을 호가하지 싶은 안마의자의 전면 광고가 매일같이 신문 지상을 통해 '전신 마사지 효과'를 선전해대고, TV 매체마다 양의·한의·연예인·방청객들을 방송사 스튜디오에 가득 둘러앉혀 놓고 특정 질병과 특용 식품에 대한 방담을 지치지 않고 들려주는 것을 보면 '건강 산업'이 얼마나 수지맞는 것인지 얼추 짐작이 가고도 남는다.

요컨대 넘쳐나는 '건강 정보'에 톡톡히 치여서 평소에 멀쩡하던 사람도 어딘가가 찝찝해지고, 덕분에 염라대왕이 아니라 무병장수라는 현대판 푸닥거리 앞에 두 손 모아 기신거리는 나날을 영위해야 할 판이다. 생존 환경이 이처럼 달라져버렸으니 다들 건강염려증이라는 지병에 시달리면서도 건강제일주의라는 다급한 욕망 앞에 일

　　　　일본이라는 독서 체험

신을 꼼짝없이 볼모로 붙잡힌 채 이리저리 끌려다닌다. 여기서의 '이리저리'는 결국 건강 산업이라는 주체 곧 병원·헬스클럽·각종 운동기구·식품/약품·웰빙 정보 같은 이수 과목들이다. 해당자들은 이들 중 필수과목과 선택과목을 스스로 선택해서 웬만큼 통달하지 않으면 낙오자 대열에 굴러떨어져서 사람 행세를 못 하고 만다. '몸 걱정'에 관한 한 해당 신체 부위의 전문의처럼 해박할 수는 없는 만큼, 또 한 군데 이상의 아킬레스 힘줄 같은 신체적 부실은 누구에게나 있게 마련이어서 건강 산업 중 한 과목쯤은 이수하는 게 타당하기도 하다. 그러나 대체로 모든 산업의 생산/소비에 따르는 장단점은 순작용/역작용이 있어서 더러는 그 공갈로 말미암아, 한편으로는 그 위무 때문에 당사자들이 희비극을 곱다시 감당해야만 한다. 실은 그 사회적 비용도 무시 못 할 만큼 커져버렸다는 것이 '건강 산업' 자체의 맹점인 것 같다.

뿐만 아니라 장보기 풍경도 많이 달라졌다. 건강 정보에 관한 한 박식하기 이를 데 없는 주부들이 포장식품을 손에 들고 일일이 영양소의 함량 비율을 점검하는 미쁜 광경도 이제는 낯설지 않다. 또한 식탁 앞에서 그들의 간섭은 아예 호령 수준일 때가 비일비재하다. 저승사자도 아닌 주제에 '군소리 말고 차려준 대로 먹어주기를' 강제하는 판이다. 수고스럽게도 먹을거리마다의 칼로리와 그 그램 수치까지 저울질대는 그런 강압적인 상차리기에 고분고분 순종한 덕분으로 20년 지병인 당뇨병을 잠재웠다는 어느 지인의 희희낙락을 혼자 보았다면 서운할 뻔했다고 생각한 적도 있다. 게다가 당뇨병에 특효약이라는 무슨 풀을 구하러 불원천리하고 승용차를 몰아댄 두 내외의 극성 앞에 기다린 광경은 똑같은 목적으로 달려온 대절버스 행렬이었다는 소문이 건강 산업의 밝은 앞날을 예언하고 있다.

이 지경에 이르다보니 누구라도 하루 종일, 매사를, 일거일동조차 이것이 과연 내 건강에 우호적인가 적대적인가를 따져보는 일종의 심기증에 가위눌리고 사는 꼬락서니다. 그런데 대략 1만 년 이래의 만물의 영장답게 인간이란 묘한 유기체여서 건강의 유지와 그 일시적 무사주의에도 각자가 나름대로의 '유일신' 하나씩을 끌어와서 지극정성으로 모셔버릇한다.

예를 다 들자면 하루해도 모자랄 것이다. 관절염에 통풍이 있어서 생수를 배가 터지도록 마시기도 했다는 한 친구는 아침마다 온몸을 부르르 떨어대면서도 수영장의 찬물 속으로 들어가서 첨벙거린다. 조석으로 조깅 마니아가 되는가 하면 요가의 신비에 빠져 장소에 구애받지 않고 그 전도사를 자임하고 나서는 양반은 아무래도 편집증이 있는 것 같다. 언제 치매가 덮칠지 모르는 터라 그 예방책이라며 오돌토돌한 나무토막 지압기를 식사 중에도 한 손에 잡고 조물락거리는 사람도 있고, 최근에는 명색 사체투지체조라면서 잠자리에서 일어나자마자 누군가에게 백팔배로 치성을 드리는 게 대유행이란 소문도 들린다. 좀 낡아빠진 운동기구가 되고 말았지만 치질의 악화를 늦추려고 줄넘기에 매달리는 사람도 있다. 도스토옙스키의 지병이었다는 이 항문의 탈에는 줄넘기 운동이 꽤 효과적이라는 '과학적 근거'도 있는 듯하다.

그들의 그 신심信心은 당연하게도 어떤 종교에 대한 신앙심보다 더 집요할뿐더러 열렬해서 웬만한 금전적 부담도 불사한다. 종교도 건강해야 찾든지 할 테고, 쓸 만큼 써봐야 줄지도 않을 돈이 있어본들 아프면 말짱 헛것이 되고 말 테니까.

그러니까 그런저런 저마다의 건강유지법은 나쁘게 말해서 초조한 '중독증'과 다를 바 없다. 그것을 꼬박꼬박 지키려고 어떤 정서적 여유, 모든 사유 행위, 여러 사회적 활동마저 깡그리 도외시해버림으로써 소위 '인간적인 삶'과는 점차 소원해지는 로봇이 되고 말기 때문에 그렇다. 쉽게 말한다면 손바닥은 지압기를 사용하기 위해 달린 신체의 일부에 지나지 않고, 악력만 건재하면 치매가 당사자 자신한테는 감히 얼씬도 못 하는 '남의 몹쓸 병'이 될 것이라는 믿음만 붙들고 살아가는 식이다. 이 정도의 믿음 앞에 여느 특정 종교의 갸륵한 신심이 껍죽거릴까.

최근에 내가 들은 또 하나의 소문도 건강유지법에 대한 현대인의 고만고만한 맹신의 한 사례로서는 손색이 없는데, 물론 그것의 적부 適否는 각자가 판단하기 나름이고, 그 실천 여부도 알아서 관장해야 할 소관 사항일 듯하다.

한때 나도 교편을 잡는 직장인이었으므로 2년에 한 번씩은 꼭 건강검진을 받아야만 불의의 지병이나 급병이 불거졌을 때 불이익을 면한다는 '엄포성' 규정에 얽매여 있었다. 물론 감지덕지한 강압적 시혜여서 그 검사 비용은 무료이고, 그 결과를 개별적으로 통보해준다. 그런데 그 '종합건강진단결과철'에는 실제 나이/신체 나이/생화학 나이라는 항목을 뒤쪽에다 만들어서 당사자의 건강 상태를 부분별로 더 종합화/정밀화해놓고, '전체 생체 나이'로 최종적인 판정을 내려두고 있었다. 여기서 가장 중요한 세목은 물론 '생화학 나이'인데, 이것은 다시 체형 나이/심장혈관 나이/폐 나이로 나뉜다니까 장차 노인성 '중병'에 걸릴 확률을 예단하는 일종의 '경고성' 진단인 셈이다. 이쯤 되면 건강 산업의 치열한 시장 전략도 괄목할 만하고, '건강제일

건강제일주의자의 수선스러움

주의'의 세목은 어떤 종교의 교리보다 더 막강한 힘을 과시하고 있다. 어쨌거나 생화학 나이가 실제 나이보다 젊을수록 그만큼 건강 상태가 더 양호하다는 '의학적'인 판단을 받는 셈이며, 따라서 무병장수할 확률도 높다는 판정이 나는 것이다. (다만 신체적 건강이야 그렇다 치더라도 '정신적' 건강을 괄호 속에 묶어놓고 있으니 지압기 애무자는 반신반의하면서, 몸이 성한들 사람도 못 알아보면 끝장일 텐데라고 툴툴거릴지 모른다.)

쾌나 귀가 솔깃해지다가도 이내 좀 그로테스크해지는 국면 앞에서 어리둥절해져버린 그 소문이 바로 '종합건강진단결과철'에서 비롯되었음은 말하나 마나다. 곧 환갑을 바라보는 어떤 여선생의 그 소위 생화학 나이가 30세로 나와서 단연 화제로 떠오른 데다, 더욱이나 놀랍게도 당사자는 그 훌륭한 건강 상태의 비결을 여러 사람에게 자랑 삼아 떠벌리고 다닌다는 것이었다. 우습게도, 한편으로는 징그럽게도 그 비결은 자고 일어나서 아침에 처음으로 누는 자신의 오줌을 받아 그대로 벌컥벌컥 마시는, 거의 '야만적이고 비위생적인' 기행이었다. 모든 신앙의 전도 행위가 그렇듯이 그 여선생은 '오줌이 더럽다'는 아주 그릇된 일반적인 편견과 (평생토록 사생결단하고) 싸우기로 작정했으며, 10여 년 전부터 자신이 신봉하게 된 어떤 '경전'(이 책의 저자는 일본인으로서 저명한 의학자이기도 하다는데, 이미 한일 양국에 웬만큼 알려져 있다고 한다)에서 발췌한 대목 중 가장 요긴한 것에다 자신의 생생한 경험담을 덧붙인 두툼한 복사철 책자를 무제한으로 배포하는 데 여념이 없다는 것이었다. 이쯤 되면 '오줌신'에 대한 경배열이 맹신의 경지라 하지 않을 수 없다.

매일 봐오고 겪는 바대로 인간은 어쩌다가 저절로 발명하고, 더러는 우연찮게 발견까지 한 여러 '생활의 지혜'를 보편화/일상화시키는 데 극성스럽다. 건강 유지를 위해서 전해 듣고, 실천하면서 깨달은 숱한 비책도 알게 모르게 대중화되어가는 한편으로 그것을 특종화시켜 건강 산업의 주종목에다 끼워넣는 약삭빠른 재주꾼도 많다. 다들 건강제일주의 앞에서는 하찮은 신도를 자처할 수밖에 없는 만큼 그 '반관습적'인 새로운 지혜를 따르는 데 우물쭈물하다가는 무지렁이로 '왕따'당할까봐 수선을 떨기 바쁘다. 요즘 말로는 '트렌드'나 '대세'이고, 유행을 탄다는 소리나 부화뇌동하는 무리라는 지칭도 건강제일주의 신 앞에서는 하등에 부끄러워할 것도 없다.

그렇긴 해도 사람은 만물의 영장으로서의 최소한의 품위, 나아가서 소박한 위엄을 지켜나가는 것도 더없이 소중한데도 다들 그런 걸 치레는 안중에도 없다. 치신사나워진 인간으로 찍혀 천덕꾸러기 신세로 굴러떨어지면 그 자신도 딱하지만 주위 사람도 그 목불인견에 비편해져서 한숨이 저절로 터져나올 텐데도 그렇게 굴러가는 세속 앞에서는 다들 꼼짝 못하는 판이다.

따라서 어떤 건강 정보에 대한 맹신은 국수주의만큼이나 일방적이고, 남의 의견을 무시함으로써 아전인수와 기고만장, 안하무인을 불러오지 않을까 싶다. 어긋지게도 그러니 더 건강해야 사람다운 자격을 떨칠 수 있지 않느냐고 대들지 모르나, 그런 반발은 건강이야말로 주인을 따르는 노예 같은 신분이라서 다루고, 부리며, 쓰다듬기에 따라 얼마든지 제 수족처럼 거느릴 수 있음을 알면서도 짐짓 모른 체하는 어깃장에 불과하다.

아무튼 이런 대목에서 내 머리에 저절로 떠오르는 실례는 한일 양국의 그것 하나씩이다.

건강제일주의자의 수선스러움

우선 우리 것은, 한때 한반도의 미창米倉이자 대일對日 쌀 수출의 전진 기지였던 군산群山의 문인 채만식蔡萬植의 어느 소설 모두에 나오는 '오줌 음용' 습벽이다. 그 소설의 주요 인물인 한 부자 영감이 매일 아침 어린애의 오줌을 받아와서 '거하게' 들이키는 장면이 그것이다. 물론 작가는 그런 기괴한 습벽이 어떤 예방적 조치라거나, 그렇다고 특정 병증의 치료를 목적으로 하는 것이 아님을 넌지시 알리면서 당대의 시대상 전반에 대한 풍자와 은유로 사용하고 있는데, 그 풍습 자체의 연조가 이 땅에서도 꽤 깊음을 알 수 있다. 그러고 보면 이 오줌 음용 정보는 일본에 전매특허권이 있는 것도 아니다. 하기야 내가 최근에 구경한 한 TV 프로그램 중 명장면에 따르면, 어떤 여성 출연자가 자기 오줌을 직접 시음해 보이면서 암을 치료했으며, 그 재발도 느근히 예방하고 있다니까 긴가민가한 채로나마 '생활의 지혜' 차원에서 '과학적 근거도 없지 않다'는 선까지 물러서서 저 끔찍한 '배설물 상용자'들을 지켜볼 수밖에 없었다.

　　일본의 또 다른 실례는 한결 고상하면서 오늘날의 건강제일주의에 대한 따끔한 지침 같은 것을 들려준다. 그 주인공은 일본의 인문학 사상史上 최초의 '근대인'이었으며 소설의 정체 자체를 문학사적 차원에서 사려 깊게 해석하고, 그 모범을 착실한 실적의 작품으로 보여준 나쓰메 소세키다. 그의 실토에 의하면, 그의 집안이 워낙 가난한 데다 어린 시절의 팔자조차 박복하기 이를 데 없어서 남의 집에 양자로 팔려갔다가 되돌아오는 파란만장한 성장 기간 내내 쌀밥은 구경도 못 하고 오로지 두부와 고구마로만 연명했다고, 이 참담한 고생담조차 그의 소설 문장마다에 어룽져 있는 해학기를 잔뜩 묻혀서 고백하고 있다. 한 세기 전과 비교할 때(참고로 그의 생몰연대

　　　일본이라는 독서 체험

는 1867~1916년이다) 먹을거리도 세 배 이상 풍부해졌고, 꼭 그만큼 식생활도 다채로워졌다기보다도 변덕스러워진 요즘 식단으로는 두부와 고구마야말로 건강식에 웰빙 음식 재료라고 호평할지 모르나, 그가 중년부터 혹독하게 시달린 지병인 위병 및 위궤양과 당뇨병 따위가 바로 그 유년기의 영양실조와 무관하지 않을 것이란 내 나름의 추측 앞에서는 좀 비감해진다. (아마도 그의 신경쇠약증조차 유년기의 영양실조와 무관하지 않을 것이란 근거는 우리 주위의 숱한 사례를 통해서도 짐작할 수 있다.) 아무리 이웃 나라 근대소설의 시조라고 해도 한창 먹성이 좋았을 소년기 때 그처럼 기아선상에서 헤맸다는 '정보' 앞에서는, 굶주림에 관한 한 나 자신도 상당한 체험을 비장해두고 있는 처지여서 남의 일 같아 보이지 않는 것이다.

뜻글자로서의 성과 이름조차 유머러스한 나쓰메 소세키夏目漱石가 천상에서 '현대인'의 일거일동을 느긋이 지켜보는 한 일본인들은 얼마든지 배포유하게 살아도 좋을 정도로 부자가 되었건만, 건강에 관한 한 지나치게 호들갑스럽다는 게 내 솔직한 소회이기도 하다. 하기야 한국인들도 일본인들의 그런 경망보다 더했으면 더했지 한 치도 모자라지 않다는 첨언은 당연히 사족일 것이다.

실은 내 진의는 다른 데 있다. 극성스러운 건강제일주의, 흔해빠져서 지겨운 건강 정보, 병도 주고 약도 파는 사기꾼 같은 건강 산업 따위의 위세가 오늘날의 '무병장수 시대'라는 사회적/세계적 캠페인에 다대한 역할을 감당한 것은 사실이지만, 인간의 품격 자체는 평균 수명의 연장에 반비례하고 말았다는, 그러니까 그 품질이 꼭 반으로 떨어지지 않았을까 하는 나만의 회의감을 강조하고 싶어서다.

의심증이야 아무리 남발해도 나쁘지 않을 터이므로 또 다른 사족

건강제일주의자의 수선스러움

하나를 덧붙인다면 대규모 포도농사를 짓는 한 영농가에서 들은 체험담이다. 곧 포도농사에는 사람의 배설물만큼 종요로운 비료가 다시없으며, 그것만이 포도나무에 유독 많이 꾀는 벌레 퇴치에, 또 포도의 당도를 높이는 데 무비無比의 연부역강한 거름이라는 것이다. 물론 이제는 그 비위생적인 시비施肥 일체를 감당할 인력도 없어서 아까운 비료를 그냥 내버리고 있으니, 세상 풍속에 치여 살 수밖에 없는 농사꾼 신세가 얼마나 무력한가라면서. 그렇다면 사람의 육신이 토질과는 그 성격에서나 기능에서 사뭇 다른 것을 알면서도 건강제일주의자들은 포도밭에서조차 안 쓰는 배설물의 일부를 아침마다 섭취하는 셈이 된다, 역시 만물의 영장인 인간이라서 그런 음용도 가능한지 어떤지.

6. 우리 출판문화에 대한 단상

—

—

—

아마도 '한류韓流'란 말의 진원지가, 그 방면의 작명 실력에는 연조가 깊은 일본의 매스컴이지 않나 싶은데, 언제부터 쓰기 시작했는지조차 모르긴 해도 근자에 이 용어만큼 우리 도하 신문에 뻔질나게 등장하는 조어도 흔치 않을 것이다. 다소 자랑스런 기색이 배면에 깔린 이 매스컴 용어에는 대중문화의 일대 러시, 그중에서도 젊은 남녀 가수들로 뭉쳐진 세칭 K팝의 무대 공연이라든지 오락용 멜로드라마로서의 국산 영화, 건강식으로서의 김치 같은 코리안 푸드의 성가 등에서만 한정하여 쓰이고 있는 듯하다.

말 그대로 대중문화란 일반 대중의 기호나 욕구에 철두철미 부응하는, 언제라도/누구에게나 교언영색과 부화뇌동을 지 본업이라며 설쳐쌓는 매스컴의 부채질에 따라 대량으로, 졸속이든 말든 속전속결로 만들어진 '정신적 활동' 일체다. 따라서 그 파급 효과가 폭발적이지만 시류영합적이라서 그것의 부침은 심할 수밖에 없다. 흔히 '팥죽 끓듯 하다'라는 비유를 다른 경우에 많이 쓰지만, 나로서는 대중문화 주체들의 인기도를 보면 그 변화무쌍 앞에서 얼굴도/주관도 없는 무수한 떼거리의 줄변덕부터 떠올린다. 그래서 대중문화의 위력 앞에 늘 허탈해지면서 침을 뱉는 편이다. 아무튼 일시적인 붐 같은 범사회적 현상이 대중문화의 본색이랄 수 있으므로 그 흐름, 영속 기간, 질적 차이 등도 다종다양하고, '고급문화'와는 성질상 대척점에 있다고 해도 좋을 것이다. (성질 급한 사람은 '저질문화'처럼 사전에도 오를 수 없는 '고급문화'가 '대중문화'에 잠식되어버린 지가 언젠데 아직도 그처럼 고리삭은 '고상/격조' 따위를 떠벌이고 있냐라고 벌컥증을 터뜨릴지 모른다. 그러나 사람도 천차만별이듯이 문화도 각양각색이라 봐줄 만한 푼수와 완연히 덜떨어진 팔푼이는 어떤 세상/어느 세월에도 있게 마련이다.) 요컨대 대중문화로서의 한류가 퍼뜨리는 여러 종류의 기세가 이제는 본궤도에 올랐다는 자화자찬을 자제하면서 과연 이런 선풍이 바람직한 것인지를 숙고해봐야 할 시점이 아닌가 한다. 바로 이 붐의 진원지인 일본의 '문화'와 우리의 그것을 상호 비교하면서.

우선 누구나 함부로 써버릇하는 '문화'의 진정한 얼굴은 과연 어떤 형용일까, 라는 물음 앞에 선뜻 손을 들고 나설 사람은 없지 싶다는 게 내 소견이다. '음식 문화'에서부터 '자동차 문화', 심지어는 '주차 문화'까지 들먹이면서 아무나 '고상을 떨어대는' 세태인 만큼 고개를 갸우뚱거려야 할 때가 하루에도 한두 번이 아니니 말이다.

내가 아는 범위 안에서, 그것도 평소에 나름대로 더듬어본 것을 요령껏 최대한 간추려서 말한다면 문화는 그 자체의 독보성이 존립 근거인 듯하다('한국 문화'처럼 쓸 수 있는 경우다). 또한 그것은 어떤 항구적인 세련미를 지향해야 제 값을 누릴 것이다('건축 문화'나 '패션 문화'에는 웬만큼 그 말값이 녹아들어가 있다). 뿐만 아니라 그것은 어떤 일반화의 틀을 갖출 만큼 사용자가 다수여야 비로소 명맥/구색이 맞춰질 터이다('우표 수집' 같은 지극히 개인적인 취미는 그것에 따르는 어떤 포괄성도 없는 만큼 '문화'를 이루는 일반적 성향/

일본이라는 독서 체험

조류의 한 구성 요소일 뿐이다). 그 밖에도 문화 자체의 일반적인 특색은 여러 각도에서 정의내리기 나름일 테지만, 이 형용 없는 거대한 괴물은, 비가시적인 것이 다 그렇듯이, 사실상 아주 애매모호해서 갈래잡기조차 부질없어 보인다.

그러니 거칠게 간추려본 앞의 세 특징을 공통분모로 거느린 것을 문화라고 지칭할 수 있다 하더라도 그것의 실체는 여전히 오리무중이다. 그럼에도 불구하고 대다수의 우중조차 함부로 써버릇하는 데서도 알 수 있듯이 그것의 얼굴/속살 따위를 누구나 대충이나마 어루곤 한다. (사람이라면 누구라도 '인생'을 한편으로는 훤히 알면서, 다른 한편으로는 까맣게 모르면서 그냥저냥 살아가는 이치와 일맥상통한다고 할 수 있다.) 그래서 남의 나라 문화도 만만하게 집적거리곤 하는데, 예의 그 독보성을 누리면서도 의외로 친화력 좋게 그 이질적인 것/적대적인 것/비일상적인 것을 마구 받아들일 정도로 대범한 측면도 있다. 문화란 그처럼 위에서 아래로 흘러들어가면서도 한편으로는 어떤 '지향'을 겨누며 어딘가로 나아간다. 사람과 달리 그것은 꽤 관대하다. 흔히 문화의 전파설, 이입설, 모방설, 기능설, 진화설 같은 어슷비슷한 (말장난으로서의) 여러 학설의 세목을 굳이 염탐할 것도 없이 작금의 지구적 '형편'이 먼저 현실로서 문화의 이동과 그 다재다능한 '변주' 능력을 보여주고 있기도 하다.

이를테면 서양식 복장인 넥타이에 신사복 차림은 이제 어느 나라에서나 남성 패션의 보편적 복식미服飾美를 한껏 떨치고 있다. (북한의 최고위 지도자 몇몇은 중뿔나게 '주체적'이랍시고 그 꼴사나운 '복식'으로 그런 격식 차리기를 내팽개치고 있지만.) 또한 오선지 위에 음표를 적어감으로써 어떤 가락과 화음과 박자를 들려주는 음악의 '서구식' 악보화는 지구촌의 다양한 종족 음악을 웬만큼 영구 보존하는 제도가 되었다.

이처럼 문화를 이루는 여러 양상 내지는 요소 중에서도 가장 압도적인 위력을 발휘하는 것이 내 생각에는 여전히 '출판문화'가 아닌가 한다. 그것에 대한 내 체험담 몇몇을 소개하면 다음과 같다.

내게는 한 명뿐인 고모가 이제는 아흔 살을 바라보는 나이인데도 여전히 학창 시절 때 읽은 기쿠치 간菊池寬의 대중소설을 못내 그리워하고 있다. 이쯤 되면 출판업이야말로 '외세/문화' 전파의 최첨병이라고 해도 좋을 것이다. 또한 호형호제하는 내 지인의 부친은(그이는 일제강점기에 상업학교를 나와서 은행에 재직함으로써 비교적 순탄한 삶을 누렸다) 일본어 문고판으로 시바 료타로의 『언덕 위의 구름』을 열독한 사람으로, 읽을 때 여러 번이나 눈물을 흘렸다는 솔직한 고백을 털어놓기도 했다. 좀 신기해서 나도 부랴부랴 그 번역본을(무려 10권짜리로 만들어 요즘 말로 '대박'을 노렸던 모양이고, 풍문에 따르면 예상에 미치지는 못했으나 그런대로 판매 실적도 괜찮아서 지금까지 출판사를 바꿔가며 절판은 면하고 있다고 한다.) 사서 읽어봤더니 누선을 자극하기는커녕 러일전쟁에서 사투 끝에 일본 군대가 이긴 이면에는 세 친구의 우정과 활약도 있었다는 좀 기발한 착상과, 그 실화야 그렇다 치더라도 자화자찬이 좀 지나치다는 독후감이 지배적이었다. 역시 사족을 덧붙인다면 일본은 '자화자찬'과 면전에서까지 남을 칭송하는 데 능하다. 그것도 아주 세련된 기술을 구사하는 데 있어서 글이나 말로 공히 능숙하며, 독자/청자는 물론이고 필자/대화자도 서로 무안해하지 않는 체질적 '심성' 일체가 내면화되어 있는 것 같다. 오죽했으면 '칭찬 한 마디에 겨울 세 달이 훈훈하다'는 풍속을 단적으로 표현한 일본 속담까지 있을까. 속담에 한 언어권의 생활의 지혜가 녹아 있는 만큼 그것은 문화의 한 표상이다. 그렇다고 보면 아무래도 '칭찬 문화'는 '일본 문화'의 아주 귀중한 한 갈래이자 그런 속성을 덕담 나누듯이 서로가 기리는 풍토가 조성되어 있다고 봐도 좋을 것이다. 그러나 남을 칭찬하는 데 인색하다 못해 헐뜯고 깎아내리기에 바쁜 '한국 문화'의 특성상 우리에게는 일본 문화 속의 그 국수적 기질을 배우려는 의욕도, 능력도, 기질도, 관심도 아예 없다는 게 내 판단이다.

각설하고 무슨 인연이 닿아 있는지 최근에 (2012년 말이었다) 시코쿠四國의 마쓰야마松山 시를 오후 한나절 동안 둘러볼 기회가 있어서 예의 그 『언덕 위의 구름』이라는 '국민독본'의 기념문학관을 찾아가게 되었다. 일본에서는 실화에 기댄 그 시대소설이 공전의 대형 베스트셀러였으므로 안도 다다오安藤忠雄의 소박하다 못해 아주 단출해서 좀 심심한 건축 솜씨까지 동원해 그만한 관광자원을 만들어놓은 것이야 이해할 만했으나, 그 작품이 신문에 장기간 연재되던 당시의 삽화를 본 감흥에 비하면 그 문학관의 위용이나 공간 분할, 그 속의 전시물은 좀 허풍스럽다는 인상만 뚜렷할 뿐이었다. 그러나 마나 활달한 운필의 석화席畵를 방불케 하던 그 삽화의 데생력은 과연 볼만할 뿐만 아니라 상찬가마리로는 족한 것이라 역시 일본 문화 전반에서 차지하는 '미술 문화'의 뾰족한 실력을 실감할 수 있었다. 지금도 그때의 감상을 뒤적이면 그 빼어난 사실적 신문 삽화를 볼 수 있었던 내 여행복을 기리며(일행의 재촉 때문에 삽화가의 이름을 받아쓰기 할 짬도 없었는데 당대의 고증에 심혈을 기울였다고 설명되어 있었다, 그런 첨언도 그이의 화업에 대한 '칭송'이지만), 그것을 사진에 담아오지

우리 출판문화에 대한 단상

않은 내 불찰을, 사진기나 스마트폰 같은 기기를 천성으로 멀리하고 오로지 눈으로 본 것만을 믿고 그 감상을 머리로/글로 육화시키는 데 급급한 내 후천적 기질을 경원하다 못해 진절머리를 내고 있다.

이제는 아주 낡아빠져서 비가 주룩주룩 쏟아지는 영화 필름 같은 출판문화에 대한 내 생활 체험도 이런 자리에는 비집고 들어갈 만한 여지가 있지 않나 싶다.

생지옥처럼 처참했던 한국동란이 휴전으로 끝나고 일상생활이 찢어지게 가난한 가운데서도 그럭저럭 하루살이 같은 삶이 터를 잡아가던 1950년대 후반이었다. 그즈음에는 교과서나 참고서, 특히나 과월호 잡지를 사 보려면 헌책방을 들러야 했다. 하나뿐인 내 누님은 매달 『여원女苑』이나 『여상女像』 같은 과월호 잡지 중 하나를 골라 사 와서 그 득의를 감추지 않았다. 틈나는 대로 그런 야한(?) 여성지를 뒤적거린 덕분에 나도 일정하게 성적으로 조숙한 대열에 탑승했지 않았나 싶은데, 그런 잡지의 편집후기 같은 난을 탐독하는 과외의 재미에 일찌감치 눈을 뜨게 되었다. 아무튼 '고서점'이라는 간판을 내 걸어놓은 시청 옆대기의 헌책방마다에는 양장본의 '일본문학전집' 따위가 낙질落帙도 없이 천장까지 켜켜이 쌓여 있었다. 그 밖에도 장중한 장정의, 그런 의장 자체가 벌써 외경심을 불러일으키는 일본 책들이 어디서 쏟아져 나왔는지 점포마다 수두룩했다. 『작물학개론作物學槪論』 같은 두툼한 양장본도 눈여겨본 기억이 아직 남아 있는데, 저게 도대체 무슨 내용의 학술 서적일까 하고 궁금증을 여투었기 때문이다. 개중에는 '경성제국대학 도서관 장서' 같은 한문을 네모반듯한 칸막이 속에 근엄하니 새겨넣은 서지표가 판권란에 찍힌 양장본도 있었다. 그때도 벌써 그 뜨르르한 학교의 학생이나 선생이었을 최후의 소장자이자 도서반납 미필자의 운명과 그 책을 훔쳐와서 팔 수밖에 없었던 그의 권솔이나 책 도둑놈의 팔자에 따르는 별의별 상상력을 이어가느라고 밤잠이 까맣게 달아나곤 했다.

그 당시에는 『소야小野 영문법』과 세키구치 쓰기오關口存男의 독일어 문법책이 그 방면의 참고서로는 단연 베스트셀러였다. 군데군데가 좀 아슴푸레해지는 기억을 채찍질해보니 전자는 워낙 많이 팔리던 책이어서 편집·장정을 바꿔가며 중판을 거듭했던 듯하다. 더욱이나 자주색 비닐표지를 싸발라서 핸디하게 제작한 그 얇은 영문 독본용 참고서를 이종형이 멋을 부린다고 그랬는지 몇 년씩이나 바지 뒷주머니에 꽂고 다니던 모습마저 아직도 떠올릴 수 있다. 재미있는 여담을 곁들이자면 그 형은 전全 전 대통령이 다녔다는 고등학교 출신으로(나이로는 두 사람이 거의 동년배인데 동기생은 아니었던 듯하다) 용약 낙동강 방어 작전에 투입된 학도병이었다. 다행인지 불행인지 그이는 참전하자마자 대퇴부에 총상을 입어 한쪽 다리를 절룩거렸고, 총알인지 파편인지가 어떻게 그런 행짜를 부렸는지 오른손의 검지와 중지를 각각 간신히 이어 붙여서 가뭄에 시들어버린 고추처럼 배배 틀려 있었다. 일급 상이용사로 제대했음은 물론이려니와 평생 연금을 타며 생활할 수 있는 팔자도 그의 분복이었다. 뿐만이 아니라 상이용사에게 주던 특혜로(상당한 과외 점수를 얹어주었다는 말을 들었던 듯하다) 서울의 한 국립대 입시에 무난히 합격, 재학 중이었다. 그즈음에도 일가친척들은, 그 형이 다니던 그 단과대학을 우리나라에서 제일 좋은 학교라면서 입에 침이 마르도록 떠들어댔으나, 그 『소야 영문법』은커녕 신문이나 잡지 같은 읽을거리조차 거들떠보지 않던 그의 사람 됨됨이는 물론이고 그 명문 대학조차 내 눈에는 끝없이 한

　　　우리 출판문화에 대한 단상

심하고 시시하게 비쳤다. 한참 후에서야 학교운, 명문교, 그런 학교 출신의 자기 자랑과 사람 됨됨이는 얼마든지 겉돌 수 있다는 것을 나는 터득했는데, 그런 깨달음을 목전에서(잡문을 통해서나 간담회·회식 같은 자리에서) 주시할 때마다 결국 그 좋다는 대학을 4학년 때 도중하차한 예의 그 이종형이 떠오르곤 했다.

세키구치의 책은 고등학교에 들어가자 배우기 시작한 독일어의 과외용 참고서로서, 잡담을 나누는 학생의 머리통을 빳빳한 출석부로 서너 차례나 두 손으로 난타하며 잘 들으라고, 똑똑히 배우라고 질타하던 독어 선생이 추천하던 책이었다. 가정 형편상 그런 참고서를 사볼 처지가 아니었지만, 어떻게 그 책은 고서점에서 득달같이 구입했다. (아마도 헐값이었던 모양이다.) 아주 얇은 책이었다. 그런데 책장을 후딱후딱 넘겨보니 첫 임자가 밑줄을 잔뜩 그어놓은 흔적이 앞쪽에만, 책 전체의 3분의 1쯤에서 그치고 그 뒤쪽은 새 책처럼 말개서, 이러니 어학은 특히나 독일어는 '웃으면서 배우기 시작하다가 울면서 포기한다'는 말이 맞구나 하는 생각을 했던 기억도 선명하다. 그렇거나 말거나 두 참고서를 1년쯤의 시차를 두고, 찬찬히 외우며 익힐 생각은 접어두고서 소설책 읽듯이 허겁지겁 독파하고 나니, 이 정도 수준이라면 우리나라 권위자들은 왜 못 짓는단 말인가라는 생각도 들고, 세상이 참으로 만만해 보인달까 참고서나 책이 별거도 아니다라는 기분도 만끽했던 듯하다. 책이란 일쑤 사람을 그처럼 단숨에 시건방지게 만드는 요물이었다. 지금에서야 그 당시 우리 출판계 현황은 물론이고 영어·독어 쪽 전공 학자들의 실력/필력 따위가 대강 어느 정도였을 거라는 짐작이 있지만, 그런 시건방진 오기는 미국의 서부영화를 즐겨보면서 '권총으로 사람을 저렇게 마구 죽여도 되나'라는 생각만큼이나 유치한 망상이었다. 자막도 없이 변사의 구성진 해설 음성에만 의존하던 그런 영화 감상만이 그 당시 '미국 문화'를 접할 수 있는 유일한 기회였다.

그때 이후부터 지금까지 일본의 출판문화가 한국에서 얼마나 장기적인 활황 국면을 누리고 있는지 나는 웬만큼 알고 있다고 자부한다. (일본의 식자들이 우리의 지식 전반을 깔보는 연원이 바로 여기에 있다.) 언제 읽었는지, 또 그 내용도 잊어버렸지만 이시자카 요지로石坂洋次郎의 대중소설 『가정교사』 같은, 천연색 표지 그림을 얇은 비닐로 싸바른(흔히 '라미네이팅'이라고 부르는 장정이다) 그 두꺼운 책을 하루 만에 독파하기도 했으니까. 세칭 '상업출판'이라기보다도 싸구려 '번역문화'의 총체라고 해야 할 '일본 문화'의 그런 무분별한 수입은 신문·방송 등의 매스컴이 그 문제점을 수시로 짚고 넘어가야 좋으련만 다들 직무유기로 영일이 없다. 대신에 가끔씩 들를 때마다 두어 시간씩은 좋이 바장거리는 나라도 세종로 교보문고에서 훑어본 대로 옮겨보면 이렇다. (최근에 내부 수리 후 서적별 진열 구도가 많이 바뀌긴 했다.)

다들 알다시피 교보문고 본점은 단일 서점으로는 그 넓이에서도 압도적이고, 과연 장관이라 할 만하다. (이런 대목에서도 '순위'를 매기는 신문들의 쓰잘 데 없는 경쟁 사주 본성, 시장우선주의 같은 상투적 발상이 얼마나 부질없는지는, 독서 인구의 질과 양이 별 볼일 없는 우리나라 형편에서는 특히나 방점을 찍어 강조해도 좋을 사안이다.) 당연히 외국 서적만을 취급하는 매장도 별도로 마련되어 있고, 그 크기는 다소 협소하나 전시는 나무랄 데가 없는데, 일본 책들은, 그중에서도 『분게이슌주』를 비롯한 숱한 여성용 잡지들은 가장

우리 출판문화에 대한 단상

좋은 길목에 그 호화찬란한 표지들만큼이나 요란하게 진열되어 있다. 언제라도 매장은 북적거린다. 자세히 관찰해보면 일어 해독력은 없지 싶은 젊은 남녀가 대다수다. 하기야 선정적인 잡지야 읽기용이라기보다도 보기용일 테니까. 뒤이어 발걸음을 뒤로 물리면 비닐 포장지를 덮어쓴 번역본 일본 만화책들이 잔뜩 쌓여 있다. 그 진열대 바로 옆에는 '새로 나온 일본 소설'이란 코너로 대중소설이 무려 30종 이상 키재기를 한다. 책이 쌓인 높이만으로도 한국 독자들의 일본 소설(보나 마나 한껏 엉성할 추리소설도 판권에 '5쇄'라고 명시되어 있어서 놀라울 뿐이다) 탐독열이 어느 정도인지 짐작할 수 있다. 무심코 그중 하나를 집어들어 책 앞뒷면에 적힌 선전용 문구를 훑어보면 '관능소설, 성애소설, 일본 여류소설가 3인방 중 하나'와 같은 질퍽거리는 과대포장용 수사가 눈길을 끈다. 산책이나 즐길까 다른 취미활동을 기피하면서 오로지 책이나 붙들고 씨름하는 사람들은 한번쯤 호기심에 휩싸여서 안 사볼 수 없는 노릇이다. 나 자신도 1년에 한 번쯤은 그런 값싼 '성희 조작물'을 사서 단숨에 독파하지만, 그 속에서 익힐 수 있는 일본 문화의 속성 중 그 편린은 한마디로 저질의 표본 같은 것이다. 다만 무언가에 달라붙어 그 뿌리까지 캐보려는 장인정신의 '집요함' 같은 성정이 '소설쓰기 중독자' 제위에게도 유전되고 있다는, 이런 직업 근성을 나름대로 기리면서 '먹고살게 만들어주는' 일본/일본인 전반의 사회적 배려나 시장성의 정착이 놀랍다는 느낌만 간추릴 수 있을 뿐이다. 거꾸로 말한다면 결코 바람직하지 못한 일본 문화의 속된 단면을 느끈히 소화시켜내고 있는 우리의 일본 대중소설 탐독열을 한편으로는 장하다고 부추기면서, 다른 한편으로는 '좋은 소설읽기를 기피하는 한국 독자야, 부디 일본의 실정을

일본이라는 독서 체험

오해하지는 마라'라고 권면하고 싶은 심정이다. 왜냐하면 그런 '라이트 노블'(이 용어도 일본식 조어다, 가벼운 읽을거리로서 '소설'을 하나의 장르로 개발했다는 소리 같긴 하다)의 독자들이 섭취, 소화해내는 일본 문화는 결국 '문화'를 빙자한 유해식품이나 마찬가지일 것이기 때문이다.

저질이든 고급이든 문화의 침투력 앞에서는 '자본'의 그것이 그렇듯이 불가항력이라는 심정으로 발길을 인문사회과학 서적을 진열한 코너로 돌리면 점입가경이다. 왜 이런 책까지 번역했을까 싶은, 그 목차만 훑어봐도 그야말로 '책짓기/책만들기'를 무슨 취미로 삼고 있는 일본의 필자/출판편집자의 같잖은 딜레탕티즘이 훤히 비치는 책들 천지다. 우리의 이런 출중한 '번역 역량/출판 역량'은 뿌듯하기 이전에 온갖 '소음'으로 시끌벅적한 '잡탕문화'의 경연장에 들어선 듯한 착각을 불러일으킨다. 이런 '외국 문화' 천국 속에서 우리 필자/작가의 개발은 무슨 일로 원수나 진 듯이 외면하면서도 '번역 서적'만은 온갖 것을 다 펴내는 남의 문화 이식 전문가 같은 출판사가 한둘이 아님은 오히려 아주 당연한 이치랄 수 있을지 모르지만, 개중에는 '일본 책'만큼은 한사코 사양하겠다는 고집을 무슨 사시社是처럼 내걸고 있는 유수의 출판사도 없지 않아서 그나마 한숨 돌릴 수 있다. 물론 그 반대로 일본의 연애 소설·순정만화 같은 장르만을 번역해내면서 '소문 없이' 재미를 본다는 출판사도 있는 모양이다.

이런 겉치레뿐인 일본 문화의 성장, 일대 질주 속에서도 가끔 복음의 전도사 같은 양서도 눈에 띄긴 한다. 내 관심권 안에서 잠시나마 머무적거린 그 일부만 말하면 아리시마 다케오有島武郎의『어떤 여자』, 시가 나오야志賀直哉의『암야행로』, 다니자키 준이치로谷崎潤一郎의

우리 출판문화에 대한 단상

『세설』 같은 일본 소설이 그것이다. 최근에 출간된 이 세 작품은 신진 전공자들에 의한 새로운 한글 번역이라는 점도 상찬감이고, 싸구려 문학에서 고급문학까지 골고루 섭취하는 우리 출판문화의 왕성한 소화력이 기껏 K팝이나 「겨울 소나타」 같은 한류 문화만 편식하는 영양 불균형 상태의 일본의 '외식外食' 문화 전반보다는 훨씬 양질의 '문화수입국'처럼 비쳐서 여간 다행스럽지 않다.

그러고 보면 도무지 종잡을 수도 없으려니와 잘못 써먹었다가는 공자 앞에 문자 쓰는 꼴인 '문화'라는 어정쩡한 어휘와는 적당히 거리를 두면서 가식적이고, 만져질뿐더러 함부로 베낄 수도 없는 '문명'이라는 실팍한 용어만 즐겨 써온 프로이트의 저의도 새삼 알듯 말듯하다. 그의 성적 담론은 아무리 좋게 봐도 반 이상은 미심쩍으나 그의 정확한 문체만은 살아남으리라는 확신에 기대면 문화란 사실상 제대로 알기도, 닥치는 대로 주워 먹긴 하나 그 일부나마 소화해내기도 어렵고, 또 써먹을수록 코끼리 다리 만지는 장님 수준을 벗어날 수 없는, 진짜 딜레탕트의 노리개 같다는 소회를 뿌리칠 수 없다. 더욱이나 우리가 흔히 잘못 쓰고 있는 '이데올로기' 곧 허위의식이라는 광활한 황무지의 일부를 채우는 각종 현상/물상을 일본 문화에 기대고 있다면 그것은 여러 정치적·경제적·자연적 조건 때문에 왜곡되어 옮겨질 수밖에 없을 것이라는 생각으로 치달아 멍해질 뿐이다. 그런 의미의 연장선상에서 정부/민간 차원의 각종 '한일 문화' 교류의 성과를 나로서는 아직도 철저히 불신할 수밖에 없기도 하다. 서구의 한 석학이 정의한 대로라면 문화는 '차이의 체계'라는데, 그것을 어떻게 감지, 소화, 배설할지는 결국 '출판의식'의 성숙에 달려 있을 것이기 때문이다.

일본이라는 독서 체험

7. 이노우에 야스시에게서 배워야 할 것들

—

—

—

주최 측에서 기중 나은 소설을 한 편만 골라달라는 주문을 받고 여러 작품을 나름대로 정독한 다음 심사장에 나가보면 흔히 뜻밖의 사태에 맞닥뜨려 곤혹스러워질 때가 비일비재하다. 그것도 피치 못해 떠맡은 '돈벌이'이므로 나는 시종일관 비교적 성실히 임하고 있다고 자부하는 쪽이다. 곧 각 작품에 대한 내 감상과 그 말미에 학점처럼 A, B, C 따위를 메모해둔 잡책을 뒤적거리고 있으면 동석의 심사위원들 중 누군가는 꼭 전혀 얼토당토않은 '물건'을 골라내며 잘 썼다고 극구 추천하고 나서는 것이다. 이러구러 심사를 여러 번 해보니 나름대로 요령이 생겨서 이제 나는 10편 중에 3등 안에 드는 작품이라면 어느 것을 제일 나은 것이라고 골라도 선선히 승복하자는 주의다. 사람의 팔자가 그렇듯이 작품도 따져볼수록 '별 볼일 없는' 것이 평생토록 고만고만한 명성을 누리는 경우가 흔하므로 그러려니 하고 이내 체념해버리는 것이다.

그러나 아무리 세세히 읽어봐도 6, 7등이거나 C는커녕 학점을 내줄 수 없는, 심지어는 내가 겅중겅중 읽어가면서 '논외'라고 잡책에 명명해둔 작품이 피선거권을 얻어서 '투표'의 대상까지로 부상할 때는 내 얼굴이 저절로 홧홧거린다. (알다시피 요즘의 '작품 심사'는 최종적으로 '투표'로 결정되는 것이 관례다. 만장일치는 없어진 지 오래고, 주최 측이 추후의 어떤 구설수나 논란에 대응할 증빙 자료로서 이런 다수결원칙을 하나의 방패막이로 삼는 듯하다. 나는 물론 이런 민주주의적 '표대결'을 반대한다기보다도 적극적으로 기피하는 쪽이고, 구두로 격론 끝에 어떤 작품이 선정되기를 바라며, 그래서 더러는 '최우수작 없음'이나 '두 편이 공동 수상작'과 같은 의외성이 자주 도출되기를 내심 바라는 사람이다.) 그때부터 내 심사는 복잡해지다 못해 아주 고약해지기까지 한다. 곧 내가 뭘 잘못 읽었나, 내 면전에 앉은 저 명색 평론가라는 작자는 과연 꼼꼼히 읽고 나왔을까(뻔뻔스럽게도 작품을 한 편도 제대로 읽지 않고 심사장에 버젓이 나타나서 좋다 나쁘다 해대는 '떠벌이' 문인도 많고, 요즘에는 작품의 성과보다 작가의 '이름'에다 상을 주는 숱한 수상 제도가 거의 대세를 이루고 있는 듯하다), 남의 작품을 품평한다는 것들은 흔히 제 눈에 안경 식으로 볼 것만 보고, 더욱이나 이런저런 눈치 살피기에는 귀신들이라서 벌써 무슨 '제지선' 같은 것을 상정하고 있는 모양인가, 그러나마나 나보다는 열 살 이상 연하이지 싶은데 저 나이에는 나도 작품 보는 눈에 경주마의 눈가리개 비슷한 것을 끼고 있었으니 저 인간은 시방 그것을 못 벗었나보네 따위의 잡생각을 불쑥불쑥 떠올리며 진땀까지 흘리게 되는 것이다.

실로 그렇다. 작품의 운명이란 그야말로 아무도 점칠 수 없다. 보기에 따라서 형편없는 졸작이 그냥저냥 지 행세를 하고 사는가 하면 공들여 써서 흠잡을 데가 없는 역작을 누구도 제대로 안 읽어주어서 일반 독자들은 그런 작품이 있는지조차 모를 정도로 사장되어버리는 경우도 없지 않다. 내 안목에 비친 동서고금의 그런 실례를 이 자리에서 여러 편이나 적시할 수 있지만, 그것도 번번이 내 면전에 앉아서 비윗살 좋게 수더분한 입담으로 잘도 지껄여대는 여느 문학평론가들의 탁월한 작품 감식안으로 보면 '엉터리 같은 수작'이라고 할지 모르므로 훗날 다른 자리를 기약할 수밖에 없는 노릇이다.

소설작품을 누가 얼마나 정확히 읽어낼 수 있을까, 또 그 기량은 만인이 납득할 만한 이른바 '객관적인 척도'일 수 있을까라는 질문은 웬만한 작가라면 다들 품고 있는 의구심 중 하나일 것이다. 그럴 수밖에 없는 것이 오늘날과 같은 '소설 산업'의 전성시대에는 시장제일주의, 곧 '베스트셀러=명작'이라는 등식 앞에서 어떤 작가라도 자신의 섬세한 독후감에 무력감을 반추하지 않을 수 없을 테니 말이다. 그럼에도 불구하고 어떤 특정 음식의 맛을 보고 싱겁다, 구뜰하네, 그런대로 먹을 만은 하구먼과 같은 품평을 즉각 내놓을 수 있는 일반적인 미각이란 것이 있듯이 좋은 소설을 알아보는 감별안에도 역시 '눈은 못 속인다'는 상수 같은 것이 있고, 또 있을 수밖에 없다는 진짜 '전문가적' 견해에 힘이 실리는 근거는 많다. 그 근거가 중구난방식으로 비슷비슷한 말을 난삽하게 풀어놓은 문학 이론임은 말할 나위도 없다. 여기서는 그것까지 따따부따할 여지는 없는 만큼 내 식의 작품 분별안 중 가장 초보적인 잣대 하나만 털어놓으면 이렇다.

우선 소설은 술술 읽혀야 한다는 것이다. 일차적으로는 문장 자체의 가독성이 행간에까지 속속 배어 있어야 한다는 소리인데, 말이 쉽지 막상 읽어가다보면 그 우열이라기보다는 읽히는 '맛'이 사뭇 다르고 그 차이가 대번에 두드러진다. (모든 번역서도 마찬가지이고, 인문사회과학서적도 읽히는 '속도감'이 각각 천양지차다.) 그 맛깔진 문장들이 모여서 한 단락을 이루며, 그런 단락이 두어 개만 진행되어도 벌써 상당한 '서사'가 박진감 좋게 펼쳐지게 마련인데, 그쯤에서는 이

이노우에 야스시에게서 배워야 할 것들

미, 내 식의 표현대로라면, '제법 활달하네' '지지부진하다, 도대체 이게 무슨 소린가' '밍밍하잖아, 낭비가 심한데' '너무 무릉도원이네, 딴은 그럴 법하구면' 같은 품평이 간단없이 쏟아진다. 이런 식의 독후감을 챙기면서 서너 쪽만 읽어가면 이미 그 작품의 성과는 거의 반 이상 판명이 나버린다. 그런데 '술술 읽히게 하는' 문장/문맥의 기본 골격이 결국 쉬운 어휘의 조합, 똑같은 말의 반복 피하기, 글뜻의 명료한 전개 같은 공통함수를 얼마나 자연스럽게 풀어가느냐일 테지만, 이 간단한 '글짓기'에 충실하기도 쉽지 않고 그런 작품이 드문 현상은 누구나 익히 보는 바와 같다. 또한 문장/문맥 만들기의 그런 '문법'을 웬만큼 실천하고 있는 글들도 읽어가다보면 왠지 지루해지는 작품이 거의 태반이 아니라, 내가 보기에는 8할 이상이다. 그 '내용'이 대단히 시사적이거나 선정적인데도 그렇다. 이런 경우는 독자 개개인의 지적 온축이나 독서 편력의 정도, 특히나 그만의 '세계관'에 따라 붙는 취향이라는 또 다른 잣대 때문에 그런 듯하다.

한국에도 고정 독자를 대량으로 거느리고 있는 일본 작가가 여러 명인데, 그중에는 이노우에 야스시(1907~1991)라는 사람도 있다고 한다면 무라카미 하루키나 요시모토 바나나 같은 유행 작가만을 읽는 마니아층은 의아해할지 모른다. 그러나 엄연한 사실일 수밖에 없는 것이, 내가 아는 범위 내에서 말하면 우선 그의 저작물의 번역 종수가 단연 타의 추종을 불허하기 때문이다. 이제 그의 저작권이 소멸된 나쓰메 소세키, 노벨상 수상 작가라는 기득권을 누리는 가와바타 야스나리와 오에 겐자부로 같은 일본 작가들의 작품이 거의 다 한국어로 번역되어 있는 '특수 현상'을 논외로 친다면 분명히 그렇다. 아마도 읽히는 재미로나 문학적 성과라는 양면에서 고루 뛰어난, 어떤 점에서도 앞서의 여러 일본 작가보다는 그 개성적 풍모로나 문학적 업적에서 단연 우월한 불세출의 작가 다니자키 준이치로도 번역 종수로나 한국에서의 독자층 확보라는 위상에서는 이노우에 야스시에게 족탈불급일 것이다.

한국에서의 이 기이한 '이노우에 야스시 특수 현상'을 어떻게 이해해야 하고, 어떤 식으로 풀어가야 하느냐는 것은 내게 연래의 숙제였다. 무슨 같잖은 자기 자랑으로 비칠까봐 적잖이 켕기지만, 나도 한때는 그의 작품이라면 우리말로 번역되어 나오는 족족 사서 읽은 고정 독자였으니까.

우선 무엇보다도 이노우에 야스시의 글에는 위에서 나름대로 분별한 예의 그 문장/문맥이 술술 읽힌다는 탁월한, 거의 독보적인 그만의 '장기'가 있다. 이 점은 흔히 간과하기 쉽지만, 번역상 까다로운 '우리말 등가어 찾기'라는 장애가 없다는 점에서도 상당한 기득권을 누리고 있는 듯하다. 쉽게 말해서 번역하기도 수월하고, 어떤 독자라도 그 까다롭잖은 글뜻과, 강물처럼 줄줄 흘러가는 '이야기'에 아무런 저항감이 없어 '의식=머리굴림'을 맡길 수 있는 셈이다. 우선 실례를 잠시 훑어봄으로써 말 그대로의 '술술 읽히는' 핍진감을 만끽해보자.

조행덕은 주왕례와 함께 부대 선두에 섰다. 부대는 언덕을 내려가 사막 한복판에 접어든 뒤, 아득히 지평선 근처에 모습을 드러낸 오아시스를 향해 행진했다. 전방으로 수백 보 거리를 두고 위지광의 낙타 대열이 전진하고 있었다. 위지광 상단의 대열이 사라지자, 주왕례는 그들을 앞지르기 위해 행군 속도를 높였다. 그러나 아무리 속도를 내도 이상하게 위지광 상단과는 좀처럼 거리가 좁혀지지 않았다. 멀찌감치 보이는 위지광 상단의 황색 깃발은 줄곧 주왕례 부대와 일정한 간격을 유지하면서 언덕을 오르내리고 있었다.(『둔황』, 임용택 옮김, 문학동네, 2010, 174쪽)

노부코의 환영 같은 것에 이제껏 자신이 홀려 있었던 점이 이상할 정도로 하찮고 빈약하게 느껴졌다. 그때는 자신이 살아 있다고 하는 큰 감격만이 가득 차 있었다. 모든 인간의 삶은 절망적이지만, 그러한 상황에 처해 있다고 하더라도 인간은 더욱더 살아가려는 의지를 불태워야만 한다, 산다는 것만이 숭고하다는, 그러한 감정이 고조되었다. 넓은 강 수면에는 만주의 초가을 태양 빛이 얇게 내리쬐었고, 송장 냄새와 시체를 태운 보랏빛 연기가 강 물결 위를 유유히 건너갔다. 아유타는 눈물을 뚝뚝 흘렸다.(『야스나로 이야기』, 모세종 옮김, 어문학사, 2007, 136쪽)

서지사항을 훑어보니 앞의 인용문은 이노우에 야스시가 52세(1959) 때에 써서 그의 명성을 세계적으로 띄워올린 것이고, 뒤의 것은 1958년에 신초사에서 발간한 판본으로 작가 자신의 자전적 요소를 많이 쓸어 담은 연작 형식의 단편소설 중 한 대목이다.

웬만한 독서 편력을 지닌 독자라면 이내 '감'을 잡았을 테지만, 위두 인용문에서 드러나 있는 대로 이노우에 야스시의 문장/문맥은 소박하다. 거의 꾸밈도 없고, 직유·은유 같은 초보적인 비유조차 쓰지 않을 뿐만 아니라 어려운 어휘도 적극적으로 자제하는 듯하다. 심심하달까 밍밍하다고 해도 좋을 지경이다. 그런데도 술술 읽힌다. 비유를 끌어다 대면 시루떡을 먹다가 찾게 되는 백김치나 동치미가 자꾸입맛을 돋우는 형국과 유사하다. 이렇다 할 풍경 묘사나 심리적 음영에 대한 절절한 표현을 끌어내기 위해서 아득바득 기를 쓰지도 않는

일본이라는 독서 체험

다. (대개의 작가는 이 대목에서 주춤거리며 자기만의 '기발한 표현/묘사'를 발굴해내려고 골머리를 썩인다.) 그 자신도 술회했듯이 '장강 長江이 흘러가듯이', 어떤 흥분, 소란, 탄성, 망연 같은 인간의 감정을 드러내지 않고 서술자의 임무 곧 '서사'의 자발적 유로流露에 그의 의식은 물론이려니와 전신의 감각 일체조차 송두리째 맡기고 있다. 어떤 독자는 '너무 매가리가 없잖아' 하고 시큰둥해할지 모르나 이처럼 막히는 구석 없이 술술 읽히게 만드는 문장/문맥의 조립 기량은 아무에게나 가능하지도 않고, 이런 매력이 이노우에 야스시 문학만의 독자 관리술이라고 해야 옳을 터이다. 어떤 지적 허영도 비치지 않는, 다른 작가들의 대개의 작품에서 훤히 비치는 현학적인 치기가 손톱만큼도 보이지 않는 이런 경지가 이른바 '무기교의 기교'라는 비책이라고 단정해도 무리가 없을 것이다.

이노우에 야스시를 운운할 때마다 내게는 좀 이상한 기억 몇 개가 떠오르는데 순서대로 소개해보면 이렇다.

되짚어보니 1970년대 막바지였던 듯하다. 그때 나는 어느 출판사에서 억지로 떠맡은 폐쇄 직전의 활판인쇄공장의 운영을 책임지고 있었다. 문선공·조판공·주조공이 도합 서른 명 남짓 되고, 교회 주보 같은 16절지를 현판 인쇄로 찍어내는 설비를 갖춘('인쇄기'랄 것도 없는 '활판기기'다) 그런 영세업체였는데, 주 고객은 소설책을 찍어내는 출판사들이었다. 그 당시에는 아직도 종조 조판이 명맥을 유지하는 가운데 인문과학서적들은 횡조 조판으로 편집하는 경향이 차츰 대세를 이뤄가던 즈음이었다. 그런 과도기였던 만큼 활판인쇄업 자체가 사양업종으로서 원고대로 활자를 작은 상자에 주워 담는 여자 공원은 미용기술을 배운다면서, 그 기술을 숙달하는 데 5년 이상 걸리는 조판공은 중장비학원에서 자격증을 취득한답시고 무단결근을 자주 해대던 시절이었다. 어쨌든 소설 한 권 분량의 지형紙型이 들어 있는 상자를 납품하면서 거래처의 다음 일거리를 물어오기도 하던 내 직책은 명색 갓 등단한 작가에게 글을 쓸 짬을 주지는 않았으나, 인쇄소 운영을 돌아가게 하는 '일거리'를 보면 어떤 소설류가 대중의 인기를 누리는지, 요컨대 출판시장을 과점하는 '인기 소설'의 경향만은 먼눈으로나마 짐작할 수 있게 만들었다. 개중에는 쪽마다 '아라차차차'나 '송/방'이나 '으흐흐흐' 같은 비명이 난무하는 무협소설만을 맡기는 단골 출판사도 있었는데, 글자 수가 적은 만큼 (그 대신 책면에 하얗게 빈 공간으로 나오는 그 바닥용 공목만 부지런히 메워대는) 조판공의 일일 작업량이 거의 두 배 이상인데도 면당 단가는 같아서 '우수 고객'으로 모시기도 했다.

그러던 어느 날, 인쇄소 한쪽 귀퉁이에 2~5제곱미터가 될까 말까 한 비좁은 공간을 점유하고 있던 내 집무실로 웬 사내가 불쑥 들어왔다. 일거리 수주와 수금을 담당하는 부하 직원이 앞장서서 안내하고 있었지만, 내방객은 흔히 호상虎相이라는 말 그대로 우락부락하게 생긴, 시커먼 눈썹, 퉁방울눈, 주먹코, 불그죽죽한 얼굴에 거친 턱수염을 이틀쯤 깎지도 않은 몰골이었다. 과장이랄 것도 없이 『수호지』의 본무대 양산박에서 막 빠져나온 것 같은 40대 중반쯤의 남자였다. 예비 고객을 자처하는 사내가 성큼 내미는 손을 잡았는데, 그때까지 나는 그렇게 큼지막한 손아귀를 쥐어본 적이 없었다. 순간적으로나마 솥뚜껑만 한 주먹이란 상투어를 생생하게 체험한 기분이었다. 팔걸이 없는 의자를 권하자마자(손님 접대용 소파를 놓을 자리도 없어서 작은 테이블 하나와 의자 네 짝을 두고 있었다. 그래도 방주인

일본이라는 독서 체험

인 내 의자는 팔걸이와 두툼한 등받이가 딸린 것이었다) 내가 명함을 건넸는데도 그쪽에서는 건성으로 힐끔 내 이름과 직책을 일별한 후 희끄무레한 반코트 꼴의 상의 주머니에 손을 집어넣고 나서는 비웃는 건지 뭔지 아리송한 상모로 이쪽의 안면을 한동안 뚜릿뚜릿 살피기만 할 뿐이었다. 좀 질려서 그랬는지 나도 잠시나마 멍청히 내방객의 이모저모를 훑어보았다.

다시 한번 낡은 필름을 되감았다가 슬슬 풀어보니 아슴아슴해지는 세부가 무척 많다. 그때의 절기가 가을이었는지, 그가 입고 있던 옷이 군인들의 야전용 파카 같은 그것이었는지, 특히나 그의 전직前職이 무엇이었는지 따위를 종잡을 수 없다. 비록 영세한 인쇄소이긴 했을망정 내 현직이 소설가에다가 출판사와 잡지사를 여러 군데나 옮겨다니며 나름의 기획력을 갖고 있다는 소문이 저절로 부풀려져서 출판사업을 해보겠답시고 자문을 구하는 명색 '예비 사장'들이 심심찮을 정도로 찾아오곤 했으므로 이 대목이 적잖이 헷갈리는 것이다. 개중에는 폐지 수집으로 상당한 재력을 가진 양반도 있었고, 영어 참고서 따위를 손수 지어서(기왕에 시중에 나도는 각종 수험서·지도서 따위를 적당히 짜깁기하겠다는 의중으로) 찍어내려는 저자 겸 출판사 경영 희망자, 자동차 정비에 따르는 관련 서적과 그 수험서를 독점 출판해 빌딩도 서너 채나 갖고 있다는 명실상부한 '사장족'이 이제는 문학 전문의 양서 발행을 겨냥하는 야심가도 있었다. 특히나 부동산 중개사 자격시험준비 학원을 차려놓고 성업 중인, 명문대 법대 출신의 현직 원장은 들은풍월을 옮긴답시고 '볼펜만 빨간 것 파란 것 두 자루 있으면 된다면서요'라며 출판업을 만만하게 보아서, 나는 면전에서 '국어사전과 백과사전은 어느 거라도 두툼한 걸로다 반드시 갖춰야지요'라고 시큰둥하게 권면했을 정도다.

그런데 그 '큰손' 내방객은 달랐다. 장차 자기는 일본 작가 이노우에 야스시의 전 작품을 차례로 번역해서 펴낼 작정이며, 오로지 그 일에만 매달리며 여생을 보내겠다는 것이었다. 이미 출판사도 차렸다고 했다. 그 당시에는 출판 업종이 신고제가 아니라 당국의 '허가제'라서 기왕의 이름만 걸어놓은 출판사 명의를 '현찰'로 샀다는 것이었다. 나로서는 좀 기가 막혔다. 공연히 섣부르게 그런 일을 벌여서 천금 같은 사업 자금을 떨어먹지 마시라고 말려야 도리고, 또 이때껏 누구에게나 그런 권면을 사양치 않았는데 막상 그 '큰손'의 당당한 심지 앞에서는 입이 떨어지지 않는 것이었다. 아마도 이노우에 야스시의 작품이 속속 번역되어 나오면 좋을 테고, 덩달아 나도 읽고 싶은 욕심부터 떠올라서 그랬는지 어쨌든지 알 수 없다. 그래도 이내 사리를 분별해서 나는 나름대로 의견을 토로했을 것이다.

모든 사업이 제대로 하려면 다 그럴 테지만, 출판업이란 대단히 섬세한 업종이다, 표지부터 본문의 활자 모양에까지 신경 쓸 일이 한두 가지가 아니고, 저자·번역자·관리, 홍보·마케팅, 배본과 수금 같은 영업 등등으로 아주 골치 아픈 사업인 데다 책다운 책이 과연 어떤 것인지 그것을 즉각 알아보는 안목부터 가져야 되지 않겠냐고, 좋은 책이야 다 재미있는데 하필 이노우에 야스시의 소설만 그토록 섬긴다니 좀 이상하다, 이왕에 출판사업을 벌였다니 일본 소설을 전문으로 번역, 출판하는 업체를 지향해보면 혹시 떼돈을 벌지 어떨지 누가 감히 알겠냐 같은 말을 뜸직뜸직 들려주었을 것이다.

그의 반응은 그 두툼한 신체처럼 단호했다. 자신의 전 재산을 털어넣어도 좋으니 이노우에 야스시의 작품만 펴내겠으며, 다른 일본 소설은 물론이고 그 어떤 종류의 책에도 관심이 없다는 것이었다. 자기로서는 이노우에 야스시의 소설만큼 쉽게 잘 읽히고, 페이지마다 눈을 뗄 수 없을 지경으로 재미나기 짝이 없으며, 또 그토록 풍부한 교양과 인간 군상의 수더분한 인간미를 생생하게 전해주는 책을 이때껏 보지 못했다고도 했다. 요즘 말로 하면 그야말로 '광팬'이었고, 이노우에 야스시의 소설 속에는 진실한 삶이 아주 실감나게 그려져 있다고, 침을 튀기며 자신의 '신념'을 토로하는 것이었다. 그러면서 덧붙이기를 이노우에 야스시야말로 노벨상감이라고, 장차 반드시 타지 않겠느냐는 기대성 짐작까지 넘겨짚고 나서는 것이었다.

그 정도 고집이라면 할 수 없겠다고 체념하며, 나는 알아서 하시라고 말하면서 그를 물리쳤다. 그 후 서점에 들를 때마다 나는 그 큰손을 떠올리며 이노우에 야스시의 신간 번역서를 찾곤 했다. 한동안이 지난 어느 해 봄, 동대문의 헌책방을 누비다가 『유역流域』이라는 이노우에 야스시의 번역서가 우연히 눈에 띄었다. 신문에 소개된 바도 없었지 싶고, 나로서는 그런 책이 나온 줄도 몰라서 뜨악했다. 그런데도 그 제목도 한자로 붙박았고, 표지도 얄궂은 데다 본문 편집도 형편없는 소위 '덤핑 책' 같은 싸구려여서 읽어볼 엄두가 나지 않았으나, 헐값에 샀더니, 아니나 다를까, 술술 읽히기는커녕 덜거덕거리는 '날림'의 번역 문체가 속속 튀어나오는 엉터리 책이었다. 내 기억이 틀리지 않았다면 그 책의 역자 겸 발행인은 나와 딱 한 번 대면하면서 거창한 맹세를 다짐한 바로 그 큰손이었다.

이노우에 야스시의 책들이 지금도 우리말로 더러 재역再譯되고, 가끔씩 신역新譯도 되고 있는 현상은 아무래도 한때 노벨상을 타기 직전까지 갔던 그의 명성과 무관할 수 없지 않나 싶다. 실은 이 '되다만' 명성이 그의 책들을 속속 우리말로 번역하게 만드는 관건이었을 지도 모른다. 이런 내 단정에 힘이 실리는 일화도 차제에 소개해볼 만한 가치가 있을 듯하다.

1980년대 초반부터 중반까지쯤이었지 않나 싶은데, 그때는 S대 출신의 등단한 작가라면 삼삼오오 떼를 지어 정초에 문단의 원로 소설가 K선생 댁에 세배를 가는 미풍이 있었다. 매년 함께 가자고 짓조르는 도반道伴이 나서게 마련이어서 나도 서너 번인가, 그러고 보니 '저택'이라고 해야 어울릴 신당동 댁과 청담동 댁을 각각 두세 차례씩 흔히 '됫병'이라는 청주 한 병을 사들고(대개 다 두 병을 나란히 종이 상자에 집어넣은 '월계관'을 들고 가며, 그 비공식적인 정초 속수束脩가 K선생 댁 현관에는 즐비했다) 따라 나서곤 했다. 그때마다 나는 다른 사람들처럼 넥타이를 매지도 않았고, 내 어릴 적부터 바느질품으로 고생하던 모친의 잔상에 짓눌려 평생토록 한복을 안 입겠다고 맹세한 터라 일상복 차림이었다.

아무려나 언제 뵙더라도 신수가 좋고 특히나 얼굴에 반들반들한 윤기가 돋보이는 데다 잔잔히 눈웃음을 드리우고 앉았는, 한복에 마고자 차림의 K선생에게 절을 올리고 나면 각자가 기중 만만한 자리를 찾아가 앉게 된다. 안방과 대청은 언제라도 송곳 꽂을 자리도 없을 지경으로 빼곡하다. (일설에 따르면 K선생은 정초 세배객 명단을 적어놓는 공책을 따로 갈무리한다고 하며, 작년에 왔던 문하생이 보이지 않으면 인편에 그의 안부를 반드시 알아본다고 했다.) 이런저런 정초의 덕담을 나누고 있으면 이내 떡국도 나오고, 안주도 집어 먹게 되는데, K선생은 연방 커피포트로 청주를 따끈하게 데워서 앞앞에 잔을 채워주며 어서 마시라고 권한다. 그런 화기애애한 좌석에는 역시 농담 반 진담 반의 우스개를 곧잘 하는 구변의 달인이 있게 마련이고, 그런 방면으로는 역시 해학의 고장인 전라도 사람을 따를 재간이 없는 법이라 그쪽 출신 소설가 S씨가 대뜸 그 찬찬한 음성으로, K선생이 한국의 이노우에 야스시라고, 조만간 그 양반과 어떻게 '문학대담' 자리를 마련해서 이제는 우리 문단도 노벨문학상을 넘겨다봐야 하지 않겠냐고 했다. 미상불 듣기 좋은 재담이었고, 그 구성진 가락의 말솜씨로나 특이한 발상도 상찬감이라 좌중이 일시에 그것 참 탁견이라는 반응의 눈길을 주고받았다. 그런 덕담은 아첨이라기보다도 여러 사람이 듣고 즐기자는 우리 조상 특유의 능청스러운 익살이다. 불시에 매년 노벨문학상 후보로 오르내리는 일본 작가와 동격의 자리에까지 오른 당사자인 K선생도 막상 싫지는 않은 듯 파안대소하면서, 곧장 골계가 심하다고 핀잔을 주는 일방 이노우에 야스시는 대중적 인기가 너무 높아서 탈이라고, 그 흠 아닌 흠 때문에라도 당신 자신과 비교하는 것은 격에 맞지 않는다는 요지의 말을 천연스레 풀어놓았다. 벌써 술들이 취해서 헛소리를 하는 세배꾼들의 훤소 때문에 그 화제는 이내 사그라들고 말았지만, 내 시야에는 그 광경이 쉬 사라지지 않았다. 비록 대중적 성가와는 담을 쌓고 지내지만 한국에서는 제일 잘 쓴다는 소설가 K선생의 그 좀 어정쩡한 자부심, 노벨문학상의 임자가 되려면 대중의 인기와는 일단 무관해야 될 것이라는 선적禪的 견해, 이노우에 야스시의 그런 비상한 명성에 가려진 명암을 비롯한 일본 문단의 역학 구도까지를 소상히 꿰고 있는 듯한 언질(아마도 그즈음 이노우에 야스시는 일본 펜클럽 회장으로 국제 펜클럽 도쿄대회 개최를 주관한 운영위원장이었을 것이다), 노벨문학상 수상은 전적으로 산문 곧 소설 장르가 주축일 수밖에 없으며 시인에게는 어쩌다가 구색을 맞추느라고 주기도 한다는 당신 나름의 견해(이 발언은 역대 수상자 명단이 말하는 대로 백번 타당한 견해이면서도 주목을 요하는데, 그 당시 한국 시단의 국보적 존재였던 미당未堂의 위상에 대한 견제 심리를 읽을 수 있기 때문이다) 등등에 적이 놀라지 않을 수 없었다. 그 당시 한국의 매스컴들도 일본 현지의 반응이라면서 노벨문학상이 이번 해에는 이노우에 야스시에게 틀림없이 돌아갈 거라며, 그의 저택 앞에서 기자들이 장사진을 치고 있다는 보도를 흘린 바 있었다.

햇수로 2년도 채우지 못하고 그 영세 인쇄소는 일거리 부족으로 결국 자진 폐업계를 내고 말았다. 덩달아 나도 나름대로 살길을 찾느라고 다른 직장에서 역시 원고지를 메워가는 일에 파묻혔다. 그 후부터 글이 안 써질 때면 가끔씩 불쑥 그 천둥벌거숭이 같은 이노우에 야스시의 마니아가 떠올랐다. 도대체 그런 골수의 팬이 제 발로 찾아와서 평생 신도를 자처하는 경우가 해당 작가에게는 과연 지복일까 불운일까, 아니면 그의 일거일동이 당최 거슬리는 불효자식처럼 어떻게 뗄 수도 없는 짐일 뿐일까, 장차 내게도 그런 업을 거느릴 팔자가 저절로 굴러올까 같은 재미난 망상에 휩싸이면 일이 하기 싫어졌다. 더불어 따라붙는 장면도 점점 여실해졌다. 정초부터 당신의 이름까지 존칭 없이 호명해대는 새카만 후배 문인의 그 부당한 언행에 어이없어하던 K선생의 잔잔한 눈길, 또한 당신 자신의 작품이 비록 대중적 인기는 못 누리고 있을망정 이노우에 야스시 따위와는 격이 다르다는 투의(내가 보기에는 얼토당토않은 경쟁 심리이거나 한 일본 작가의 명성과 작품의 질적 가치에 대한 막연한 질투와 근거 없는 평가절하로 비쳤지만) 알량한 자부심으로 반들거리던 그이의 안면 등이.

그러나저러나 '문운'이란, 작품의 질적 가치와는 전적으로 무관하게, 이미 전생前生에서부터 점지되어 있는지 K선생도 노벨문학상과는 한참이나 동떨어진 채로나마 한때 한글언어권 안의 문학판만을 호령하는 데 그쳤고, 이노우에 야스시도 연년의 그런 소동이 민망하게도 결국 그 '상금 많은' 상을 못 받고 말았다.

이노우에 야스시에 관한 또 다른 마지막 일화도 나만의 생생한 목격담이다.

그때가 언제인지 도무지 아슴푸레해서 어느 번역서 뒤쪽에 붙은 그의 연보를 참고해봤더니 1989년이라고 되어 있으므로 그해 가을에 나는 자료 취재차 일본에 갔던 듯하다. 아마도 3박4일 일정의, 돈과 시간 낭비를 싫어하는 내 천성대로 분초를 아끼는 바쁜 걸음이었을 텐데, 그 와중에도 도쿄의 한 서점에 들렀더니 신문에서 기사를 읽은 대로 이노우에 야스시의 신간 『공자孔子』가 막 나와 있었다. 천장에 주렁주렁 매달아놓은 이른바 '마케팅'으로서의 종이 광고의 현란한 색깔도 볼만했고, 두터운 케이스 속에 들어 있는 양장본의 실물은 과연 출판대국답게 일본의 한 일류 출판사가 정성을 다 쏟아 만든 초호화판이었다. 한 사람의 작가로서 타고난 분복이 이 정도라면 정말 부러운 팔자가 아닐 수 없었다. 그날 아침 호텔 로비의 신문대에서 집어다 '훑어본', 일한사전 없이는 반 정도나 해독할 수 있는 이노우에 야스시의 '특수特需' 기사도 극진한 예우로서 나무랄 데가 없는 것이었고, 출판계와 매스컴의 그런 적극적인 옹호, 지원은 붐이 붐을 조성하도록 쌍나팔을 불어대는 격이어서 나로 하여금 올해는 노벨문학상이 일본 국적의 원로 소설가에게 돌아가겠구나 하고 짐

이노우에 야스시에게서 배워야 할 것들

치게 만들었다. 그런 이웃 나라의 낭보에 누구보다도 좋아할 '큰손'의 자태도 떠오르고, 명색 관민 합작으로 노벨문학상 수상을 도모한다는 우리의 빈약하고, 어설프고, 조잡하다 못해 저질투성이의 '응원' 현상을 돌아보며 저절로 터져나오는 한숨을 내버려둘 수밖에 없었다. 적어도 한 시간 이상 머문 그 서점에서 두 눈을 부릅뜨고 목격한 바로는 퇴근길의 중년 월급쟁이들이 쉴 새 없이 그 비싼 소설책『공자』를 득의에 찬 낯색으로 사들고 홀홀히 귀갓길을 재촉하고 있었다. 존경할 만한 원로 작가를 가졌다는 독자 나름의 자부가 숨김없이 드러나는 광경이어서 부러움과 찬탄이 뒤섞인 질시의, 더 정확히 말하면 나로서야 그럴 자격도 없는 주제임에도 시샘의 눈길을 희번득거리지 않을 수 없었다. 뒤이어 명색 소설가라면 그 정도의 영광을 누려야 어떤 보상으로서는 제격일 것이라는, 그런 뿌듯함도 챙겼을 것이다. 매스컴의 한결같은 호평, 독자들의 중망을 그토록 장기간 누려온 터에다 이제 팔십이 넘은 고령을 감안한다면 작가로서의 어떤 성취감과 도취경은 장한 포상의 대상이자 거룩한 경의의 표적일 수밖에 없기도 했다. 더욱이나 마지막 작품으로 '공자'라는 실존 인물을 다뤘다니 그럴싸할 뿐만 아니라 인구에 회자하는 그 낯익은 인물을 소재로 골라잡은 데서도 이노우에 야스시의 대중영합적 취향이 엿보이기도 하는 것이었다. (부언이 따라야 할 대목인데, 공자가 노자나 장자 같은 제일급의 유니크한 사상가와는 격이 다른, 일일이 올바른 '공적 담론'의 태두임은 사실이고, 그런 '권위'에 무조건 복종하는 일반인의 추수주의와 흡사한 '안이'가 비친다는 소리다.) 나는 한동안 그 책을 살까 말까 하고 망설였다. 그러나 이내 단념했다. 아무리 그런 '장르 불명'의 파격적 '반反소설' 내지 '반半 소설' 짓기에는 탁월한 아무개가 공자를 다뤘다 하더라도 예수나 석가모니에 비해서는 워낙 '드라마가 취약한' 성인군자에게서 무슨 기상천외한 서사가 나왔을까라는 내 나름의 시건방진 추측이 얼쩡거렸기 때문이었다. 뿐만 아니라 저자 후기에나 눈독을 들였다가 편집 체제나 장정 참고용으로 내팽개쳐버릴 그런 책에다 거금을 쓰기도 싫었고, 감히 예상컨대 한국에는 예의 그 '큰손'들이 숱한 만큼 이내 우리말로 번역되어 나올 것이므로 그때 사서 읽어도 되리라는 계산이 서서였다.

내 예상은 이내 적중했다. 득달같이 그 『공자』의 우리말 번역판이 (아마도 최초의 외국어 번역본이었을 것이다) 시중에 나돌았고, 기다렸던 터라 나는 헐레벌떡 서점으로 달려갔다. 그러나 막상 책을 집어들고 보니, 이게 무슨 꼴인가라는 욕지거리부터 터져나왔다. 일본의 그 초호화판 양장본에 비하면 장정(소위 '반양장'이라는, 표지 날개가 안으로 접히는 '우리 식'의 그 불편한 제본 방식이었다), 본문 체제, 지질紙質 따위가 조잡하다 못해 거의 넝마처럼 남루한 꼴이었다. 내 자랑도 아니고, 나만의 비장의 심미안이 뚝 불거지게 있지도 않지만, '책다운 책'이 어떤 '형태/형식'이어야 하는지에 대해서는 내 나름의 조촐한 안목과 합리적이라서 양보할 수 없는 고집이 있으며, 나의 그런 원칙이 그렇게 부당하지도, 또 시대착오적이지도 않다고 자부하며, 나의 그 고만고만한 분별안이 출판사 쪽의 전문가들과(예컨대 편집자와 장정가) 어떻게 다른지, 또 어느 쪽이 아주 기본적인 실력에 미달해 있는지 나는 수시로 점검, 반성하는 데 결코 게으름을 피우지 않고 지내는 반편이긴 하다. 그런 평소의 내 안목으로 볼 때 한국어판 『공자』는 아주 '잘못 만들어진 허드레 상품'에 불과했다. 도대체 뭣이 급해서(아마도 곧장 노벨문학상 수상자 발표를 겨냥하느라고 그랬을 테지만) 이렇게나 졸속 제작으로 나라 망신을 시킨단 말인가. 일본의 원서를 봐서 그 반만이나마 정성을 기울일 것이지, 또 그래야 원저자에 대한 최소한의 도리가 아니겠는가. 광적인 팬들은 일쑤 이처럼 무례하고, 전문적인 '시스템'이 일을 하도록 만드는 조직적/관리적 기량에서 덤벙거림으로써 그 인간의 전반적 인격 자체를 낙제점 이하로 얕보게 만들도록 해서 서로가 피곤해진다. 참으로 한심했다. 책의 외형이 그 꼴이니 속이야 보나 마나 뻔했다. 선 채로 첫 페이지를 띄엄띄엄 읽어봤더니 그 '술술' 읽혀야 할 문투는 간곳없고, 껄끄럽기 짝이 없었다. 공자가 타고 다녔을 수레의 바퀴가 덜컹거리는 소리가 연방 굴러왔다. 우리말 구사력이 한참 떨어지는 '일본어 전문가'가 마구잡이로 옮긴 소위 '날림 번역'의 표본이었다. 그처럼 출간을 서둘렀으니 번역의 질을 나무라고, 번역자의 성실을 따질 계제도 아니긴 했다. 게다가 교정도 형편없어서 오자·탈자도 눈에 띄었다. 이제는 또 살까 말까로 망설여야 하는 고역이 내 손을 바들바들 떨게 만들었다. 그래도 뭣이든 제대로 알고, '근거 있는' 흠잡기를 하려면 일단 통독부터 하고 볼 일이라서 내 못난 주저벽을 용약 떨쳐버렸다. 아마도 그때는 나도 예의 그 『공자』를 사들고 서점을 나서던 일본인 독자들처럼 뿌듯한 마음자리를 잠시나마 다독였을 것이다. (추측건대 오늘날의 초베스트셀러 작가인 무라카미 하루키의 마니아층과 그 당시의 이노우에 야스시 팬들과는 질적으로 상당한 격차가 있지 않을까 싶다. 시대적 변수를 감안하더라도 이런 분별은 당대의 '문화수준과 그 표정'을 읽는 데 유효할 뿐만 아니라 두 작가의 작품에 대한 객관적 평가에도 주효하다.)

아직도 내 기억이 그런대로 쓸 만하다면, 사나흘쯤이나 그 『공자』

를 깨죽거린다 싶게 억지로 읽었다. 한마디로 밥맛도, 입맛도 다 달아나는 문체/내용이었다. 그나마 중도에서 내팽개치지 않은 것이 다행이라고 안도의 한숨을 내쉬었던 기억도 남아 있다. 무엇보다도 그 졸속 번역과 날림 제책 때문에 그런 인상이 지워지지 않았을 테지만, 독후감조차 적잖이 씁쓰레한 것이었다. 책장을 덮으면서, 역시 글은 나이를 못 속이는구나, 그렇게나 장강처럼 유유히 흘러가는 소설을 쓰고 싶다던 양반이 이렇게 못 쓸 수도 있는가, 너무 재미없잖아, 현대물이든 시대물이든 꽤 번듯한 작품을 만들어내던 사람이 이렇게 변할 수도 있네, 하기야 『논어』에서 보듯이 공자가 천하에 재미없는 사람이었지만, 그래도 이건 뭐 공적公的 담화만 나직나직 들려준 『논어』 이상으로 동어반복투성이네 같은 감상이 지배적이었다.

이쯤에서 두 일류 작가의 '서술 기법'만을 잠시 비교해보는 것도 어떤 '평가/의미' 도출에 도움이 되지 않을까 싶다. 곧 현존하는 제일급의 미국 작가 필립 로스의 작품들은(노벨상 수상을 노리고 있어서 그런지 요즘 그의 작품들이 죄다 집중적으로 번역되고 있다) 수미일관하게 대화 형식으로 조립되어 있다. 한마디로 장광설 그 자체다. 그에 비해 이노우에 야스시의 역사물들은 대화·간접화법을 적극적으로 자제하고 앞서의 예문처럼 평이한 서술문으로 일관한다. '설명'에만 주력하는 것이다. 그런데도 잘 읽힌다. 오히려 필립 로스의 작품보다 가독성이 더 높아 보일 지경이다. 두 작가의 이런 특이한 서술 기법은 각자의 장기여서 가타부타할 사안이 아니다. 그러나 전자의 작품에는 미국의 사회상 및 개개인의 일상생활이 촘촘하게 박혀 있다. 세부의 일대 승리라고 해도 좋을 정도로 그것은 그렇다. 그러나 이노우에 야스시의 작품에는(물론 '역사물'의 일부가 그렇지만) 일상이라는 디테일이 대단히 소루하다. 과연 소설이라고 할 수 있을까 싶을 정도로 '역사적 사실'의 설명에만 급급하다. 『공자』가 바로 그런 작품이어서 '장르 불명'이라는 '라벨'을 붙여야 합당할 듯 보이는 것이다. 이 차이는 크게 짚고 넘어가야 할 '성과'의 한 부분이다. 일반 독자들의 호응도야 어떻든 소설 작품마다의 '문학적 성과'는 엄연한 것이고, 그것을 재는 잣대는 최대한으로 활용해야 옳기 때문이다. 어쨌거나 이노우에 야스시도 익히 알려진 대로 그해 노벨문학상 수상에서는 탈락해서 『공자』의 번역본은 우리 시장에서 이내 자취를 감추었고, 작가도 그 이듬해인가 식도암으로 꽤 긴 투병생활 끝에 영면하고 말아서 우리나라에서는 그의 성가가 이내 작고 문인으로서 쉬 식어버렸다. 또한 나는 거처를 옮길 때마다 그동안 사 모으고, 증정받고, 얻어온 소장본 중에서 아직 안 읽었거나 장정·제본·편집체제 참고용 정도만, 또 언제라도 짬을 내서 다시 읽을 책 수백 권만 남겨놓고 나머지는 미련 없이 폐기처분하는 버릇이 있어서 예의 그 『공자』도 이미 오래전에 내 수중에서 빠져나가버렸다.

어쨌든 이노우에 야스시는 한때나마 내 독서 편력을 과점한 몇몇 외국 작가 중 한 명임에는 틀림없다. 그야말로 열독했고, 그때마다 상당하다, 재미있네, 그럴듯할뿐더러 어떤 경지가 손에 잡히는 것은 분명해와 같은 독후감을 다독거렸다. 최근에도 『둔황』을 의무적으로 다시 읽어봤더니 조작상의 몇몇 미진한 대목은 두드러졌지만, 역시 그 특이한 작풍으로도 역작일뿐더러 널리 알려진 대로 명작의 반열에 들 만한 작품이었다. 아마도 그의 모든 작품이 일본 내에서는 물론이고 세계시장에서도 호가할 만한 그런 부드러운, 실로 대하大河 같은 아우라를 풍기고 있음은 재론의 여지가 없다. 그만한 작가가 탄생

할 수 있었던 것도 일본의 지적 풍토와 독서 열기에 빚지고 있음이 분명한데, 그 특혜를 명성으로나 금전적으로나 톡톡히 누린 작가이기도 했다. (물론 노벨문학상 수상에 근접한 작가로서 그렇다는 소리일 뿐 그 이상으로 요란한 대성과 치부를 거머쥔 소위 '대중작가'는 부지기수이고, 일본에서 '대중작가/순수작가'는 딱히 좋다 나쁘다로 변별할 여지도 없는 '분위기'가 만연하다.) 또한 일본의 일류 작가들이 대체로 선배 문인들의 좋은 본을 받아서 여일하게 소지하고 있는 기초체력, 곧 박학다식한 면모를 그도 잔뜩 끌어모으고 있어서 중국과 그 변방의 소수민족/약소국가의 역사, 미술에는 그쪽 전문가 이상으로 해박했다고 알려져 있다. 그런 부지런한 탐구열을 창작에도 시종일관 쏟아부었으니, 심지어 수술 후 방사선 치료를 받으면서도『공자』집필에 몰두했다니 대단한 문학적 투혼이 아닐 수 없다. 그만한 다작에의 열정, 다시 한번 강조하건대 그만의 '술술 읽히는' 문장/문맥/서사에 충실한 이노우에 야스시의 독보적인 작품, 스케일, 역사의식은 앞으로도 한참이나 새 독자들을 달뜨게 할지 모른다. 여 보란 듯이 최근에는 소설식으로 풀어간 일종의 전기물인 예의 그『공자』가 다시 제대로 옮겨져서 시중에 나왔으니 그의 한국 내 인기도는 불가사이한 면이 있다. 도대체 식을 줄도 모르고 30년 이상 인기를 독점하고 있으니 말이다. 일반 독자들보다 출판사의 편집자 제위가 그의 '광팬'인지 어떤지. 작가의 '팔자'는 작품의 '성가' 이상으로 알 수 없는 것인 듯하다.

　다시 한번 더듬어보면 예의 그 K선생의 이노우에 야스시에 대한 일정한 과소평가 내지 적절한 폄훼는, 비록 정초의 한담 자리에서라 할지라도, 좀 부적절한 공언이었을 것이다. 모르긴 하나, 그이가 이노우에 야스시를 일본어로 얼마나 열심히 읽었는지 나로서는 짐작해볼 근거가 하나도 없으니까. 공사로 워낙 다망한 분이었고, 그 통에 그이는 이노우에 야스시보다도 작품 생산으로나 그 질적 수준으로나 한참 떨어지는, 그래서 '문단적' 이력만 거창하게 남겼을 테지만.

요즘도 나는 신문/잡지를 통해 노벨문학상 관련 기사/잡문을 접하면 숱한 상념을 정리하느라고 빙충맞은 머릿골이 분주하다. 소설의 옥석을 구별하지 못하는 소위 얼치기 마니아 독자들은 결국 문학의 천박화를 주도하는 일등공신일 뿐이잖는가, 자신의 문학과 문학적 위상에 자존자대의식을 갖는 거야 백번 타당하나 국내외의 동렬에 서 있는 여러 작가와의 비교우위적 평가에 등한하거나 부당한 견제 심리 내지 과소평가는 얼마나 저속한 비리인가, 또한 특정 문인의 노벨문학상 수상을 옹호하는 뭇 매스컴의 호들갑스러운 조명과 그에 끌려다니는 당사자는 좀 모자라거나 싱거워빠진 어릿광대가 아니고 무엇인가. 도대체 자기 문학만이 제일이라는 기고만장만큼 주책스러운 처신이 달리 무엇으로 있겠으며, 자기 나라 작가야말로 기중 낫다는 홍보야말로 얼마나 무지막지하고 뻔뻔스러운 행태인가. 그러나 마나 문학이 진정한 인간적 제도임에는 틀림없겠지만, 이것을 악용하는 온갖 날파람둥이들의 허영심이 쓰레기장에 꾀는 버러지들처럼 오늘도 분탕질을 일삼는 이 거대한 벽화, 사실감조차 뛰어난 그 속의 '시장 바닥'보다 더 재미난 저질 코미디도 달리 없는 것 같다. 관람료 걱정도 하지 않고 만판으로 즐길 수 있으니 이 얼마나 고마운 시장경제의 혜택인가.

8. 일본 목욕탕의 남녀평등 신조

—

—

—

지금은 몰라볼 정도로 숙지근해졌지만, 한때 문학·역사·철학 등 인문학 전반이 '근대'를 가장 시급한 화두로 삼은 적이 있다. 너도나도 그것을 운운해야 일류 학자나 상당한 박람강기로 취급받던 시절이 불과 한 세대 전후에 있었던 셈이다. 학문도 이런 유행에 일단 노출되어버리면 동서양이 서로 질세라 그것을 붙들고 씨름하며, 모든 지식이 그렇듯이 그 줄자만이 만능 같고, 실제로 그 단물이 비록 일시적일망정 물릴 리는 만무하다. 그러다가 그것에 대한 나름의 시비가 웬만큼 드러나면 이번에는 달려들 때처럼 너나없이, 어쩌다가 아직도 촌스럽게 이런 골짜기에서 얼쩡거리고 있나, 하기로 들면 나도 아주 바쁜 사람인데, 같은 군말이나 두덜거리며 멀찌감치 물러서버린다. 무슨 투기 열풍에 휩쓸려다니는 복부인의 행태 같은 이런 학자들의 유행병을 먼눈으로 훑어보면, 인간의 지식욕은 결국 사기 행각의 전말을 그대로 답습하는 우행愚行일 뿐이잖냐라는 생각을 쉬 지울 수 없다.

　말이 나왔으니 좀더 덧붙이면 그 소위 '근대'가 언제부터 시작되었는지는 나라마다 사정이 다를 수밖에 없고, 또 해당 국가의 전공 학자마다 그 관점이 상이해서 이론異論이 분분한 실정이라고 해야 옳을 것이다. 워낙 무식한 처지임에도 불구하고 프랑스는 1789년 대혁명을 근대의 기점으로 잡는 통설이 역사학계의 인준을 받고 있음을 알지만, 일본은 메이지 유신으로 근대적 중앙집권 체제가 성립된 1868년을 그 출발점으로 보지 않을까 싶다. 역시 부질없는 첨언이지만 우리는 1894년 갑오개혁을 계기로 근대로 들어섰다고 보는 중론이 있는 듯하다. 그러나 그 근대의 실체가 과연 무엇인가 하는 물음에는 분야별로 각양각색의 의견이 많은 가운데서도 어떤 척도를 제시할 수 있다. 가령 정치학에서는 민권/인권, 선거권/여성참정권 등의 활착 여부를 근대의 시발의 표상으로 삼을 수 있는 것이다. 이런 척도를 떠올리면 근대를 이미 오래전에 맛보기는 했으나, 여전히 그것의 현실화/일상화와는 한참 떨어진 보수반동적인 국가들이 한반도 주변에 아직도 상존하고 있음은 특이하고, 특기해둘 사안이다.

객설이 길어졌지만 우리가 늘 만만하게 누리는 '틀에 박힌 일상'이야말로 근대의 가장 훌륭한 실체일 수 있다. 하루에 세 끼를 제때 꼬박꼬박 찾아 먹고, 신문이나 다른 매체를 통해 나라 안팎의 뉴스에 관심을 기울이며, 규칙적으로 전신목욕을 하면서, 건강을 챙기느라고 다들 여러 종류의 신체 단련에 매진하는 풍경 일체야말로 근대 이전에는 볼 수 없었던 '일상생활'이다. 대수롭지 않아 보이는 세목細目 같아도 이 '일상'의 구조화라는 '근대'의 도래는 우리에게 좀더 심각한 숙고를 강요한다는 점에서도 그 의의가 적지 않다. 내가 학습한 경우를 풀어놓으면 이렇다.

어느 해 5월, 관광버스로 핫코다 산八甲田山을 넘어가는데 산기슭에 잔설이 두텁게 있었다. 일행이 사진을 찍는다기에 나도 맨발에 샌들 차림으로 내렸다. 우리 일행 중에는 요즘 일본에서 '잘 쓴다'는 평판이 자자한 신진 소설가 호시노 도모유키星野友行도 있었다는 기억이 남아 있다.

한일 양국의 문인 수십 명이 이제 막 이틀 동안 벌인 아오모리青
森에서의 한일문학 심포지엄 일정을 마치고 관광길에 오른 참이었다.
일정에 따르면 구시가미네櫛ヶ峰 산자락을 관통한 후 도와다 호十和田湖
를 유람선으로 한 시간쯤 둘러보고 나서 어느 대형 관광호텔에 투숙
하기로 되어 있었다.

호텔에 도착하면 일단 대형 욕장에서 목욕을 한 뒤 회식하기로 되
어 있었으므로 인솔자가 일행을 로비에 집합시킨 다음 이런저런 당
부의 말 끝에 꼭 유념할 사항을 일러주었다(물론 통역자가 옮겨주었
다). 다름이 아니라 호텔 안에 있는 대형 욕장을 누구나 몇 번씩 이
용할 텐데(그런 심포지엄의 뒤풀이가 대체로 그렇듯이 그날 밤에 끼
리끼리 뭉쳐서 술을 마시기로 되어 있었고, 흔히들 과음 후의 늦은
밤에도 욕장에서 주독을 풀곤 하는 것이었다), 어느 순간에 남탕과
여탕이 바뀌므로 들어갈 때 반드시 글자가 쓰인 주렴을 확인하라
는 것이었다. 두 손으로 헝겊 주렴을 바꿔 단다는 시늉까지 해 보이
며 남자분들은 본의 아니게 여자분들에게 신체의 일부를 구경시키
는 창피를 당하지 않도록 하라고 신신당부했다. 일본 문인들은 그 희
한한 풍속(?)이 당연하다는 듯이 잠자코 있었으나, 한국 문인들은 대
개 다 그 난해한 미풍(?)을 알아듣자마자 고개를 갸우뚱거렸다. 그중
한국 측의 남자 연장자가 내게 웃으면서, 왜 수선스럽게 남탕 여탕을
하루에 한 번씩 바꿔치기한다는 거야, 여러 번 봤을 거 아냐, 그 이
유를 연구해봤어? 라고 내게 넌지시 물었다.

나로서도 연래의 숙제였던 만큼 차제에 그동안의 숙고를 정리해보
자고 다짐하며, 회식 자리에서도 나름대로 머리를 굴리기 시작했다.

―남탕이나 여탕이나 공히 청결하다. 위생적인 측면에서 우리 집 대중탕은 언제라도 자신 있다, 그러니 손님들에게 그 점을 과시해야지, 상술이라든 말든. 남에게 보이려는 행위, 내 정성, 내 손길, 내 마음의 흔적을 어떤 식으로든 드러내려는 일본인 특유의 과시벽은 도코노마의 치장에서부터 분재盆栽, 꽃꽂이 등에 잘 나타나 있지. 음식도 마찬가지고. 우리 음식은 삼계탕이나 총각김치가 대변하는 대로 자연미를 살린답시고 식재료를 통째로 요리하는데 일본식은 무엇이든 자잘한 손길을 덧대야만 직성이 풀리지. 해부하듯이 무슨 재료든 잘디잘게 썰어서. 아무튼 여탕의 긴 머리카락 따위도 말끔히 치워놓는다는 시위일 거야.

　　―남녀는 동등하다, 일본의 여권女權은 당당하다, 목욕에서부터 우리는 민주주의를 실천하고 있다, 페미니스트에게 한 수 배우라고 은근히 강요하는 게 아닐까.

　　―여행 중에도 방심해서는 안 된다, 긴장의 끈을 놓지 마라, 흔히들 목욕탕 욕조에만 들어가면 몸보다 마음을 먼저 풀어놓고설랑 덩달아 남녀 간의 유별한 그 경계선도 넘보려고 덤비잖아. 대개 다 공상 차원에서 끝나고 말지만. 일종의 경고성 권면이라고 봐야지, 욕탕 출입에서부터 덤벙거리지 말라고.

　　―인생이란 얼마나 단조롭고 심심한가. 실은 우리 인간의 한평생, 그것을 낱낱이 쪼갠 나날의 삶이 귀중한 거야 더 이상 말할 것도 없지만, 또한 그만큼 별것도 아닌 게 사실 아닌가. 그러니 여행 중이라도 재미로 어떤 뜻밖의 해프닝을 유도하기 위해서, 차제에 목욕탕 이용에도 장난기 많은 상술을 한번 발휘해보자, 주렴을 바꿔 달아두는 거야 귀찮은 일거리랄 것도 없잖아. 그 정도 성가심이야 장삿속으로

도 감수해야지. 재미있잖아, 이쪽 탕에 한번 들어갔다가 저쪽 욕조에도 한번 몸을 담가보는 것도. 오로지 고객의 심심풀이를 위해서.

내 나름의 그런저런 농담 같은 의견이 머릿속에서 시종 꿈틀거렸지만, 죄다 추측성 해설일 뿐이었다. 잡담이라면 모를까, 대중목욕탕과 남녀평등을 짝짓기하는 것은 어딘가 견강부회의 냄새가 짙게 풍긴다. 그렇다고 여행객들의 느슨한 심리적 이완감까지 붙들어매겠다는 오가미상女將様의 노파심은 좀 지나친 미화라서 낯간지럽다.

그날 밤 두어 차례나 대형 목욕탕에 들락거리면서 온몸의 이완감을 만끽하며 숙고해본 내 견해는 이렇다.

대중목욕탕은 도시 형성에 뒤이어 탄생한 '근대'의 가장 일상적인 제도일 것이다. 이 위생적인 제도는 근대 국가의 성립, 발전을 재촉, 강제했는지도 모른다. 일찍이 니토베 이나조新渡戶稻造(5000엔권에 그의 단정한 양복 차림 초상화가 새겨져 있다. 1만 엔권에 실린 초상화의 주인 복장과 대비되는데, 그는 유학파였으면서도 다분히 국수주의적이었다)도 나라는 모름지기 국민의 위생을 책임져야 한다고 설파했다는데, 그가 염두에 두었던 것은 결국 근대의 발 빠른 활착이었을 게 틀림없다. 물론 대형 욕조에 몸을 담그고 땀을 뻘뻘 흘리면서 일본인들은 그 특유의 자만·겸손·계면쩍음을 얼버무린 '시선'을 통해 '나/타인'의 정체를 확인하며 '근대인'으로 새롭게 태어나기 시작했을 것이다.

후에 일본인 누군가에게 남탕과 여탕을 하루에 한 번씩 바꾸는 이유에 대해서 물어보았더니 그도 여러 사람에게 자문을 구한 다음, 땅속의 온천수를 뿜어내는 관정管井이 옛날에는 목욕탕마다 하나밖에 없어서 그것을 남녀가 공평하게 이용하기 위해서 그랬다가 어느

새 정착됐다는 말을 들려주었다. '전설' 같기도 하고, 그 온천수에 바로 몸을 적시나(칸막이로만 남탕/여탕을 갈라놓았을까 물은 어차피 돌고 돌아 섞일 터이므로) 잠시 후에 담그나 무슨 차이가 있을까라는 의문이 떠올랐다. 아무튼 내가 제대로 알아들었는지도 미심쩍었지만, 일본 풍토에서 위생에 관한 한 남녀평등에의 신조는 일찍부터 문명인의 그것에 육박해 있었다는 지적은 적이 놀랄 만한 일이었다.

9. 벚꽃놀이 중 잃어버린 가방

오늘날에는 누구라도 거미줄처럼 정연하게 얽혀 있는 숱한 제도의 슬하에서 곱게 길들여지며 살아간다. 문자속을 드러내면 인간은 젖을 떼자마자 필수적으로 '사회화 과정'을 치르면서 자아의 성숙을 도모한다. 물론 더러는 그것의 억압에 얽매여서, 또 그 구속에 혹독하게 치이며 그럭저럭 살아내는 꼴인데, 각종 제도는 인간의 모둠살이를 다소나마 편하게 만들어주는 관건이라고 해도 좋을 것이다. 그 쓰임새가 다르고 제한적이긴 해도 '관습/법규'도 실은 '제도'의 하위 개념이거나 강제적 규범이랄 수 있다. 사람을, 또 다수를 위해서라기보다 세상의 질서를 우선 세워두려는 맥락에서 그렇게 볼 여지가 충분한 셈이다.

그런데 주어진 천부의 어떤 틀로서 이 광의의 제도가 한껏 느슨하게 꾸려지는 나라가 있는가 하면(형편에 따라 몇 명이라도 거느릴 수 있는 일부다처제를 허용하는 언어권을 둘러보라), 빈틈없이 짜여 있어서 편리/불편을 동시에 떠안기는 문명국가도 있다(제도권의 의무교육을 강제하는 여러 '민주공화국'을 상기해보라). 물론 두 경우 다 일장일단이 있다고 봐야 옳을 테지만, 오늘날 지구촌의 일상사는 단연코 후자의 세련미와 합리성을 추종하는 쪽으로 굴러가고 있음은 보는 바와 같다.

바로 그 제도의 운영 면에서 한국은 아무래도 일본보다 엉성해서 털털거리며 굴러가는 자동차 같다는 느낌이 없지 않다. (왜 그럴까 하는 질문에 나는 단호하게, '근대'의 연륜과 밀접한 관계가 있으며, 시행착오에는 상당한 경비와 시간을 들여야 하고, '실천 의지'에는 또 다른 제도의 강제가 동원되어야 한다는 의견을 제시할 수 있을 뿐이다.) 한동안 조마조마해하며 한껏 불안에 떨어대다가 한순간 그 위력적인 제도 덕분에 날아갈 듯한 해방감을 맛본 내 비장의 생경험을 토로하면 다음과 같다.

1996년 4월 중순경, 나는 일본의 현역 문인들인 후마 모토히코夫馬基彦 씨와 나카자와 게이中澤けい 씨의 초청으로 그동안 말로만 들어오던 본바닥의 벚꽃놀이 곧 '하나미花見'에 참석할 행운을 얻었다. 뜻밖에도 그 기회가 내게 주어진 것은, 그 전해 11월에 시마네島根 현의 마쓰에松江에서 열린 한일문학 심포지엄에 말석으로 참가했다가, 솔직히 털어놓으면 2박3일 동안 문학 담론보다는 취중진담을 서로 간의 눈치·필담·통역으로 진지하게 주거니 받거니 하던 중 내 음주벽을 그나마 그럴듯하게 봤는지 여러 일본 문인이 내년에 다시 '사적私的으로 만나자는 제의를 내놓아서 만부득이 여비를 마련하여 급거 도일한 것이었다.

첫날밤은 후마 씨 집에서 묵기로 했으므로 도쿄에 떨어지자마자 오미야大宮 시까지 전철로 이동했던 듯하다. (그때 나카자와 씨가 하네다 공항역까지 마중을 나왔지 싶은데, 기억이 아리송하다.) 그럭저럭 해거름이었으므로 전철역에서 만난 몇몇 일본 문인과 함께 곧장 인근의 대공원까지는 택시를 이용했던 듯하다. 아마도 오미야 공원이었던 것 같고, 벌써 한밤의 하나미를 즐기려는 상춘객들이 삼삼오오 무리를 지어 자리들을 여기저기다 펼치고 있었다. 가족끼리의 소규모에서부터 직장 단위의 대규모까지 다양한 모임이 가로등의 적당한 조명 아래서 화기애애하니 웅성거리고 있어서 과연 장관이었다. 그때 일본 대학 문창과 교수로 재직 중이라는, 나로서는 그때 초면이었지만 키가 크고 서양인처럼 잘생긴 양반이 하늘 쪽으로 시선을 주며 내게, 아직 벚꽃이 만개하지 않았으나 지금이 제일 좋을 때지요, 꽃이란 활짝 피고 나면 곧 져야 하니까라는 요지의 말을 건넸다. (그 정도의 일본말은 눈치로도 알아들을 수 있었다.)

우리 일행도 반쯤 활짝 핀 벚꽃을 감상하느라고 한동안 공원 속 여기저기를 어슬렁거리다가 준비해온 깔개들로 널찍한 자리를 고목古木 밑에 보았다. 속속 일본 문인들이 도착했고, 개중에는 마쓰에서는 못 본 원로 문학평론가 한 분을 비롯해서 대학교수도 여러 명이나 있었다. 이내 술판이 벌어졌는데, 그것이야말로 '와리칸割勘(각자 부담)'을 생활화하고 있는 일본의 '근대적' 관습인지 참석자들은 제가끔 자기 고향의 토속주를, 또 각자 집에서 만들었거나 소문난 음식점에서 사온 먹을거리와 안주들을 주섬주섬 내놓았다. 삽시간에 떡 벌어진 진수성찬이 마련되었다.

그 당시 나는 명색 전업작가로서 어디 매인 몸이 아니라서 어떤 자리에서라도 내 나름의 '자유'를 구가하고 있던 처지였다. 그래서 하루에 두 갑 이상 피우는(글이 잘 써질 때는 세 갑까지도 맛있게 피웠다) 애연가에다 일주일에 꼭 한두 번씩은 인사불성이 될 때까지 폭음하는 모주꾼이었다. (그런 폭음 후에는 3, 4일간 또는 열흘씩 금주했고, 평소에 반주 따위는 철저히 삼갔다.) 그날도 예외는 아니었다. 국내의 술자리에서처럼 선후배를 따지며 은근히 눈치놀음과 신경전

　벚꽃놀이 중 잃어버린 가방

으로 내 심신을 긴장시킬 것도 없었고, 일본말을 하지도 못하는 주제라서 더욱이나 어떤 격식으로부터 놓여나 있었다. 나는 손님답게 권하는 대로 아무 술이나 마구 벌컥벌컥 들이켰다. 한창나이였고, 멋진 술자리여서 내 폭음벽이 발동하기에는 안성맞춤이었다. 술이 잘 받는 날에는 산해진미 같은 안주에도 젓가락질을 안 하는 것이 내 또다른 술버릇이기도 했다. 아무튼 그날 그 자리에서야 '미즈와리'라는 그 소위 물 탄 위스키가 일본 애주가들 사이에서는 거의 보편화되어 있다는 사실을 처음 알았다. 술에, 또 그 이국적인 분위기에 한껏 취해서 그랬을 테지만, 그날 밤이 별밤이었는지, 달이 좋았는지도 기억에 남아 있지 않다. 다만 누군가가 요즘 무슨 책을 읽고 있느냐고 물어서, 그때나 지금이나 자기 자랑 같아서 쑥스럽기 이를 데 없는 채로나마 솔직하게 털어놓을 수밖에 없는 터라, 그 당시 갓 번역되어 나온 페르낭 브로델의 『물질문명과 자본주의』를 숙독하고 있다고 즉답했다. 아마도 그 정도의 말은 영어로 씨월거렸을 것이다. (여담이지만 지금도 나는 그 책을 가장 위대한 저작물이라고, 아마 세계적으로도 전무후무한 저서일 것이라고, 인류가 지은 가장 뛰어난 지적 온축의 저장고라고 생각한다. 한국어 번역 문체도 아주 훌륭하며, 그 탄력 좋은 논리적·지적 스타일은 쪽마다 경탄을 자아내게 만든다.) 즉각 동석자들은 그들 자신의 영어 발음보다는 다소 나은 내 대답을 알아듣고, 남을 칭찬하고 부추기면서 은근한 시샘을 드러내는 데는 다들 일가견이 있는 일본인답게 노골적으로 감탄을 내지르며, 대단하다, 멋지다, 페르낭 브로델을 읽다니, 같은 말을 크게 떠들어댄 기억은 남아 있다. 적잖이 계면쩍었지만 술기운도 있어서, 또 칭찬에는 개도 웃는다는 말대로 나도 꽤나 으쓱거렸을 게 틀림없다.

이튿날 아침, 깨어보니 그즈음 혼자 살고 있던 후마 씨의 아파트였다. 손님 대접을 하느라고 아파트마다에(전통을 살리느라고) 하나씩 '인테리어' 해둔 다다미방에 나 혼자 누워 있었다. 날씨 탓이 아니라 (자다가 일어나 화장실을 손쉽게 찾으라고) 방문을 활짝 열어놓은 것도, 하얀 이부자리도 세심한 배려라서 돋보였다. 당연히 나는 작취미성이었다. 배도 고팠고, 진땀도 흘렀다. 그런데 어느 순간 벌떡 일어나서 찾아보니 어깨에 걸치고 다니던 내 조그만 헝겊 가방이 안 보였다. '라스포삭'이라는 상호가 가로로 새겨진 미색의 보따리였다. 대번에 머릿속이 빳빳해지면서 온몸이 멱을 감은 듯 땀범벅이 되었다. 찬찬히 더듬어봤더니 '하나미' 술판이 끝난 후 어느 문인의 집으로(나중에 알고 보니 나카자와 씨의 아파트였다) 몰려가 거기서도 폭음 행각을 벌였고, 택시를 타고 후마 씨 아파트로 왔지 싶은데, 곳곳의 필름이 끊어졌다 이어졌다 했다. 나카자와 씨 집에서 필담으로 내 가족관계를 묻는 대로 대답한답시고, 한자로 '부친=공산당원, 한국동란 중 자진 월북, 생사불명, 모친=한복, 장인급' 같은 글을 괴발개발 그린 기억도 떠올랐다. 그러나 마나 큰일이었다. 그 보따리형 가방 속에는 여권, 여비와 주민등록증 따위가 잔뜩 들어 있는 지갑, 전화번호와 은행 계좌번호와 가족들의 주민등록번호·생년월일 따위를 적어놓은 수첩 등이 들어 있었다. 그 귀중품을 잃어버렸으니 난감했다.

우선 분실 신고를 해야 하나, 여권을 재발급 받는 데는 적어도 보름 이상 한 달쯤 걸린다는데 그동안 무일푼 신세인 내 행방은 어떻게 되는가, 누구에게 천덕꾸러기 신세를 의탁해야 하나 하는 걱정이 앞을 가렸다. 폭음 후유증 때문이 아니라 온몸이 그 걱정으로 후줄근하니 젖어버렸다. 이상하게도 내 그런 노심초사를 놀리듯이 집주

벚꽃놀이 중 잃어버린 가방

인 후마 씨는 기다려보자면서 연방 싱글거리기만 할 뿐이었다. 온통 제정신이 아니어서 안절부절못하는 내 딱한 처지는 아랑곳없이 후마 씨는 그 와중에도 한 동棟에 산다는 문학평론가를 소개하겠다면서 내 또래의, 도쿄대 출신으로 그즈음 어느 대학에 전임이 된 불문학자로서 그 이튿날엔가 유학차 도불渡佛할 참이라는 한 양반을 불러와 내게 인사시키기도 했다. 실은 그런 인사 나누기도 후마 씨가 내 초조감과 불안을 잠시나마 딴 데로 따돌리려는 배려로 그랬을 테지만, 나로서는 워낙 경황도 없는 데다 보따리까지 잃어버린 처량한 신세라서 남의 나라 문학평론가 따위는 안중에도 없었다. 당연하게도 그의 이름조차 까맣게 잊고 지냈는데, 서너 해쯤 지나 우연히 서점에서 그의 우리말 번역서 『사죄와 망언 사이에서』를 살까 말까 하고 뒤적이다가 책날개에 박힌 아주 낯익은 얼굴 사진을 보고 깜짝 놀랐다. 어디서 많이 본 얼굴이었다. 이내 후마 씨의 집 구조도 떠오르고 술이 잔뜩 취해 넋이 빠진 내 몰골을 찬찬히 어르던 어떤 인물이 생각났다. 그가 가토 노리히로加藤典洋였다. 물론 출국을 앞둔 그도 엔간히 경황이 없었을 터이라 이웃 나라의 별 볼일 없는 한 소설가쯤이야 이내 기억 속에서 지워버렸을 테지만.

아마도 오전 10시쯤이었지 않나 싶은데, 인근 파출소에서 전화가 걸려와 후마 씨라는 집주인이 있느냐고, 혹시 거기에 한국인이 있는가 하고 묻는 모양이었다. '한국인' 누구는 여권으로 곧장 알았고, 보따리 주인을 찾자니 수첩을 뒤져볼 수밖에 없었는데 거기서 바로 이 지역 주민인 후마 씨의 주소와 전화번호를 발견했다는 것이었다.

후마 씨와 함께 허둥지둥 파출소로 달려갔다. 어떤 중년 남자가 길에서 내 가방을 주웠다며 신고해왔다는 것이었다. 기억을 되짚어보

일본이라는 독서 체험

니 어젯밤 택시에서 내리며 술에 취해 잠시 방심한 탓으로 길에다 흘렸던 것 같았다. 신기하게도 그 가방 속에는 내 여비와 분신들이 고스란히 들어 있었다. 무척이나 감지덕지해서 그 신고자가 누구냐고 물었더니, 익명을 원해서 경찰 측도 그 사람의 신원은 물론이려니와 이름조차 알 수 없다며 다만 지갑 속의 돈 중 10퍼센트는 습득자가 가지고 갔다고 했다. 후마 씨는 여전히 싱글거리면서 그것이 일본의 '룰'이라고, '마'(자, 이쯤에서, 좀, 말하자면과 같은 뜻으로 말머리를 잡는 우리말 간투사를 일본어에서도 똑같이 쓰고 있어서 놀라웠다) 이해하라고 했다. 희한하게도 한국 돈도 제법 있었는데 거기에는 예의 그 룰을 적용치 않고, 사전류나 지도책을 사가려고 환전해온 거금(?)의 내 일본 돈에서만 대략 10분의 1을 빼내 습득자에게 건네준 모양이었고, 신고자도 자신의 '법적 권리'를 정당하게(?) 요구해서 받아갔다고 했다.

그 당시에는 참으로 편리하고 합리적이기까지 한 제도라는 생각뿐이었다. 분실물의 습득자에게 '제도적'으로 10퍼센트를 사례한다는 규정을 만들어놓고 전 국민에게 '정직'을 강요하는 일방 남을 믿어보라는 설득을 펼치고 있으니까. 그렇다면 왜 내 분실물의 습득자는 자기 이름을 밝히지 않았을까. 부끄러워서? 한국인을 대하기가 껄끄러워서? 한국에도 '10퍼센트 보상법'을 명문화해둔다면 습득물이 반드시 제자리로 돌아올까. 가끔씩 거금의 돈가방을 주운 채로 파출소에 신고했다는 갸륵한 미담이 신문에 나는 우리 쪽의 '정직한' 인성이 일본에서는 '횡재수'로 맞바꿔진다는 이 '제도'가 과연 옳은가, 또 그 근거는 무엇인가.

이런저런 생각거리가 워낙 많아서 후마 씨와 인근의 둔치를 한동안 산책하며 나는 시종일관 묵언으로 진땀만 뻘뻘 흘리고 있었는데, 물론 잃어버린 사전 한 권 값에 해당되는 그 '사례비'가 아까워서는 아니었다.

말이 나온 김에 사족을 덧붙이면 그날 늦은 점심을 사 먹느라고 나카자와 씨가 몰고 온 승용차를 타고 어디론가 한참이나 가는 동안 내 술탈은 과연 지독했다. 속은 금방이라도 구토가 꿀꺽꿀꺽 쏟아질 지경으로 메스껍고, 머리는 어지러워서 뱃멀미를 하기 직전이었다. 뒷좌석에 나란히 타고 있던 후마 씨는 연신 잠시만 참으라고 했다. 그러다가 어느 한적한 시골의 번화가에 이르러 대중목욕탕을 찾아갔다. 30분쯤 뜨거운 욕탕에서 땀을 빼고 나니 술기운은 다소 진정되었으나, 이제는 술 허기가 개떼처럼 마구 몰려와서 죽을 지경이었다. 내 사정을 알아챈 두 사람이 의논 끝에 그 부근의 소문난 우동집으로 가자고 해서 또 승용차에 몸을 실었더니 한적한 시골 도로를 줄기차게 달렸다. 이윽고 어느 사찰 앞에 차가 멎길래 내가 그 절 이름을 보고 짐짓 '히라바야시데라'라고 읽었더니 후마 씨가 그렇게 읽을 줄도 아나라는 눈짓을 보내더니 '헤이린지平林寺'로 읽어야 한다고, 듣기 싫지 않게 일러주었다. 바로 그 절 앞의 소문난 우동집은 손님들로 장사진을 이루고 있었다. 거의 하루 이상 밥을 먹지 못한 내 기아 상태는 아무 데나 털버덕 주저앉아서 가장 손쉬운 먹을거리인 떡 같은 것을 마구 주워 먹고 싶은 생각뿐이었다. 아마도 그날 한 시간 이상 기다린 끝에 얻어먹은 그 소문난 우동이 어떤 맛이었는지 전혀 기억에 남아 있지 않은 걸 보면 역시 시장기 앞에서는 음식 맛 따위야 사치스러운 허영이거나 말장난임에 분명하다.

일본이라는 독서 체험

10. 프로야구와 현대소설

—

—

—

허약한 체질에다 가난한 집안 형편 때문에 나는 어릴 때부터 운동이라면 워낙 젬병이어서 체육시간이 그렇게 싫을 수가 없었다. 이때껏 농구공을 공중으로 던져본 적도 없고, 축구공도 한번 안 차보고 살아왔다면 거짓말이라고 할지 모르나 사실이다. 그쪽으로는 아예 체념하고 살아서 꿰다놓은 보릿자루처럼 실내에서만 뭉그적거리는 내 팔자를 불구자처럼 한탄한 적도 없다. 그렇긴 해도 올림픽 경기 중 하이라이트 같은 멋진 장면을 TV로 시청할 때면 나도 운동을 잘해서 저런 선수들처럼 한번쯤 각광을 받아보면 얼마나 좋을까 하고 아직도 소년 같은 소망을 일구곤 한다. 이런 '원망 투사'는 흔히 '대리만족'으로 이어져서 무슨 마술이나 곡예를 실연하고 있는 듯한 유명 선수들의 신기神技 앞에서는 이내 넋을 놓고, 저 정도의 기량을 닦으려면 얼마나 고생스러웠을까, 그에 비하면 하루 종일 책상 앞에서 고작 엉덩이씨름이나 하고 사는 내 팔자가 얼마나 오감한가라며 안도의 한숨을 내쉬게 마련이다. 그러나 마나 중년 이후부터는 기껏 올림픽 경기 같은 빅게임이나 시청할까 다른 스포츠 중계도 보지 않을 뿐만 아니라 아예 TV도 없이 살아보니 오붓한 일상이 저절로 자리를 잡아서 여간만 다행이 아니었다.

  벌써 햇수로 6, 7년 전의 일이 아닌가 싶다. 그때나 지금이나 일요

일마다 오후 느지막이 대중목욕탕에 가서 묵은 때를 밀고, 사우나 시설 속에서 땀을 쥐어짜듯 빼낸 다음 서너 차례 이상 번갈아가며 온탕과 냉탕에 몸을 담그는 일과가 내 빠뜨릴 수 없는 취미 아닌 낙 중 하나다.('취미'는 일본이 만든 근대어이고, 아마도 번역어이지 싶은데, 그전까지는 '도락'을 훨씬 더 폭넓게 썼다고 한다. 물론 우리 쪽 사정도 대체로 마찬가지다). 그런데 그때 내 단골 목욕탕의 주인이 향토 출신의 이승엽 선수 팬이라서 갈 때마다 요미우리 자이언츠의 시합을 열렬히 시청하고 있었다. (야구 시즌이 아닐 때는 PC로 바둑을 두느라고 손님이 와도 딴전만 부렸다.) 덩달아 나도 입욕 전후에 옷을 벗고 입으면서 10여 분씩 그 중계방송을 시청했고, 이런저런 상념에 빠지곤 했다. 50대 초반쯤이었던 그 목욕탕 주인은 요미우리 선수들의 타율을 죄다 꿰고 있으면서 벌거벗은 손님들에게 '해설'해주는 또 다른 서비스에도 도무지 지치는 법이 없었다. 요미우리 구단주가 이승엽 선수를 거금의 연봉으로 사가는 이유를 알 만했다.

일본 국민의 야구열이 본바닥 미국의 그것에 뒤지지 않는다는 말은 이미 객쩍은 소리가 된 지 오래다. 그만큼 일본식 프로야구의 전통도 짱짱하고, 유명 선수들을 미국과 호환해가며 흥행의 묘미를 살려내는 진정한 시장경제 중심의, 세계적인 비즈니스 솜씨도 출중하다.

그러나 한 꺼풀만 벗겨보면 야구는 분명히 미국이 발명한 국기이며, 유럽을 비롯한 다른 지역에서는 여타의 경기 종목과 달리 보급이 지지부진한 '타구打球'일 뿐인데, 이 외국의 '문물'이 어떤 이유로 유독 일본 풍토에 저토록 튼튼하게 활착, 줄기찬 성장력을 과시하고 있는가 하는 의문에 봉착한다. 물론 일본에서의 그런 비등한 인기에는 여러 역사적인 연원과 '자본주의적'인 이유도 있을 테고, 미국 문화의

일본이라는 독서 체험

힘 좋은 전파력, 양키즘에 대한 일본인 전반의 추수주의, 메이지 유신 이후 일본 특유의 '세계화'에의 맹렬한 집념, 어떤 외국어라도 두루뭉수리로 변조시켜 쓰는 데서도 알 수 있듯이 남의 것을 베끼는 왕성한 소화력 등등을 거론할 수 있을 것이다. 사실상 이런 일반론은 식상하기에 딱 좋은 너스레일지도 모른다. 왜냐하면 프로야구만이 아니라 통칭 '고시엔甲子園대회'라는 전국고교야구대회의 진가와 인기를 설명하기에는 뭔가가 부족한 것 같다는 생각을 떨쳐버릴 수 없기 때문이다.

내가 보기에 일본 국민의 이런 야구 탐닉은 일본 열도에서 역시 번창 일로를 구가하고 있는 '소설 산업'과 맥락을 같이하는 게 아닐까 싶다. 일본의 소설 전공자들은 성마르게 대들지 모른다. 무식한 소리다, 우리에게는 『겐지모노가타리』라는 위대한 서사문학이 있는 데서도 알 수 있듯이 '가타리'라는 이야기 양식이야말로 일본의 고유한 '문물'이다, 이야기야 어느 나라 어떤 민족에게도 있었겠지만 우리는 그것을 기록으로 남겼고, 그것을 일찍부터 이용하려는 '상업성'에 눈을 뜨고 있었다는 증거도 있다고 말이다. 아무리 그렇다고 하더라도 '근대(또는 현대)소설'이라는 양식은 부분적으로 야구처럼 그 국적이 서양임은 자명하다. 다만 그것을 과감하게 수입해 발생지에서보다 이식지에서 오히려 더 찬란히 개화, 그 열매의 단맛을 만끽하고 있다는 실정도 추인해야 할 테지만. 카스텔라가 이제는 일본의 특산물이 된 것처럼 그것은 그렇다고 봐야 옳다. 물론 그것의 '내실'에 대한 평가야 구구각색일 테지만.

다른 운동경기에 비해 야구가('야구'란 조어는 사실상 부정확한 명칭이다. '베이스볼'이 어쩌다가 이렇게 옮겨졌는지 의문이다. '타구'든

프로야구와 현대소설

가 '주루구走壘球'가 다소 근사한 번역일 텐데) 아기자기한 재미를 훨씬 많이 내장하고 있음은 보는 바와 같다. 야구 규칙이 상대적으로 더 복잡해서 그만큼 아슬아슬한 흥미성이 덧붙여질 수밖에 없는데, 그에 비하면 그 룰도 단순하고, 한 골이 터지기가 무척 힘든 데다 무승부로 끝날 때의 허탈감 등을 감안하면 축구는 거칠기만 할 뿐 재미가 한참이나 더 떨어진다. 감히 단언하지만 재미없는 축구시합은 있을 수 있지만, 비록 무승부로 끝나는 경기일지라도 야구시합은 언제나 흥미진진하다. 이 단언은 소위 '동네 축구'를 구경할 때와 알루미늄 배트를 휘두르는 초등학교 야구시합을 볼 때를 비교해보면 대번에 실감할 수 있다. 야구의 이 미덕을 현대소설에 적용해보면 그대로 통한다. 곧 현대소설도 다양한 규칙을 잔뜩 집어넣으면 필경 재미가 있을 수밖에 없다. 재미없는 소설은 그런 규칙들을 만들지 못하거나 아예 무시해서 그런 모양새다.

또한 타자와 투수의 팽팽한 신경전에서도 여실히 드러나듯이 상대방의 전력을 예의 주시, 비교우위적 평가를 내리면서 시종일관 전열을 가다듬어야 하는 '긴장 속의 기다림'이 야구 경기의 본령이다. 이 점은 동양사회에서는 드물게 구현한 일본 특유의 봉건제라는 지방분권주의, 그 역사적 사실과 닮아 있다. 곧 번藩마다 정치적·군사적·문화적 독자성/유사성을 나름대로 누리면서(프로야구에서는 소위 '팀 컬러'에 해당되고, 그들의 유니폼은 다르면서도 유사하다) 이웃 봉토와 치열한 경쟁을 벌여야 했던 그 사례는 오늘날의 프로야구가 그대로 베끼고 있지 않나 하는 생각을 불금케 한다. 남의 사정에 대한 염탐, 나아가서 그 자세한 정보력을 누가 먼저 확보하느냐라는 호기심 내지는 탐구열의 연장선상에 '소설읽기'의 내실이 가로놓여 있음은 재론의 여지가 없다. (축구 경기를 비롯한 다른 운동들도 상대 팀의 전략이야 면밀하게 탐색하고 있다는 불평을 터뜨릴지 모르나, 그것이 야구에서처럼 '과학적 수치화'에 닿아 있지 않다는 점은 시사하는 바가 크다. 요컨대 야구는 소설 이상의 '구성적 조작력'과 '인물들의 유기적 역할 분담'에 섬세한 노력을 경주하고 있다.) 남에 대한 배려가 결국 '선의의 경쟁'을 전제하고 있다면 야구/현대소설이라는 이 희한한 오락거리야말로 남의 눈치 살피기에 이어 자신의 처신 챙기기를 일상화하고 있는 일본 국민의 정체성에 엔간히 부합하고 있지 않은가.

주지하다시피 일본은 번끼리 치열한 각축전을 벌였고, 근대에 접어들어서는 여러 나라와 생사를 건 전쟁을 몇 번이나 치렀다. 요행히도 사력을 다한 그 전쟁에서 이기는 행운도 거머쥐었다. 공평하게 말한다면 그 전투/전쟁의 승패마다에서 일본 국민은 비교적 순순히 승복하는 자세로 타의 모범이 되었다. 이런 깔끔한 태도가 야구 경기에서는 회마다, 또 어느 경기에서라도 시현될 수밖에 없고, 이런 규칙에의 복종은 일본 국민의 전반적인 준법정신과도 일맥상통하는 것 같다. 쉽게 말해서 이번에 졌다고 실망하지 않는다, 다음 기회가 기다리고 있으므로 준비를 더 철저히 해두면 이길 수 있으니까. 그렇다고 이번에 이겼다고 해서 좋아라고 날뛰지도 않는다, 교만했다가는 다음 전투에서 혹독한 시련을 겪어야 한다는 것을 아니까.

편마다 어떤 식으로든 깨끗한 결말을 보여주어야 한다는 점에서 현대소설의 어떤 성취욕도 야구/전장과 멀리 떨어져 있지는 않다. 이처럼 단정한 정리벽, 남의 사정 엿보기, 지피지기를 통한 사전 준비벽, 내 기량을 끊임없이 확장하기 등은 프로 정신의 본령이랄 수 있

프로야구와 현대소설

겠는데, 장인에 대한 일정한 경외감을 생활세계 전반에 밀착시키고 있는 일본의 풍토성과 야구/현대소설은 결코 별개의 장場에서 다룰 장르가 아닌 것처럼 보인다. 야구선수와 소설가들이 공히 공전의 인기를 누리고 있는 현상도 일본적인 것이라고 해야 할 텐데, 그 이면에는 '타자他者의 사정 훔쳐보기'를 생리적으로 즐기는 '국민적 공감대'가 있기 때문이 아닐까 싶기도 하다.

11. 음식 자랑에 대하여

—

—

—

다년간의 관찰 끝에 내린 내 해묵은 지론 하나를 소개하면 이렇다.

—한국인은 누구라도 일본에서 1년쯤만 체류하면 재빠르게 '친일파'로 변신하거나, 반쯤 일본인이 되어 일본에 관한 한 모르는 것이 없는 '전문가' 행세를 하려고 설친다. 그들의 그 같잖은 우월감은 세칭 '중국의 조선족'들이 한국의 경제적 여건을 부러워하면서도 어울리지 않는 '대국의식'을, 비록 혈통은 이래도 국적은 중국인이라는 그런 자부심을 내비치는 듯해서 민망해질 때가 한두 번이 아니다.

이미 오래전부터 무슨 장기처럼 갖고 있는 사견私見이라 나로서는 새삼스러울 것도 없지만, 웬만한 양국의 식자라면 그거야 당연한 사실인데 이제 와서 무슨 패꽝스러운 잠꼬대냐고 비아냥거릴지 모른다. 그러나 과연 그처럼 만만하게, 또 별것도 아닌 화두라는 듯이 아무렇게나 말해도 될까? 물론 위에서 말한 '친일파'는 선의에서 나온 유머러스한 지칭어이고, '전문가'도 다소 허풍스러운 과대포장일 뿐이다.

당연하게도 내 지인 중에는 위에서 말한 그런 유의 친일파나 전문가가 많다. 개중에는 대학에서 일본 문학을 가르치는 페미니스트도 있고, 일본의 현역 문인들과의 교류에 열을 올리는 젊은 작가도 있다. 물론 그들의 일본어 실력은 출중하고, 이국취미도 세련되어서 일본 각지의 풍물을 체험한 글들을 산발적으로 발표하는 데 경쟁적이다. 솔직히 털어놓으면 눈에 띄는 대로 그런 '일본통' 글들을 읽어 보면 배울 게 한두 가지가 아니고, 그들만의 식견에 놀랄 때도 더러 있다.

그런데 좀 수상하게도 그들의 그런저런 일본 체험기에는 전통적인 일본 요리 내지는 토속 음식이나 별식에 대한 '예찬'이 드문 게 아니라 '먹을거리 정보'에 관한 한 아예 노코멘트로 일관하는 경우가 흔하다. 아마도 일본 음식이 워낙 다양한 데다 그중 먹어본 가짓수가 상대적으로 적어서이기도 할 테고, 이미 세계적으로 보편화된 스시, 샤브샤브 같은 음식은 한국에서도 자주 먹고 있기 때문에 화제에 올릴 여지가 없어서 그런 모양이다. 아니면 볼 것만 본다거나 보여주는 것만 보고 온다는 주의처럼 음식도 먹고 싶은 것과 차려 내놓는 것만 먹고 와서 그럴지도 모른다.

좀더 확실하게 진단하면 대개의 친일파/일본 전문가들은 사실상 일본 음식 전반에 대해서 너무 모르거나, 그 특별한 맛을 체험해보려는 정열이 부족하거나, 설혹 어떤 특정 음식을 먹고 싶더라도 그것을 찾아 먹기가 번거롭고 그 비용도 만만찮아서 늘 먹어오던 것만 골라내기 때문일 것이다. 만약 그렇다면 이미 친일파/일본 전문가의 자격을 송두리째 내팽개친 게 분명하다. 왜냐하면 어느 국가의 음식 문화에 짙게 깔린 일반적인 정서도 제대로 모르면서 일본통으로 행세한다는 처세야말로 치기거나 사기 행각일 터이기 때문이다.

뭔가 미흡하다. 그래서 또 다른 분석을 내놓고 싶어진다. 실은 친일파/일본 전문가들의 입맛에 일본 음식이 어딘가 맞지 않아서, 몇끼 연이어 먹다보면 어느새 한국 음식이 그리워져서 함구로 일관할지도 모른다. 실제로도 한국의 된장국과 일본의 미소시루는 한국어

일본이라는 독서 체험

와 일본어만큼이나 그 맛이 다르니까 어쩔 수 없는 일이기도 하다.

　하기야 한국인들은 저마다의 토속 음식에 대한 유별난 집착을 보이고 있고, 그것을 자랑하는 데 다들 입에 침을 튀기며 산다. 이를테면 부산·대구 쪽에서 누구나 즐겨 먹는 돼지국밥을 서울·충청도 쪽에서는 모르고, 이제는 전국적으로 많이 알려졌다고 하나 전라도 쪽의 홍어삼합에 거부감을 갖고 있는 계층과 지역은 아직도 넓다고 해야 옳을 것이다. 아무튼 한국인 일반의 향토 음식에 대한 집착은 거의 '중독증'이라고 해도 좋을 지경이며, 그런 고집은 시류의 변화에 저항하는 '보수성'을 강화하는 기초 단위가 아닌가 싶기도 하다. 좀 더 과장해서 말한다면 '먹던 것만 먹겠다'는 주의는 요즘처럼 변화무쌍한 '국제화 시대'를 역행하는 퇴행적 사고의 전형처럼 비치기도 한다. 내 사견을 편협한 사고방식이라고 지칭해도 어쩔 수 없지만, 대개의 고집쟁이들은 머리를 '다르게' 또는 '바꿔서' 굴릴 줄 모르므로 결국 투미한 두뇌의 소유자일 뿐이라는 지론이 그것이다.

　다시 말 갈래를 본디로 되돌리면, 시골 노인들조차 수시로 중국·일본을 들락이는 요즘에는 어떻게 달라졌는지 몰라도 해외여행 자유화가 본격적으로 가동되기 시작한 1990년대 초반만 해도 김치·김·고추장 같은 먹을거리를 무슨 상비약처럼 트렁크에 버젓이 넣고 다닐 정도로 좀 고루한, 한국 음식 중독 환자들이 명색 지식인 중에도 적지 않았다. 적어도 해외여행 중에는 현지의 토속 음식을 먹어주는 게 그 나라와 국민에 대한 최소한의 예의일뿐더러 진정한 상호 이해로 다가가는 첩경일 것이다. 그런데 문인끼리의 단체여행에서도 끼니마다 무슨 자랑거리인 양 고추장 병을 들고 나타나는 어떤 '보수반동의 만행' 앞에서 나는 달아오르는 얼굴을 주체할 수 없어서 아주 곤혹스러웠던 기억을 지금도 생생히 갖고 있다. 굳이 '문명인'이 아니더라도 어느 나라 음식이나 편견 없이 먹어야 하고, 그것은 세계시민으로서 따를 만한 윤리강령일 터이다. 물론 이론적으로만 그렇다는 소리이고, 실천은 전혀 다른 세상의 일이다. 이를테면 최근에 TV를 통해 그 시식 광경을 보면서 곧장 외면해버린 사실인데, 뱀과 쥐를 토막쳐서 당당한 요리로 만들어 먹는 어느 나라의 '음식문화' 앞에서는 나도 곱다시 세계시민이기를 포기해야 하지 않을까 싶었다.

나의 또 다른 가설 하나도 이쯤에서는 풀어놓아도 좋지 싶다.

우리는 흔히 한민족의 뛰어난 '독창성'을 자랑한다. 그 근거로 표음문자로서의 '한글' 창제와, 그 바탕인 닿소리와 홀소리의 단순하나 명확한 구조화, 그 단단하고 유능한 기호 체계를 든다. 명명백백한 사실이다. 그런 만큼 세계적으로도 자랑할 만한 것이고, 이미 여러 나라의 유수한 언어학자들로부터 칭찬도 받았으므로 객관적인 평가로서도 손색이 없다. 나로서도 소리 나는 대로 받아 적을 수 있는 이 기호문자를 어떡하든지 적당히 운용, 조립하여 적정한 의미 전달에 이르려고 시도 때도 없이 부심하는 처지라서 '한글=우수한 표음문자=지고의 독창성'이라는 등식에는 대체로 찬동하는 쪽이다.

그러나 우리의 이 독창성에 관한 한 '한글' 실적 외에도 달리 내세울 만한 자랑거리가 있는지 나로서는 심히 의심스럽다. 물론 자랑거리는 상대적인 것이고, 그 자화자찬의 객관성이 입증되지 않는 한 그런 말잔치는 시끄럽기만 한 허세이든가 그 과장스러움이 입을 바꿀 때마다 점점 더 커져서 허위 정보의 유포나 날조로 탈바꿈하지 않을까 하는 기우가 떨어지지 않아서다.

그러므로 자화자찬의 선두주자라면 역시 신문과 그 지면을 메우는 기자들을 들어야 할 테고, 그들의 벌건 성토를 미리 감안하면서 우리가 이때껏 저질러온 얼토당토않은 자랑거리와 그 비독창성을 두어 가지만 적시해보면 이렇다. 다만 그런저런 과대망상증의 배경을 자세히 풀어놓을 자리도 아니고, 또 그러려면 상당한 연찬에 매달려야 하므로 여기서는 그동안 어쭙잖은 내 안목에 비친 현상을 거칠게 적바림하는 것으로 그치겠다.

알다시피 인간의 생활세계는 크게 의·식·주 관행으로 가름할 수 있고, 그것은 지역별·국가별·종족별로 같으면서도 다르다. 다른 만큼 어느 정도의 상대적인 우열도 드러난다. 소위 문명권과 비문명권으로 나눌 수 있는 척도도 실은 의·식·주 관행의 세련도가 좌지우지한다고 해도 과언이 아니다. 더 쉽게 말하면 의·식·주를 꾸려가면서 일상적으로 써오는 문명적 이기 일체의 가짓수와 그것의 세련 정도에 따라 문화 수준을 분별하게 되는데, 그것은 대체로 구체성(생활집기)/추상성(용도보다는 외형미를 강조하는 도자기류)이라는 눈금으로 해석, 판별이 가능하다. 물론 소박성/세련성, 자연미/인공미, 소루/정밀, 실용적/예술적 같은 잣대로 적용할 수 있지만, 그런 분별 역시 크게는 구체성/추상성의 해부도에 지나지 않는다. 당연하게도 옷가지·음식물·집 같은 분별의 대상물에 '실용적'인 눈금만을 댈 수도 있고, 그것에서 예술적 취향을 읽어낼 수도 있으므로 그 잣대에 따라서 상대적 우열만을, 그것도 '점수'로 채점하기에는 불가능한 어떤 아우라만 지적할 수 있을 뿐이다. 그러니 옷가지 하나를 예로 든다면 그것의 여러 변종을 만들어내는 능력이 곧 창의력일 테고, 그 가짓수의 많고 적음으로 독창성의 유무를 판단할 수밖에 없다. 그렇지 않겠는가. 음식물도 마찬가지이고, 집은 그 외형, 재료, 내부 구조 등에 따

음식 자랑에 대하여

라서 다종다양한 분열이 이뤄지고, 그 유사 변종은 독창성의 구체적 현시물이다.

그런데 보다시피 우리의 의·식·주에 따르는 여러 창조물은 그 가짓수도 미달이지만, 좀 단조로운 게 사실이다. 치마·저고리가 그 외형부터 그렇고, 집·정자·궁궐·성곽 등은 거의 천편일률적이다. 다만 음식은 옷과 집보다는 더 다채로운데, 김치 같은 반찬은 상당히 독창적이며 그 가짓수도 잔뜩 벌여놓아서 이채롭다. 그럼에도 불구하고 앞서 지적한 지방색이 현저하며 전체적으로는 단일 색조에 가깝다. 계절의 변화처럼 그것들은 일정하고, 그 어떤 창의력으로서의 변종 능력을 본질적으로 틀어막고 있는 것처럼 보인다. 그러니 경제력이 관건이라고, 더 직접적으로 말하면 나라나 그 구성원의 물질적 풍요 정도가 그런 창의력의 연쇄를 불러오는 데 긍정적 요인으로 작용했을 것이라고 한다면 상당히 정곡을 찌른 진단이라고 할 수 있겠지만, 유사 이래 지정학적인 영향이 깔린 사대주의 같은 몹쓸 '이데올로기'와 그것을 빌미로 소위 '정치 과잉' 같은 시국의 끊임없는 파란과 파탄이 각 방면에서의 창의력을 웬만큼 계박했다는 다른 조건까지 덧붙여야 온당한 지적에 가까울 것이다. 그렇다면 중국과 일본도 '정치적 공세'는 우리 이상으로 자심했다는 반론을 제기할 수 있을지 모르나, 그들의 국력, 인구수, 민간의 물질적 풍요도는 어떤 격변도, 『삼국지연의』 속의 그 치열한 전투조차도 한낱 개인기 자랑에 그칠 정도로 그 소화력이 뛰어났다는 사실을 간과하고 있다.

요컨대 어느 국가의 특정한 자랑거리는 전적으로 국부와 그 연조라는 기초적인 토대 위에서 탄생했다기보다도 집단적으로 조성한 독창물이랄 수 있는데, 그것을 다른 나라의 유사종과 비교우위를 따져

일본이라는 독서 체험

볼 때는 앞의 그 여러 잣대를(앞서의 그 '실용성/예술성' 따위를) 들이대야 한다는 것이다. 그렇지 않고서야 남이 알아주지도 않는데 미친 사람처럼 혼자서만 제 자랑을 늘어놓는 꼴이 아니고 무엇이겠는가. 그러니 우리 복식 전반에 흐르는 자연스러움과 이색성이 과연 독창적인지를 점검하면서 그 구색, 실용성, 세련미에서도 상대적인 우열을 따져봐야 옳을 것이다. 또한 집을 비롯한 여러 건축 구조물에서 우리의 그것이 외형, 축조 기술, 재료 동원력에서 얼마나 열등한지도 새삼스럽게 깨달아야 하며, 음식 문화에서도 '영양가'나 '보편적인 맛'에서 타의 추종을 불허하는 게 과연 몇 개나 될지 헤아려봐야 한다.

사설이 길어졌지만, 일본의 자기 자랑도 엉뚱할뿐더러 집요하기는 우리와 마찬가지인데, 객관적인 평가를 내리자면 역시 섬나라 특유의 독자적인 자급자족의 경제력 때문에 가짓수에서 우리보다는 다소 앞서지 않나 싶다. 이를테면 복식 체계도 한복보다는 더 다채롭고 정교하며 그만큼 복잡해서 나름의 이색성과 미적 감각이 두드러져 보이며, 생선의 살을 날것인 채로 밥 위에 얹어 쌈을 싸 먹는 스시의 변종만 해도 그 독창력이 상당하고, 여러 목조건축물을 비롯한 성곽의 축조 기술도 우리보다는 간발의 차이로 더 다양한 게 사실이다. (그런 기량의 원조는 대륙에서 넘어온 '이식 문화'라는 주장도 그 왕성한 소화력=독창력에 대한 시기·폄훼이거나 제한적 상찬일 뿐이다.) 게다가 일본인들 특유의 학구열에 힘입어 그들의 자기 자랑 습벽도 꽤나 진지하며, 그 세련도 괄목할 만한 경지라서 그쪽으로는 우리가 족탈미급이다. 그 실례로 노란 단무지(우리가 지금도 흔히 '다쿠앙'이라고 일컫는 그것 말이다) 같은 반찬의 맛·색·제조법 따위를 뽐내는 기술은 우스꽝스러울 정도로 자기도취적이다. 그렇긴 해도 일본이 전반적으로 누리는 그 자랑거리들이 국수주의의 모태신앙과 다를 바 없음은 보는 바와 같고, 이 단언은 감히 보이는 바대로 실경이라고 해도 과언은 아닐 것이다. 하물며 그들의 음식 자랑이야 더 말할 나위도 없다.

하기야 음식 앞에서는 누구나 모태신앙에 곱다시 승복하는 순종이 되고 만다. 오죽했으면 토마스 만이라는 20세기 최고의 소설가도 미국 망명 중에 여느 독일 가정에서 아침마다 차려지는 그 별것도 아닌 '감자 요리'를 먹고 싶다는 간절한 소망을 토로, 나름의 '의미 부여'에 신들려버렸겠는가.

좀더 쉽게 말하면 음식 앞에서는 누구라도, 심지어는 자신의 언행 일체를 자로 재듯 따지는 일류 학자나 그런 자세로 '글/문맥'을 벽돌 쌓듯이 맞춰가는 일급의 문인조차 곧장 '자기 모친'만이 이 세상에서 가장 위대한 어머니인 양 떠벌이는 팔불출이 되고 마는 것이다. 가만히 생각해보면 적잖이 이상하면서도 신기한 인간의 보편적 성정이 아니고 무엇인가. 허기만 면하고 나면, 또 잔뜩 배를 불리고 나면 음식 따위야 거들떠보지 않으면서도, 성장 기간 내도록 심지어는 장성한 자식까지 둔 중년이 되어서도 어머니의 애틋한 간섭·타박에 그렇게나 진절머리를 냈으면서도 말이다. 이처럼 인간이란 근본적으로 배은망덕한 행위를 밥 먹듯이 해치우는 줄변덕쟁이인 셈이다. 거꾸로 말하면 '음식/음식 자랑' 앞에서는 어떤 이론도, 지체도, 학력도, 인격도 하잘것없는 겉치레인 것이다. 그러므로 그것은 제 눈에 안경일 뿐이라 남들 앞에서 떠벌릴 게 아니다. 각자의 어머니가 제 자신에게만 자모慈母인 것처럼 그것은 그렇다. 그러므로 자식 자랑처럼 남들이 들으랍시고 떠벌여서는 안 되는 금기어에 '음식 자랑/어머니 자랑'도 덧붙여야 옳다. 그런데도 보다시피 모든 인간은 그러지를 못하고, 마냥 언제 철이 들지 알 수 없는 팔불출이 되고 만다.

나의 이런 관심벽을 배면에 깔아놓고 다시 도무지 이해하기 어려운 '음식 타령' 몇 가지를 더 보태면 이 주제에 대한 나름의 정리에 이르지 않을까 싶기도 하다.

우선 우연히 맞닥뜨린 내 독서 경험담 중에서 한 자락을 빌려온다면, 마루야마 마사오丸山眞男가 어느 글에서 그 화려하면서도 은근한 빛깔만으로도 입맛이 저절로 돌아온다는 일본의 세밀 전통 음식 '오세치御節'에 대해 자랑하는 대목이다. 서구의 실증주의적 방법론으로 일본의 정치사상사를 정리, 규명하고, 전후에는 천황제와도 일정한 거리를 유지한, 말 그대로 리버럴한 지존의 정치학자도 자신이 어릴 때부터 즐겨 먹어온 예의 그 고유의 향토 음식 앞에서는 꼼짝없이 국수주의자의 일면을, 내가 보기에는 순진무구한 팔불출의 탈을 뒤집어쓰고 만 것이다.

그 후부터 나는 예의 그 한국인 친일파/일본 전문가들에게 뜬금없이 물어보곤 했다. 오세치 요리를 먹어봤냐고, 그 맛이 어떻더냐고. 반 이상은 아직 먹어보지 못했다거나 말만 들었다고 했다. (그렇다고 해서 나는 그들의 '친일적' 경향이나 자세를 무시하지 않는다. 다만 그들의 친일파 자격을, 그 으스대는 멋부림을 근본적으로 의심할 뿐이다.) 개중에는 더러 딱 한 번 먹어봤다는 사람들도 있는데, 대체로 그들의 반응은 영 신통치 않다.

"반찬도 아니고 좀 묘한 음식이에요. 우리나라에는 물론 그런 종류의 먹거리가 없어요. 뭐라고 해야 되나, 한과처럼 마냥 집어먹기에는 벅차고, 군것질거리는 아니에요."

"좀 간간해요. 아, 물론 일본 음식이니까 달콤한 맛은 기본이고요, 짭쪼름하달까, 역시 반찬이랄 수 있을 거라. 술안주로 제격이랄까. 정초에 새해 인사 하러 가면 더러 내놓기도 하는 모양이더라고요. 요컨대 우리 입에는 안 맞고 별로지요."

"요즘 젊은 사람들이야 그런 음식을 안 찾을걸요, 모르지요, 노인네들이나 찾을지. 웬만한 가정에서는 사 먹거나 하지 만들 수는 없을걸요. 우리도 강정·과줄·유과 등이야 다 사 먹잖아요. 그 레시피가 얼마나 복잡하고 만들기 힘든데요, 오세치 요리도 그 이상일 거예요."

물론 나도 잡지 같은 데서(주로 12월호에 집중적으로 나온다) 그 형형색색의 고운 빛깔과, 상자 크기에 따라 가격이 달라지는 오세치 요리 광고만 뚫어지게 들여다봤을까 여태까지 먹어본 적은 없으므로 그것이 도대체 어떤 음식인지 알 수 없다. 연뿌리 조림, 새우튀김, 어묵·가마보쿠, 전부치, 나물, 계란말이, 토란·버섯·생선 등등의 각종 재료에다 한껏 모양을 내서 졸여내고, 최근에는 서양 요리에서의 반찬 종류, 이를테면 소시지·치즈·햄 따위도 적당히 굽거나 익혀서 네모진 찬합에 오밀조밀 담아놓는 이 정초 음식은 마른 반찬도, 그렇다고 진 반찬도 아닌 듯하다. 내 짐작으로는 먹을 게 많은 정초에 배부르지 않고, 두고두고 먹을 수 있으며, 남의 집 것과 다르게, 또 물리지 않는 것으로 예쁘고 다채롭게 구색을 갖춘다는 이 오세치 요리야말로 상당한 정도의 '창의력' 개발을 조장, 강제하고 있는 듯이 보인다. 이쯤 되면 누구라도 어릴 때 자기 집에서 할머니·어머니가 정성껏 만들어준 그 별난 오세치 요리를 먹고 싶어 침을 흘릴 만하다.

그러나 다시 한번 강조하건대 그런 희한한 '맛자랑'도 결국은 제

눈에 안경일 뿐이다. 누구나 잘 쓰는 입말대로 정육점 집 자식이 고기를 잘 먹듯이 어떤 음식이라도 일찍부터 제 입에 익혀온 사람만이 그 맛을 알고 죽을 때까지 찾는 것이다. 그래서 향토 음식 곧 음식 자체의 지방색은 특정 지역에서만 존중받는 '특대特待' 더 이상도 더 이하도 아니게 된다. 물론 부분적으로는 두 나라 사이에도 음식의 이 지역색이 통용되는 것처럼 보인다. 아무리 보편적인 맛이 뛰어나도, 누구의 입맛에라도 웬만큼 맞아도 그렇지 않나 싶다. 숱한 실례 중에서 한일 간의 그것 하나만 들어보면 이렇다.

일본의 전국 각지에 고루 뿌리 내린 음식이라면 아무래도 우동보다는 단연코 '규동牛丼'(원래 명칭은 규메시牛飯다)이라는 쇠고기덮밥이 아닐까 싶다. 먹어본 사람은 알겠지만 이 간편한 음식은 흰 쌀밥 위에다 간장으로 졸인 쇠고기를 한 국자 얹어주는 것이다. 채생강을 매실초에 넣어 빨갛게 물들인 '베니쇼가紅生薑'라는 반찬을 한 젓가락씩 얹어서 먹기도 하는데, 굳이 그런 반찬류가 없어도 먹을 만한 음식이다. 여기저기 부지런히 돌아다니다가 다리도 쉴 겸 한창 시장할 때 아무 데나 들어가서 '나미(보통)'나 '오모리(곱빼기)' 중 하나를 시키면 불과 1분 이내에 나오며, 음식점 음식으로는 '요시노吉野' 같은 체인에 묶여 있어서 맛이 평준화되어 있기도 해 양질에 속한다. 보다시피 영양가도 좋을뿐더러 맛도 남녀노소 누구 입에나 맞는 '보편성'을 지녔다. 따라서 엥겔계수가 상대적으로 높은 남자 대학생이나 노동자들이 즐겨 찾는 음식으로 알려져 있다. 나도 일본에 들를 때마다 꼭 한 그릇 이상씩은 먹고 와야 성이 차는, 내 입에 익은 음식인데 근년에는 나잇살 때문이지 안 찾아 먹는 게 아니라 허둥거리다가 못 먹고 돌아올 때가 많아져버려서 늘 억울해하는 쪽이다. 아무튼

음식 자랑에 대하여

이 규동의 한국 '진출'을 나로서는 은근히 기대하고 있었는데, 벌써 10여 년 전엔가 드디어 도하 신문에 대문짝만 한 전면광고가 비치기 시작했다. 소위 '프랜차이즈' 곧 가맹점을 모집한다는, 일본식 쇠고기 덮밥의 '론칭' 광고였다. 학수고대하고 있던 터라 반가웠고, 속으로는 한우 농가들도 살리고(나중에 안 사실이지만 일본의 규동 재료도 수입산 쇠고기를 쓰는 모양이었다), 나처럼 엥겔계수가 높은 집의 가장이나 남자들이 맛있는 쇠고기를 자주, 또 벼를 것도 없이 싼값에 포식할 수 있게 되어서 '농촌 경제'와 '국민 건강'에 적잖이 이바지하겠다는 내 특유의 '제멋대로 꿈틀거리는 상상력'에 한동안 도취될 지경이었다. 그런데 웬걸, 규동의 한국 판매권을 산 사람의 자금 사정 때문인지 가맹점 번창은커녕 서울 시중에서조차 찾아보기도 쉽잖았다. 물론 더 이상의 광고도 비치지 않았다. 한때 종합무역상사에서 일한 적도 있고, 세상의 온갖 잡사에 훤한 한 친구에게 내 궁금증을 털어 놨더니 얹어 먹는 반찬으로 김치도 비치하고, 일본처럼 된장국을 사 먹는 게 아니라 공짜 서비스로 줘도 도무지 손님이 안 꾀어든다는 것이었다. 일본을 한번쯤 내왕한 사람은 대개 다 그 규동 맛을 못 잊을 만하고, 반드시 한국형의 그 쇠고기덮밥을 찾을 터인데, 예상외로 '가게는 파리를 날린다'고 했다. 도대체 이것이 무슨 괴변이란 말인가. 음식 맛에는 보편성이란 게 없다는 실례인가.

요즘은 인터넷의 전천후적 활용으로 온갖 '잡학다식'을 잔뜩 끌어 모아놓고 나서 엉성궂기만 한 결론을 끄집어내는 '무해무득'한 책들이, 어떤 것은 무려 1000페이지로도 모자라서 상하권으로 묶어내는 번역본들이 쉴 새 없이 쏟아져 나오는데, 그중 한 책에서는 '음식 교류사'를 나름대로 정리하면서 '설탕'이야말로 지역·인종·성별·노소·

계층 등을 가리지 않고, 곧 어떤 저항도 받지 않으면서 전 세계로 퍼져나간 유일한 식품이라고 했다. (그러나 따져보면 어느 지역에서나 달콤한 식재료는 발견 또는 발명되어 있었다. 우리 '엿'이 그것이며, '꿀'은 세계 어느 지역에서나 생산되며 즐기는 음식이다. 굳이 설탕의 세계적 보급성을 점검할 것까지 없으며, 차라리 그 대량생산성의 용이함을 거론해야 옳을 것이다.) 감자·양파·커피 등이 여러 조건 때문에 아직도 부분적으로는 보급 미달 지역을 남겨둔 채로 그 뒤를 잇고 있으며, 어차피 모든 식품 내지 식재료는 지역마다 그쪽 풍토의 습속에 맞게 변형되고, 따라서 완전히 다른 '요리'로 다시 태어나게 된다는 것이었다. 그러므로 '음식 맛'은 지역·종족의 '입맛'에 따라 후대/천대로 확연히 구별되고, 그 섬세하고 미세한 맛 차이는 지구촌의 주민들 내왕이 오늘날처럼 아무리 빈번해도, 심지어는 이민족끼리 섞여 살아도 상당한 기간 동안 극복할 수 없는 장애 요인이 되는 셈이다.

규동의 국내 보급이 중단되고 나서도 나의 성원성 의문은 줄줄이 이어졌다. 도대체 그 음식의 어디가 그처럼 밉고 못나서 이 땅에서만 그처럼 홀대를 받는단 말인가. 아마도 무척 고단백에다 고칼로리여서 여자들이 기피하기 때문에 냉대를 받았을지도 모른다. 그러고 보면 내가 눈에 띄는 대로 찾아 들어간 일본의 규동집에서 여자 손님을 본 일은 드물었던 것 같다. 아마도 8할 이상이 남자 손님들이었을 것이다. 다만 한 번의 특이한 경우는 있었다. 언젠가 오사카 지역에서 이발을 하고 난 후(손님이 많아 한 시간 이상 기다리느라고 티셔츠가 후줄근히 젖을 정도로 진땀을 흘렸다) 한창 출출했던 터라 인근의 규동집에 들렀더니 손님이라고는 창가에 앉은 한 여자뿐이었다. 나는 속으로 즉각, 거참, 별난 광경이네, 돈 주고도 못 볼 눈요깃거리를 어디서 감상할까, 라면서 그녀의 시식 장면을 곁눈질로 힐끔거릴 수 있는 자리를 둘러보았다. 나이는 30대 중반(머리 모양새가 그랬다), 일본말로서의 OL 곧 오피스 레이디 같지는 않고, 그렇다고 가정주부도 아니었다. 그런데 그녀는 규동을 맛있게 먹다 말고 아주 의젓한 자세로 담배를 피우며 창밖에다 꼿꼿한 시선을 던지기도 했다. 내 느낌으로는, 내 삶, 내 인생에는 어떤 위로나 동정도 필요 없다, 싫다, 그런 간섭은, 쇠고기덮밥 한 그릇만 먹을 수 있으면 그만 아냐, 별것도 아닌 것들이 꼴사납게 이래라저래라고 설치고 난리들이야, 같은 앙다짐에 그녀는 겨워 있는 것 같았다. 이상하게도 그녀는 담배를 맛있게 태우고 나서 또 쇠고기덮밥 그릇에다 젓가락질을 하며 달게 먹고 있었다. 그때만 해도 일본은 어떤 공공장소에서도 담배를 피우게 하는, 흡연에 관한 한 무조건 관대한 '천국'이었고, 그 당시에는 나도 애연가여서 택시 속에서도 양해를 구한 뒤 담배를 피운 적이 있을 정도였다. 그러나 식사 중에 젓가락을 놓고 담배를 피우다가, 또다시 밥을 먹는 것은 이해하기도 어려웠고, 그런 광경을 술집에서라면 몰라도 밥집에서 본 적은, 적어도 한국에서는 없었던 것 같았다. 그쯤에서는 일본이 별천지인가, 저 여자가 별종인가, 저 광경만으로도 소설을 50장 이상은 쓰겠네 같은 나름의 생각을 여투었을 것이다. 그때의 경험을 되돌아보니 머릿속이 한창 시끄러운 그녀를 내버려두고 나는 허기를 면한 두둑한 뱃구레를 앞세우고 먼저 그 규동집을 나왔던 듯하다. 사족을 덧붙인다면 내가 그 영업집을 빠져나오자 밥공장에서 따끈따끈한 밥을 지어 납작한 대형 식기에 퍼 담은 '공급'이 이루어지고 있었고, '밥 제조 따로/쇠고기 졸임 요리 따로' 같은 일본식 분업이 미상불 미덥고 부러웠다.

객설이 길어졌지만, 바느질은 한 올로 다툰다는 말이 있다. 그만큼 섬세한 손길이 따라야 한다는 지침일 텐데, 음식 만들기도 꼭 그래야 할 테고 사람들의 입맛은 체형만큼이나 다양하다고 해도 지나친 말은 아닐 것이다. 오히려 가짓수가 더 많지 않을까 싶기도 하다. 집집마다 장맛이 다르고, 그것으로 된장국을 끓여대는 할머니·어머니들 손맛이 각각일 테고, 그것을 먹고 자란 사람마다의 식성이 시시때때로 줄변덕을 부릴 것이기 때문이다. 그러므로 누구 입에나 맞는 특정 음식은 있을 수 없다고 해야 할 것이다. 사람마다의 운명처럼 그들의 섭생 경력이 다를 수밖에 없을 테니 말이다. 그러나 크게 보면 개인적 '허기'라는 생체적 리듬과 '굶주림'이라는 집단적 가난 내지 기아 상태가 음식 맛의 결정에 일정한 함수일 것은 틀림없다. 달리 말하면 개인/집단의 경제적·식품 재료적 풍요/결핍이 음식 맛은 물론이려니와 그것의 다양한 개발에 결정적인, 또한 독창적인 역할을 도맡는다는 사실이다. 그래서 부국/빈국과 부자/빈자의 미각은 천차만별이고 그렇게 다른 만큼 엄연하다. 최근에 우리나라도 경제적 풍요에 힘입어 새로 개발한 '이상한 요리'들이 숱하게 늘어났음은 TV를 통해 '그림의 떡'처럼 빤히 볼 수 있고, 요리 장인들이 제가끔 내보이는 현저한 독창성의 편린이 담긴 그 먹을거리는 분명히 '21세기의 문명적' 현상일 수 있다.

손쉬운 결론을 서둘러 보자. 나는 아직 한 번도 가본 적이 없으나 그쪽 풍속만은 염탐해보려고 작금의 현대소설을 비교적 열심히 찾아 읽는 미국에는 이렇다 할 향토 음식이란 게 없는 것 같다. 내가 알고 있는 그쪽의 음식 상식이라봐야 기껏 빵으로 스프 그릇을 홀딱아

음식 자랑에 대하여

먹는 사람은 대체로 독일계라는 정도다. 그러고 보면 영어권 나라들이 대개 다 음식 맛에 관한 한 대범하달까 소탈한 식성인 듯하고(틀림없이 라틴계에 비해 기후나 지리적으로 식품 재료를 생산하는 데 불리했기 때문이었을 것이다), 프랑스·이탈리아·중국·일본 등이 입 사치를 타고난 종족들인지 자기 나라 음식 자랑에 지나치게 유난을 떨어대는 것 같기도 하다. 그러나 마나 미국은 인공ㅅㅗ 국가인 만큼 이민촌마다에 그 고유의 모국 음식이 짙은 냄새를 풍길 테니 원천적으로 특정 지역마다의 고유한 향토 음식의 코러스가 작곡될 여지가 없었던 셈이다. 전 국토가 요즘 말로는 퓨전 음식의 일대 교향곡을 끼니때마다 들려줄 테니까. 물론 나 혼자의 망상에 불과하다. 미국 전체의 광활한 국토와 그 풍요로운 산물 일체를 감안할 때 지방마다 다채롭게 개발한 비장의 맛깔진 향토 음식을 여러 개씩 가지고 있을 것이기 때문이다. 자연의 모든 먹을거리는 인간의 식성을 무제한으로 열어가는, 창의력을 진작시키는 촉매에 상당하므로.

이제 지구촌의 미래는 어차피 미국식 의식·제도·실용주의·대중문화 일체 곧 '아메리카니즘'의 모방, 변주로 꾸려질 것이라는 전망을 떠올려보면 특정 음식의 대중화와 그 음식 맛의 균일화는 필지다. 피자·햄버거·스테이크 같은 음식이 어느 나라에서나 쉽게 정착되어가는 현상이 그 점을 웅변하고 있지 않은가. 물론 피자의 원산지는 이탈리아지만 그 맛의 평준화에다 변형화 및 세분화라는 일대 혁명을 일으킨 나라는 미국이며, 그것을 집문 앞까지 배달해주는 대중화는 미국식 상업주의의 창의력에 기대고 있으니 말이다.

규동이 한국 진출에 실패한 것도, 내 짐작으로는, 그 맛을 일본 본토의 그것처럼 균일화하는 데 미흡했기 때문이 아니었을까 싶다. 그

일본이라는 독서 체험

렇다면 벌써 숙지막해져버렸지만 이명박 정부 때 한국 음식의 세계화에 상당한 혈세를 투자했음에도 불구하고 가시적 성과를 못 거둔 것도 익히 알 만한 사정이 아닌가. 유서 깊고 까다롭기 짝이 없는 음식문화를 그렇게 단숨에 보급하려는 '기막힌 발상'도 졸속에다 비창의적일 뿐만 아니라 '입맛도 밥맛도' 모르는 무지렁이의 처사인 것이다. 그러니 김치·비빔밥·냉면·잡채·불고기·전골 같은 우리 전통적인 대표 음식의 세계화에는 우선 그것의 맛을 웬만큼 규격화시키는 레시피 매뉴얼이 뒤따라야 한다. (그런 책자의 보급 때문에 일본이 우리보다 더 나은 김치를 만들어낼까봐 걱정할 것도 없다. 우리에게는 여전히 향토 음식으로서의 돌산 갓김치와 마산 갈치김치와 강화도 순무김치가 있으니까.) 피자나 켄터키프라이드치킨의 세계화에는 아무래도 그 맛의 균일감이 일등공신이었을 테니 말이다.

그러나저러나 음식도 인간의 줄기찬 변덕증, 지칠 줄 모르는 타고난 '실험정신'에 떠밀려 그 인기 종목이 수시로 바뀔 수밖에 없을 것이다. 그럴수록 어떤 특정 음식의 한결같은 맛은 더 돋보이며, 동시에 새로운 '퓨전 음식'에의 기대감은 살맛 나고 입맛 도는 세상을 만드는 데 크게 이바지할 것은 새삼 말할 나위도 없다.

꼬리말

모든 해외여행은, 특등석에 특실을 이용하든, 보통석에 합숙의 객실 안으로 비집고 들든, 어차피 견문을 넓히기 위한 다리품 팔기다. 그 나라 말에 능숙하지 않은 대개의 장삼이사는 시종일관 눈 호사만으로도 좋아라 한다. 어깨너머로 기웃거려보면 그만한 눈요기로도 여행 경비는 얼추 뺐다며 청처짐하니 물러가 앉는 사람이 대다수이고, 막상 볼거리라는 게 다 고만고만하더라는 후일담을 내놓는 경우도 없지는 않다. 그런 실없는 푸념에는 영화 화면이나 TV 브라운관을 통한 간접 관광에 우리 눈들이 영일 없이 혹사당한 나머지 어떤 기시감이나 반추하고 말았다는 원망이 은연중에 묻어 있기도 하다.

이제 일본 관광은 여행 경비로나 볼거리로도 한국인에게는 아주 만만하고 꼭 그만큼 진부해졌다고 해야 옳을 것이다. 좀더 솔직하게 말하면 여행자들이 '사전 공부'를 통해 손수 찾아가서 보거나, 보여주는 대로 마지못해 둘러보는 '견문거리'마다에는 우리 일상 이상으로 익숙해진 게 많아서 이내 '안구 무력증'을 채근하는 듯한, 일본 관민 합작의 조잡한 전시물 같은 면면이 훤히 비친다. 그것을 보고 감탄하라면 한쪽이 후안무치한 셈이거나 다른 한쪽은 민망해져야 인지상정이다. 그렇긴 해도 그런저런 전시효과물을 잠시만 주목하면 거기에는 반드시 '견학'을 강요하는 상당한 정도의 '배려'가 숨어 있다.

일본 탐독

유독 한국인에게만 '견문'보다는 견학을 시위하는 듯한 일본의 그런 풍물·제도와 일본인의 언행 일체는 그만큼 양국/양국인 사이에 유사성과 동시에 유별성도 많다는 시사이기도 할 것이다. 물론 견학을 강제하는 듯한 그 표면/이면에는, 최근세사에서 한국인 전체가 혹독하게 치른 역사적 '피해의식'도 암류하는 한편 오래전부터 선진국/문명국 대열에 깊숙이 진입한 이웃 나라에 대한 막연한 경원과 시기심이 깔려 있다가 섣부른 견제 심리까지 속되게 떠들고 일어남은 어쩔 수 없다. 그런 생래의 심리적인 음영을 지워가면서 그 '견학거리'를 빤히 직시하면 거기에는 나름의 독보성이 비치긴 해도 우리 것과는 무척 이질적이어서 이 땅에 옮겨다 접붙이기할 만한 것이 거의 없음을 알게 되고는 적이 놀라고 만다. 그런데도 한쪽에서는 배울 것이 많다는 막연한 자기암시로 자나 깨나 허둥거리고, 다른 한쪽에서는 보여주고 더러는 가르칠 것도 있다는 허황한 선민적 자기과시증에 들떠 있는 형편이다. 이제사 아무리 좋게 보더라도 그런 견학거리 일체는 타산지석이나 반면교사쯤으로나 삼을 만한 이국정취 더 이상도, 그렇다고 더 이하도 아닌데 말이다. 그러므로 이 책의 집필 의도는 기왕의 여느 한국인 저자·필자들이 쓴 숱한 일본 견문기로서의 '일본 때리기'도, '일본 편들기 및 돋보기'도 아니다. 또한 나만의 직관에 기대고 있을망정 일본의 정체와 일본인의 심성 일반을 풀어가는 핵심어를 찾는 데 주력함으로써 저쪽이 우리와 어떻게 다른지를 모색했다고 자임한다. 당연하게도 그런 모색 과정 중에 우리의 신상명세서를 확실하게 규명해보자는 저의가 속속 분출했음도 사실이며, 그 실적이 '자성적 글쓰기'로 드러나 있다.

다들 아는 바대로 모든 형식의 글은 근본적으로 기억에 의존할 수밖에 없다. 어휘 하나를 취사분별하는 데도 기억력의 하위 개념이라고나 할 총기가 관건임을 번번이 절감하고 있으니 말이다.

보다시피 이 책은 전적으로 기억 되새기기에 기대고 있다. 그러니까 아무렇게나 갈무리해둔 그것을 요령껏 정리한 것이다. 먼지를 털고 생색을 낼 때마다 그것이 내게는 영검스런 만신의 말 같아서 나중에야 어떻게 처신하든 당장에는 일일이 바른 소리라며 연신 머리를 끄덕거리지 않을 수 없었다. 글을 쓸 때는 누구라도 그 무당의 푸닥거리 앞에서 걸근거리는 사이비 신도가 아닐까 싶기도 하다. 그러고 보니 그것도 전혀 다른 종류를, 이를테면 하나는 몸으로 느낀 것이고 다른 하나는 머리로만 그려본 것을 일일이 불러오게 되었다.

제1부는 일본의 '현주소'에 대한 내 한때의 생체험을 곧이곧대로 적바림하고 난 후, 오늘의 시점에서 '당대' 전반을 '후일담' 형식으로 성찰한 것이고, 제2부는 일본의 여러 저작물 중 우리말로 옮겨진 것들을 닥치는 대로 읽고 난 후의 독후감을 즉흥적으로 재생시키면서 나름의 저회취미를 좀 방자하게 꾸려본 것이다.

널리 알려져 있는 대로 모든 기억은 부실하다. 또한 천둥벌거숭이이기도 하다. 요긴한 대목들은 어김없이 소실되었거나 엉망으로 망가져서 긴가민가해야 되고, 그나마 '숙지熟知 감정'을 들이댈 수 있는 것들도 천연히 따져볼수록 제멋대로 변형되어 있는 신골방망이 천지다. 심지어는 그처럼 곡해하고, 전적으로 잘못 알고 있는 사실을 감추느라고 갖은 변명을 늘어놓는, 이른바 기억 착오 내지는 기억 조작으로서의 어설픈 '창작' 행위까지 덧붙임으로써 얼토당토않은, 무슨 옷도 아니고 걸개거리로도 못 쓰는 누더기를 만들어놓기도 한다. 앞서 비유한 만신의 말을 받아쓰기 했다는 것도, 그 당시에는 얼핏 떠오르

일본 탐독

는 대로 '참, 그런 일도 있었지' 하고 신바람을 내며 앞뒤 문맥을 추슬러가지만, 막상 그것의 진위가 얼마나 온당하고 또 부당한지는 나 자신도 한참씩이나 저울질해봐야 되는 경우가 허다했다.

물론 기억의 부실을 바로잡는 데는 각종 자료만큼 요긴한 것이 없다. 제1부에는 그 당시의 기록물인 내 사적인 '일기'도 있을 테고, 제2부는 해당 서적을 당장 꺼내 대조해보면 될 일이다. 그러나 후자부터 먼저 말한다면 본문 중에도 잠시 밝혀두었듯이 나는 책 정리를 과감하게 '버리는 쪽'으로 실천하는 악취미가 수시로 도져서 참고할 자료가 거의 없는 형편이다. 환갑 전후부터 샀던 책을 다시 사고, 같은 책을 재독하고 나서 책장을 덮을 때쯤에서야 이미 읽었음을 깨닫는다는 건망가도 내 주위에는 있지만, 다행히도 나는 아직 그 지경까지는 이르지 않아서 머리가 일러주는 대로 한때의 독후감을 받아쓰기하는 데 최대한으로 성실히 임할 수밖에 없었다. 한편으로 나는 오래전부터 나의 일상 동정을 매일 '비망록'으로 적어버릇해왔으나, 그 기록도 무슨 계기든지 억지로 만들어서 폐기 처분하는 데 능하다. 역시 본문에서도 잠시 다룬 예의 그 오에 겐자부로의 대담집에는 자기 스승의 본을 받아서 5년마다인가 일기장을 없애버린다고 씌어 있던데, 자기 분신의 은폐술에서도 어떤 격식을 차림으로써 '이것은 소설일 뿐이다'라는 불필요한 장르 감각을 꼬박꼬박 집어넣는 저쪽 소설가들의 직업의식을 얼핏 떠올리긴 했지만, 내 경우는 그런 사례와 감히 견줘볼 잠이도 아니다. 말하자면 너무 각져서 답답한 내 일상, 대인기피증에서 우러나온 비방성 언급, 자칭 낭비를 줄인다는 미명하에 치르는 돈 씀씀이 따위가 좀스럽고 지저분해서 더 이상 그 '행적'을 더듬어보기도 지긋지긋하기 때문이다. 어쨌거나 나만의 '기억 착오'를 그

꼬리말

나마 손에 익은 '소설적 조작술'로 어벌쩡하니 얽어 맞춘 대목이 없나 하고 예의 점검했으나, 과연 얼마나 신실한지는, 내 기억 용량이 워낙 그 모양이어서, 나도 바르게 짐작할 수는 없는 노릇이다. 모르긴 해도 여러 '수치, 숫자, 연도' 등에는 더러 오류가 있지 않나 싶지만, 그쪽으로 태무심한 내 천성의 불찰을 이제사 타박해본들 무엇하랴.

이 책 속의 모든 출연자 중에서 아직도 그 얼굴은 물론이려니와 말버릇, 행동거지까지 훤히 재생시킬 수 있는 사람이 허다한데, 당연히 그들의 근황이 궁금하기 짝이 없다. 또한 그들보다 더 자주 내 눈에 밟히는 한 사람도, 비록 스태프이긴 할망정 여기서 밝혀두어야겠다. 무엇에 씌웠던지 나를 필자로 지목한 당시의 『경향신문』 문화부장이 인사를 시켜주던 김모 편집국장이 그 양반인데, 그는 마감시간 대라서 황망 중에도 잠시 편집국 내의 소파에 엉덩이를 걸치고는, 일단 가서 여기저기 둘러보면 쓸 거리가 속속 나설 겁니다라고, 그 말만 두어 번 되뇌고는 꽤 중임을 맡은 이쪽의 안면을 뚜릿뚜릿 살피기만 할 뿐 어떤 간섭이나 조언도 내놓지 않았다. 이때껏 여러 신문사의 편집국장을 만나고, 환담도 꽤 나눠봤지만, 그 양반만큼 과묵이 어울리고, 아는 체하지도 않을뿐더러 눈길이 먼 데에 머물러 있던 사람도 달리 없었다. 무슨 내용의 글을 어떻게 써달라는 하명을 떨궈주기를 나는 초조히 기다렸으나 그는 종내 묵묵무언으로 일관했고, 옆자리의 문화부장은 무슨 횡재 점괘라도 뽑은 듯 싱글거리기만 할 뿐이었다. 그러고 나서 한참 세월이 흐른 후에 신문을 통해 어느 정당의 공천을 받아 서울의 한 지역구 국회의원 후보로 나선 그의 이름을 확인하자, 나는 대뜸 속으로, 정치할 양반이 아니던데, 그렇게 과묵하던 사람이 정치에 야심이 있었다니, 뜻밖이네, 정치할 사람이면 바로 눈앞이나 지근거리에서 벌어지는 일부터 감 놔라 배 놔라 해야 주위에 수하가 끓을 텐데, 하고 적이 놀랐다. 방정맞게도 내 그 인상이 맞으려고 그랬는지 그 후로도 그가 선량으로 활약한다는 풍문을 듣지는 못했다. 내가 아는 한 우리의 선량 반열에는 그런 양반이 비집고 들어갈 자리가 없지 않나 싶다. 도대체 이런저런 일에 또 주위 사람에게 성화를 댈 줄 모르는 양반이 어쩌다가 정계에 발을 들여놓을 꿈을 꾸었는지, 사람 속은 알 수 없다더니, 나의 아둔한 눈짐작이 원망스러울 뿐이다.

그나마 이 정도의 일본 탐방기와 일본인 견문기를 쓰도록 독려해준 예의 그 만신에게도 서둘러 감사의 말을 전하고 싶다. 왜고하니 지난해 5월 초부터 원고지를 펴자마자 쓸까 말까로, 11월 초에 억지스럽게나마 탈고하자마자 이번에는 기계로 입력해야 하나로, 기어코 남의 손을 빌린 '파일'의 출판 주선을 누구에게 부탁할까로, 몇몇 지인에게 말을 건네놓고 나서는 공연히 일을 떠벌인다며, 내 식의 집요한 망설임과 주저벽으로 끌탕을 일삼았기 때문이다. 다행히도 글항아리의 속이 워낙 깊고 넓어서 내 어쭙잖은 원고는 물론이고 고질의 초조와 기우조차 말끔히 쓸어 담아주어서 여간 고맙지 않다. 특히나 내가 잘못 알고 있던 여러 사실을 찬찬히 지적해주기까지 해서 달갑기 이를 데 없었다. 다시 한번 곡진한 치사를 글항아리의 편집자에게 전하고 싶다. 하기야 지금도 곳곳에 날림 흔적이 자욱할 터이나 탈고 임시의 그 미비에 조마조마하니 마음을 졸였던 데 비할까. 이래저래 얼치기다, 언제쯤 철이 제대로 들란가. (2014년 2월 22일)

일본 탐독

© 김원우 2014

1판 1쇄	2014년 3월 17일
1판 3쇄	2014년 12월 3일
지은이	김원우
펴낸이	강성민
편집	이은혜 박민수 이두루
편집보조	유지영 곽우정
마케팅	정민호 이연실 정현민 지문희 김주원
온라인 마케팅	김희숙 김상만 한수진 이천희
독자모니터링	황치영
펴낸곳	(주)글항아리	출판등록 2009년 1월 19일 제406-2009-000002호
주소	413-120 경기도 파주시 회동길 210
전자우편	bookpot@hanmail.net
전화번호	031-955-8897(편집부) 031-955-8891(마케팅)
팩스	031-955-2557
ISBN	978-89-6735-099-4 03900

이 도서의 국립중앙도서관 출판시도서목록(CIP)은 e-CIP 홈페이지(http://www.nl.go.kr/ecip)에서
이용하실 수 있습니다.(CIP제어번호: CIP2014005972)